Ole Dammann

Kollaboration zwischen Spezialisten in Innovationsprojekten der Chemiebranche

GABLER RESEARCH

Ole Dammann
Kollaboration zwischen Spezialisten in Innovations-projekten der Chemiebranche
Mechanismen der Wissensintegration

Mit einem Geleitwort von
Prof. em. Dr. Dr. h.c. mult. Alfred Kieser

RESEARCH

Bibliografische Information der Deutschen Nationalbibliothek
Die Deutsche Nationalbibliothek verzeichnet diese Publikation in der
Deutschen Nationalbibliografie; detaillierte bibliografische Daten sind im Internet über
<http://dnb.d-nb.de> abrufbar.

Dissertation Universität Mannheim, 2011

1. Auflage 2011

Alle Rechte vorbehalten
© Gabler Verlag | Springer Fachmedien Wiesbaden GmbH 2011

Lektorat: Stefanie Brich | Sabine Schöller

Gabler Verlag ist eine Marke von Springer Fachmedien.
Springer Fachmedien ist Teil der Fachverlagsgruppe Springer Science+Business Media.
www.gabler.de

Das Werk einschließlich aller seiner Teile ist urheberrechtlich geschützt. Jede Verwertung außerhalb der engen Grenzen des Urheberrechtsgesetzes ist ohne Zustimmung des Verlags unzulässig und strafbar. Das gilt insbesondere für Vervielfältigungen, Übersetzungen, Mikroverfilmungen und die Einspeicherung und Verarbeitung in elektronischen Systemen.

Die Wiedergabe von Gebrauchsnamen, Handelsnamen, Warenbezeichnungen usw. in diesem Werk berechtigt auch ohne besondere Kennzeichnung nicht zu der Annahme, dass solche Namen im Sinne der Warenzeichen- und Markenschutz-Gesetzgebung als frei zu betrachten wären und daher von jedermann benutzt werden dürften.

Umschlaggestaltung: KünkelLopka Medienentwicklung, Heidelberg
Gedruckt auf säurefreiem und chlorfrei gebleichtem Papier
Printed in the Netherlands

ISBN 978-3-8349-3072-9

Geleitwort

Aufgrund des stetig zunehmenden Wettbewerbsdrucks, dem sich Unternehmen ausgesetzt sehen, stellen Innovationen einen der kritischen Faktoren für deren langfristigen Erfolg dar. Nur durch die kontinuierliche Entwicklung neuer Produkte und Verfahren können viele Unternehmen ihre Marktposition verteidigen bzw. verbessern und damit langfristig ihr Bestehen sichern. In forschungsintensiven Branchen wie der Chemiebranche mit komplexen Innovationsprozessen sind Spezialisten der unterschiedlichsten Disziplinen an Innovationen beteiligt. Wie die Beiträge dieser Spezialisten effektiv zu neuen Produkten oder Verfahren integriert werden können, ist eine entscheidende Frage, deren adäquate Beantwortung den Erfolg einer Neuentwicklung wesentlich mitbestimmt und somit in das Zentrum des unternehmerischen Interesses rückt. Zu dieser Frage versucht die vorliegende Arbeit Antworten zu erarbeiten.

War lange Zeit in der wissenschaftlichen Literatur die Meinung vorherrschend, dass eine erfolgreiche Wissensintegration einen umfangreichen Wissensaustausch zwischen den beteiligten Spezialisten – ein intensives Lernen voneinander – voraussetzt, wurde in jüngerer Vergangenheit mit dem Konzept des Transaktiven Organisationalen Lernens (TOL-Konzept) ein Ansatz entwickelt, der aufzeigt, dass Beiträge verschiedener Spezialisten zu Produkt- oder Verfahrensinnovationen integriert werden können, ohne dass die Spezialisten viel von ihrem Wissen untereinander austauschen. Dies wird ermöglicht durch Einsatz solcher Mechanismen wie Modularisierung, Prototyping oder Transactive Retrieval. Die zu entwickelnden Produkte oder Verfahren werden zunächst in einzelne Komponenten zerlegt, die so geschnitten sind, dass sie jeweils weitgehend von Spezialisten einer Art entwickelt werden können (Modularisierung). Die einzelnen Komponenten werden durch Trial-and-Error-Prozesse (Prototyping) aufeinander abgestimmt. Ohne einen zeitaufwändigen und umfangreichen Wissensaustausch können so die Komponenten relativ schnell – sozusagen ‚quick and dirty' – entwickelt, in ihrem Zusammenspiel getestet und im Bedarfsfall besser angepasst werden. Welche Spezialisten für ein Innovationsprojekt herangezogen werden sollten, kann durch Ausnutzung des in den Gedächtnissen von Mitarbeitern gespeicherten Wissens über die im Hause und bei externen Kooperationspartnern vorhandenen Kompetenzen herausgefunden werden (Transactive Retrieval).

Nachdem die Relevanz dieser Mechanismen bereits für die IT- und Elektronikbranche nachgewiesen worden war, wird dies in der empirischen Untersuchung von Ole Dammann nun auch für die Chemiebranche, die ganz anders ist, aufgezeigt. Das TOL-Konzept erfährt dadurch eine wesentliche Weiterentwicklung. Die Mechanismen des TOL-Konzepts finden sich auch in der Chemiebranche wieder, womit dieses Konzept auf eine noch breitere empirische Basis gestellt wird. Zusätzlich wird dieses Konzept um weitere Unterkonzepte erweitert, die speziell für die Chemiebranche von Bedeutung sind. Ole Dammann gelingt es, unsere Kenntnis darüber, wie Wissen erfolgreich und möglichst effektiv integriert werden kann, um weitere wichtige Aspekte zu erweitern. Generelle Bedeutung auch für Branchen außerhalb der Chemiebranche kann seine Erkenntnis erlangen, dass Routinen eine wichtige Rolle bei der erfolgreichen Abstimmung des Spezialistenwissens zukommt. Die kontinuierliche Weiterentwicklung solcher Routinen fördert die Fähigkeit einzelner Spezialisten, ihr Wissen effektiv zu neuen Produkten oder Verfahren zu integrieren, und steigert damit die Innovationsfähigkeit von Unternehmen.

Ein besonderer Gewinn dieses Buches liegt darin, dass auch der mit Verfahren der Chemiebranche weniger vertraute Leser gut nachvollziehbare Einblicke in die Praxis eines innovationsgetriebenen Unternehmens gewinnt. Aus den Schlussfolgerungen dieser Studie können Unternehmen, die an Fragen einer effektiven Wissensintegration interessiert sind, wertvolle Rückschlüsse ziehen. Von diesem Buch profitieren damit nicht nur Wissenschaftler, sondern auch Praktiker. In beiden Gruppen wünsche ich diesem Buch viele Leser.

Mannheim, im März 2011

Alfred Kieser

Vorwort

Auf meinem vierjährigen Weg zur Dissertation haben mich viele Kollegen, Freunde, meine Geschwister und Verwandte mit Ratschlägen und jeglicher Form von Aufmunterung begleitet. Bei ihnen möchte ich mich ausdrücklich bedanken.

Vor allem aber möchte ich mich bei meinem Doktorvater Herrn Prof. (em.) Dr. Dr. h. c. mult. Alfred Kieser für die Betreuung meiner Arbeit, seine Anregungen und die zahlreichen Diskussionen, ohne die die vorliegende Arbeit nicht so geworden wäre, wie sie jetzt ist, bedanken. Dass ich die Frage, gerade von jüngeren Kollegen oder Studierenden, ob ich noch einmal promovieren würde, mit einem klaren „Ja" beantworten kann, liegt nicht zuletzt aber auch an den Konferenzteilnahmen und einem Forschungsaufenthalt an der Stanford University, bei denen Prof. Kieser mich – sei es durch einen gemeinsamen Konferenzbeitrag, wertvolles Feedback zu Konferenzbeiträgen mit anderen Kollegen oder die Hilfe bei meiner Bewerbung – unterstützt hat und diese dadurch ermöglichte. Für die Zeit am Lehrstuhl möchte ich mich auf diesem Wege bei Herrn Prof. Kieser nochmals herzlich bedanken.

Herrn Prof. Dr. Walther A. Oechsler bin ich für die Übernahme meines Zweitgutachtens zu Dank verpflichtet. Zudem möchte ich mich bei Herrn Prof. Ulrich Lichtenthaler dafür bedanken, dass ich auch nach der Emeritierung von Herrn Prof. Kieser am Lehrstuhl weiterbeschäftigt wurde und Teil seines Lehrstuhlteams sein durfte.

Ein großer Dank gebührt auch der ChemCompany und den zahlreichen Interviewpartnern, ohne die die Arbeit nicht möglich gewesen wäre und die mir geduldig auf jede Frage geantwortet haben. Die Gespräche mit den verschiedensten Spezialisten – Chemikern, Physikern, Biologen, Ingenieuren, um nur einige zu nennen – haben meinen wirtschaftswissenschaftlichen Horizont enorm erweitert, dafür vielen Dank.

Was aber wäre eine Promotion ohne ein gutes Team im Rücken? Aus meiner Sicht dürfte es schwer sein, ein besseres Lehrstuhlteam zu finden, das für fachliche sowie „lehrstuhltechnische" Fragen gleichermaßen ein offenes Ohr hat und dessen Mitglieder sich gegenseitig immer wieder „moralisch" aufbauen. Insbesondere möchte ich mich bei Suleika Bort, Carola Windlin und Simone Schiller-Merkens bedanken, bei Nicole Jung, mit der ich gemeinsam das Büro und so manche Unianekdote geteilt habe, bei Florian Ramsperger, mit dem ich so manche „hitzige"

Diskussion über diverse „Themen des Lebens" beim Mittagessen führte, bei Lars Leiner, mit dem ich mich über alle Belange des Sanitärbereichs sowie das „System Wissenschaft" austauschen konnte, und bei Waltraud Leininger, die sich nicht nur auf die unermüdliche Suche nach Rechtschreibfehlern in meiner Doktorarbeit gemacht hat, sondern mir auch bei den „kleinen" Problemen des Lehrstuhlalltags zur Seite stand.

Gerade in meinen letzten Monaten der Dissertation waren aber auch die Famulanten des Lehrstuhls eine große Hilfe, die mir durch ihren Einsatz den Rücken freigehalten haben. Hierbei möchte ich mich namentlich v. a. bei Christoph Dickmann, Johannes Diedrichsen, Dominik Gross, Jennifer Landes und Domicella Poplawski bedanken.

Herrn Prof. Kieser muss ich aber nachdrücklich noch einmal für die sorgfältige Auswahl des Lehrstuhlteams danken, ohne die ich meine Freundin Bernadette Bullinger nicht kennengelernt hätte. Bernadette hat mich gerade in Phasen, in denen meine Gemütslage zwischen „das ist die beste Arbeit der Welt" und „das ist alles großer Mist" schwankte, immer wieder auf den Boden der Tatsachen zurückgeholt. Zwar bedaure ich, dass sie bis zuletzt nicht die gleiche Begeisterung für das TOL-Konzept wie ich teilte, allerdings konnte ich mit ihr immer wieder fachliche Fragen diskutieren. Dafür möchte ich mich bei Bernadette herzlich bedanken.

Es ist keine Übertreibung, wenn ich zum Schluss meines Vorworts sage, dass ohne meine Eltern diese Arbeit nicht zustande gekommen wäre. Sie haben mich zur Promotion ermuntert und mich auch während des Studiums in jeder erdenklichen Form unterstützt und gefördert. Ihnen widme ich diese Arbeit.

Mannheim, im März 2011

Ole Dammann

Inhalt

Geleitwort V

Vorwort VII

Abbildungsverzeichnis XIII

Tabellenverzeichnis XIII

Abkürzungsverzeichnis XV

Einleitung 1
    Ausgangspunkt der Arbeit 1
    Zielsetzung, Herangehensweise und Aufbau der Arbeit 4

1. **Komplexität interdisziplinärer Innovationen, Modularisierung und Spezialisierung** 7
    1.1. Innovation – Definition und Merkmale 7
    1.2. Innovation und Komplexität 13
    1.3. Modularisierung und Spezialisierung als Ausweg aus der Komplexität ... 15
    1.4. Herausbildung unterschiedlicher Perspektiven und Kommunikationsprobleme als Folge der Spezialisierung 17

2. **Organisationales Lernen** 23
    2.1. OL: Skizzierung des OL-Felds und die Entwicklung einer Arbeitsdefinition ... 23
    2.2. OL: Integration des individuellen Wissens zu Organisationswissen – zwei unterschiedliche Perspektiven der Wissensintegration 28
        2.2.1. ‚Cross-Learning'-Perspektive – geteilte Wirklichkeitskonstruktionen ... 28
        2.2.2. Spezialisierungsperspektive: Das TOL-Konzept – Lernen und begrenzte Rationalität 47
    2.3. Entwicklung der forschungsleitenden Fragestellung 64

3. **Methodik** 71
    3.1. Methodisches Design 71
        3.1.1. Qualitative empirische Sozialforschung als Untersuchungsansatz ... 71
        3.1.2. Fallstudie als Forschungsmethode 74
    3.2. Forschungsvorgehen 76
        3.2.1. Auswahl des Falles 76
        3.2.2. Ablauf der Datengewinnung und eingesetzte Forschungsinstrumente ... 80
        3.2.3. Datenauswertung 84

4. **Beschreibung des Untersuchungsfelds** 89
    4.1. Forschung aus Sicht der ChemCompany 89
        4.1.1. Besonderheiten der Forschung in der Chemiebranche 89

4.1.2. Produktsegmente und Struktur des F&E-Bereichs der ChemCompany 93
4.1.3. Struktur und Organisation der Innovationsprojekte in der ChemCompany ... 98
4.2. Darstellung der untersuchten Projekte 100
    4.2.1. Projekt A 100
    4.2.2. Projekt B 101
    4.2.3. Projekt C 102
    4.2.4. Projekt D 104
    4.2.5. Projekt E 106
    4.2.6. Projekt F 108
    4.2.7. Projekt G 110
    4.2.8. Synoptische Darstellung der analysierten Innovationsprojekte 113

5. Ergebnisse der empirischen Analyse 115

5.1. Wie wird das Wissen von Spezialisten mit unterschiedlichen Fachhintergründen in Innovationsprojekten der Chemieindustrie integriert? Eine Frage nach der Gültigkeit des TOL-Konzepts, dessen Mechanismen und Annahmen in der Chemieindustrie 115
    5.1.1. Wissenslokalisierung 116
        5.1.1.1. ‚Transactive Memory' als Grundlage der Wissenslokalisierung 116
        5.1.1.2. Lokalisierung von Wissensträgern im Rahmen der Rekrutierung in das Projekt 121
        5.1.1.3. Lokalisierung von Wissensträgern im laufenden Projekt 121
        5.1.1.4. Zusammenfassung der Ergebnisse zur Wissenslokalisierung 127
    5.1.2. Wissenstransfer 128
        5.1.2.1. Zeitpunkt des Wissenstransfers 128
        5.1.2.2. Umfang des Wissenstransfers 129
        5.1.2.3. Einflussfaktoren des Wissenstransfers 132
        5.1.2.4. Richtung des Wissenstransfers und am Wissenstransfer beteiligte Personen 136
        5.1.2.5. Wissenstransfer mithilfe von Personen mit fachübergreifendem Wissen 138
        5.1.2.6. Mechanismen des Wissenstransfers 140
        5.1.2.7. Zusammenfassung der Ergebnisse zum Wissenstransfer 141
    5.1.3. Wissensgenerierung 142
        5.1.3.1. Modularisierung als Basis der Wissensgenerierung 143
        5.1.3.2. ‚Prototyping' als Mechanismus zur Wissensintegration 148
        5.1.3.3. Zusammenfassung der Ergebnisse zur Wissensgenerierung 156
    5.1.4. Wissensspeicherung 158
        5.1.4.1. Zusammenfassung der Ergebnisse zur Wissensspeicherung 161
    5.1.5. Wissensumsetzung 162
        5.1.5.1. ‚Transactive Encoding' 162
        5.1.5.2. Direkte Wissensumsetzung 166
        5.1.5.3. Zusammenfassung der Ergebnisse der Wissensumsetzung 167
    5.1.6. ‚Common Knowledge' 168
        5.1.6.1. Gemeinsames Produkt- und Verfahrenswissen 169
        5.1.6.2. Gemeinsames Fachwissen 174
        5.1.6.3. Gemeinsame Sprache 176
        5.1.6.4. Zusammenfassung der Ergebnisse zum ‚Common Knowledge' 180
5.2. Muss das TOL-Konzept verändert werden, um den Wissensintegrationsprozess in der Chemiebranche vollständig erklären zu können? Eine Frage nach möglichen Erweiterungen des TOL-Konzepts 181

	5.2.1. ‚Feedback Processing'	182
	5.2.1.1. Zusammenfassung der Ergebnisse zum ‚Feedback Processing'	186
	5.2.2. Boundary Objects'	187
	5.2.2.1. Zusammenfassung der Ergebnisse zu ‚Boundary Objects'	193
	5.2.3. Der Einfluss organisationaler Routinen auf das mentale ‚Prototyping'	193
	5.2.3.1. Zusammenfassung der Ergebnisse zu den organisationalen Routinen	200
	5.3. Einordnung der Ergebnisse in OL-Konzepte	201
6.	**Ausblick**	**211**
	6.1. Limitationen der empirischen Arbeit	211
	6.2. Implikationen für die Forschung	212
	6.3. Anregungen für die Praxis	213
Anhang		**217**
	Anhang 1: Überblick Interviewthemen	217
	Anhang 2: Zitationsbeispiel und Transkriptionserläuterung	220
Literaturverzeichnis		**221**

Abbildungsverzeichnis

Abb. 1-1: Schematische Darstellung des Kommunikationsprozesses 20
Abb. 2-1: TOL-Konzept 53
Abb. 4-1: Abstrakte Darstellung des Innovationsprozesses in der Chemiebranche 91
Abb. 4-2: Produktsegmente der ChemCompany 93
Abb. 4-3: Forschungsverbund der ChemCompany 96
Abb. 4-4: ‚Phase-Gate'-Prozess der ChemCompany 99
Abb. 4-5: Innovationsprozess Projekt A 100
Abb. 4-6: Innovationsprozess Projekt B 101
Abb. 4-7: Innovationsprozess Projekt C 103
Abb. 4-8: Schematische Darstellung des Verfahrens in Projekt D 104
Abb. 4-9: Struktur Projekt E 107
Abb. 4-10: Innovationsprozess Projekt E 107
Abb. 4-11: Innovationsprozess Projekt F 109
Abb. 4-12: Struktur eines typischen Innovationsprojekts im Bereich Fungizide 111
Abb. 5-1: Erweiterte Version des TOL-Konzepts 202

Tabellenverzeichnis

Tab. 3-1: Charakteristika der Innovationsprojekte 79
Tab. 3-2: Hauptkategorien auf Basis des TOL-Konzepts und der ‚Cross-Learning'-
Perspektive 85
Tab. 4-1: Synoptische Darstellung der Innovationsprojekte 113

Abkürzungsverzeichnis

F&E	Forschung und Entwicklung
HSE	Health, Safety and Environmental Aspects
OL	Organisationales Lernen
o. V.	ohne Verfasser/-in
TOL	Transaktives Organisationales Lernen

Einleitung

Ausgangspunkt der Arbeit

Wer sich heute bei Forschung und Entwicklung zurückhält, kann morgen nicht mit voller Kraft für wettbewerbsfähige Innovationen sorgen.

(Jürgen Hambrecht, Vorstandsvorsitzender der BASF[1], 2007)[2]

Innovationen nehmen mehr denn je eine zentrale Bedeutung für den langfristigen Erfolg von Unternehmen ein (Albers, S. & Gassmann, O. 2005: 7; Disselkamp, M. 2005: 164; Higgins, J. M. & Wiese, G. G. 1996: 4; Zahn, E. 1991: 116). Durch die zunehmende Globalisierung und den sich in den letzten Jahrzehnten verschärfenden Wettbewerb ist die kontinuierliche Entwicklung von neuen Produkten und Verfahren zu einem der kritischen Faktoren für den Unternehmenserfolg geworden (z. B. Becker, M. C. & Zirpoli, F. 2009: 223; Dodgson, M. et al. 2005: 164; Halman, J. I. et al. 2003: 149; Nonaka, I. et al. 2000: 5; Olivera, F. & Argote, L. 1999: 297; Vahs, D. & Burmester, R. 2005: 9). Dies gilt insbesondere für forschungsintensive Industrien wie bspw. die Chemiebranche (Brockhoff, K. 2001: 151; Schüppel, J. et al. 1998: 225; Weston, J. F. & Johnson, B. A. 1999: 24). Produkte und Verfahren in der chemischen Industrie sind einem ständigen Wandel ausgesetzt (Onken, U. & Behr, A. 2001: 15). Durch den starken Wettbewerbsdruck und die damit verbundene Erschließung kleinerer Marksegmente lässt sich eine zunehmende Produktdifferenzierung beobachten (Bathelt, H. 1997: 115; Swift, T. K. 1999: 41). Mit über 70.000 unterschiedlichen Produkten ist die Chemieindustrie eine der diversifiziertesten Branchen überhaupt (Landau, R. 1998: 139). Zu den Produktinnovationen treten zahlreiche Verfahrensinnovationen. Verfahren werden kontinuierlich verbessert bzw. kostenoptimierend auch für bereits bestehende Produkte neu entwickelt, um so dem steigenden Kostendruck des Marktes gerecht zu werden (Onken, U. & Behr, A. 2001: 15). Für den BASF-Vorstand für Forschung, Andreas Kreimeyer, sind Innovationen der „Lebensmotor" eines Unternehmens (Kröher, M. O. R. & Müller, E. 2009).

Die allgemein zunehmende Bedeutung von Innovationen spiegelt sich auch in den F&E-Ausgaben der Unternehmen wider.[3] So stiegen bspw. die F&E-Ausgaben der deutschen Industrie von 30,4 Milliarden im Jahr 1997 auf 56,9 Milliarden Euros im Jahr 2008, wobei hieran der Anteil

---

[1] Die BASF (Badische Anilin- und Soda-Fabrik) ist eines der weltweit führenden Chemieunternehmen (http://www.basf.com/group/ueber-basf/index; abgerufen am 27.08.2010).
[2] Siehe o. V. (2007).
[3] F&E-Ausgaben gelten als Maß für die Intensität der Innovationsaktivitäten von Unternehmen (Pleschak, F. & Sabisch, H. 1996: 7).

der chemisch-pharmazeutischen Industrie fast 15 % betrug (Verband der Chemischen Industrie e.V. 2009: 92). So wichtig die ständige Entwicklung neuer Produkte und Verfahren für den Fortbestand von Unternehmen ist, so konfrontiert sie Unternehmen mit einer enormen Komplexität (Dieter, W. H. 1991: 29; Dosi, G. et al. 2008: 111 f.; Iansiti, M. 1997a: 347). Zu einem großen Teil resultiert die Komplexität aus der Notwendigkeit, Wissen aus verschiedenen wissenschaftlichen und technologischen Disziplinen zu Innovationen zu integrieren (Alegre, J. N. et al. 2005: 388; Magnusson, T. et al. 2003: 2). Die chemische Industrie bspw. muss auf viele verschiedene Disziplinen zurückgreifen, um Innovationen hervorbringen zu können. So sind an der Entwicklung neuer Produkte und Verfahren Chemiker, Chemieingenieure, Biochemiker, Biologen, Mikrobiologen und Physiker beteiligt (Bamfield, P. 2003: 7 f.). Die Komplexität von Produkt- und Verfahrensentwicklungsprozessen droht für Unternehmen nicht mehr beherrschbar zu sein. Ihre Interdisziplinarität verursacht einen enormen Koordinationsaufwand (Göpfert, J. 1998a: 140).

Eine Möglichkeit, die Komplexität beherrschbar zu machen, ist die Modularisierung (Baldwin, C. Y. & Clark, K. B. 1997: 85; Clark, K. B. & Fujimoto, T. 1992: 120; Ethiraj, S. K. & Levinthal, D. 2004: 159; Hellström, M. & Wikström, K. 2005: 393; Langlois, R. N. 2002: 19). Durch Modularisierung werden komplexe Systeme in relativ unabhängige, entkoppelte Komponenten – Module – zerlegt (Baldwin, C. Y. & Clark, K. B. 1997: 84; Brusoni, S. 2005: 1895; Caminati, M. 2006: 210; Ethiraj, S. K. & Levinthal, D. 2004: 162; Gershenson, J. K. et al. 2004: 33; Mikkola, J. H. 2003b: 3). Das Aufteilen von Innovationsvorhaben in Komponenten oder Module erlaubt es, deren Bearbeitung an verschiedene Spezialisten[4] zu delegieren (Brusoni, S. 2005: 1886) und somit eine Arbeitsteilung zu realisieren (Brusoni, S. & Prencipe, A. 2001: 202). Für die an den verschiedenen Modulen arbeitenden Spezialisten wird der Fokus der zu lösenden Probleme eingegrenzt (Pil, F. K. & Cohen, S. K. 2006: 1001; Ulrich, K. 1995: 435). Modularisierung hilft zwar auf diese Weise, die Komplexität der Entwicklung von Produkten und Verfahren zu reduzieren, sie konfrontiert Unternehmen aber mit einer neuen Herausforderung, nämlich mit der der Integration von Modulen und des ihnen zu Grunde liegenden Wissens zu neuen Produkten oder Verfahren (Göpfert, J. 1998b: 160; Magnusson, T. et al. 2003: 9). Die Fähigkeit, das relevante Wissen verschiedener Spezialisten zu integrieren, wird von vielen Wissenschaftlern als entscheidender Wettbewerbsfaktor für Organisationen betrachtet (Carlile, P. R. & Rebentish, E. S. 2003: 1180; Clark, K. B. & Fujimoto, T. 1991: 208; Grant, R. 1996a: 380; Henderson, R. & Cockburn, I. 1994: 66; Huang, J.

---

[4] In der Arbeit wird zur Vermeidung der Nennung der männlichen und der weiblichen Form sowie zur weiteren Anonymisierung im empirischen Teil durchgängig geschlechtsneutral die männliche Form verwendet.

C. & Newell, S. 2003: 168; Liyanage, S. & Barnard, R. 2003: 86; Pawlowsky, P. 2001: 61). Darauf, wie das Wissen verschiedener Spezialisten bei der Entwicklung von Innovationen zu neuem Wissen integriert werden kann, was ein Prozess des organisatorischen Lernens (OL) beinhaltet, gibt die Literatur unterschiedliche, teilweise konträre Antworten.

Die dominante Sicht (bspw. Argyris, C. & Schön, D. A. 1974; Boland, R. J. & Tenkasi, R. V. 1995; Brown, J. S. & Duguid, P. 1998; Kim, D. H. 1993; Leonard-Barton, D. 1998; Nonaka, I. 1994) ist, dass Spezialisten verschiedener Fachrichtungen intensiv voneinander lernen müssen, um effektiv zusammenarbeiten zu können. So helfen nach Argyris und Schön (1974) gemeinsame ‚Organizational Maps', das Wissen verschiedener Spezialisten zu einer Innovation zu integrieren. Die Erstellung gemeinsamer ‚Organizational Maps' erfordert „a continual, concerted meshing of individual images of self and others, of one's own activity in the context of collective interaction" (ebd.: 16). Eine ähnliche Auffassung vertreten Nonaka et al., wenn sie fordern, dass Organisationsmitglieder ein gemeinsames Verständnis und gemeinsame Perspektiven als Voraussetzung für Wissensintegration entwickeln müssen (Nonaka, I. 1994: 24; Nonaka, I. & Konno, N. 1998: 40; Nonaka, I. & Toyama, R. 2005: 432). Brown und Duguid (1998: 103) sowie Leonard-Barton (1998: 75) schlagen ‚Knowledge Brokers' vor, die zwischen den Perspektiven verschiedener Gruppen vermitteln und so eine Integration von Wissen befördern. Um eine solche Funktion erfüllen zu können, müssen sich ‚Knowledge Brokers' detailliertes Wissen der jeweils anderen Spezialisten aneignen, um „truly participate in both worlds" zu können (Brown, J. S. & Duguid, P. 1998: 103). Neben ‚Knowledge Brokers' ermöglichen nach Brown und Duguid (1998: 104) und Leonard-Barton (1998: 83 ff.) auch ‚Boundary Objects' die Wissensintegration. Diese dienen als gemeinsame Basis und Referenz zur Illustration von Unterschieden, Abhängigkeiten und Problemen über die Grenzen einzelner Spezialistengruppen hinweg (bspw. Carlile, P. R. 2002: 452; Dodgson, M. et al. 2007: 393). Sie schaffen aber auch eine „compelling need to share an interpretation" (Brown, J. S. & Duguid, P. 1998: 104).

Allerdings kann ein extensiver Wissensaustausch gerade in komplexeren Projekten aufgrund der begrenzten Rationalität von Individuen (March, J. G. 1988: 280; Simon, H. A. 1976: 40 f. u. 79) deren kognitive Fähigkeiten überfordern (Demsetz, H. 1991: 71; Grant, R. 1996b: 114). Das ‚Transaktive Organisationale Lernen' (TOL)-Konzept, entwickelt von Kieser et al. (Grunwald, R. 2003; Grunwald, R. & Kieser, A. 2007; Kieser, A. & Koch, U. 2002; Kieser, A. & Koch, U. 2008; Koch, U. 2004; Schmickl, C. 2006; Schmickl, C. & Kieser, A. 2008), enthält effektive Mechanismen – Modularisierung, ‚Prototyping' und das ‚Transactive Memory' – zur Integration von Wissen, ohne dass Spezialisten in einem größeren Umfang Wissen untereinander austauschen müssen. So werden die zu entwickelnden Produkte und Verfahren durch Modularisierung in einzelne Komponenten zerlegt und verschiedenen Spezialisten zugeteilt (Grunwald, R. 2003:

137 ff.; Grunwald, R. & Kieser, A. 2007: 372 u. 380; Schmickl, C. 2006: 91 ff. u. 218 ff.; Schmickl, C. & Kieser, A. 2008: 475 f. u. 482). In ‚Trial-and-Error'-Prozessen werden die Module und damit das ihnen zu Grunde liegende Wissen aufeinander abgestimmt (Grunwald, R. 2003: 47 u. 161 ff.; Grunwald, R. & Kieser, A. 2007: 373 u. 381 f.; Kieser, A. & Koch, U. 2002: 250 ff.; Kieser, A. & Koch, U. 2008: 334 u. 340 ff.; Koch, U. 2004: 134 ff.; Schmickl, C. 2006: 85 ff. u. 225 ff.; Schmickl, C. & Kieser, A. 2008: 476 f. u. 482 ff.). Die für ein Projekt benötigten Wissensträger werden durch Verzeichniswissen, das Information darüber enthält, wer welches Wissen hat, identifiziert (Grunwald, R. 2003: 45 f. u. 148 ff.; Grunwald, R. & Kieser, A. 2007: 372 f. u. 375 f.; Kieser, A. & Koch, U. 2002: 248 f.; Kieser, A. & Koch, U. 2008: 334 u. 338 ff.; Koch, U. 2004: 130 ff. u. 136; Schmickl, C. 2006: 85 ff. u. 177 ff.; Schmickl, C. & Kieser, A. 2008: 477 u. 481 f.). Empirische Belege für die Existenz dieser Mechanismen in Innovationsprojekten konnten bisher in der IT- sowie der Elektrotechnikindustrie gefunden werden (Grunwald, R. 2003; Grunwald, R. & Kieser, A. 2007; Schmickl, C. 2006; Schmickl, C. & Kieser, A. 2008). Die vorliegende Arbeit liefert einen Beitrag zur OL-Forschung, indem sie die Gültigkeit des TOL-Konzepts für die Chemiebranche untersucht. Im Folgenden sollen Zielsetzung, Herangehensweise und Aufbau der Arbeit kurz skizziert werden.

Zielsetzung, Herangehensweise und Aufbau der Arbeit

Die Arbeit setzt an den bisherigen Erkenntnissen des TOL-Konzepts an. Es wird untersucht, wie Wissen verschiedener Spezialisten in Innovationsprojekten der Chemiebranche zu neuen Produkten und Verfahren integriert wird. Da die Chemiebranche sich stark von der IT- und Elektrotechnikbranche, in der das TOL-Konzept im Rahmen von Innovationsprojekten bisher eingesetzt wurde (Grunwald, R. 2003; Grunwald, R. & Kieser, A. 2007; Schmickl, C. 2006; Schmickl, C. & Kieser, A. 2008), unterscheidet, sollen auf der Basis qualitativer Interviews im Wesentlichen folgende Aspekte untersucht werden:

a) Ist das TOL-Konzept auf Unternehmen der Chemiebranche anwendbar und wenn ja, wie sind die Mechanismen des TOL-Konzepts dort ausgestaltet?

b) Falls erforderlich: Wie muss das TOL-Konzept verändert werden, um den Wissensintegrationsprozess in Innovationsprojekten der Chemiebranche vollständig und branchenspezifisch beschreiben zu können?

Die empirische Untersuchung versucht, unterschiedliche Arten von Innovationsprojekten in der Chemiebranche möglichst umfassend zu analysieren. Es wurde eine große Bandbreite an Innova-

Einleitung

tionsprojekten eines der weltweit größten Chemieunternehmen herangezogen. Diese Bandbreite liefert ein weitgehend umfassendes Bild, das die unterschiedlichen Innovationsprozesse in der Chemiebranche in Bezug auf Verfahrens- und Produktinnovationen, aber auch hinsichtlich unterschiedlicher Produktgruppen widerspiegelt. Insgesamt wurden sieben Projekte analysiert und 33 halbstrukturierte Interviews geführt. Für jedes Projekt wurden alle relevanten Projektmitglieder unterschiedlicher Fachrichtungen, die direkt an der Wissensentwicklung und -abstimmung beteiligt waren, interviewt, um den Wissensentwicklungsprozess umfassend abzudecken.

Die vorliegende Arbeit gliedert sich in sieben Teile. In Kapitel 1 werden der Innovationsbegriff definiert und allgemeine Merkmale von Innovationen herausgearbeitet. Danach wird die Komplexität als wesentliches Merkmal sowie als größte Herausforderung der Generierung von Innovationen dargestellt. Die Modularisierung wird als Ausweg aus dieser Komplexität skizziert. Die Beschreibung der Entstehung unterschiedlicher Perspektiven und Kommunikationsprobleme als Folge der Modularisierung bzw. Spezialisierung leitet zu einer Diskussion der Notwendigkeit einer effizienten Wissensintegration über.

Vor der Beschreibung der unterschiedlichen Ansätze für eine erfolgreiche Wissensintegration beginnt Kapitel 2 zunächst mit der Skizzierung des OL-Feldes und der Entwicklung einer OL-Definition. Anschließend werden die zwei unterschiedlichen Perspektiven der Integration individuellen Wissens zu Organisationswissen gegenübergestellt. Begonnen wird mit einer Darstellung verschiedener Konzepte innerhalb des ‚Cross-Learning'-Ansatzes. Die aus theoretischer Sicht sich ergebenden Probleme des ‚Cross-Learning'-Ansatzes leiten zur Spezialisierungsperspektive und zum TOL-Konzept über. Dabei werden nicht nur die einzelnen Mechanismen des Konzepts, sondern auch seine theoretische Fundierung erläutert. Abschließend werden die Forschungsfragen für die vorliegende Arbeit entwickelt und der Gang der empirischen Untersuchung dargestellt.

Im Methodenteil, Kapitel 3, wird der methodische Ansatz des empirischen Projekts beschrieben. Dabei wird auf die Wahl qualitativer Fallstudien als Forschungsansatz, die Auswahl der Fälle, den Ablauf der Datengewinnung und auf die Auswertung der Daten eingegangen.

Im anschließenden Kapitel 4 wird das Untersuchungsfeld charakterisiert. Zunächst werden die Forschungsaktivitäten des untersuchten Chemieunternehmens dargestellt. Dabei werden die Besonderheiten der Chemieindustrie und speziell die der Forschungsbereiche des untersuchten Chemieunternehmens beschrieben. Im zweiten Teil dieses Kapitels werden die untersuchten Projekte, deren Forschungsgegenstand sowie die beteiligten Spezialisierungen vorgestellt, um abschließend die wesentlichen Merkmale in einer Synopsis zusammenzufassen.

Die Darstellung, Analyse und Interpretation der Ergebnisse erfolgt ausgehend von den aufgeworfenen Fragestellungen in Kapitel 5. So wird zunächst entlang der verschiedenen Mechanismen des TOL-Konzepts empirisch untersucht, ob es auch die Wissensintegration in den Innovationsprojekten der Chemiebranche zu beschreiben vermag und ob die Mechanismen des TOL-Konzepts gegebenenfalls modifiziert werden müssen, um in Chemieunternehmen eingesetzt werden zu können. Zum Schluss des Kapitels werden die Ergebnisse ausgehend von den beiden Perspektiven, dem ‚Cross-Learning'-Ansatz und dem TOL-Konzept, in die OL-Diskussion eingeordnet und nach Möglichkeit in das TOL-Konzept integriert.

Die Arbeit endet in Kapitel 6 mit einem Ausblick. Dabei wird zunächst auf die Limitationen der vorliegenden Untersuchung sowie zukünftige Forschungsmöglichkeiten hingewiesen. Die Arbeit schließt mit der Formulierung von sich aus den Ergebnissen ergebenden Implikationen für die Praxis.

1. Komplexität interdisziplinärer Innovationen, Modularisierung und Spezialisierung

In den letzten Jahrzehnten ist der Innovationsbegriff nicht nur in der öffentlichen Diskussion, sondern auch im wissenschaftlichen Diskurs nahezu inflationär verwendet worden (Disselkamp, M. 2005: 16; Hauschildt, J. 2004: V u. 3; Schmickl, C. 2006: 1 u. 25; Vahs, D. & Burmester, R. 2005: 1). So ist es nicht verwunderlich, dass kein einheitliches Verständnis darüber existiert, was Innovationen ausmacht. In diesem Kapitel wird daher in Abschnitt 1.1. zunächst der Innovationsbegriff definiert, um dann in Abschnitt 1.2. auf die für die Entwicklung neuer Produkte und Verfahren kritischste Eigenschaft von Innovationen, ihre Komplexität, einzugehen. Anschließend erfolgt in Abschnitt 1.3. mit dem Konzept der Modularisierung die Vorstellung einer wirkungsvollen Strategie, durch die die Komplexität beherrschbar wird. Aus der Modularisierung und der mit ihr verbundenen Spezialisierung ergeben sich jedoch wiederum neue Herausforderungen, die im letzten Abschnitt 1.4. des Kapitels beschrieben werden. Sie sollen die Notwendigkeit einer möglichst effizienten Wissensintegration verdeutlichen und somit auf das Kapitel 2 ‚Organisationales Lernen' überleiten.

1.1. Innovation – Definition und Merkmale

In der Literatur finden sich zahlreiche Definitionen des Innovationsbegriffs, die seine außerordentliche Vielschichtigkeit aufzeigen (vgl. u. a. Busch, C. 2005: 21; Pleschak, F. & Sabisch, H. 1996: 1; Vahs, D. & Burmester, R. 2005: 43). Ein gemeinsamer, die Vielschichtigkeit umspannender Rahmen lässt sich nicht identifizieren (Reichert, L. 1994: 18). Als einer der ersten setzte sich Schumpeter mit Innovationen auseinander, wobei er den Begriff selbst nicht verwendet, sondern von der Durchsetzung neuer Kombinationen von Produktionsmitteln spricht (Schumpeter, J. A. 1952: 100). Allen Definitionen gemeinsam ist der Bezug auf die Neuartigkeit als konstituierendes Merkmal (Hauschildt, J. & Salomo, S. 2007: 3; Vahs, D. & Burmester, R. 2005: 1 u. 44). In Anlehnung an Hauschildt und Salomo (2007: 8) lassen sich fünf Dimensionen von Neuartigkeit unterscheiden: *(1) Die subjektive Dimension: Neu für wen? (2) Die inhaltliche Dimension: Was ist neu? (3) Die Intensitätsdimension: Wie neu? (4) Die prozessuale Dimension: Wo beginnt, wo endet die Neuerung? (5) Die normative Dimension: Ist neu gleich erfolgreich?*
Im Folgenden werden entlang den fünf Dimensionen unterschiedliche Definitionen beispielhaft vorgestellt, um darauf aufbauend eine Arbeitsdefinition für die vorliegende Arbeit zu entwickeln.

Die *subjektive Dimension* findet sich in der Definition von Zaltman et al. (1973) (vgl. auch Disselkamp, M. 2005: 17; Rogers, E. M. 1962: 13). Sie definieren Innovationen als „any idea, practice, or material artifact perceived to be new by the relevant unit of adoption" (Zaltman, G. et al. 1973: 10). Was als neu wahrgenommen wird, ergibt sich aus dem jeweiligen Blickwinkel (Thom, N. 1980: 24). So können einzelne Individuen oder Unternehmen etwas als innovativ betrachten, was für andere Unternehmen oder Individuen bereits als gewöhnlich und daher nicht mehr als neu gilt (Vahs, D. & Burmester, R. 2005: 45). Neben Individuen und Unternehmen sind auch Branchen, Nationen, aber auch die gesamte Menschheit als Betrachtungsebenen denkbar (Hauschildt, J. & Salomo, S. 2007: 24 ff.). Auf dieser letzten Ebene gilt erst dann etwas als Innovation, wenn es neu in der Menschheitsgeschichte ist (ebd.: 26). Mit der alleinigen Fokussierung auf die subjektive Dimension wird allerdings nicht klar, was tatsächlich neu ist.

Die *inhaltliche Dimension* wird bei Afuah (2003) konkretisiert. Er definiert Innovationen als „the use of new technological and market knowledge to offer a new product or service that customers will want" (ebd.: 4). Damit wird der Innovationsbegriff am Was, dem Innovationsgegenstand, festgemacht (vgl. auch Chmielewicz, K. 1991: 84; Damanpour, F. 1991: 556). Neben Produktinnovationen lassen sich Prozess-, Sozial- und organisatorische Innovationen unterscheiden (Busch, C. 2005: 25 f.; Perl, E. 2007: 38 f.; Pleschak, F. & Sabisch, H. 1996: 14 ff.; Vahs, D. & Burmester, R. 2005: 72 ff.). Unter Produktinnovationen werden neue Produkte oder Dienstleistungen verstanden, die konkrete Kundenbedürfnisse befriedigen und am Markt auf Nachfrage treffen (Kieser, A. 1969: 743; Perl, E. 2007: 38; Vahs, D. & Burmester, R. 2005: 5). Dabei kann es sich um die Schaffung neuer Produkte oder um Produktdifferenzierungen, d. h. die Veränderung einzelner Produktmerkmale, handeln (Pleschak, F. & Sabisch, H. 1996: 15). Produktinnovationen sollen den Kunden erlauben, „neue Zwecke zu erfüllen oder vorhandene Zwecke in einer völlig neuartigen Weise zu erfüllen" (Hauschildt, J. & Salomo, S. 2007: 9).
Im Vergleich dazu spielt der Verwertungsaspekt bei Verfahrens- oder Prozessinnovationen in der Regel eine untergeordnete Rolle. Prozessinnovationen zielen auf neue Faktorkombinationen im Prozess der Leistungserstellung ab (Thom, N. 1980: 35). Primäre Ziele sind Erhöhung der Produktivität, Senkung von Kosten sowie Verbesserung der Qualität und Sicherheit (vgl. u. a. Corsten, H. et al. 2006: 13). Solche Prozesse können materiell zur Herstellung von physischen Produkten oder informationell zur Verarbeitung und zum Austausch von Informationen bspw. in Bezug auf Beschaffung oder Planung sein (Perl, E. 2007: 38 f.; Thom, N. 1980: 35; Vahs, D. & Burmester, R. 2005: 76). Prozessinnovationen können die Optimierung, aber auch die Neugestaltung von Prozessen bedeuten (Pleschak, F. & Sabisch, H. 1996: 21).
Eine weitere Innovationsart sind soziale Innovationen. Darunter werden Änderungen im Humanbereich verstanden (Thom, N. 1980: 37). Mit ihnen sollen soziale Ziele wie bspw. die Erhöhung der Arbeitszufriedenheit, die Entwicklung neuer Formen der Arbeitsorganisation oder des

Arbeitsschutzes realisiert werden (Pleschak, F. & Sabisch, H. 1996: 23; Vahs, D. & Burmester, R. 2005: 79).

Veränderungen, die die Ablauf- oder Aufbauorganisation betreffen, werden als organisatorische Innovationen oder Strukturinnovationen bezeichnet (Vahs, D. & Burmester, R. 2005: 79). Es handelt sich um Veränderungen der Arbeitsverteilung, der Autoritätsbeziehungen oder der Entlohnungssysteme (Kieser, A. 1969: 743). Alle diese Innovationsarten hängen stark miteinander zusammen (Kieser, A. 1969: 743; Thom, N. 1980: 38). So erfordern Produktinnovationen häufig auch Prozessinnovationen, da ohne die Veränderung oder Neuentwicklung von Verfahren die intendierten Produkte nicht hergestellt werden können (Perl, E. 2007: 40). Mit der inhaltlichen Dimension wird zwar geklärt, auf was sich die Neuartigkeit bezieht, Unterschiede im Grad der Neuartigkeit bleiben allerdings unberücksichtigt.

Diese *Intensitätsdimension* wird in der Definition von Wilson (1966) in den Vordergrund gerückt: „An innovation (or, more precisely, a major innovation, since we are not concerned with trivial changes) is a 'fundamental' change in a 'significant' number of tasks" (ebd.: 196). Innovationen müssen nicht immer grundlegende Neuerungen sein, sondern können lediglich Verbesserungen für den Abnehmer von Produkten oder Adressaten von Prozessen darstellen (Disselkamp, M. 2005: 19). Eine weit verbreitete Unterscheidung ist diejenige zwischen radikalen und inkrementalen Innovationen[5]. Radikale Innovationen haben einen hohen Neuheitsgrad, erschließen häufig neue Märkte und gehen mit umfassenden und tiefgreifenden Veränderungen der Prozesse im Unternehmen einher (Perl, E. 2007: 40; Pleschak, F. & Sabisch, H. 1996: 3; Vahs, D. & Burmester, R. 2005: 83). Sie greifen dabei auf Wissen zurück, das stark von dem im Unternehmen vorhandenen Wissen abweicht (Afuah, A. 2003: 15). Inkrementale Innovationen beschränken sich hingegen auf bestehendes Wissen sowie bestehende Märkte und Anwendungsfelder (Afuah, A. 2003: 15; Pleschak, F. & Sabisch, H. 1996: 3; Vahs, D. & Burmester, R. 2005: 83). Dabei geht es meist nur um Verbesserungen bestehender Produkte oder Prozesse (Magnusson, T. et al. 2003: 5; Perl, E. 2007: 40 f.). Die Gegenüberstellung radikal und inkremental ist weniger als Dichotomie, sondern eher als Kontinuum zu verstehen (Abernathy, W. J. & Clark, K. B. 1985: 6; Durand, T. 1992: 362).

Die Beurteilung des Innovationsgrades beruht auf subjektiven Einschätzungen entlang verschiedenen Dimensionen. So können neben dem Technologie- und Marktinnovationsgrad auch der Umfeldinnovationsgrad, d. h. Veränderungen hinsichtlich der Industrie, und der Organisationsinnovationsgrad, d. h. Veränderungen im Unternehmen, betrachtet werden (Billing, F. 2003:

---

[5] Siehe für eine Übersicht verschiedener Unterscheidungen hinsichtlich des Innovationsgrades Hauschildt und Salomo (2007: 16).

30 ff.). Wie die subjektive und inhaltliche Dimension vernachlässigt auch die Intensitätsdimension den prozessualen Charakter von Innovationen.

Myers und Marquis heben die *prozessuale Dimension* von Innovationen hervor (1969: 1):

„Innovation is not a single action but a total process of interrelated subprocesses. It is not just the conception of a new idea, nor the invention of a new device, nor the development of a new market. The process is all these things acting in an integrated fashion toward a common objective."

Aus prozessualer Sicht sind Innovationen das Ergebnis unterschiedlicher, zusammenhängender Teilprozesse (Bergmann, G. & Daub, J. 2008: 2; Goldhar, J. D. 1980: 284; Kieser, A. 1969: 742; Uhlmann, L. 1978: 41). In der Literatur existiert eine Vielzahl unterschiedlicher Vorstellungen, in welche Phasen ein Innovationsprozess zweckmäßigerweise zu unterteilen ist (Hauschildt, J. & Salomo, S. 2007: 26 f.; Pleschak, F. & Sabisch, H. 1996: 24 ff.; Schulze, A. 2004: 82 ff.; Vahs, D. & Burmester, R. 2005: 92 ff.; Zaltman, G. et al. 1973: 58)[6]. So unterscheiden Hauschildt und Salomo (2007: 26 f.) die Phasen Idee/Initiative, Entdeckung/Beobachtung, Forschung, ggf. Erfindung, Verwertungsanlauf und laufende Verwertung. Ihr Phasenmodell entspricht damit einem Innovationsbegriff im weiteren Sinne, der auch die gesamte F&E mit einschließt (Specht, G. et al. 2002: 15). Ähnliche Phasen unterscheiden Pleschak und Sabisch (1996: 25 f.) mit ihrer Unterteilung in Ideenfindung für neue Probleme, Vorbereitung und Planung des Innovationsprojektes, Forschungs- und Entwicklungsarbeiten, Produktionseinführung und Fertigungsaufbau und letztlich die Markteinführung neuer Produkte und Verfahren. Cooper (2001; 2005) beschreibt mit dem ‚Stage-Gate'-Prozess das in der Praxis wohl am weitesten verbreitete Schema (Billing, F. 2003: 30). Nach ihrem Konzept startet der Prozess mit der ‚Discovery'-Phase, gefolgt von der ‚Scoping'-, ‚Building the Business Case'-, der ‚Development'-, der ‚Testing & Validation'- und der ‚Launch'-Phase (Cooper, R. G. 2001: 131). Zwischen jeder Phase liegt ein ‚Gate', an dem entschieden wird, ob das Projekt fortgeführt oder abgebrochen wird. Jedes ‚Gate' schreibt bestimmte Leistungen vor, die auf Basis vorgegebener Kriterien bewertet werden (ebd.: 131). Der Prozess endet mit dem ‚Post-Launch Review', bei dem der gesamte Prozess noch einmal betrachtet wird, Stärken und Schwächen des Projekts aufgezeigt und Schlüsse für zukünftige Projekte gezogen werden (Cooper, R. G. 2005: 225). Zwar hilft die Zerlegung des Innovationsprozesses in Teilphasen, die typischen Aufgaben in einem Innovationsprojekt sichtbar zu machen (Pleschak, F. & Sabisch, H. 1996: 225), sie ist aber mit einigen Problemen verbunden. So ist die Zusammenfassung von Aktivitäten zu sequentiellen Phasen problematisch. Vielmehr überlappen sich einzelne Phasen, wobei sich Aktivitäten wiederholen und in rekursiven Schleifen verlaufen (Corsten, H.

---

[6] Siehe für einen Überblick über weitere Phasenmodelle Billing (2003: 36 ff.) sowie Vahs und Burmester (2005: 85 ff.).

et al. 2006: 35; Hauschildt, J. 1997: 352). Deshalb erscheint eine exakte Abgrenzung einzelner Phasen schwierig (Thom, N. 1980: 45). Die Phasenmodelle lassen sich nicht empirisch verifizieren (Bellmann, K. & Haritz, A. 2001: 275). Zudem unterscheiden sich Innovationsprojekte in der Praxis so stark voneinander, dass lediglich ein grobes Grundmodell entworfen werden kann (Thom, N. 1980: 45). Thom (1980: 53) trennt daher nur drei Phasen voneinander: Ideengenerierung, Ideenakzeptierung und Ideenrealisierung.

Eine prozessuale Analyse von Innovationen lässt das wirtschaftliche Ergebnis außer Acht. Eine solche Bewertung findet bei Verfolgung der *normativen Dimension* Berücksichtigung, die im Mittelpunkt von Brockhoffs (1999: 37) Definition steht:

„Liegt eine Erfindung vor und verspricht sie wirtschaftlichen Erfolg, so werden Investitionen für die Fertigungsvorbereitung und die Markterschließung erforderlich. Produktion und Marketing müssen in Gang gesetzt werden. Kann damit die Einführung auf dem Markt erreicht werden oder ein neues Verfahren eingesetzt werden, so spricht man von einer Produktinnovation oder einer Prozessinnovation. Hiermit ist im engeren Sinne Innovation gemeint."

Neue Problemlösungen werden in Betrachtung der normativen Dimension erst dann zur Innovation, wenn sie auch auf dem Markt oder in der innerbetrieblichen Nutzung erfolgreich sind (Bürgel, H. D. et al. 1996: 14; Hauschildt, J. & Salomo, S. 2007: 28; Perl, E. 2007: 20; Pleschak, F. & Sabisch, H. 1996: 6). Damit lassen sie sich von bloßen Inventionen, d. h. Erfindungen, abgrenzen. Eine Invention ist eine erstmalige technische Realisierung einer neuen Problemlösung und in der Regel Ergebnis eines F&E-Prozesses (Pleschak, F. & Sabisch, H. 1996: 6; Specht, G. et al. 2002: 13). Sie ist notwendige Vorstufe einer Innovation (Corsten, H. et al. 2006: 11; Vahs, D. & Burmester, R. 2005: 44). Erst durch ihre erfolgreiche wirtschaftliche Verwertung werden Inventionen zu Innovationen. Zusammenfassend lassen sich somit Innovationen nach folgenden Dimensionen charakterisieren: dem Blickwinkel, der Innovationsart, dem Grade nach, dem Prozesscharakter und dem Verwertungsaspekt.

Unter einer Innovation wird in dieser Arbeit ein Prozess zur Erstellung eines aus Unternehmenssicht neuen Verfahrens oder Produkts verstanden.

In Bezug auf die subjektive Dimension wird das Unternehmen als Bezugspunkt festgelegt. Dies ist aus betriebswirtschaftlicher Sicht sinnvoll (Hauschildt, J. & Salomo, S. 2007: 26). So wird die Entwicklung einer Problemlösung von Unternehmen als Innovationsprojekt aufgefasst, wenn dazu im Unternehmen auf neues Wissen zurückgegriffen oder vorhandenes Wissen in neuartiger Weise verknüpft wird. Ob die Innovation auch außerhalb des Unternehmens eine Innovation ist, ist dabei nicht entscheidend.

Im Hinblick auf die Untersuchung chemischer Innovationsprojekte wird die inhaltliche Dimension auf Produkt- und Prozessinnovationen eingeschränkt. Sowohl Produkt- als auch Prozessinnovationen spielen in der Chemieindustrie eine große Rolle und sind für den wirtschaftlichen Erfolg von Chemieunternehmen maßgeblich (Onken, U. & Behr, A. 2001: 15; Rammer, C. 2007: 16). Unter Prozessinnovationen sollen in der vorliegenden Arbeit v. a. die Verbesserung bzw. Umgestaltung der für die Herstellung von Produkten notwendigen Prozesse verstanden werden. Informationelle Prozesse werden lediglich als Nebenprodukt der Produkt- und Verfahrensentwicklung berücksichtigt. Da in der Chemiebranche eher von chemischen Verfahren als von Prozessen gesprochen wird, soll im Folgenden im Hinblick auf die Prozesse zur Produktherstellung statt Prozessinnovation der synonyme Begriff der Verfahrensinnovation verwendet werden.

Bezüglich der Intensitätsdimension soll der Grad der Neuartigkeit nicht weiter spezifiziert werden. Im Rahmen der empirischen Untersuchung dieser Arbeit werden radikale oder inkrementale Innovationsprojekte nicht explizit gegenübergestellt. Für die Verfolgung der aufgeworfenen Forschungsfragen reicht es aus, lediglich von neuen Verfahren oder Produkten zu sprechen.

Bei der Verfolgung der prozessualen Dimension wird ein Innovationsbegriff im weiteren Sinne zu Grunde gelegt, der auch die F&E-Aktivitäten mit einschließt. In Anlehnung an Thom (1980: 53) werden grob die Teilprozesse Ideengenerierung, Ideenbewertung und Ideenrealisierung unterschieden. Diese werden aber nicht als sequentielle Phasen interpretiert, sondern durchlaufen vielmehr iterative Schleifen, bei denen die Reihenfolge von Teilprozessen nicht determiniert ist.

Die normative Dimension wird nicht behandelt. Ob eine Produkt- oder Verfahrensidee am Markt verwertbar ist oder nicht, lässt sich erst nach der Fertigstellung der Innovation beurteilen. Für die Entscheidung, ob ein neues Verfahren oder Produkt entwickelt werden soll, ist der erwartete Innovationserfolg entscheidend (Hauschildt, J. & Salomo, S. 2007: 29). Diese Entscheidung ist bereits gefallen, wenn das Produkt- oder Verfahrenskonzept erstellt wird. Daher ist weder die Bildung der Erfolgserwartung noch der tatsächliche Erfolg Gegenstand der hier durchgeführten Untersuchung.

Neben der Neuartigkeit zeichnen sich Innovationen noch durch weitere Merkmale aus. Am häufigsten werden dabei die mit Innovationen verbundene Unsicherheit und Risiken, der Konfliktgehalt und die Komplexität genannt (Perl, E. 2007: 33 ff.; Thom, N. 1980: 26 ff.; Vahs, D. &

Burmester, R. 2005: 52 ff.)[7]. Unsicherheit herrscht bei Innovationsprojekten darüber, ob bspw. die Invention technisch realisierbar ist, die Umstellung vom Prototypen zur Serienfertigung gelingt oder die neuen Produkte am Markt auch erfolgreich sind (Perl, E. 2007: 34). Unsicherheit beschreibt eine Situation, bei der weder subjektive noch objektive Wahrscheinlichkeiten für den Eintritt bestimmter Ereignisse angegeben werden können (Vahs, D. & Burmester, R. 2005: 52). Im Gegensatz zur Unsicherheit werden Risiken mit objektiven Wahrscheinlichkeiten belegt (Perl, E. 2007: 34). So besteht bei Innovationen das Risiko, dass geplante Leistungen nicht rechtzeitig erbracht werden (Thom, N. 1980: 27).

Ein zentrales Merkmal vieler Innovationen ist ihre Komplexität. Göpfert (1998a) bezeichnet Komplexität als das „Kernproblem der Produktentwicklung" (ebd.: 140). Auf die Komplexität von Innovationen wird im nächsten Abschnitt eingegangen.

1.2. Innovation und Komplexität

Innovationen stellen Unternehmen häufig vor komplexe Aufgaben. Insbesondere bei Innovationen in entwickelten Industrien, sei es in der Automobil-, Software-, pharmazeutischen oder chemischen Industrie, sind komplizierte Probleme zu lösen (Dosi, G. et al. 2008: 111 f.). Komplexe Produktinnovationen sind häufig mit der Entwicklung nicht minder komplexer Verfahrensinnovationen verbunden (Buenstorf, G. 2005: 229). Die Unternehmen müssen bei ihren Entscheidungen im Hinblick auf Innovationen unterschiedliche Aspekte technischer, aber auch rechtlicher, sozialer und finanzieller Art berücksichtigen (Hauschildt, J. & Salomo, S. 2007: 371). Die Komplexität ergibt sich v. a. aus dem Innovationen zugrunde liegenden Wissen, das von den verschiedenen Disziplinen sowohl unternehmensintern als auch -extern beizusteuern und zu einer Gesamtlösung zu integrieren ist (Alegre, J. N. et al. 2005: 388; Magnusson, T. et al. 2003: 2). Die Komplexität hängt nicht nur von der Zahl und Verschiedenartigkeit der beteiligten wissenschaftlichen Disziplinen ab; ihre Ursachen sind mehrdimensional.

Nach Luhmann (1980: 1063 f.) können drei Dimensionen unterschieden werden, die allgemein das Ausmaß von Komplexität kennzeichnen: (1) die Zahl der Elemente; (2) die Zahl der möglichen Beziehungen zwischen den Elementen und (3) die Verschiedenartigkeit der Beziehungen[8]. Je größer die Anzahl der Elemente, je größer die Anzahl der Beziehungen zwischen den Elemen-

---
[7] Rogers (1962: 124 ff.) und Zaltman et al. (1973: 32 ff.) diskutieren im Zusammenhang mit der Adoption von Innovationen weitere Charakteristika von Innovationen. So sind bspw. die Kompatibilität, die Kommunizierbarkeit und der angenommene relative Vorteil von Innovationen zusätzliche wichtige Attribute (Rogers, E. M. 1962: 124 ff.; Zaltman, G. et al. 1973: 36 ff.).
[8] Milling (Milling, P. M. 2002: 85) spricht in diesem Zusammenhang von Varietät (Anzahl der Elemente), Konnektivität (Anzahl der Beziehungen) und Funktionalität (Art der Beziehungen). In Bezug auf die letzte Dimension können nach Milling (ebd.: 85) Elemente linear oder nicht-linear miteinander verknüpft sein.

ten, je verschiedenartiger die Beziehungen, desto höher die Komplexität. Ähnlich definiert auch Simon Komplexität als „a large number of parts that interact in a nonsimple way" (Simon, H. A. 1962: 468). Frenken (2006: 138) beschreibt Komplexität als Anzahl der Elemente sowie als Anzahl der Interaktionen zwischen den Elementen. Beide Definitionen lassen sich mit Luhmanns (1980: 1063 f.) Definition zusammenfassen.

Innovationen heutiger industrieller Produkte und Verfahren lassen sich anhand der drei genannten Dimensionen charakterisieren (Milling, P. M. 2002: 85; Perl, E. 2007: 35 f.; Thom, N. 1980: 29). Sie bestehen häufig aus *vielen verschiedenen Elementen* (Milling, P. M. 2002: 85; Perl, E. 2007: 35 f.; Specht, G. et al. 2002: 332; Thom, N. 1980: 29). So umfasst ein Auto heutzutage ca. 10.000 Teile (Göpfert, J. 1998a: 140). Auch in der Chemiebranche setzen sich Innovationen aus vielen Einzelteilen zusammen. Beispielsweise hat ein chemisches Verfahren unterschiedliche Bestandteile wie etwa Reaktoren, Katalysatoren, Kolonnen oder Wärmetauscher. Alle diese Teile machen zusammen erst das chemische Gesamtverfahren aus und tragen zu seiner enormen Komplexität bei. Elemente von Innovationen beinhalten aber nicht nur physische Einzelteile, sondern setzen auch Beiträge verschiedener Wissensbereiche voraus. So sind an der Entwicklung chemischer Innovationen u. a. Chemiker, Chemieingenieure, Biochemiker, Biologen, Mikrobiologen und Physiker beteiligt (Bamfield, P. 2003: 7 f.).

Die Elemente stehen in *zahlreichen Beziehungen* zueinander (Milling, P. M. 2002: 85; Thom, N. 1980: 29). Beispielsweise müssen sich Chemiker nicht nur mit Physikern aus der Analytik, die für die Testung der Chemikalien und für evtl. zusätzlich benötigte neue Testverfahren zuständig sind, sondern auch mit Physikochemikern, die die Simulation und Berechnung von Molekülen durchführen, sowie Chemieingenieuren abstimmen. Derartige *Beziehungen* zwischen den Elementen sind häufig *sehr verschiedenartig* (Milling, P. M. 2002: 85; Thom, N. 1980: 29). So stimmen sich Chemiker bspw. mit Chemieingenieuren in einer anderen Art und Weise ab als mit Physikern oder Physikochemikern. Zudem sind die Beziehungen zwischen den Elementen bzw. Spezialisten durch technische Unsicherheiten geprägt. Dies trägt zusätzlich zur Komplexität bei (Adler, N. 1999: 32). Darüber hinaus beinhaltet Komplexität auch eine zeitliche Dimension (Dynamik). Parameter und Stellgrößen verändern sich im Zeitverlauf, neue kommen hinzu, so dass sich die Anzahl der Elemente, die Anzahl und die Art der Beziehungen zwischen ihnen verändern (Bürgel, H. D. et al. 1996: 19; Fisch, R. & Wolf, M. F. 1990: 13). So können sich im Verlauf von Pflanzenschutzprojekten mit Laufzeiten von acht und mehr Jahren rechtliche Rahmenbedingungen in einer Weise ändern, dass sich die Arbeitsgrundlage einzelner Spezialisten stark verschiebt, wodurch sich wiederum die Beziehungen zu anderen Spezialisten verändern oder neue Spezialisten hinzugezogen werden müssen. Auch die Tatsache, dass Entscheidungen zur Gestaltung von Produkten häufig nicht sequentiell, sondern im Sinne des ‚Simultaneous Engineering' parallel ablaufen, erhöht den Koordinationsaufwand und damit die Komplexität (Perl, E. 2007: 36; Sanchez, R. & Mahoney, J. T. 1996: 70).

Eine solche Komplexität ist für Unternehmen schwer handhabbar. Innovationen sind aufgrund der hohen Anzahl ihrer Bestandteile und der Beziehungen zueinander sowie unvorhersehbarer Interaktionseffekte schwer überschaubar (Göpfert, J. 1998a: 140). Ihre Komplexität ist so hoch, dass sie von den einzelnen Spezialisten aufgrund ihrer begrenzten Rationalität nicht mehr kognitiv erfasst und überblickt werden kann (Göpfert, J. 1998b: 39; March, J. G. 1988: 280; Simon, H. A. 1976: 40 f. u. 79). Ein Ausweg, die Komplexität beherrschbar zu machen, stellt die Modularisierung der zu entwickelnden Produkte bzw. Verfahren und ihre Delegation an Spezialisten dar.

1.3. Modularisierung und Spezialisierung als Ausweg aus der Komplexität

Modularisierung der zu entwickelnden Produkte und Verfahren reduziert die Komplexität von Innovationen (Baldwin, C. Y. & Clark, K. B. 1997: 85; Clark, K. B. & Fujimoto, T. 1992: 120; Ethiraj, S. K. & Levinthal, D. 2004: 159; Göpfert, J. 1998a: 140; Hellström, M. & Wikström, K. 2005: 393; Langlois, R. N. 2002: 19). Modularisierung ist die Zerlegung komplexer Einheiten in einfachere, weitestgehend entkoppelte Komponenten (Module) (Baldwin, C. Y. & Clark, K. B. 1997: 84; Brusoni, S. 2005: 1886; Caminati, M. 2006: 210; Gershenson, J. K. et al. 2004: 33; Simon, H. A. 1973: 270; Specht, G. et al. 2002: 140). Da Module weitgehend unabhängig voneinander entwickelt werden können, wird die Gesamtkomplexität der Innovation auf die Komplexität der Module und der Beziehungen zwischen ihnen heruntergebrochen und handhabbar gemacht (Göpfert, J. 1998a: 143). Die einzelnen Module werden einzelnen Spezialisten bzw. Spezialistenteams und Abteilungen zugeteilt (Brusoni, S. 2005: 1899; Göpfert, J. 1998a: 148), die dann relativ unabhängig voneinander an den in den Modulen vorgegebenen Aufgaben arbeiten (Baldwin, C. Y. & Clark, K. B. 1997: 84; Grunwald, R. 2003: 137; Grunwald, R. & Kieser, A. 2007: 372). Durch eine solche Zerlegung in relativ einfache Arbeitspakete wird die Zahl der möglichen Designalternativen für die einzelnen Module begrenzt (Pil, F. K. & Cohen, S. K. 2006: 1001). Der Horizont der einzelnen Spezialisten wird auf die Bearbeitung der ihnen zugeteilten Module beschränkt (Berger, P. L. & Bernhard-Mehlich, I. 2006: 181; Gagsch, S. 1980: 2157; March, J. G. & Simon, H. A. 1958: 151). Auf diese Weise werden durch die Modularisierung der zu entwickelnden Produkte und Verfahren, die eine Nutzung der vorhandenen Spezialisierung umfasst, „Inseln geringer Komplexität" geschaffen (Luhmann, N. 1967: 619). Die Dezentralisierung des Entwicklungsprozesses in einzelne Komponenten ermöglicht eine parallele Entwicklung, da der Koordinationsaufwand zwischen den entkoppelten Modulen geringer ist, als wenn die Innovation ‚in einem Wurf' konzipiert werden müsste (Baldwin, C. Y. & Clark, K. B. 2000: 90 f.; Buenstorf, G. 2005: 232).

Die Schnittstellen zwischen den Modulen müssen im Rahmen einer modularen Architektur definiert werden. Anzahl und Intensität der Beziehungen zwischen den Komponenten sollten, soweit möglich, begrenzt werden (Göpfert, J. 1998b: 55). Ein wesentliches Prinzip der Modularisierung ist es daher, „strongly interacting elements of parts" zusammen zu gruppieren und „weakly interacting ones" zu trennen (Ethiraj, S. K. & Levinthal, D. 2004: 161 f.). Dadurch wird der Abstimmungsbedarf reduziert, der sich aus der Definition der Schnittstellen zwischen den Modulen ergibt. Schnittstellen beschreiben „in detail how the modules will interact, including how they will fit together, connect and communicate" (Baldwin, C. Y. & Clark, K. B. 1997: 86). Sie legen damit die Anforderungen fest, die die Module gegenseitig erfüllen müssen, um erfolgreich miteinander interagieren zu können (Schmickl, C. 2006: 199). Nach allgemeiner Auffassung sollten Schnittstellen vollständig zu Beginn eines Projekts definiert werden (s. bspw. Baldwin, C. Y. & Clark, K. B. 1997: 86). Allerdings erscheint in der Praxis eine frühzeitige, genaue Spezifikation der Schnittstellen, insbesondere in hochinnovativen Projekten, wenig realistisch (Schmickl, C. 2006: 208; Schmickl, C. & Kieser, A. 2008: 485). Stattdessen erfolgt die Definition der Schnittstellen in einem kontinuierlichen Prozess (Buenstorf, G. 2005: 233; Langlois, R. N. 2002: 26; Magnusson, T. et al. 2003: 16), der als evolutionärer Prozess verstanden werden kann (Schmickl, C. 2006: 204 u. 218 f.; Schmickl, C. & Kieser, A. 2008: 482). Die Spezifikation der Schnittstellen hat die Aufgabe, eine Koordination zwischen den Komponenten zu gewährleisten (Sanchez, R. & Mahoney, J. T. 1996: 66). Schnittstellen sind wesentliche Bestandteile einer modularen Architektur (Brusoni, S. et al. 2001: 615). Eine modulare Architektur besteht neben Schnittstellen aus einer Beschreibung der funktionalen Elemente eines Produkts oder Verfahrens – „the individual operations and transformations that contribute to the overall performance" eines Produkts oder Verfahrens (Ulrich, K. T. & Eppinger, S. D. 2000: 182) und den physischen Elementen „the parts, components and subassemblies that ultimately implement the […] functions" (ebd.: 183). Modulare Architekturen können auch für Prozesse der Produkt- und Verfahrensentwicklung definiert werden. Die Architektur der Entwicklungsprozesse leitet sich dabei aus der Verfahrens- und Produktarchitektur ab (Clark, K. B. & Fujimoto, T. 1992: 103; Göpfert, J. 1998b: 145). Die Produktarchitektur gliedert einen Prozess in „specific activities and defines the ways in which those activities interact in carrying out those processes" (Sanchez, R. 1999: 94). Durch die Definition der modularen Architektur und insbesondere der Schnittstellen sind die erforderlichen Interaktionen zwischen den Modulen auf wenige Eckpunkte beschränkt (Göpfert, J. 1998a: 143; Langlois, R. N. 2002: 19). Solange die Schnittstellen nicht verändert werden müssen, können

Module verändert werden, ohne die Funktionalität anderer Komponenten zu beeinträchtigen (Buenstorf, G. 2005: 232; Sanchez, R. 1999: 99). Bis zu einem gewissen Grad können die Spezialisten simultan und unabhängig voneinander ihr Wissen auf der Ebene der jeweiligen Komponente weiterentwickeln (Sanchez, R. 1999: 101; Sanchez, R. & Mahoney, J. T. 1996: 65; Ventresca, M. J. & Kaghan, W. N. 2009: 57). Sie müssen lediglich die Schnittstellenspezifikationen ihres Moduls befolgen (Schmickl, C. & Kieser, A. 2008: 475).

Die Entkopplung von Modulen ist als Kontinuum von ‚vollkommen modular' bis ‚vollkommen integral' zu verstehen (Brusoni, S. & Prencipe, A. 2001: 182 f.; Ethiraj, S. K. & Levinthal, D. 2004: 161; Mikkola, J. H. 2003a: 441; Schilling, M. A. 2000: 312). Eine integrale Architektur ist durch eine hohe Interdependenz zwischen den Komponenten gekennzeichnet (Brusoni, S. & Prencipe, A. 2001: 182): Selbst kleine Veränderungen an einem Modul erfordern zwangsläufig Veränderungen an anderen Komponenten (Fleming, L. & Sorenson, O. 2001: 1023; Fleming, L. & Sorenson, O. 2003: 15; Ulrich, K. 1995: 426). Je höher die Unabhängigkeit zwischen den Modulen, desto höher ist der Grad der Modularisierung (Göpfert, J. 1998b: 107).

Eine Definition von Schnittstellen, die eine perfekte Koordination zwischen Modulen impliziert, ist nahezu unmöglich (Ethiraj, S. K. & Levinthal, D. 2004: 161). Überprüfungen der Abstimmungen zwischen Modulen machen kontinuierliche Anpassungen der Schnittstellen erforderlich. Die Spezialisierung der Bearbeiter von Modulen bedingt eine Spezialisierung der Module. Je stärker aber Module spezialisiert sind, desto schwieriger gestaltet sich die Integration der Module über die Gestaltung der Schnittstellen (Brusoni, S. & Prencipe, A. 2001: 202; Heath, C. & Staudenmayer, N. 2000: 157). Diese Zusammenhänge sollen im nächsten Abschnitt beleuchtet werden.

1.4. Herausbildung unterschiedlicher Perspektiven und Kommunikationsprobleme als Folge der Spezialisierung

Die modularisierungsbedingte Spezialisierung führt zu unterschiedlichen Perspektiven und kognitiven Orientierungen zwischen den einzelnen Spezialistengruppen (Corwin, R. G. 1969: 507; Dougherty, D. 1992: 181; Heath, C. & Staudenmayer, N. 2000: 157; Kretschmer, T. & Puranam, P. 2008: 860; Lawrence, P. R. & Lorsch, J. W. 1969: 11). Diese bedingen Kommunikationsprobleme, die die Integration und Abstimmung des Wissens in der Entwicklung der Module mit ihren Schnittstellen erschweren (Heath, C. & Staudenmayer, N. 2000: 183; Kretschmer, T. & Puranam, P. 2008: 863). Die Entwicklung divergierender Perspektiven und kognitiver Orientierungen in spezialisierten, am Innovationsprozess beteiligten Arbeitsgruppen sind auf folgende Faktoren zurückzuführen: Unterschiede der Ziele, der Zeitorientierungen, der Art zwischenmenschlicher

Beziehungen, des Formalisierungsgrades (Lawrence, P. R. & Lorsch, J. W. 1969), der Berufskulturen (Van Maanen, J. & Barley, S. R. 1984) und divergierender Denkkollektive (Fleck, L. 1980). Diese Faktoren werden im Folgenden im Detail erläutert.

Nach Lawrence und Lorsch (1969) lassen sich zwischen Abteilungen „differences in attitude and behavior, not just the simple fact of segmentation and specialized knowledge" (ebd.: 9) beobachten. Sie ergeben sich aus den Unterschieden der Denk- und Arbeitsweisen, für die sich drei Dimensionen definieren lassen (ebd.: 9). Die erste Dimension bezieht sich auf die Ziele der Spezialisten. Sie richten ihre Aufmerksamkeit auf unterschiedliche Ziele und Zielvorgaben. So konzentrieren sich Mitarbeiter im Vertrieb auf Umsatzvolumina und Mitarbeiter in der Produktion auf Produktionskosten. Die spezifischen Zielsetzungen ergeben sich aus den jeweiligen spezialisierten Aufgaben (ebd.: 37). Die zweite Dimension umfasst die Zeitorientierung (ebd.: 10 u. 34). So haben Forscher aus der Entwicklungsabteilung einen tendenziell langfristigeren Zeithorizont als Marketingmitarbeiter, von denen oftmals eine schnelle Reaktion auf Marktveränderungen erwartet wird (ebd.: 34). Die letzte Dimension betrifft die zwischenmenschlichen Beziehungen (ebd.: 10 u. 33). Da in der Produktion die Arbeit klar umrissen ist, beschränken sich die sozialen Kontakte eher auf die zur Arbeitserfüllung notwendigen Kontakte, wohingegen in der Marketingabteilung die Arbeit mit einer gewissen Unsicherheit verbunden ist, so dass hier die Pflege sozialer Beziehungen sehr viel wichtiger ist (ebd.: 33). Daneben unterscheiden sich spezialisierte Einheiten im Grad der Formalisierung, d. h. im Grad der Reglementierung und Kontrolle der Arbeit der Organisationsmitglieder (ebd.: 10 u. 31). Forschungsabteilungen sind aufgrund der Unbestimmtheit ihrer Aufgaben kaum formalisiert. Die Forscher sollen die Freiheit haben, sich untereinander abzustimmen und wissenschaftliche Probleme ohne weitreichende Vorgaben zu lösen. Dagegen existieren in der Produktion klare Vorschriften und Kontrollen.

Unterschiede zwischen Spezialisten resultieren nicht nur aus den zugeteilten Aufgaben, sondern auch aus ihrer Zugehörigkeit zu beruflichen Gemeinschaften (‚Occupational Communities'), die durch Berufskultur geprägt sind. Van Maanen und Barley (1984) definieren berufliche Gemeinschaften als

> „a group of people who consider themselves to be engaged in the same sort of work; whose identity is drawn from the work; who share with one another a set of values, norms and perspectives that apply to but extend beyond work related matters; and whose social relationships meld work and leisure" (ebd.: 287).

Durch die Beschäftigung mit ähnlichen Aufgaben, durch ähnliche Ausbildungshintergründe und Karrierewege bilden sich in Berufsgemeinschaften gemeinsam geteilte Werte, Normen, Perspektiven und Symbole, kurz: spezifische Identitäten heraus (ebd.: 291, 298 u. 303). Diese Identitäten grenzen die beruflichen Gemeinschaften untereinander ab (ebd.: 303). Wegen dieses gemeinsamen kulturellen Hintergrundes sind bestimmte Äußerungen von Mitgliedern einzelner Berufsgemeinschaften für Außenstehende häufig nur schwer verständlich (ebd.: 307). Unternehmen beschäftigen häufig Mitglieder aus den verschiedensten beruflichen Gruppierungen (ebd.: 333), die in Unternehmen in spezialisierten Arbeitsgruppen zusammenarbeiten.

Organisationale Aufgaben, wie die Entwicklung von neuen Produkten, werden vor ihrem Beginn häufig aufgrund der ihnen innewohnenden Komplexität modularisiert und die so definierten Teilaufgaben Spezialisten übertragen, die verschiedenen Berufsgemeinschaften angehören (Dougherty, D. 2001: 624). Es wird also zur Reduktion der Komplexität von Entwicklungsprojekten auf das voneinander unabhängige gruppenspezifische Wissen verschiedener Berufsgruppierungen zurückgegriffen und auf die Etablierung einer gemeinsamen gruppenübergreifenden Wissensbasis verzichtet (Lindkvist, L. 2005: 1200).

Die zuvor geschilderte Zugehörigkeit von Spezialisten zu beruflichen Gemeinschaften ist Ursache der Entstehung sog. Denkkollektive. Jedes Denkkollektiv besteht aus einer Gemeinschaft von Individuen, die einen gemeinsamen spezifischen Denkstil teilen (Fleck, L. 1980: 54). Unterschiedliche Denkstile bedingen eine unterschiedliche Wahrnehmung und Verarbeitung von Fragestellungen, Problemen und Lösungsansätzen etc. (ebd.: 130). Zwischen den Denkstilen einzelner Spezialistengruppen bestehen prinzipielle Unterschiede (ebd.: 142), die erhebliche Verständigungsprobleme verursachen können (ebd.: 185).

Es wird deutlich, dass diese unterschiedlichen Denkkollektive und die innerhalb der Kollektive bestehenden unterschiedlichen Denkstile die Integration der Wissensbausteine der verschiedenen Arbeitsgruppen und Spezialisten erschweren (Dougherty, D. 1992: 179; Heath, C. & Staudenmayer, N. 2000: 157; Kretschmer, T. & Puranam, P. 2008: 860; Lawrence, P. R. & Lorsch, J. W. 1969: 11; Postrel, S. 2002: 306). Nicht selten führt die Spezialisierung zu Kommunikationsproblemen (Heath, C. & Staudenmayer, N. 2000: 183; Kretschmer, T. & Puranam, P. 2008: 863; Makridakis, S. & Wheelwright, S. 1973: 83). Eine erfolgreiche Kommunikation wird dagegen erreicht, wenn Personen ihre jeweiligen subjektiven Bezugsrahmen bzw. Denkstile so weit in Übereinstimmung bringen, dass es der sich hieraus ergebende gemeinsame Bezugsrahmen ermöglicht, die Äußerungen und Intentionen des anderen nachvollziehen zu können (Bromme, R. et al. 2004: 178; Clark, H. H. 1996: 92; Clark, H. H. & Brennan, S. E. 1991: 127; s. Abb. 1-1).

20 1. Komplexität interdisziplinärer Innovationen, Modularisierung und Spezialisierung

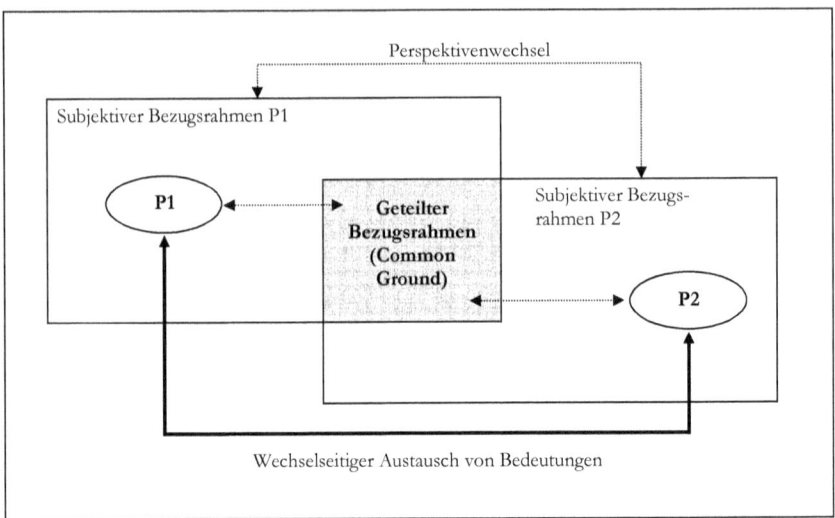

Abb. 1-1: Schematische Darstellung des Kommunikationsprozesses
(entnommen aus Bromme et al. [2004: 179])

Einen derartigen gemeinsamen Bezugsrahmen beschreiben Clark et al. als ‚Common Ground': „Two people's common ground is, in effect, the sum of their mutual, common, or joint knowledge, beliefs, and suppositions" (Clark, H. H. 1996: 93). Ein ‚Common Ground' entsteht durch das Bewusstsein, dass Wissen, Vorstellungen und Annahmen gemeinsam geteilt werden (Clark, H. H. 1996: 94). Für eine erfolgreiche Kommunikation ist der Aspekt der Wechselseitigkeit von Bedeutung (Nückles, M. 2001: 5). Tatsächlich ist Kommunikation erst dann erfolgreich, wenn die beteiligten Personen wechselseitig davon überzeugt sind, dass mithilfe des gemeinsam geteilten Bezugsrahmens die ausgetauschten Informationen in ausreichender Weise verstanden werden können (Clark, H. H. & Brennan, S. E. 1991: 129). Für eine reibungslose Kommunikation ist die Erweiterung eines gemeinsamen ‚Common Ground', das sog. ‚Common Grounding', umso notwendiger, je ausgeprägter das Wissen und die Perspektiven der Gesprächspartner voneinander divergieren (Bromme, R. et al. 2004: 179). ‚Grounding' stellt sich als ein kontinuierlicher, fortwährender Prozess der Akkumulation und Restrukturierung dar (Clark, H. H. 1989: 261). ‚Grounding' ist allerdings häufig mit Kosten verbunden (Clark, H. H. & Brennan, S. E. 1991: 142), die es erforderlich machen, den Aufwand hierfür so gering wie möglich zu halten (Clark, H. H. 1989: 269).

Je mehr die Gesprächspartner abschätzen können, was der jeweils andere von ihnen weiß, welche Perspektiven er besitzt und je besser sie sich ineinander hineinversetzen können, desto eher entwickeln sie einen ‚Common Ground' (Bromme, R. et al. 2004: 180; Isaacs, E. A. & Clark, H. H. 1987: 28). Sie sind damit in der Lage, ihre Äußerungen so weit wie möglich an den Wissenshintergrund und den Perspektiven des anderen anzupassen und können auf diesem Weg effektiv miteinander kommunizieren (Krauss, R. M. & Fussel, S. R. 1991: 8 u. 10).

Diese Abläufe erhalten bei der interdisziplinären Kommunikation eine besondere Relevanz. Wenn Spezialisten unterschiedlicher Fachgebiete aufeinandertreffen, sind sie auf ihrem Gebiet Experten, auf dem jeweils anderen Gebiet aber Laien (Bromme, R. et al. 2004: 177 f.). Experten unterscheiden sich nicht nur durch einzelne Wissenselemente, sondern auch durch die Einbettung ihres Wissen in unterschiedliche Bezugssysteme (ebd.: 180). Laien fällt es zudem häufig schwer, auf dem Gebiet des Experten Ursache und Effekt richtig auseinanderzuhalten (Furnham, A. 1988: 4). Der Experte muss daher versuchen, seine Erläuterungen so weit wie möglich an das individuelle Wissen und die fachliche Kompetenz des Laien anzupassen (Nückles, M. et al. 2005: 220). Allerdings sollte der Laie auch in der Lage sein, die richtigen Fragen zu stellen, um so den ‚Grounding'-Prozess zu erleichtern (Bromme, R. et al. 2004: 183; Mengis, J. & Nicolini, D. 2009: 15; Nückles, M. 2001: 16). Aufgrund unterschiedlicher Perspektiven und Wissenshintergründe ist das häufig nur schwer möglich (Nückles, M. 2001: 3 f.). In Innovationsprojekten, bei denen unterschiedliche Spezialisten miteinander kooperieren müssen, kommen solche Laien-Experten-Konstellationen oft vor. Die sich dadurch ergebenden Kommunikationsprobleme behindern die Integration und Abstimmung der einzelnen Module sowie Arbeitspakete (Heath, C. & Staudenmayer, N. 2000: 183).

Unternehmen stehen damit vor dem Dilemma, auf der einen Seite die Komplexität von Innovationsvorhaben durch Modularisierung reduzieren zu müssen, auf der anderen Seite aber aufgrund der durch diese Modularisierung bedingten zunehmenden Spezialisierung die für den Erfolg des Innovationsprojektes notwendige Wissensintegration zu erschweren. Hieraus ergibt sich die Frage, wie Spezialisten aus den einzelnen Fachabteilungen innerhalb von Innovationsprojekten ihr Wissen dennoch effektiv zu einem neuen Produkt oder Verfahren integrieren können. Die OL-Literatur liefert hierzu Antworten.

2. Organisationales Lernen

In der OL-Literatur gibt es verschiedene, teilweise gegensätzliche Vorstellungen darüber, wie Wissen einzelner Spezialisten erfolgreich zu organisationalem Wissen integriert werden kann. Die unterschiedlichen Konzepte lassen sich zwei Perspektiven, der ‚Cross-Learning'- und der Spezialisierungsperspektive, zuordnen (Grunwald, R. 2003: 3; Schmickl, C. 2006: 38). Um aber die einzelnen Konzepte besser verstehen und in die OL-Literatur einordnen zu können, soll zunächst aufgezeigt werden, was unter OL verstanden wird. Das OL-Feld wird kurz skizziert und anschließend eine Arbeitsdefinition entwickelt.

2.1. OL: Skizzierung des OL-Felds und die Entwicklung einer Arbeitsdefinition

In den letzten Jahrzehnten entwickelte sich OL zu einem der dominanten Themen im wissenschaftlichen Diskurs (Friedman, V. J. et al. 2005: 19; Pawlowsky, P. 2001: 63) wie auch in der Diskussion der Praxis (Dodgson, M. 1993: 376; Rebelo, T. M. & Gomes, A. D. 2008: 298; Starkey, K. 1998: 532). Vor allem in der praxisorientierten Forschung entwickelte es sich zum Modethema (Vollmer, H. 1996: 320). Die hohe Popularität ging mit einer Vielzahl unterschiedlicher Terminologien und Konzepte einher (Crossan, M. M. et al. 1995: 338; Easterby-Smith, M. 1997: 1085; Friedman, V. J. et al. 2005: 20; Visser, M. 2007: 659). Eine einheitliche Konzeption des OL hat sich in der Wissenschaft nicht herausgebildet. Das liegt v. a. daran, dass sich unterschiedliche Disziplinen mit diesem Phänomen beschäftigt haben (Bell, S. J. et al. 2002: 70; Easterby-Smith, M. 1997: 1108). So werden OL-Prozesse auf der Basis von Psychologie, Soziologie, Wirtschaftswissenschaften, Politikwissenschaft und Informatik untersucht (Friedman, V. J. et al. 2005: 20; Schmickl, C. 2006: 37). In den Wirtschaftswissenschaften wird OL wiederum aus der Perspektive unterschiedlicher Konzepte wie bspw. Organisationskultur, strategisches Management, ‚Absorptive Capacity' analysiert (Wang, C. L. & Ahmed, P. K. 2003: 8). Zudem setzt sich nach Huber (1991: 90 ff.) der OL-Prozess aus verschiedenen Teilprozessen – ‚Knowledge Acquisition', ‚Information Distribution', ‚Information Interpretation', ‚Organizational Memory' – zusammen, die wiederum unterschiedliche Ansätze erforderlich machen (Nicolini, D. & Meznar, M. B. 1995: 733). Aufgrund dieser verschiedenen Blickwinkel, aus denen die Wirtschaftswissenschaftler das Thema betrachten, zeigt die OL-Forschung ein sehr uneinheitliches Bild (Fiol, M. C. & Lyles, M. A. 1985: 803; Probst, G. J. B. & Büchel, B. S. T. 1994: 17). So sah bereits Hedberg (1981) im OL ein „summary label for all kinds of processes that map aspects of environments into systems that learn" (ebd.: 4). In der Literatur lassen sich daher unterschiedliche Versuche, OL zu typologisieren und zu strukturieren, ausmachen (Bell, S. J. et al. 2002; Easterby-Smith, M. 1997; Klimecki, R. G. & Thomae, M. 1997; Pawlowsky, P. 2001; Shrivastava, P. 1983; Wang, C. L. & Ahmed, P. K.

2003; Wiegand, M. 1996). Pawlowski (2001: 66 ff.) identifiziert bspw. fünf OL-Ansätze, die wiederum unterschiedliche Konzepte umfassen: (1) Ansätze der Entscheidungs- und Anpassungsperspektive; (2) Ansätze der Systemperspektive; (3) Ansätze der kognitiven Perspektive; (4) Ansätze der Wissensperspektive; (5) Ansätze der kulturellen Perspektive und (6) Ansätze der handlungsorientierten Perspektive.

Unter Ansätze der *organisationalen Entscheidungs- und Anpassungsperspektive* fasst Pawlowsky Ansätze zusammen, bei denen OL durch Umweltänderungen ausgelöst wird, die Anpassungen organisationaler Entscheidungsprozesse notwendig machen (Pawlowsky, P. 2001: 66). In solchen Ansätzen wird das auf Entscheidungsprozessen beruhende Verhalten der Organisation kontinuierlich an Änderungen in der Umwelt der Organisation angepasst (Klimecki, R. G. & Thomae, M. 1997: 3). Neues Verhalten wird in organisationalen Regeln und Routinen gespeichert (Pawlowsky, P. 2001: 66). OL ist demnach „a function of the organization's experience with the knowledge base that underlies decision processes" (Shrivastava, P. 1983: 10). Wichtigste Vertreter dieser Perspektive sind Cyert und March (1963), March und Olsen (1975) sowie Levitt und March (1988). Auf Konzepte des OL der March-Schule wird in Zusammenhang mit dem TOL-Konzept im Detail eingegangen. Sie bilden das Fundament des TOL-Konzepts.

Der *Systemtheorieperspektive* ordnet Pawlowsky (2001: 68) Konzepte zu, die Organisationen als offene Systeme verstehen, welche einem Umfelddruck ausgesetzt sind und sich diesem anpassen müssen. Lernen bedeutet in diesem Sinne, die komplexen Beziehungen zwischen den verschiedenen sozialen Systemen und die damit verbundenen Dynamiken nachzuvollziehen (ebd.: 68). Solche OL-Prozesse setzen Organisationsmitglieder voraus, die ein Systemdenken entwickeln, ihr eigenes Können weiterentwickeln und gemeinsame mentale Modelle entwickeln sowie diese bei sich ändernden Umfeldbedingungen reorganisieren (Yeo, R. K. 2005: 373). Dabei verstärken Feedbackschleifen die Konsequenzen einzelner organisationaler Handlungen für das gesamte System (Easterby-Smith, M. 1997: 1091). So wirken sich bspw. Nachfrageveränderungen nicht nur auf einzelne Handlungen aus, sondern auf den gesamten Leistungserstellungsprozess. Störungen in einem Teil der Kette werden durch Feedbackschleifen mit anderen Aktivitäten verstärkt. Einer der Hauptvertreter dieser Perspektive ist Senge (1990).

Die *kognitive Perspektive* umfasst Konzepte, die kognitive Systeme auf individueller und kollektiver Ebene als Ausgangsbasen für OL betrachten (Pawlowsky, P. 2001: 69). Lernen findet statt, wenn die Art und Weise der Informationsverarbeitung, das gemeinsame Verständnis und die Interpretation von Ereignissen verändert werden (Crossan, M. M. et al. 1995: 348). Diesen organisationa-

2. Organisationales Lernen 25

len Lernprozessen liegt die Auseinandersetzung der Organisationsmitglieder mit den Realitäten anhand gemeinschaftlich entwickelter ‚Cognitive Maps' zugrunde, wobei die ‚Cognitive Maps' zur Aufrechterhaltung des gemeinsamen Verständnisses den sich ändernden Realitäten fortlaufend angepasst werden (Shrivastava, P. 1983: 13). OL ist aus dieser Sicht „the process of modifying these maps" (Nicolini, D. & Meznar, M. B. 1995: 735). Wichtige Vertreter dieser Perspektive sind Argyris und Schön (1978). Ihr Konzept beschreibt, wie individuelles Wissen zu organisationalem Wissen integriert wird. Es wird deshalb im Abschnitt 2.2.1. aufgegriffen und im Detail dargestellt.

Ausgehend von der kognitiven Perspektive definieren Konzepte der *Wissensperspektive* nach Pawlowsky (2001: 70) OL als Veränderung des organisationalen Wissenssystems, wodurch sich das Verständnis der Organisationsmitglieder über ihre externen und internen Umwelten verbessert. Ziel der OL-Prozesse aus Sicht dieser Perspektive ist die kontinuierliche Verbesserung des organisationalen Wissens. Abweichungen zwischen den tatsächlichen und den gewünschten Handlungsergebnissen führen zur Veränderung der Wissensbasis (Klimecki, R. G. & Thomae, M. 1997: 7). Die Konzepte basieren größtenteils auf der Annahme, dass individuelles Wissen durch Interaktionsprozesse mehr oder weniger automatisch zu organisationalem Wissen wird (Wiegand, M. 1996: 263). Dieser Ansatz geht im Wesentlichen auf Duncan und Weiss (1979) zurück. Weitere Vertreter sind u. a. Huber (1991), Walsh und Ungson (1991) sowie Nonaka (1994). Ähnlich wie Agyris und Schön (1978) zeigt auch Nonaka Mechanismen zur Wissensintegration auf. Nonakas Konzept wird im Abschnitt 2.2.1. vorgestellt.

Ansätze der *kulturellen Perspektive* fassen nach Pawlowsky (2001: 72) OL nicht mehr als einen von defensiven Einstellungen gegenüber Änderungen geprägten Prozess, sondern als auf einer aktiven Lernkultur basierend auf. Ziel ist es, eine Lernkultur zu schaffen, die sich nicht gegen das Lernen und die Weiterentwicklung von Organisationsmitgliedern richtet, sondern Organisationen hilft, das vorhandene Wissen in der Organisation möglichst voll auszuschöpfen und die gesetzten Organisationsziele zu erreichen (Wang, C. L. & Ahmed, P. K. 2003: 11). Die Organisationskultur ist somit Determinante als auch Ergebnis von OL (Easterby-Smith, M. 1997: 1101). Neben Argyris und Schön (1978) sind weitere Vertreter dieser Perspektive Cook und Yanow (1993), Hawkins (1991) und Schein (1991).

Grundlegend für Konzepte der *Perspektive des handlungsorientierten Lernens* ist nach Pawlowsky (2001: 74) die Idee, dass Lernen sich an Handlungen orientiert. Aus Sicht dieser Perspektive machen Individuen durch eigenes oder fremdes Handeln Erfahrungen, über die sie dann reflektieren, indem sie diese mit früheren Erfahrungen in Beziehung setzen (ebd.: 76). Durch die Reflexion über jede einzelne Handlung vermag das einzelne Organisationsmitglied ein Gesamtverständnis über Handlungszusammenhänge (ebd.: 76) zu gewinnen. Die Konzepte dieser Perspektive des handlungsorientierten Lernens stützen sich v. a. auf organisationsinterne Lernprozesse, die durch die Handlungen der jeweiligen Individuen und Gruppen ausgelöst werden (Wiegand, M. 1996: 308), wobei das Einbeziehen externen Wissens zum Erfolg des Lösungsprozesses von Problemen beitragen kann (Pawlowsky, P. 2001: 76). Wichtigste Protagonisten dieser Perspektive sind u. a. Pedler et al. (1991), Garratt (1990) und Revans (1980). Neben den von Pawlowsky genannten Perspektiven beschreiben Shrivastava (1983: 14 ff.) noch den ökonomischen, Klimecki und Thomae (1997: 5) den interpretationsorientierten Ansatz. Die von Fiol und Lyles bereits 1985 getätigte Aussage bleibt jedoch bestehen: Keine der Theorien oder Modelle konnte sich durchsetzen und eine breite Akzeptanz finden (Fiol, M. C. & Lyles, M. A. 1985: 803). Ungeachtet dessen werden zur Strukturierung der OL-Literatur immer wieder Versuche unternommen, die einzelnen Konzepte und Theorien zu Klassen zusammenzufassen.

Auf eine umfassende Strukturierung und weitere Darstellung der OL-Literatur wird in dieser Arbeit verzichtet.[9] Im Hinblick auf die Fragestellung, wie das Wissen von Spezialisten mit unterschiedlichen Hintergründen zu neuen Produkten oder Prozessen in Innovationsprojekten integriert werden kann, werden nur diejenigen Konzepte vorgestellt, die hierauf eine Antwort liefern. Zuvor soll für die vorliegende Studie eine Arbeitsdefinition des OL-Begriffs entwickelt werden.

Arbeitsdefinition OL:
In OL-Definitionen, v. a. neuerer OL-Publikationen, nimmt die Veränderung bzw. Vermehrung des organisationalen Wissens eine zentrale Stellung ein (Argote, L. 1993: 33; Cacciatori, E. 2008: 1591; Koch, U. 2004: 27; Schreyögg, G. & Eberl, P. 1998: 519; Wiegand, M. 1996: 310). So ist nach Probst und Büchel (1994) OL „der Prozess der Erhöhung der organisationalen Wert- und Wissensbasis" (ebd.: 17). Auch Huber (1991) greift in seiner Definition den Wissensbegriff auf, derzufolge Organisationen lernen, „if any of its units acquires knowledge that it recognizes as potentially useful to the organization" (ebd.: 89). Ursprünglich geht die Idee, OL als Entwicklung von organisationalem Wissen zu definieren, auf Duncan und Weiss (1979) zurück. Sie verstehen OL als „process within the organization by which the knowledge about action-outcome relationships and the effects of the environment on these relationships is developed" (ebd.: 84). Einen Grund für die Bedeutung des Wissensbegriffs in der jüngeren Diskussion sehen Schreyögg und Eberl darin, dass sich mit dieser Konzeptualisierung verschiedene Perspektiven integrieren lassen (Schreyögg, G. & Eberl, P. 1998: 519). Aus diesem Grund ist zu erwarten, dass auch in Zukunft

---

[9] Für eine umfassende Darstellung der OL-Literatur siehe Wiegand (1996)

OL-Konzepte den Wissensbegriff als Ausgangspunkt verwenden werden (Wiegand, M. 1996: 310).

In dieser Arbeit soll daher ähnlich wie in den Arbeiten von Koch (2004: 27) und Grunwald (2003: 28) OL als die Veränderung des organisationalen Wissens definiert werden. Eine Organisation lernt, wenn das Wissen ihrer einzelnen Mitglieder zu neuem Organisationswissen integriert wird und der Organisation in gespeicherter Form in größerem Umfang als zuvor zur Verfügung steht (Schmickl, C. 2006: 17). OL soll aber auch die Rekombination bestehender organisationaler Wissensbausteine zu neuartigem Wissen beinhalten.

Wissen umfasst zum einen Informationen, zum anderen Know-how (Kogut, B. & Zander, U. 1992: 386). Informationen oder auch Know-what sind Fakten, grundsätzliche Aussagen und Symbole, die sich leicht übermitteln lassen (Brown, J. S. & Duguid, P. 1998: 91; Kogut, B. & Zander, U. 1992: 386). Know-how ist „the accumulated skill or expertise which allows one to do something smoothly and efficiently" (von Hippel, E. 1987: 291). Know-how ist die Fähigkeit, Know-what in erforderliche Handlungen umzusetzen (Brown, J. S. & Duguid, P. 1998: 95). Organisationales Wissen ist „the sum of individual knowledge used in the value creation process and the knowledge embedded in collective action" (Schüppel, J. et al. 1998: 227). Es beinhaltet das organisationsinterne individuelle und kollektive Wissen sowie zusätzlich das unternehmensexterne Wissen des Organisationsumfeldes, zu dem die Organisationsmitglieder bzw. relevante Entscheidungsträger jeweils Zugang haben. Organisationales Wissen wird personenunabhängig in Speichermedien wie Produkten oder Verfahren, aber auch in Routinen und Normen gespeichert (Schmickl, C. 2006: 11 f.).

Diese Arbeitsdefinition grenzt OL von auf die Ebene einzelner Individuen oder Gruppen beschränkten Lernprozessen ab. Erst die Integration individueller Wissensvermehrung führt zu organisationalem Wissen und wird als OL bezeichnet. Demnach ist OL allerdings nicht als die Summe individuellen Lernens der einzelnen Organisationsmitglieder anzusehen. OL verbindet vielmehr individuelles Wissen und den durch individuelles Lernen erzielten Wissenszuwachs zu organisationalen Gedächtnissen, in denen bestimmte Verhaltensweisen, Normen und Werte abgespeichert sind, die ihrerseits wiederum das Wissen, das Lernen bzw. die Wissensvermehrung der Organisationsmitglieder beeinflussen (Hedberg, B. 1981: 6). Im Ergebnis beruht organisationales Wissen auf individuellem Wissen und individuellen Lernprozessen. Im Folgenden werden daher Konzepte zur Integration von individuellem Wissen in neues Organisationswissen vorgestellt.

2.2. OL: Integration des individuellen Wissens zu Organisationswissen – zwei unterschiedliche Perspektiven der Wissensintegration

Die Integration individuellen Wissens zu organisationalem Wissen ist eines der Kernprobleme des OL (Müller-Stewens, G. 1994: 196). Dies gilt insbesondere für Innovationsprojekte. Hierbei wird das Wissen einer ganzen Bandbreite unterschiedlicher Spezialisten zu neuem organisationalen Wissen in Form von neuen Produkten oder Prozessen zusammengeführt (Chuma, H. 2006: 394; Grant, R. 1996b: 114; van de Ven, A. H. 1986: 591). Das Verknüpfen von Wissen und Informationen einzelner Spezialisten ist daher einer der „zentralen Anliegen eines effizienten Entwicklungsmanagements" (Clark, K. B. & Fujimoto, T. 1992: 205): „All learning takes place inside the individual human heads" (Simon, H. A. 1991: 125). Der Schritt von individuellem Lernen hin zu organisationalem Lernen wird dadurch erreicht, dass „individuelle Wissensbestände auf kollektiver Ebene zu neuem Wissen integriert und anschließend auf organisationaler Ebene gespeichert werden" (Schmickl, C. 2006: 17).

Die OL-Literatur zeigt mit der ‚Cross-Learning'- und Spezialisierungsperspektive zwei Wege zur Integration individuellen Wissens zu Organisationswissen auf. Die Wege unterscheiden sich im Wesentlichen nach dem Ausmaß, in dem Wissen zwischen den Organisationsmitgliedern ausgetauscht werden muss, bevor die Voraussetzungen für eine erfolgversprechende Basis zur Integration des Wissens einzelner Organisationsmitglieder geschaffen ist. Im folgenden Abschnitt wird zunächst die ‚Cross-Learning'-Perspektive vorgestellt.

2.2.1. ‚Cross-Learning'-Perspektive – geteilte Wirklichkeitskonstruktionen

Charakteristisch für die Konzepte der ‚Cross-Learning'-Perspektive ist die implizite Annahme, dass Organisationsmitglieder zunächst umfangreich Wissen zur Schaffung eines gemeinsamen Verständnisses untereinander austauschen müssen, bevor sie in der Lage sind, ihr Wissen zu neuem organisationalen Wissen zu integrieren. Dieser extensive Wissensaustausch ist Voraussetzung für ein gemeinsames Verständnis über die für eine erfolgreiche Wissensintegration notwendigen Zusammenhänge. Wie in der Einleitung bereits erwähnt, gibt es innerhalb der ‚Cross-Learning'-Perspektive zum einen Konzepte, die die Schaffung dieser gemeinsamen Wirklichkeitskonstruktionen über Abteilungsgrenzen hinweg auf die gesamte Organisation beziehen (bspw. Argyris, C. & Schön, D. A. 1974; Boland, R. J. & Tenkasi, R. V. 1995; Kim, D. H. 1993; Nonaka, I. 1994). Zum anderen liegen Konzepte vor, bei denen sich lediglich einzelne Organisationsmitglieder die Perspektiven anderer Organisationsmitglieder aneignen (bspw. Brown, J. S. & Duguid,

P. 1998; Leonard-Barton, D. 1998). Diese Organisationsmitglieder übernehmen dann hinsichtlich der Wissensabstimmung die Funktion eines Übersetzers und Vermittlers.

Bei der ‚Cross-Learning'-Perspektive lassen sich ganzheitliche Organisationskonzepte und Konzepte zur Wissensintegration im Rahmen der organisationalen Innovationsforschung unterscheiden. Zunächst werden die ganzheitlichen Konzepte mit ihren wichtigsten Vertretern Argyris und Schön (1978), Nonaka (1991 ff.), Kim (1993) und Dixon (1994) diskutiert. Zu dieser Gruppe zählen auch Fiol (1994) sowie Probst und Büchel (1994). Anschließend folgen stellvertretend für die Ansätze der organisationalen Innovationsforschung die Darstellung der Konzepte von Brown und Duguid (1998), Leonard-Barton (1998) sowie Boland und Tankasi (1995). Dieser Gruppe ist auch Fong (2003) zuzurechnen.

Argyris und Schön (1978):
Nach Argyris und Schön (1978: 17, 94) wird individuelles Wissen mithilfe sog. ‚Organizational Maps' zu organisationalem Wissen integriert. Die ‚Organizational Maps' bilden die Basis für eine erfolgreiche Rekombination von Wissen und erfordern einen umfangreichen Wissensaustausch (Argyris, C. & Schön, D. A. 1978: 16). In diesem Sinne konzeptualisieren Agyris und Schön OL als Austausch von Wissen zwischen den Organisationsmitgliedern (Kieser, A. & Koch, U. 2002: 243).

Ausgangspunkt für Argyris und Schöns OL-Ansatz sind organisationale Handlungstheorien, sog. ‚Theories-of-Action'. ‚Theories-of-Action' sind Handlungsschemata, die vorgeben, wie in bestimmten Situationen, ausgehend von bestimmten Annahmen, gewünschte Ziele erreicht werden können (Argyris, C. & Schön, D. A. 1978: 10). Sie bestehen aus drei Elementen: *Normen*, *Strategien* und *Annahmen* (ebd.: 14 f.): *Normen* geben Ziele vor, z. B. eine bestimmte Rate des ‚Return of Investment', die durch *Strategien* erreicht werden sollen, bspw. durch die Entwicklung neuer Produkte und deren Einführung in den Markt. *Annahmen* verbinden Strategien und Normen. Um das Beispiel weiterzuführen: Der Strategie und der Norm liegt die Annahme zugrunde, dass die hohe Rate des ‚Return of Investment' durch kontinuierliche Markteinführungen neuer Produkte erzielt wird. Normen, Strategien und Annahmen reflektierende ‚Theories-of-Action' bilden die kognitive Basis des Handelns (ebd.: 10). Argyris und Schön unterscheiden ‚Espoused-Theories-of-Action' und ‚Theories-in-Use' (ebd.: 11). ‚Espoused-Theories-of-Action' sind Vorgaben der Organisation, auf welchen Normen Handlungen beruhen sollten (Argyris, C. 1976: 367). Die ‚Theories-in-Use' beschreiben die Handlungsschemata, nach denen die Aktionen der Organisation tatsächlich ablaufen (ebd.: 367). Die organisationalen ‚Theories-in-Use' lassen sich aus der

Beobachtung des realen Verhaltens bzw. der realen Handlungen der Organisation ableiten (Argyris, C. & Schön, D. A. 1978: 13). Sie speichern das Wissen der Organisation (Probst, G. J. B. & Büchel, B. S. T. 1994: 24). „Theories-in-use include the knowledge about the behavior of physical objects, the making and use of artefacts, the market place, organizations, and every other domain of human activity" (Argyris, C. & Schön, D. A. 1974: 7 f.).

Organisationsmitglieder entwickeln jedoch in den ‚Theories-in-Use' eigene, allerdings niemals vollständige Vorstellungen, sog. ‚Private Images': „Each member of the organization constructs his or her own representation, or image of the theory-in-use of the whole. That picture is always incomplete" (Argyris, C. & Schön, D. A. 1978: 16). Damit aber die ‚Theories-in-Use' von allen Organisationsmitgliedern vollständig erfassbar werden, erfolgt mithilfe von ‚Organizational Maps' eine Integration der individuellen ‚Private Images' zu einer gemeinsam geteilten organisationalen ‚Theory-in-Use' bzw. organisationalen Wissensbasis. ‚Organizational Maps' stellen „shared descriptions of organization" (ebd.: 17) dar und sind das Medium, mit dem individuelles Wissen zu organisationalem Wissen zusammengeführt wird. Sie werden gemeinsam entwickelt und bilden die organisationale ‚Theory-in-Use' ab (ebd.: 17). Die Erstellung von ‚Organizational Maps' erfordert einen umfangreichen Wissensaustausch: „It is this a continual, concerted meshing of individual images of self and others, of one's own activity in the context of collective interaction, which constitutes an organization's knowledge of its theory-in-use" (ebd.: 16). Die so entstandenen organisationalen ‚Theories-of-Action' sind die Basis, nach denen Organisationsmitglieder handeln. Weichen die tatsächlichen Handlungsergebnisse von den erwarteten Ergebnissen ab, werden die organisationalen ‚Theories-of-Action' entsprechend verändert (Argyris, C. & Schön, D. A. 1978: 18).

Argyris und Schön (Argyris, C. & Schön, D. A. 1978: 18 ff.) unterscheiden drei Arten von Lernen: (1) ‚Single-Loop'; (2) ‚Double-Loop' und (3) ‚Deutero'-Lernen. Von ‚Single-Loop'-Lernen sprechen Argyris und Schön (1978: 18), wenn Fehler durch Veränderung der Annahmen und Strategien korrigiert werden. Es ist inkrementell und adaptiv, wie ein Thermostat, der die Heizung einschaltet, sobald 22 Grad Celsius unterschritten werden (Argyris, C. 1993: 5). ‚Double-Loop'-Lernen korrigiert Fehler durch die Veränderung der organisationalen Normen bzw. deren Gewichtung (Argyris, C. & Schön, D. A. 1978: 24). Der Thermostat passt in diesem Fall nicht einfach die Temperatur an ein vorgegebenes Niveau an, sondern überprüft, ob die zweiundzwanzig Grad Celsius überhaupt die richtige Temperatur sind (Argyris, C. 1993: 5). Während ‚Single' und ‚Double-Loop'-Lernen Fehler korrigieren, die sich aus dem Alltag der Organisation ergeben, lernen die Organisationsmitglieder bei ‚Deutero'-Lernprozessen das Lernen selbst. Das Unternehmen lernt, ‚Single-Loop'- und ‚Double-Loop'-Lernprozesse auszuführen (Argyris, C. & Schön, D. A. 1978: 26). Die Organisationsmitglieder analysieren den früheren Lernkontext sowie frühere Lernepisoden oder das Fehlschlagen von Lernprozessen (ebd.: 27). Dabei entdecken sie, welche ihrer Handlungen Lernen begünstigt oder verhindert hat. Als Reaktion darauf werden neue Lernstrategien entwickelt, umgesetzt, bewertet und verallgemeinert (ebd.: 27). Damit die Lernprozesse sich nicht auf einzelne Organisationsmitglieder beschränken, müssen die neuen individuellen Erfahrungen wieder mithilfe der ‚Organizational Maps' in die organisationalen ‚Theories-in-Use' und damit in die organisationale Wissensbasis integriert werden.

Entsprechend der Grundannahme der ‚Cross-Learning'-Perspektive setzt der von Argyris und Schön (1978) anhand von ‚Organizational Maps' konzipierte OL-Prozess einen extensiven Wissensaustausch voraus.

Nonaka (1991 ff.):
Aus Sicht von Nonaka erfolgt die Integration des Wissens einzelner Organisationsmitglieder durch den Aufbau eines gemeinsamen Verständnisses und die Entwicklung gemeinsamer Perspektiven. Das Wissen wird durch Explizierung gemeinsamer Erfahrungen der gesamten Organisation zugänglich gemacht (Nonaka, I. 1994: 23; Nonaka, I. et al. 1994: 321). Wichtigster Grundpfeiler von Nonakas Konzept der Wissensschaffung ist in Anlehnung an Polanyi (Polanyi, M. 1966: 4 ff.) die Unterscheidung zwischen explizitem (‚Explicit') und implizitem (‚Tacit') Wissen (Nonaka, I. & von Krogh, G. 2009: 635). Explizites Wissen kann in Worten und Zahlen ausgedrückt und in Form von Daten, wissenschaftlichen Formeln, Spezifikationen, Gebrauchsanweisungen vermittelt werden (Nonaka, I. & Konno, N. 1998: 42). Es ist „transmittable in formal, systematic language" (Nonaka, I. 1991: 16). Implizites Wissen hingegen besitzt eine starke persönliche Qualität, was seine Formalisierung und Kommunikation erschwert (Nonaka, I. 1994: 16). Es entspringt vornehmlich individuellen Handlungen und bündelt die individuellen Sichtweisen, Paradigmen, Schemata und Vorstellungen der Organisationsmitglieder (ebd.: 16). Im Vergleich zu explizitem Wissen bildet v. a. dieses individuelle implizite Wissen „the basis of organizational knowledge creation" (Nonaka, I. et al. 1996: 209) und stellt deshalb eine wichtige Quelle für Innovationen dar (Ichijo, K. et al. 1998: 200).
Nonakas Konzept der organisationalen Wissensgenerierung (SECI Model[10]) umfasst vier Phasen (Nonaka, I. 1994: 18 ff.): (1) Sozialisation (implizites Wissen wird zu implizitem Wissen), (2) Externalisation (implizites Wissen wird zu explizitem Wissen), (3) Kombination (explizites Wis-

---

[10] Der Name für das SECI Model ergibt sich aus den vier Anfangsbuchstaben der englischen Begriffe für die vier Phasen: ‚Socialization', ‚Externalization', ‚Combination' und ‚Internalization'.

sen wird zu explizitem Wissen) und (4) Internalisation (explizites Wissen wird zu implizitem Wissen).

Die *Sozialisationsphase* beginnt mit der Bildung eines „self-organizing 'team' made of several members coming from a variety of functional departments" (vgl. auch Nonaka, I. 1994: 23; Nonaka, I. et al. 1994: 341). In diesem Team eignen sich die Organisationsmitglieder durch gemeinsame Erfahrungen das implizite Wissen der jeweils anderen an (Nonaka, I. 1991: 19). Tatsächlich sind es gemeinsame Erfahrungen der Teammitglieder, die entscheidend zu diesem Wissensaustausch beitragen: „Physical face to face experiences are the key to conversion and transfer of tacit knowledge" (Nonaka, I. & Konno, N. 1998: 46). Hierdurch entsteht ein gemeinsames Verständnis, „that enables team members to 'indwell' into others and to grasp their world from 'inside'" (Nonaka, I. 1994: 24). Dieses tiefgehende gegenseitige Verständnis und der gemeinsame Erfahrungsschatz ermöglichen „the creation of 'common perspectives' which can be shared by team members as a part of their respective bodies of tacit knowledge" (ebd.: 24). Der Wissenstransfer erfolgt dabei im Rahmen der ‚Common Perspectives' durch gemeinsames Handeln (Nonaka, I. & Konno, N. 1998: 42). Während der Sozialisierungsphase wird jedoch die Ebene der organisationalen Wissensgenerierung noch nicht erreicht. Sie beschränkt sich auf einzelne Teams bzw. Teammitglieder (Nonaka, I. 1991: 99). Erst wenn durch die Externalisation das implizite Wissen explizit gemacht wird, ist es „crystallised, thus allowing it to be shared by others, and it become the basis of new knowledge" (Nonaka, I. et al. 2000: 9).

In der *Externalisationsphase* erfolgt durch einen fortwährenden Dialog zwischen den Teammitgliedern die Umwandlung des impliziten Wissens zu Konzepten und/oder Diagrammen, d. h. zu explizitem Wissen: „Externalization is a process of articulating tacit knowledge into such explicit knowledge as concepts and/or diagrams […]. This mode is triggered by a dialogue intended to create concepts from tacit knowledge. Creating a new product concept is a good example of externalization" (Nonaka, I. et al. 1996: 206 f.). Metaphern können nach Auffassung von Nonaka bei der Externalisation des impliziten Wissens hilfreich sein: „[T]he sophisticated use of 'metaphors' can be used to enable team members to articulate their own perspectives, and thereby reveal hidden tacit knowledge that is otherwise hard to communicate" (Nonaka, I. 1994: 20).

Im Zuge der anschließenden *Kombinationsphase* wird das zuvor externalisierte implizite Wissen mit bereits existierendem expliziten Wissen zu neuem Organisationswissen, bspw. zu neuen Prototypen oder Produkten, kombiniert: „Combination is a process of assembling new and existing explicit knowledge into a systemic knowledge such as a set of specifications for a prototype of new product" (Nonaka, I. et al. 1996: 207). Die Verknüpfung der neuen Konzepte mit existierendem Wissen macht deren Umsetzung in materielle Objekte möglich (ebd.: 207). In der Kombinationsphase wird durch Meetings oder Telefonkonferenzen (Nonaka, I. 1991: 19) auf das Wissen der gesamten Organisation zurückgegriffen (Nonaka, I. et al. 2000: 9 f.).

Der Prozess der organisationalen Wissensgenerierung endet mit der *Internalisationsphase*. In dieser Phase wird das neu in der Kombinationsphase entstandene explizite Wissen durch Anwendung in ‚Learning-by-Doing' und ‚Trial-and-Error'-Prozessen, in denen die Produkt- oder Verfahrenskonzepte umgesetzt und in Form von Experimenten getestet werden (Nonaka, I. 1994: 25), zu implizitem Wissen. Dieses neu entstandene implizite Wissen wird von den einzelnen Organisationsmitgliedern verinnerlicht (Nonaka, I. 1994: 20). Insgesamt beschreibt Nonaka diese vier Phasen als eine aufwärtsgerichtete Spirale der Wissensgenerierung: „[O]rganizational knowledge creation can be viewed as an upward spiral process, starting at the individual level moving up to the collective (group) level, and then to the organizational level, some times reaching out to the interorganizational level" (ebd.: 20).

Die Wissensgenerierung erfordert in jeder SECI-Phase einen gemeinsamen Kontext, ein sog. ‚Ba'[11] (Nonaka, I. et al. 2000: 13). ‚Bas' bieten die notwendigen Grundlagen für die Wissensgenerierung: sie sind die „platforms for knowledge creation" (Nonaka, I. et al. 2001: 493). ‚Bas' können als gemeinsame Räume verstanden werden, „where participants share their contexts and create new meanings through interactions" (Nonaka, I. & Toyama, R. 2002: 1001). Unter ‚Bas' versteht Nonaka nicht allein physische Räume (bspw. ein Büro), sondern auch virtuelle (bspw. E-Mails) oder mentale Kommunikationsräume (bspw. gemeinsame Erfahrungen) (Nonaka, I. et al. 2001: 499), die sich zwischen Individuen, in Arbeitsgruppen, temporären Meetings oder E-Mail-Gruppen aufbauen (Nonaka, I. & Toyama, R. 2005: 428). Der wichtigste Aspekt von ‚Ba' ist, dass er den Rahmen für Interaktionen zwischen Organisationsmitgliedern zum gemeinsamen Wissensaufbau bereitstellt (Nonaka, I. et al. 2001: 499; Nonaka, I. & Konno, N. 1998: 40).

Nach Nonaka gibt es vier verschiedene ‚Ba'-Typen, die mit den vier Phasen des SECI Models korrespondieren (Nonaka, I. & Konno, N. 1998: 49). ‚Originating Ba' sind als physische, individuelle ‚Face-to-Face'-Interaktionen charakterisiert (Nonaka, I. et al. 2001: 500). An diesem Ort teilen Individuen ihre Erfahrungen, Gefühle, Emotionen und mentalen Modelle (Nonaka, I. et al. 2000: 16; Nonaka, I. & Konno, N. 1998: 46). ‚Originating Bas' bieten den Kontext für die Sozialisierungsphase, in der die Wissensgenerierung beginnt (Nonaka, I. & Konno, N. 1998: 46). Der Kontext für die Externalisierungsphase sind ‚Dialoguing Bas'. Hier werden die individuellen

---

[11] Japanisch für Platz (Nonaka, I. & Konno, N. 1998: 40).

mentalen Modelle und Fähigkeiten der Organisationsmitglieder durch Dialoge in gemeinsame Begriffe und Konzepte umgewandelt (Nonaka, I. et al. 2001: 500). ‚Dialoguing Bas' zeichnen sich durch kollektive, ‚Face-to-Face'-Interaktionen aus (ebd.: 17). ‚Systemizing Bas' liefern den Kontext für die Kombination von explizitem Wissen (ebd.: 17) und bieten eine Plattform durch Online-Netzwerke, ‚Groupware'-Dokumentationen und Datenbanken für virtuelle Interaktionen (Nonaka, I. & Konno, N. 1998: 47). ‚Systemizing Ba' bezeichnet eine virtuelle Arbeitsumwelt, die einen effizienten Austausch von explizitem Wissen und dessen Kombination ermöglicht (Nonaka, I. et al. 2000: 17). Die Internalisation von Wissen findet schließlich mithilfe des ‚Exercising Ba'-Kontexts statt. Hier verinnerlichen die Organisationsmitglieder das explizite Wissen mithilfe visueller Medien wie geschriebenen Gebrauchsanweisungen (ebd.: 17) und Training durch permanente Übungen (Nonaka, I. & Konno, N. 1998: 47).

Die vier Ba-Typen ‚Originating Ba', ‚Dialoguing Ba', ‚Systemizing Ba' und ‚Exercising Ba' bilden die jeweiligen Kontexte und damit die Grundlage für die organisationale Wissensgenerierung (Nonaka, I. et al. 2001: 498).

Ähnlich wie bei Argyris und Schön (1978) ist auch bei Nonakas Vier-Phasen-SECI-Modell und den korrespondierenden ‚Ba'-Kontexten die Integration des Wissens mit einem enormen Wissensaustausch und intensiven Kommunikationsprozessen verbunden. Die Wissensintegration erfordert in diesem Modell einen „repeated, time consuming dialogue among members" sowie eine „redundancy of information" (Nonaka, I. 1994: 24).

Kim (1993):

Für Kim wird individuelles Wissen mithilfe geteilter Wirklichkeitskonstruktionen, sog. ‚Shared Mental Models', zu organisationalem Wissen integriert (Kim, D. H. 1993: 44).

Kims Ausgangspunkt ist das individuelle Wissen. Kim unterscheidet ähnlich wie Nonaka zwei Wissensarten, nämlich Know-how und Know-why. Know-how ist das Wissen, wie bestimmte Aufgaben gelöst werden (individuelles Handlungswissen, Routinen), wohingegen Know-why das Wissen beschreibt, warum Aufgaben in einer bestimmten Art und Weise erledigt werden (konzeptionelles Wissen, ‚Frameworks') (Kim, D. H. 1993: 38 u. 40). Beide Arten von Wissen werden von Individuen in mentalen Modellen abgespeichert:

> „Mental models represent a person's view of the world, including explicit and implicit understandings. Mental models provide the context in which to view and interpret new material, and they determine how stored information is relevant to a given situation. They represent more than a collection of ideas, memories, and experiences – they are like the source code of a computer's operating system, the manager and arbiter of acquiring, retaining, using, and deleting new information" (ebd.: 39).

2. Organisationales Lernen

Die persönlichen mentalen Modelle erfahren durch individuelle Lernprozesse permanent Veränderungen, wobei die mentalen Modelle ihrerseits den Lernprozessen zugrunde liegen (ebd.: 40). Der individuelle Lernzyklus beginnt mit der Beobachtung der Umwelt ('Observe'), die reflektiert und bewertet ('Assess') wird. Die Beobachtungen lösen den Entwurf von Konzepten aus ('Design'). Der individuelle Lernzyklus schließt mit der Testung und Implementierung ('Implement') der Konzepte ab (ebd.: 39).

In diesem Zusammenhang unterscheidet Kim operationales und konzeptionelles Lernen (ebd.: 40). Das operationale Lernen umfasst die Beobachtungs- und die Implementierungsphase, in denen auf der prozessualen Ebene die Erfüllung bestimmter Aufgaben, das Know-how, erlernt wird (ebd.: 40). Diese Lernprozesse verändern die zu den individuellen mentalen Modellen gehörenden Routinen, die aber auch selbst Lernprozesse zu initiieren vermögen (ebd.: 40). Tatsächlich beruhen die Art und Weise der Umweltrezeption oder der Konzeptimplementierung nicht selten auf Routinen. Die Bewertungs- und die Entwurfphase sind Bestandteile des konzeptuellen Lernens. Das konzeptuelle Lernen betrifft das Know-why der einzelnen Organisationsmitglieder (ebd.: 40). Dabei werden die den Handlungen zugrunde liegenden Bedingungen, Handlungsweisen und Konzepte hinterfragt, was zu Veränderungen der ‚Frameworks' in den persönlichen mentalen Modellen führen kann (ebd.: 40). Ähnlich wie die Routinen beeinflussen die ‚Frameworks' ihrerseits ebenfalls die Lernprozesse, indem sie sich auf die Bewertung der Umwelt und die Auswahl adäquater Handlungsweisen auswirken (ebd.: 40). Lernprozesse, die eine Veränderung der individuellen mentalen Modelle bewirken, bezeichnet Kim in Anlehnung an Argyris und Schön (1978: 24) auch als individuelles ‚Double-Loop'-Lernen.

Der Lernprozess der Organisation beruht auf den Organisationsmitgliedern (Kim, D. H. 1993: 41). Individuelles Wissen entwickelt sich erst dann zu Organisationswissen, wenn die individuellen mentalen Modelle verbessert, expliziert und anschließend zu gemeinsam geteilten Modellen, sog. ‚Shared Mental Models', verschmolzen werden. Durch diesen Prozess gewinnt organisationales Wissen die notwendige Unabhängigkeit von einzelnen Organisationsmitgliedern: „Organizational learning is dependent on individuals improving their mental models; making those mental models explicit is crucial to developing new shared mental models. This process allows organizational learning to be independent of any specific individual" (ebd.: 44). OL überführt individuelle Routinen in organisationale Routinen – ‚Standard Operating Procedures' – und individuelle ‚Frameworks' in eine organisationale ‚Weltsicht' (ebd.: 45). Die ‚Shared Mental Models' setzen sich aus den ‚Standard Operating Procedures' und der ‚Weltsicht' zusammen. In den gemeinsamen mentalen Modellen wird das gesamte Organisationswissen in den Köpfen der

Organisationsmitglieder gespeichert: „The mental models in individuals' heads are where a vast majority of an organizations knowledge (both know-how und know-why) lies" (ebd.: 44).

Ähnlich wie bei Nonaka (1991 ff.) sowie Argyris und Schön (1978) setzt der Aufbau einer gemeinsamen Wirklichkeitsstruktur implizit den intensiven Austausch von Wissen voraus, um die individuellen Modelle explizit zu machen. Ein derartiger Prozess gestaltet sich ausgesprochen komplex und schwierig: „[...] mental models are a mixture of what is learned explicitly and absorbed implicitly. That's why it's difficult to articulate them and share them with others" (Kim, D. H. 1993: 46).

Dixon (1994):
Nach Dixon werden individuelle Erfahrungen durch deren gemeinsame Interpretation und kollektive Bedeutungsstrukturen, sog. ‚Collective Meaning Structures', zu organisationalem Wissen integriert (Dixon, N. M. 1994: 43 u. 77 ff.).

Dixons OL-Konzept beruht auf der Vorstellung, dass Organisationsmitglieder die prinzipielle Fähigkeit besitzen, ihre individuellen ‚Meaning Structures' entsprechend den Erfordernissen ihres Umfeldes und durch den Austausch mit anderen Organisationsmitgliedern zu verändern und umzustrukturieren (ebd.: 36). Dabei reicht es nicht aus, einzelne Bedeutungsstrukturen zugänglich zu machen und innerhalb von Mitarbeitergruppen untereinander auszutauschen, vielmehr müssen Organisationen einen organisationalen, d. h. einen möglichst die Gesamtheit ihrer Mitglieder erfassenden, Lernzyklus durchlaufen (ebd.: 44). Dieser setzt sich aus vier Schritten zusammen (ebd.: 44): (1) die umfassende Generierung von Informationen (‚Widespread Generation of Information'), (2) die Integration neuer/lokaler Informationen in den organisationalen Kontext (‚Integrating new/local Information into the Organizational Context'), (3) Kollektives Interpretieren der Informationen (‚Collective Interpreting the Information') und (4) die Autorität, auf Grundlage der interpretierten Bedeutung verantwortlich zu handeln (‚Authority to take Responsible Action based on Interpreted Meaning').

Umfassende Generierung von Informationen bedeutet zunächst die Sammlung externer und interner Daten (ebd.: 69). Im Hinblick auf externe Daten soll jedes Organisationsmitglied kontinuierlich nur die primär von ihm genutzten Daten aus unterschiedlichen Quellen berücksichtigen (ebd.: 71 f.). Die Generierung interner Daten erfolgt hingegen im Rahmen der Ausführung einzelner Aufgaben innerhalb der Organisation. Dabei führen die Organisationsmitglieder systematische

2. Organisationales Lernen

Erfolgs- und Fehleranalysen durch oder machen Experimente zur Gewinnung neuer Erkenntnisse (ebd.: 69).

Diese Informationen, d. h. die zusammengetragenen externen und internen Daten, werden im nächsten Schritt durch die *Integration in den organisationalen Kontext* allen Organisationsmitgliedern zugänglich gemacht. Die Integration in den organisationalen Kontext erfolgt durch die Verbreitung der Informationen innerhalb der Organisation in einer möglichst vollständigen und eindeutigen, jedem Organisationsmitglied verständlichen Form (ebd.: 74). Hierdurch wird das ‚Silodenken' durchbrochen. Jedes Organisationsmitglied erhält Zugang zu dem gesamten Wissen und kann besser nachvollziehen, wie sich die eigenen Informationen in den organisationalen Kontext einfügen (ebd.: 73).

Die Verbreitung von Informationen ist für sich genommen noch kein OL (ebd.: 77). Erst *kollektives Interpretieren der Informationen* leitet einen OL-Prozess ein. Das kollektive Interpretieren reduziert die Mehrdeutigkeit der Informationen, fördert ein gemeinsames Verständnis und die Entwicklung einer gemeinsamen Bedeutungsstruktur, auf deren Grundlage zielgerichtet und gemeinsam gehandelt wird (ebd.: 78). Dementsprechend gewinnt das kollektive Interpretieren eine „paramount importance to organizational learning" (ebd.: 77). Ohne gemeinsame Interpretation erscheint OL nicht möglich. Die Organisationsmitglieder würden Informationen unabhängig voneinander und damit selektiv betrachten und sie allein mithilfe ihrer individuellen Bedeutungsstrukturen interpretieren (ebd.: 77). Entscheidend für eine effektive kollektive Interpretation ist ein breiter organisationaler Dialog, der die individuellen ‚Meaning Structures' in ‚Collective Meaning Structures' bündelt:

> „Organizational dialogue is interaction in a collective setting that results in mutual learning upon which the organization can act. [It is] a specific kind of organizational talk; talk that reveals our meaning structures to each other" (ebd.: 83)

Erst die kollektive Interpretation von Informationen im Rahmen eines spezifischen organisationalen Gesprächs eröffnet die Möglichkeit, persönliche Bedeutungsstrukturen anderen gegenüber offenzulegen und so die Voraussetzung für eine Umwandlung von individuellen Informationen zu organisationalem Wissen zu schaffen. Kollektive Bedeutungssysteme sind nicht „limited to, the set of norms, strategies and assumptions which specify how work gets divided and how tasks get performed. Collective meaning structures may be codified in policies and procedures, but to be collective they must also stay in the minds of organizational members" (ebd.: 39).

Die *Autorisierung der Organisationsmitglieder, auf Basis der interpretierten Bedeutung verantwortlich zu handeln*, schließt den Lernzyklus ab (ebd.: 92). Erst wenn die Organisation ihre Mitglieder ermächtigt, auf Grundlage der kollektiven Interpretationen und Bedeutungsstrukturen zu handeln, erhalten die Lernprozesse für die Organisation einen fassbaren Nutzen (ebd.: 92).

Wie die zuvor dargestellten Konzepte der Integration von individuellem Wissen zu organisationalen Wissen beruht auch das Konzept von Dixon auf einem umfangreichen Wissensaustausch.

Boland und Tenkasi (1995):
Aus der Sicht von Boland und Tenkasi bestehen Organisationen aus einer Vielzahl unterschiedlicher Wissensgemeinschaften (‚Communities of Knowing'), die sich aus spezialisierten Mitarbeitern (Boland, R. J. & Tenkasi, R. V. 1995: 351) zusammensetzen, deren Wissen mithilfe eines abteilungsübergreifenden Austauschs der unterschiedlichen Perspektiven zu Organisationswissen integriert werden muss (ebd.: 358).

‚Communities of Knowing' erschweren die Wissensintegration (ebd.: 355), da sie über eigene ‚Thought Worlds' und über ‚Unique Interpretive Repertoires' verfügen (ebd.: 351). Unabhängig von anderen ‚Communities' wird hier jeweils eigenes Wissen generiert. Die gemeinsame Wissensproduktion in den einzelnen ‚Comunities of Knowing' erfordert die Schaffung einer einheitlichen Perspektive (‚Perspective Making'): „[…] a community of knowing requires perspective making in order to do knowledge work. Without a strong perspective it cannot produce important knowledge" (ebd.: 355). Dies hat zur Folge, dass sich die Sichtweisen in den einzelnen ‚Communities of Knowing' immer weiter von denen anderer ‚Communities of Knowing' entfernen. Dadurch wird die Integration von Wissensbeständen der Communities zu Organisationswissen beeinträchtigt: „If members of a community create a strong perspective and do distinctive and important knowledge work, it will of necessity approach becoming incommensurable with other perspectives" (ebd.: 355).

Der Aufbau eines gemeinsamen Organisationswissens hat nach Boland und Tenkasi deshalb die Bündelung der verschiedenen z. T. weit auseinanderliegenden Perspektiven zu einer gemeinsamen Perspektive zur Voraussetzung (‚Perspective Taking'). Dieser Vorgang fordert von den Organisationsmitgliedern, ihr Wissen explizit und anderen zugänglich zu machen: „In order for perspective taking to proceed, the diverse knowledge held by individuals in the organization must be represented in its uniqueness, and made available for others to incorporate in a perspective taking process" (ebd.: 358). Dieser Prozess ist extrem aufwendig und mit einem umfangreichen

2. Organisationales Lernen

Wissenstransfer verbunden: „[...] the problem of integration of knowledge in knowledgeintensive firms is not a problem of simply combining, sharing or making data commonly available. It is a problem of perspective taking in which the unique thought worlds of different communities of knowing are made visible and accessible to others" (ebd.: 359). Boland und Tenkasi schlagen vor, abstraktes Wissen vereinfacht mithilfe einer bildlich metaphorischen Sprache in Form von Geschichten zu vermitteln (Boland, R. J. et al. 2001: 396). Beide Aspekte ‚Perspective Making' und ‚Perspective Taking' besitzen bei der Generierung komplexen Wissens und der Entwicklung von Innovationen eine Schlüsselrolle: „Making a strong perspective and having the capacity to take another perspective into account are the means by which more complexified knowledge and improved possibilities for product or process innovation are achieved" (Boland, R. J. & Tenkasi, R. V. 1995: 369).

Wie bei den anderen ‚Cross-Learning'-Ansätzen erfordert aber auch dieses Konzept für die organisationale Wissensintegration ein intensives ‚Cross-Learning', das weit über einen oberflächlichen Wissensaustausch hinausgeht. Tatsächlich ist in diesem Konzept der Aufbau organisationalen Wissens „an ongoing process of mutual perspective taking where individual knowledge and theories of meaning are surfaced, reflected on, exchanged, evaluated and integrated with others in the organization" (Tenkasi, R. V. & Boland, J. B. 1996: 87).

Brown und Duguid (1998):
Anders als bei Argyris und Schön (1978), Nonaka (1991 ff.), Kim (1993) sowie Boland und Tenkasi (1995) fordern Brown und Duguid (1998) nicht für alle Organisationsmitglieder eine gemeinsame Wirklichkeitskonstruktion. Nach diesen Autoren ist eine erfolgreiche Wissensintegration auch dann möglich, wenn sich nur ausgewählte Mitarbeiter die Perspektiven verschiedener Gruppen innerhalb der Organisation aneignen und helfen, die gruppenspezifischen Wissensbereiche zu integrieren (Brown, J. S. & Duguid, P. 1998: 103).

Brown und Duguid (1998) gehen in ihrem Konzept der Wissensintegration von der Idee der ‚Communities of Practice' aus, die als Gruppierungen von Spezialisten einer Art verstanden werden. In jeder dieser Gruppen entsteht durch die gemeinsame Arbeit ein Communityspezifisches Wissen, Verständnis und Bedeutungssystem; „a group across which know-how and sensemaking are shared" (Brown, J. S. & Duguid, P. 1998: 96). Da Organisationen aber nicht mit einer einzigen großen ‚Community of Practice' gleichzusetzen sind, sondern sich im Gegenteil aus zahlreichen „hybrid groups of overlapping and interdependent communities" (ebd.: 97) zusammensetzen, ist die Wissensintegration in derart komplexen Organisationen erheblich erschwert (ebd.: 100). Innerhalb der einzelnen ‚Communities' erfolgt der Wissensaustausch aufgrund der gemeinsamen Tätigkeit noch weitgehend unproblematisch (ebd.: 100), während im Gegensatz dazu der Wissensaustausch zwischen den ‚Communities' ein erhebliches Problem darstellt:

> „Within communities, producing, warranting, and propagating knowledge are almost indivisible. Between communities, as these get teased apart, division becomes prominent and problematic. Hence, the knowledge produced doesn't readily turn into something with exchange value or use value elsewhere" (Brown, J. S. & Duguid, P. 1998: 101).

Dies gilt weniger für das explizite Wissen (Know-what), das zwischen Organisationsmitgliedern unterschiedlicher ‚Communities of Practice' vergleichsweise einfach zu transferieren ist, als für das Know-how (ebd.: 100), d. h. die Fertigkeit, explizites Wissen in Handlungen umzusetzen (ebd.: 91). Know-how ist „deeply rooted in practice" (ebd.: 100).

Zur Integration des Wissens – insbesondere des Know-hows – der einzelnen ‚Communities of Practice' müssen die Grenzen zwischen ihnen überwunden werden. Zur Überwindung dieser Intercommunity-Grenzen favorisieren Brown und Duguid eine „enabling architecture for organizational knowledge" (ebd.: 103), die sich aus drei Ansätzen, nämlich (1) ‚Translation', (2) ‚Brokering' und (3) ‚Boundary Objects' zusammensetzt.

Der erste Mechanismus setzt den Einsatz von *Organizational Translators'* voraus. Diese fungieren als Übersetzer zwischen ‚Communities of Practice', indem sie Probleme aus einer ‚Community'-Perspektive für Angehörige einer anderen ‚Community' verständlich machen. Dies erfordert, dass Übersetzer sich zunächst das Wissen der Abteilungen, zwischen denen sie vermitteln sollen, aneignen: „translator must be sufficiently knowledgeable about the work of both communities to be able to translate" (Brown, J. S. & Duguid, P. 1998: 103).

Im Gegensatz zu den ‚Organizational Translators' besitzen ‚Knowledge-Brokers' nicht nur detaillierte Kenntnisse über die verschiedenen ‚Communities of Practice', sondern sind darüber hinaus in den ‚Communities of Practice', zwischen denen sie eine Vermittlerrolle einnehmen, praktisch tätig: „[T]hose who participate in the practices of several communities may in theory broker knowledge between them. [...] Brokers who truly participate in both worlds, unlike translators, are subject to the consequences of messages they carry, whatever the direction" (ebd: 103). An die ‚Knowledge Brokers' werden somit höhere Ansprüche gestellt als an die ‚Organizational Translators', da sie an verschiedenen Arbeitswelten uneingeschränkt partizipieren und deshalb über umfangreicheres Wissen verfügen müssen.

Neben ‚Translation' und ‚Brokering' unterstützen auch sog. ‚Boundary Objects' die Integration des Wissens. Das ‚Boundary Object'-Konzept geht auf Star (1989) zurück. Diese Autorin definiert ‚Boundary Objects' als „objects that are both plastic enough to adapt to local needs and constraints of the several parties employing them, yet robust enough to maintain a common identity across sites" (ebd.: 45).

‚Boundary Objects' dienen der allgemeinverständlichen Illustration von Unterschieden, Abhängigkeiten und Problemen über die Grenzen spezialisierter Einheiten hinweg als Basis und Referenzrahmen (Carlile, P. R. 2002: 452; Dodgson, M. et al. 2007: 851; Star, S. L. & Griesemer, J. R. 1989: 393). Für Brown und Duguid sind ‚Boundary Objects', „objects of interest to each community involved but viewed or used differently by each of them" (Brown, J. S. & Duguid, P. 1998: 104). Sie stellen für die Mitglieder der ‚Communities of Practice' zur Klärung der Unterschiede zwischen ihren Tätigkeiten und Sichtweisen eine Hilfe dar: „[They] help to clarify the attitudes of other communities" (ebd.: 104). ‚Boundary Objects' sind nach Brown und Duguid Verträge, Pläne, Entwürfe oder ganz allgemein Dokumente. Sie bewirken einen „compelling need to share an interpretation" und fördern über diesen Weg die Wissensintegration (ebd.: 104).

Die von Brown und Duguid genannten Ansätze erfordern nicht zwingend den Aufbau unternehmensweiter Wirklichkeitskonstruktionen. Die Autoren übertragen diese Aufgabe nur einzelnen Organisationsmitgliedern, die hierzu aber entsprechende Fähigkeiten besitzen bzw. erwerben müssen, um diesen außergewöhnlichen Anforderungen gerecht zu werden. Von ‚Organizational Translators' und insbesondere von ‚Knowledge Brokers' wird eine breite und detaillierte Wissensbasis in den unterschiedlichsten Fachgebieten erwartet, um die für die Integration der einzelnen Wissensbasen notwendige Vermittlung effektiv ausüben zu können.

Leonard-Barton (1998):
Wie Brown und Duguid (1998) schlägt Leonard-Barton zur Integration der Wissensbestände einzelner Spezialisten ebenfalls Mitarbeiter mit speziell ausgebildetem fachübergreifenden Wissen als Übersetzer sowie ‚Boundary Objects' vor (Leonard-Barton, D. 1998: 75).

Die Notwendigkeit der Integration einzelner Wissensbestände ergibt sich aus der zur Lösung komplexer Probleme notwendigen Spezialisierung (ebd: 74), die voneinander stark isolierte Wissensbestände und sich wenig überlappende unterschiedliche Denkstile zur Folge hat: „Specialization leads to expertise, of course, and therefore the availability of deep knowledge to apply to problems. However, the resulting distinct 'thought worlds' rarely intersect, unless purposely driven to do so" (ebd.: 65). Der Austausch zwischen den Spezialisten wird dadurch mit zunehmender Spezialisierung erschwert.

Tatsächlich zwingt der Innovationsdruck die Unternehmen, die Grenzen des Spezialistentums zu überwinden und eine erfolgreiche Zusammenarbeit herbeizuführen: „New products today are more likely than not to emerge through innovation at the interface of different specialties [...]" (ebd.: 67). Zur Integration der Wissensbestände der an dem Innovationsprojekt beteiligten Spezialisten sind besondere Mechanismen erforderlich: „Groups comprising individuals who operate from a base of deeply specialized knowledge need mechanisms to translate across the different 'languages' and encourage the depersonalization of conflicting perspectives" (ebd.: 75). Aus Sicht Leonard-Bartons beruhen solche Mechanismen zum einen auf dem Einsatz von Übersetzern mit T-förmigen Fähigkeiten und zum anderen auf dem Einsatz von ‚Boundary Objects' (75 ff. u. 83 ff.). *Übersetzer* mit T-förmigen *Fähigkeiten* besitzen auf der einen Seite tiefgehendes Wissen innerhalb eines Fachgebiets – symbolisiert durch den vertikalen Strich des ‚T's – und auf der anderen Seite fachübergreifendes Wissen – der Querbalken des ‚T's (ebd.: 75). Diese Wissensqualitäten ermöglichen es dem Übersetzer, die Perspektiven von zwei oder mehreren Spezialisten einzunehmen und die Wissensintegration voranzutreiben.

„As individuals grow in experience, some begin to embody apparently opposing signature skills, especially a combination of both deep theoretical knowledge and practice. Such people are extremely valuable for managing the integration of very diverse knowledge sets because they speak two or more professional 'languages' and can see the world from two or more different perspectives" (ebd.: 75).

Organisationsmitglieder mit T-förmigen Fähigkeiten bzw. Wissen besitzen zudem die Fähigkeit zum „convergent, synergistic thinking" (ebd.: 75), die sie in die Lage versetzt, ohne die Hilfe anderer Spezialisten fachübergreifende Probleme zu lösen.

Neben Übersetzern mit T-förmigen Fähigkeiten unterstützen auch physische Prototypen als ‚Boundary Objects' die Integration des Wissens. Sie fördern ein gemeinsames Verständnis und erleichtern die Kommunikation zwischen den Spezialisten, das Lösen fachübergreifender Probleme sowie die Wissensintegration (ebd.: 83 ff.). Schließlich dienen sie als Brücke über funktionale Beziehungen und als Unterstützung zur Klärung von Abhängigkeiten zwischen verschiedenen Aufgabenbereichen der Spezialisten (Carlile, P. R. 2002: 452).

Ähnlich wie bei den ‚Organizational Translators' und ‚Knowledge Brokers' bei Brown und Duguid (1998) verbinden sich mit den Fähigkeiten der Übersetzer mit T-förmigen Fähigkeiten extreme Erwartungen. Um zwischen den einzelnen Abteilungen übersetzen zu können, müssen diese Mitarbeiter nicht nur über ein umfangreiches Wissen in ihrem eigenen Fachgebiet, sondern auch in anderen Disziplinen verfügen.

Jeffrey (2003):

Wie Brown und Duguid (1998) sowie Leonard-Barton (1998) betrachtet Jeffrey die Vermittlung zwischen den Spezialisten der interdisziplinären Innovationsteams durch einzelne speziell qualifizierte Organisationsmitglieder als wesentliches Erfordernis einer Wissensintegration, wobei die angestrebte Wissensvermittlung durch Verwendung eines gemeinsamen Vokabulars sowie von Metaphern, exemplarischen Geschichten und Dialogen erleichtert wird (Jeffrey, P. 2003: 543).

Das Konzept von Jeffrey konzentriert sich zunächst auf den Prozess der interdisziplinären Zusammenarbeit (ebd.: 539). Er unterscheidet hierbei zwischen Produkten (,Products') und Instrumenten (,Tools') (ebd.: 543). Die wesentlichen Produkte (,Products') der Zusammenarbeit sind nach Jeffrey ein gemeinsames Verständnis für die Forschungsgebiete der verschiedenen Spezialisten und die Integration ihres jeweiligen Spezialistenwissens zu neuen Problemlösungen (ebd.: 543). Das gemeinsame Verständnis erweitert den Horizont des Einzelnen (ebd.: 554). Tatsächlich erfordert die erfolgreiche Zusammenarbeit zwischen Spezialisten mit unterschiedlichen Hintergründen insbesondere eine „deep and comprehensive form of understanding" (ebd.: 555), die über das Verstehen der Bedeutung von Wörtern hinausgeht und auch die Hintergründe der Argumente betrifft (ebd.: 555). Ohne ein solches gemeinsames Verständnis bleibt die Zusammenarbeit von geringem Nutzen: „Collaboration without understanding is largely devoid of utility" (ebd.: 555).

Das wichtigste Produkt einer effektiven interdisziplinären Forschung ist aber die *Integration des Wissens verschiedener Spezialisten*. Sie ist dort möglich, „where a synthesis of contextually homogeneous and epistemologically rigorous information is achieved" (ebd.: 557). Die gelungene Integration der verschiedenen Forschungsbeiträge zu neuen Lösungen führt zu dem Erreichen des Ziels, nämlich neue Produkte und Verfahren für das Unternehmen zu entwickeln. Dies allein ist maßgeblich für die Glaubwürdigkeit und den Aufwand (ebd.: 557).

Ein gemeinsames Verständnis und eine erfolgreiche Wissensintegration werden nach Jeffrey mithilfe verschiedener Instrumente (,Tools') erreicht (ebd.: 543): (1) ein gemeinsames Vokabular, (2) Metaphern, (3) Geschichten, (4) Vermittler und (5) Dialoge in Form von Verhandlungen.

Ein *gemeinsames Vokabular* stellt eine wesentliche Voraussetzung für die Zusammenarbeit von Spezialisten dar (ebd.: 548). Es umfasst die Wörter, die zur Kommunikation der Bedeutungen einzelner Gedanken und Ideen notwendig sind (ebd.: 547). Das gemeinsame Vokabular ermöglicht, dass die Ideen, die innerhalb einer Fachdisziplin entwickelt werden, auch von fachfremden Spezialisten verstanden werden (ebd.: 548). Der Aufbau einer solchen gemeinsamen Sprache erfolgt durch Vergleiche und Analogien, aber auch durch die Verwendung von Metaphern (ebd.: 548).

Metaphern lösen Bilder und Assoziationen aus und erweisen sich deshalb beim Wissensaustausch der Spezialisten, bei Erklärungen und Fragen als sehr nützlich (ebd.: 549). Dabei bilden sich dominante Metaphern heraus, die aufgrund ihres hohen kommunikativen Gehalts immer wieder zur Illustration ganz unterschiedlicher Aspekte eingesetzt werden (ebd.: 549 f.).

Ein weiteres Instrument für eine erfolgreiche Zusammenarbeit sind *Geschichten*, die das gemeinsame Verständnis in einer besonderen Weise zu fördern vermögen und deren Funktion darin besteht, die Komplexität bei der Vermittlung von Problemen zu reduzieren (ebd.: 550). Geschichten beinhalten symbolische Referenzen und ermöglichen es den Akteuren, verständlich zu machen, wie sich ihr jeweils eigener Beitrag in das Gesamtbild des Forschungsprojekts einfügt (ebd.: 550).

Wie bei Brown und Duguid (1998: 103) sowie Leonard-Barton (1998: 75) spielt auch bei Jeffrey der Einsatz von *Vermittlern* als weiteres Instrument bei der interdisziplinären Zusammenarbeit eine wichtige Rolle (Jeffrey, P. 2003: 551). Die Aufgabe dieser Vermittler ist es, die Zusammenarbeit der Spezialisten zu erleichtern (ebd.: 551). Sie treiben den Aufbau eines gemeinsamen projektbezogenen Vokabulars und verbindlicher Interpretationen angewandter Metaphern voran (ebd.: 551). Vermittler sollen zudem die Relevanz und den Wert einzelner Vorschläge bewerten und kontraproduktive Entwicklungen verhindern (ebd.: 551). Um diesen Aufgaben insgesamt gerecht zu werden, müssen Vermittler Erfahrungen in verschiedenen Disziplinen gesammelt haben:

> „[A]n intermediary needs to be able to communicate effectively with all concerned parties. Experience of operating intellectually in more than one disciplinary area is therefore desirable, as is some knowledge of cross-disciplinary knowledge integration issues" (ebd.: 551).

Weiterhin setzt Jeffrey in der Zusammenarbeit der Spezialisten auf das Instrument des Dialogs in Form von Verhandlungen (Jeffrey, P. 2003: 552). Die Verhandlung als dominante Form des Dialogs ist ein Prozess des Gebens und Nehmens, bei dem die Spezialisten in einigen Punkten zu

Zugeständnissen gezwungen werden, in anderen Punkten aber ihre eigenen Vorstellungen durchsetzen (ebd.: 552). Der Prozess endet mit einer Einigung durch Annäherung der Standpunkte (ebd.: 552).

Vergleichbar mit den Konzepten von Brown und Duguid (1998) sowie Leonard-Barton (1998) müssen Vermittler über ein umfangreiches interdisziplinäres Wissen verfügen. Zudem ist die Umsetzung der Forderung nach einer „deep and comprehensive form of understanding" (ebd.: 555), das u. a. für die Verhandlungsprozesse notwendig ist, ohne einen umfangreichen Wissensaustausch nur schwer vorstellbar.

Kritik der ‚Cross-Learning'-Perspektive

Allen ‚Cross-Learning'-Ansätzen liegt die Annahme eines intensiven Wissensaustauschs als Voraussetzung einer Integration der Wissensbestände verschiedener Spezialisten zugrunde. Entweder müssen sich nur einzelne Organisationsmitglieder wie bei Brown und Duguid (1998), Leonard-Barton (1998) und Jeffrey (2003) oder alle Organisationsmitglieder wie bei Argyris und Schön (1978), Nonaka (1991 ff.), Kim (1993), Dixon (1994) sowie Boland und Tenkasi (1995) das Wissen anderer Spezialisten und Abteilungen aneignen. Diese Vorstellung würde jedoch die Organisationsmitglieder vor außergewöhnliche Herausforderungen stellen und erscheint daher unrealistisch.

Aus der Sicht von Kieser werden durch ein derartiges intensives ‚Cross-Learning' zwei wesentliche Prinzipien, nämlich die Spezialisierung und die begrenzte Rationalität von Individuen, vernachlässigt: „it neglects two fundamental organizational conditions that restrain interindividual learning, namely specialization and limited rationality" (Kieser, A. 2001: 244).
So hebt ein umfangreicher Austausch von Wissen Spezialisierung wieder auf und ist daher kontraproduktiv. Anstatt ihr eigenes Fachwissen konsequent weiterzuentwickeln und damit die Vorteile der Spezialisierung zu realisieren, müssen Organisationsmitglieder zusätzlich Wissen anderer Spezialisten erwerben. Dies reduziert Effizienzvorteile, die sich aus der Bildung spezialisierter Einheiten ergeben.

> „Knowledge sharing in such circumstances amounts to a surrender of some of these economies of scope, since time and attention are dedicated to putting into individual minds noncomplementary combinations of facts, concepts, and propositions, at the expense of relatively efficient efforts to increase individuals' knowledge within the boundaries of specialization" (Hoopes, D. G. & Postrel, S. 1999: 862).

Eine teilweise Aufgabe der Spezialisierung geht aber mit einer Zunahme an Komplexität für das einzelne Organisationsmitglied einher und überfordert seine kognitiven Kapazitäten (vgl. u. a.

Demsetz, H. 1991: 46; Kieser, A. & Koch, U. 2002: 243; Massey, A. P. & Montoya-Weiss, M. M. 2006: 100). So müssten sich nach der ‚Cross-Learning'-Perspektive z. B. Chemiker im Rahmen der Entwicklung eines neuen Verfahrens Wissen der beteiligten Ingenieure aneignen und vice versa. Im Extremfall würde der Chemiker ein Chemiker und Ingenieur und der Ingenieur ein Ingenieur und Chemiker. Eine solche Wissensakkumulation würde jedoch die Fähigkeiten des Einzelnen überfordern, da der Mensch nur zur einer begrenzten Informationsaufnahme und -verarbeitung in der Lage ist (Simon, H. A. 1976: 40 f.):

> „Limited rationality is a general chracteristic of human beings, and it is therefore an illusion to believe that, for example egineers, style designers, and marketing specialists can trustfully share all the knowledge that is needed to build and launch a new car model" (Kieser, A. 2001: 244).

Ein intensives ‚Cross-Learning' zwischen Spezialisten ist zudem mit erheblichen Kosten und hohem Zeitaufwand verbunden (Enberg, C. et al. 2006: 145; Postrel, S. 2002: 307; von Krogh, G. 2002: 87). Ein intensiver Wissensaustausch, wie von der ‚Cross-Learning'-Perspektive vorgeschlagen, würde eine Vielzahl von Meetings, das Erstellen abteilungsübergreifender Dokumente und umfangreiche Präsentationen bedingen. Es ist kaum vorstellbar, dass in Zeiten kürzer werdender Innovationszyklen Unternehmen die Zeit investieren, um vor jedem Innovationsprojektbeginn zunächst einen umfangreichen Prozess des Wissensaustauschs in die Wege zu leiten (Schmickl, C. 2006: 67). Aufgrund der mit der ‚Cross-Learning'-Perspektive verbundenen Schwierigkeiten ist es kaum verwunderlich, dass „situations where mutual understanding is optimal appear to be relatively rare across all interactions in the economy" (Postrel, S. 2002: 307).

Allerdings kommt OL ohne ein gewisses Maß an gemeinsamem Wissen nicht zustande. So brauchen Organisationsmitglieder in Innovationsprojekten zumindest ein grobes Verständnis des Gesamtverfahrens oder -produkts, um ihre Arbeit besser mit anderen abstimmen zu können. Nach Grant (1996b) muss das gemeinsame Wissen aber auf ein Mindestmaß reduziert werden: „If production requires the integration of many people's specialist knowledge, the key to efficiency is to achieve effective integration while minimizing knowledge transfer through cross-learning by organizational members" (ebd.: 114).

Die Spezialisierungsperspektive versucht dem zu entsprechen, indem sie Mechanismen aufzeigt, die Lernprozesse auch unter Beibehaltung der Spezialisierung ermöglichen und einen tiefgehenden Wissenstransfer nicht benötigen. Diese Sichtweise soll im nächsten Abschnitt ausführlich vorgestellt werden.

2.2.2. Spezialisierungsperspektive: Das TOL-Konzept – Lernen und begrenzte Rationalität

Aus Sicht der Spezialisierungsperspektive lernen Organisationen ohne den extensiven Austausch von Wissen und unter Beibehaltung der Spezialisierung. Zentral für diese Perspektive ist das von Kieser et al. (Grunwald, R. 2003; Grunwald, R. & Kieser, A. 2007; Kieser, A. 2008; Kieser, A. & Koch, U. 2002; Koch, U. 2004; Schmickl, C. 2006; Schmickl, C. & Kieser, A. 2008) entwickelte TOL-Konzept. Es zeigt mit der Modularisierung, dem ‚Prototyping' und dem sog. ‚Transactive Memory' Mechanismen auf, die den begrenzten kognitiven Fähigkeiten der einzelnen Organisationsmitglieder gerecht werden und der Spezialisierung von Einheiten nicht entgegenwirken. Das TOL-Konzept steht damit in der Tradition der OL-Konzepte der March-Schule und des ‚Knowledge-based View'. Bevor auf das TOL-Konzept im Detail eingegangen wird, soll zunächst das theoretische Fundament vorgestellt werden.

OL-Konzepte der March-Schule:

In den Konzepten der March-Schule sind standardisierte Verfahren Ausgangspunkt und Ergebnis der OL-Prozesse (Cyert, R. M. & March, J. G. 1963; Levitt, B. & March, J. G. 1988; March, J. G. & Olsen, J. P. 1975). Das Fundament der Entwicklungen der March-Schule zum OL ist das Konzept von Cyert und March (1963). Dieses geht davon aus, dass Organisationen angehalten sind, fortwährend aus neu gewonnenen Erfahrungen zu lernen, d. h. aus Erfahrungen geeignete Konsequenzen zu ziehen und auf der Basis der gezogenen Konsequenzen ihre standardisierten Verfahren der sich verändernden Umwelt anzupassen (Cyert, R. M. & March, J. G. 1963: 100).

Standardisierte Verfahren sind für alle Organisationsmitglieder verbindliche, in Protokollen schriftlich dokumentierte formalisierte organisationale Regeln (Kieser, A. et al. 2001). Im Sinne der verhaltenswissenschaftlichen Entscheidungstheorie geben sie den Organisationsmitgliedern vor, wie im konkreten Einzelfall Informationen zu verarbeiten, Entscheidungen zu treffen und die Ergebnisse der Entscheidungen zu bewerten sind (Kieser, A. & Koch, U. 2002: 237). Die Veränderung der standardisierten Verfahren als Folge einer Anpassung an neue im externen und internen Bereich der Organisationen erworbene Erfahrungen ist wesentliches, in die Zukunft gerichtetes Ergebnis des organisationalen Lernens (Cyert, R. M. & March, J. G. 1963: 101). Standardisierte Verfahren gelten aber auch als „the memory of the organization" (ebd.: 101 f.): Sie ermöglichen den „transfer of past learning" auf die Gegenwart (ebd.: 104). Tatsächlich beschreiben standardisierte Verfahren, bspw. Regeln zur Durchführung von Aufgaben, Handlungsabläufe, die sich in der Vergangenheit bewährt haben (ebd.: 104) und die so lange angewandt werden, solange mit ihrer Hilfe die Problemstellungen der täglichen Arbeit hinsichtlich der vorgegebenen

Ziele adäquat gelöst werden können (ebd.: 99). Ist eine Zielerreichung nicht mehr gegeben, werden Lernprozesse ausgelöst, durch die die bis dahin gültigen Regeln teilweise oder vollständig ersetzt werden (ebd.: 99). „Any decision rule that leads to a preferred state at one point is more likely to be used in the future than it was in the past; any decision rule that leads to a nonpreferred state at one point is less likely to be used in the future than it was in the past" (Cyert, R. M. & March, J. G. 1963: 99). Ein solcher Lernprozess ist adaptiv, bei dem Regeln immer wieder an neue Erfahrungen angepasst werden (ebd.: 99 ff.). Neben Regeln zum Lösen von Aufgaben unterscheiden Cyert und March Such- und Aufmerksamkeitsregeln (Kieser, A. & Koch, U. 2002: 238) sowie Regeln zur Zielformulierung (Kieser, A. et al. 2001: 609).

Organisationen lernen nicht nur durch Ersetzen alter Regeln für die Durchführung von Aufgaben durch neue, sondern auch durch die Anpassung ihrer Ziele, Aufmerksamkeits- und Suchregeln (ebd.: 609). So werden Ziele, die sich als nicht erreichbar herausstellen, Erfahrungen und neuen Erkenntnissen angepasst (Cyert, R. M. & March, J. G. 1963: 123). Bei der Entwicklung neuer Problemlösungen können Organisationen feststellen, dass sie in der Vergangenheit wichtigen Aspekten der Umwelt nicht genügend Aufmerksamkeit geschenkt haben. Sie werden daraufhin ihre Aufmerksamkeitsregeln ändern (ebd.: 124). Auch Suchregeln unterliegen Veränderungen aufgrund von Erfahrungen:

> „When an organization discovers a solution to a problem by searching in a particular way it will be more likely to search in that way in future problems of the same type; when an organization fails to find a solution by searching in a particular way, it will be less likely to search in that way in future problems of the same type" (ebd.: 124).

In dem Konzept von Cyert und March wird das OL jedoch nahezu ausschließlich auf einer aggregierten Ebene behandelt, die individuelle Ebene bleibt weitgehend ausgeblendet (Cyert, R. M. & March, J. G. 1963: 123).

Das weiterentwickelte OL-Konzept von March und Olsen (1975) versucht, diese Lücke zu schließen. March und Olsen (March, J. G. & Olsen, J. P. 1975: 149 f.) definieren einen Lernzyklus mit vier idealtypische Phasen: (1) individuelle Handlungen basieren auf individueller Wahrnehmung und Präferenzen, (2) diese individuellen Handlungen führen zu organisationalen Handlungen (so werden bspw. auf Initiative eines Organisationsmitglieds die organisationalen Regeln verändert), (3) die organisationalen Handlungen lösen bestimmte Umweltreaktionen aus, (4) welche ihrerseits wiederum die individuellen Wahrnehmungen und Präferenzen beeinflussen. Durch diesen erfahrungsbasierten Lernzyklus werden individuelle Handlungen in organisationale Handlungen überführt (ebd.: 148).

Der Beginn und der Fortgang des beschriebenen Lernzyklus können aber nach March und Olsen (March, J. G. & Olsen, J. P. 1975: 158) aufgrund von verschiedenen Lernbarrieren wie (1) rollenbeschränktes Lernen, (2) Umsetzen in organisationale Handlungen, (3) abergläubisches Lernen und (4) Lernen unter Mehrdeutigkeit erheblich verzögert oder sogar vollständig unterbunden werden.

Rollenbeschränktes Lernen beschreibt die Situation, dass sich Organisationsmitglieder durch die strikte Definition ihrer Rollen und durch die ihre tägliche Arbeit ins Detail reglementierenden standardisierten Verfahren nicht in der Lage sehen, von dem aus ihrer Sicht von der Organisation erwarteten Rollenverhalten abzuweichen (ebd.: 158). Die Lernbarriere *Umsetzen in organisationale Handlungen* ist Ausdruck des begrenzten Einflusses von Individuen, das organisationale Handeln zu verändern (ebd.: 159). Beispielsweise interpretieren die für die Regeln verantwortlichen Spezialisten vorgeschlagene Änderungen als Kritik an ihrer Arbeit und weisen die Vorschläge als unbegründet zurück. *Abergläubisches Lernen* tritt auf, wenn Organisationsmitglieder fälschlicherweise annehmen, ein durch eine Regeländerung ausgelöstes bestimmtes Verhalten der Organisation sei Ursache einer bestimmten Veränderungen in der Umwelt (ebd.: 159). Die letzte Lernbarriere ergibt sich aus dem *Lernen unter Mehrdeutigkeit*, bei dem die Organisationsmitglieder in mehrdeutigen Situationen keine klaren Rückschlüsse aus den Reaktionen ihres Umfeldes ziehen können (ebd.: 159). Die Mehrdeutigkeit macht es ihnen unmöglich zu erklären, warum bestimmte Ereignisse eingetreten sind und ob und wenn ja, welche kausalen Zusammenhänge zwischen ihnen bestehen (ebd.: 159 f.).

Eine grundlegende Annahme in Konzepten der March-Schule ist, dass Organisationen durch gemachte Erfahrungen lernen und dieses Lernen ihr Verhalten ändert. OL-Ergebnisse werden nicht wie bei der ‚Cross-Learning'-Perspektive in den Köpfen der Mitarbeiter gespeichert, sondern in daraus resultierenden entindividualisierten Artefakten, den allgemein verbindlichen Regeln. Beide Aspekte – erfahrungsinduziertes Lernen und Wissensspeicherung in Artefakten – finden sich im TOL-Konzept wieder. Die zweite Säule des TOL-Konzepts ist der ‚Knowledge-based View'.

‚Knowledge-based View':
Im Zentrum des ‚Knowledge-based View' steht die Rolle von Organisationen, Wissen zu generieren, zu speichern und anzuwenden (Grant, R. & Baden-Fuller, C. 1995: 17). Wissen ist aus Sicht dieses Ansatzes die Schlüsselressource in Bezug auf Wertsteigerung und deshalb von strategischer Bedeutung (ebd.: 18). Wichtigster Begründer des ‚Knowledge-based View' ist Grant (1996b),

dessen Konzept auf den Arbeiten von Grant (1996a; 1995), Kogut und Zander (1992; 1996) sowie Zander und Kogut (1995) aufbaut.

Im ‚Knowledge-based View' wird die Integration des Wissens verschiedener Spezialisten zu Organisationswissen als wichtigste Aufgabe der Unternehmen in den Vordergrund gerückt (Grant, R. 1996b: 114). Auch aus Sicht des ‚Knowledge-based View' existiert in Organisationen keine homogene Wissensbasis. Stattdessen ist das Wissen in spezialisierte Wissensteilbereiche verschiedener Fachabteilungen aufgesplittert. Die Verteilung des Wissens auf verschiedene Abteilungen und Mitarbeiter resultiert nach Grant (1996b: 112) – unter Verweis auf die verhaltenswissenschaftliche Entscheidungstheorie – aus der begrenzten individuellen Rationalität und kognitiven Kapazität, wobei selbst bei überdurchschnittlicher Ausbildung dieser rationalen und kognitiven Fähigkeiten die starke Zunahme spezialisierten Wissens auch zwangsläufig dazu führt, dass sogar Spezialisten das Wissen ihres eigenen Fachgebietes immer seltener vollständig überblicken können. Aus der zunehmenden Spezialisierung ergibt sich für Organisationen daher ein Koordinationsbedarf, „[given] the efficiency gains of spezialisation, the fundamental task of organization is to coordinate the efforts of many specialists" (ebd.: 113). Tatsächlich ist die auf ein Unternehmensziel ausgerichtete Koordination der Aktivitäten zahlreicher Spezialisten schlechthin die fundamentale Aufgabe der Organisationen. Allein das Gelingen dieser Aufgabe rechtfertigt das Bestehen der Organisationen und sichert es in der Zukunft.

Die Koordination und Integration des Wissens verschiedener Spezialisten setzt aus Sicht des ‚Knowledge-based View' keinen umfangreichen Wissensaustausch voraus (ebd.: 114). Im Gegensatz dazu fordern Grant und Baden-Fuller (Grant, R. & Baden-Fuller, C. 1995: 18), den Wissensaustausch auf ein Minimum zu reduzieren, um die Effizienzvorteile der Spezialisierung nicht zunichte zu machen (vgl. auch Abschnitt 2.2.1.). „It is inefficient for one employee to learn the specialized knowledge of another. Efficient knowledge must preserve the efficiencies of specialization in the acquisition and storage of knowledge" (Grant, R. & Baden-Fuller, C. 1995: 18). Nach Grant gibt es vier Mechanismen, die die Integration von spezialisiertem Wissen zu organisationalem Wissen begünstigen (Grant, R. 1996b: 114): (1) Regeln und Anweisungen, (2) Sequenzierung, (3) Routinen und (4) Problemlösen und Entscheiden in Gruppen.

Regeln und Anweisungen beinhalten Pläne, Listen, Prognosen, Richtlinien und Verfahren und ermöglichen die Umwandlung von implizitem Wissen in explizites Wissen (Grant, R. 1996b: 114 f.). Sie fördern die Integration von Wissen, indem sie mithilfe übergeordneter Standards die Interaktionen zwischen den Spezialisten koordinieren. Durch diese übergeordneten Standards wird der Bedarf an gemeinsamem Wissen deutlich reduziert (ebd.: 114). Die Modularisierung der Gesamtaufgabe durch *Sequenzierung*, d. h. durch die Anordnung von Teilaufgaben in einer zeitlichen Abfolge, nach der die verschiedenen Spezialisten unabhängig voneinander diese Teilaufgaben erledigen, erleichtert (ebd.: 115) ebenso wie die Modularisierung von Aufgaben (Grant, R. 1996a: 381) die Koordination und Integration von Wissen. Die Verminderung des Kommunikations- und Koordinationsaufwands durch Modularisierung ist insbesondere bei komplexen Projekten von Bedeutung (ebd: 381). Komplexe Projekte erfordern die Integration unterschiedlicher Arten von Spezialistenwissen (ebd: 381). Auch *Organisationale Routinen* ermöglichen die Integration von Wissen (Grant, R. & Baden-Fuller, C. 1995: 18). Sie können als erfolgserprobte, eingeübte Interaktionsmuster von Spezialisten der unterschiedlichen Fachrichtungen ohne tiefere Reflexion und ohne extensiven Wissensaustausch angewandt werden. Hierbei lösen bestimmte von Spezialisten ausgesendete Signale bei anderen Spezialisten bestimmte Antworten aus (ebd.: 18). Das *Problemlösen und Entscheiden in Gruppen* ist eine personenbezogene und intensivere Kommunikationsform, auf die bei komplexeren Aufgaben zurückgegriffen wird, insbesondere dann, wenn Regeln und Anweisungen sowie organisationale Routinen an ihre Grenzen stoßen (Grant, R. 1996b: 115). Aus Sicht von Grant (Grant, R. 1996b: 115) sollte zur Vermeidung eines extensiven Wissenstransfers und der damit verbundenen Kosten die Wissensintegration möglichst mit Hilfe der ersten drei genannten Mechanismen erfolgen. Wie genau aber Wissensintegration im Einzelnen mithilfe der vier Mechanismen erleichtert wird, bleibt unklar. Tatsächlich erscheinen die Aussagen des ‚Knowledge-based View' in mancher Beziehung als zu allgemein und abstrakt.

Zwar soll nach Grant intensives ‚Cross-Learning' (1996b) möglichst vermieden werden, dennoch ist für die Zusammenführung der spezialisierten Wissensbereiche ein gemeinsames Grundwissen – ‚Common Knowledge' – Voraussetzung: „[...], if the individuals have entirely separate knowledge bases, then integration cannot occur beyond the most primitive level" (ebd.: 116). Grant (1996b: 116) nennt fünf Arten von ‚Common Knowledge': (1) eine gemeinsame Sprache, (2) andere Formen der symbolischen Kommunikation, (3) ein Grundstock an gemeinsamem Spezialistenwissen, (4) gemeinsam geteilte Deutungen und (5) Kenntnis der individuellen Wissensdomänen.

Eine *gemeinsame Sprache*, die auf organisationaler Ebene sowie projektbezogen eine eindeutige Verständigung zwischen Abteilungen und Spezialisten zulässt, ist für die Integration von Wissen eine Grundvoraussetzung. Ohne die Festlegung der Organisations- und Projektmitglieder auf eine von allen verwendbare Sprache ist eine erfolgversprechende Kommunikation nicht möglich (ebd.: 116). Die gemeinsame Sprache als gemeinsame Kommunikationsbasis wird durch die *anderen Formen der symbolischen Kommunikation*, u. a. Fähigkeiten, wie gemeinsame Beherrschung bestimmter Computersoftware, ergänzt (ebd.: 116). Während die gemeinsame Sprache und die anderen Formen der symbolischen Kommunikation die Grundlage für eine gemeinsame organisations- und projektspezifische Kommunikationsplattform bilden, die den Aufbau eines gemeinsamen Wissens erst gestattet, braucht die Organisation auch einen *gemeinsamen Grundstock an Spezialistenwissen* zur Wissensintegration (ebd.: 116). Bleiben die spezialisierten Wissensbereiche vollständig voneinander getrennt, ist die Wissensintegration nur auf einem äußert niedrigen Niveau möglich (ebd.: 116). Die Schaffung *gemeinsam geteilter Deutungen* zwischen den Spezialisten erleichtert den interdisziplinären Transfer von implizitem ('Tacit') Wissen (ebd.: 116). Die letzte Kategorie von ‚Common Knowledge' ist die *Kenntnis der individuellen Wissensdomänen*. Hierdurch besitzt jedes Organisationsmitglied Kenntnis darüber, wer über welches Wissen im Unternehmen verfügt (ebd: 116).

Der ‚Knowledge-based View' formuliert klare Anforderungen an die Mechanismen zur Wissensintegration. Intensives ‚Cross-Learning' wird abgelehnt, stattdessen soll der Wissenstransfer so weit wie möglich reduziert werden. Die vorgeschlagenen Mechanismen werden aber zu abstrakt dargestellt, um aufzuzeigen, wie Wissen effizient integriert werden kann. Ausgehend von den Erkenntnissen des ‚Knowledge-based View' versucht das TOL-Konzept daher aufzuzeigen, wie Mechanismen der Wissensintegration arbeiten, um eine effiziente Wissensintegration zu erreichen. Es wird im nächsten Abschnitt im Detail vorgestellt.

‚Transaktives Organisationales Lernen' (TOL)-Konzept:

Das TOL-Konzept geht von der Annahme aus, dass Wissen im Rahmen von OL-Prozessen nur partiell unter Wahrung der Spezialisierung ausgetauscht wird. Tatsächlich beschreibt dieses Konzept die Integration von Wissen unterschiedlicher Abteilungen zu Organisationswissen als einen Prozess, der im Gegensatz zur ‚Cross-Learning'-Perspektive die bereits vorliegende und im Rahmen von Innovationsprojekten weiter voranschreitende Spezialisierung weitgehend unberührt lässt und Vorteile, die aus der Spezialisierung folgen, nahezu uneingeschränkt schützt. Das TOL-Konzept berücksichtigt damit die beschränkte individuelle Rationalität und kognitive Kapazität. Die wesentlichen Integrationsmechanismen sind Modularisierung und das sog. ‚Prototyping', bei dem das Wissen der einzelnen Spezialisten durch ‚Trial-and-Error'-Prozesse aufeinander abgestimmt wird.

Das TOL-Konzept wurde in aufeinander aufbauenden Studien von Kieser et al. entwickelt. Ausgangspunkt bildete eine in einer Bank und einem Pharmaunternehmen durchgeführte Unter-

2. Organisationales Lernen

suchung von Kieser und Koch (2002) bzw. Koch (2004), die die Mechanismen zur Veränderung und Anpassung von organisationalen Regeln analysierte. Grunwald (2003) bzw. Grunwald und Kieser (2007) übertrugen die Erkenntnisse dieser Untersuchung auf Innovationsprojekte der SAP AG in Kooperation mit jeweils einem anderen Unternehmen und entwickelten das TOL-Konzept weiter. In der jüngsten Studie zum TOL-Konzept überprüfen Schmickl (2006) bzw. Schmickl und Kieser (2008) die Anwendbarkeit der bisher gewonnenen Vorstellungen auf die Elektrotechnikbranche. Ihre empirische Analyse unterstützt die Gültigkeit der wesentlichen TOL-Bausteine, die in dieser Untersuchung zusätzlich detaillierter herausgearbeitet und weiter ergänzt werden konnten. Entsprechend dem derzeitigen Entwicklungsstand unterscheidet das TOL-Konzept fünf OL-Prozesse: die Wissenslokalisierung, den Wissenstransfer, die Wissensgenerierung, die Wissensspeicherung und die Wissensumsetzung (s. Abb. 2-1).

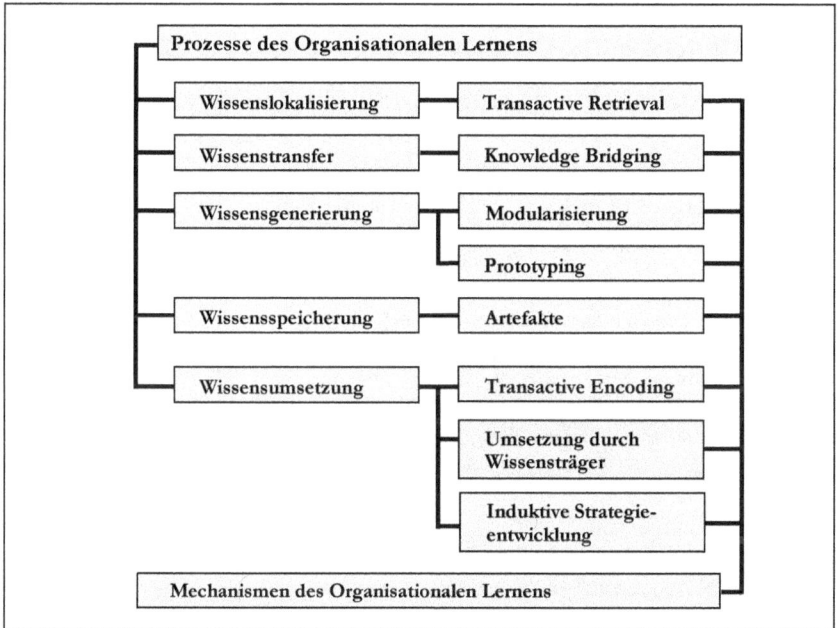

Abb. 2-1: TOL-Konzept
(entnommen aus Schmickl [2006: 342])

Nach dem TOL-Konzept erfolgt die Wissenslokalisierung, d. h. die Identifizierung von Individuen mit Wissen, das für ein anstehendes Innovationsprojekt wichtig ist, in Anlehnung an Wegner (1987) anhand des ‚Transactive Memory', eines Verzeichniswissens, das Auskunft darüber gibt, ‚wer was weiß' – wer zu welchem Thema Spezialkenntnisse besitzt (Wegner, D. M. 1987: 189; Wegner, D. M. et al. 1991: 923; Wegner, D. M. 1995: 326). Mithilfe des ‚Transactive Memory' werden die Wissensträger lokalisiert, deren Wissen für bestimmte Innovationsprojekte benötigt wird (Grunwald, R. 2003: 45 f. u. 148 ff.; Grunwald, R. & Kieser, A. 2007: 372 f. u. 381; Kieser, A. & Koch, U. 2002: 249; Kieser, A. & Koch, U. 2008: 334; Koch, U. 2004: 130 f.; Schmickl, C. 2006: 86 ff. u. 178 ff.; Schmickl, C. & Kieser, A. 2008: 477 f. u. 481 f.). Das ‚Transactive Memory' hat für die Rekrutierung von Wissensträgern zu Beginn von Organisationsprojekten und für die Identifizierung weiterer Wissensträger, die im Laufe dieser Projekte zusätzlich für ihre weitere Entwicklung benötigt werden, eine besondere Relevanz (Schmickl, C. 2006: 181; Schmickl, C. & Kieser, A. 2008: 481). ‚Transactive Memories' verbinden die individuell gespeicherten Wissensbereiche miteinander (Lewis, K. 2004: 1520) und reduzieren dadurch die kognitive Beanspruchung jedes einzelnen Organisationsmitglieds (Mohammed, S. & Dumville, D. C. 2001: 94). Tatsächlich ist es nicht erforderlich, dass das einzelne Organisationsmitglied sich sämtliches Wissen aneignet, um die vielen im Rahmen eines Innovationsprojekts auftretenden Probleme lösen zu können. Vielmehr reicht es aus, wenn es weiß, welche Personen über das für das jeweilige Problem notwendige Wissen verfügen (Nevo, D. & Wand, Y. 2005: 551). In diesem Sinne sind ‚Transactive Memories' „metamemories. That is, they are memories of memories" (Wegner, D. M. 1995: 373). Ohne ‚Transactive Memory' ist eine „extensive search for relevant specialists inside and outside the company" (Schmickl, C. & Kieser, A. 2008: 482) notwendig.

In großen Unternehmen ist allerdings die Entwicklung eines organisationsweiten ‚Transactive Memory' eher unwahrscheinlich (ebd.: 482). Stattdessen existiert eine Vielzahl von ‚Transactive Memories' in den verschiedenen Gruppen, die durch ein Netzwerk von „somebody who knows or somebody who knows somebody who knows" miteinander verknüpft sind (Schmickl, C. & Kieser, A. 2008: 477; vgl. auch Kieser, A. & Koch, U. 2002: 249). In diesem Zusammenhang spielen Organisationsmitglieder mit einem „broader knowledge than others about what is going on in the organizations" eine besondere Rolle (Moreland, R. L. 1999: 24). Zu einem ähnlichen Ergebnis kommen auch Grunwald (2003: 152) bzw. Grunwald und Kieser (2007: 381) sowie Kieser und Koch (2002: 249) in ihren Studien. Das Entstehen eines ‚Transactive Memory' in einer Gruppe beginnt damit, dass Gruppenmitglieder bei anderen Gruppenmitgliedern bestimmte Expertisen vermuten (Lewis, K. et al. 2005: 583). Eine Erweiterung des ‚Transactive Memory' erfolgt durch neu in die Gruppe kommende Mitglieder oder durch das Weitertragen der Information von einem Gruppenmitglied zum anderen, wer in der Organisation über welches Wissen verfügt (Schmickl, C. 2006: 297). Schmickl (2006: 179) bzw. Schmickl und Kieser (Schmickl, C. & Kieser, A. 2008: 481) unterscheiden zwischen internem und externem ‚Transactive Memory'. Mit dem internen Verzeichniswissen werden über ein Beziehungsnetzwerk innerhalb des Kollegenkreises in Organisationen Organisationsmitglieder mit benötigtem Wissen im Unternehmen ausfindig gemacht (Schmickl, C. 2006: 178). Das externe Verzeichniswissen verbindet die Organisation mit der relevanten ‚Scientific Community'. So kennen einzelne Organisationsmitglieder externe Spezialisten, bspw. Professoren an Universitäten oder vergleichbaren Institutionen, mit deren Hilfe die anfallenden Probleme zu lösen sind oder die zumindest dabei helfen, den richtigen Ansprechpartner zu finden (ebd.: 179).

Den eigentlichen Wissenslokalisierungsprozess beschreibt das ‚Transactive Retrieval' (Wegner, D. M. 1987: 190). „Entsteht innerhalb der Gruppe der Bedarf nach einem bestimmten Know-how, wird die Person gefragt, die als Experte für dieses Wissensgebiet gilt oder von der angenommen wird, dass sie weiß, wer das gesuchte Know-how besitzt" (Schmickl, C. 2006: 87). Je nachdem, ob interne oder externe Wissensträger ausfindig gemacht werden, wird internes oder externes ‚Transactive Retrieval' unterschieden (ebd.: 180), wobei das interne ‚Transactive Retrieval' mit dem formellen und informellen ‚Transactive Retrieval' zwei unterschiedliche Formen aufweist (ebd.: 180). Das formelle ‚Transactive Retrieval' nutzt die offiziellen Organisationsstrukturen (ebd.: 180). Die Anfrage richtet sich in diesem Fall nicht an eine einzelne Person, sondern an die Abteilung, in der das relevante Wissen vermutet wird. Auf formelles ‚Transactive Retrieval' wird immer dann zurückgegriffen, wenn Organisationsmitglieder zu einer bestimmten Fragestellung weder einen direkt zuständigen Experten aus ihrem Verzeichnis benennen können noch jemanden kennen, der sie weitervermitteln kann (Grunwald, R. 2003: 158). Das informelle ‚Transactive Retrieval' läuft dagegen über informelle Strukturen, d. h. über persönliche Verbindungen zwischen Mitarbeitern verschiedener Teams, Abteilungen oder Geschäftsbereiche (Schmickl, C. 2006: 176).

Die Wissenslokalisierung innerhalb eines großen Unternehmens durch ‚Transactive Memories' ist gegenüber computerbasierten ‚gelbe Seiten' oder andere Arten von Datenbanken häufig deutlich effektiver (Grunwald, R. & Kieser, A. 2007: 381; Olivera, F. 2000: 823 ff.; Schmickl, C. 2006: 183; Schmickl, C. & Kieser, A. 2008: 482), da „information drawn from a personal network is richer in context, and updating it is easier" (Grunwald, R. & Kieser, A. 2007: 381). Die datenbankgestützte Wissenslokalisierung wird dagegen durch nicht immer verständliche und damit für den Entscheidungsträger wenig nützliche Informationen z. T. erheblich eingeschränkt. So lässt sich das Wissen für die Datenbanken oft nicht so zusammenfassen und aggregieren, dass es für Dritte tatsächlich verständlich und nützlich ist (Criscuolo, P. et al. 2007: 1605).

Zwischen den für die jeweiligen Problemlösungen lokalisierten Wissensträgern ist zur Abstimmung ihrer Arbeit ein *Wissenstransfer* notwendig, der im Gegensatz zur ‚Cross-Learning'-Perspektive nicht extensiv auf breiter Basis, sondern entsprechend den mehr situationsbedingten

Erfordernissen nur punktuell stattfindet (Grunwald, R. 2003: 128; Grunwald, R. & Kieser, A. 2007: 380; Kieser, A. & Koch, U. 2008: 343; Koch, U. 2004: 125 f.; Schmickl, C. 2006: 217; Schmickl, C. & Kieser, A. 2008: 488). In der Anfangsphase eines Innovationsprojekts vermittelt der Wissenstransfer ein allgemeines Problemverständnis für das zu entwickelnde Produkt sowie den Aufbau einer Schnittmenge der jeweiligen spezialisierten Wissensbereiche zur Koordination der Arbeit (Grunwald, R. 2003: 135; Grunwald, R. & Kieser, A. 2007: 380). Nach den Ergebnissen der Studie von Grunwald (2003) bzw. Grunwald und Kieser (2007) wird detailliertes Wissen nur probleminduziert ausgetauscht und beschränkt sich auf Schnittstellen zwischen Modulen bzw. Teilaufgaben (Grunwald, R. 2003: 131 f.; Grunwald, R. & Kieser, A. 2007: 380). Schmickl (2006; 2008) bzw. Schmickl und Kieser führen zusätzlich zu den Dimensionen ‚grob und detailliert', die Dimensionen ‚breit und ausschnitthaft' ein (Schmickl, C. 2006: 192; Schmickl, C. & Kieser, A. 2008: 487). Nach diesen Autoren wird breites Wissen nur grob, detailliertes Wissen nur ausschnitthaft ausgetauscht (Schmickl, C. 2006: 193 f.; Schmickl, C. & Kieser, A. 2008: 487). Die Notwendigkeit, den Wissensaustausch zu vertiefen, ist dabei umso größer, je unvollständiger die Schnittstellenspezifikation ist (Schmickl, C. 2006: 203). Sind die wechselseitigen Anforderungen miteinander interagierender Module nicht klar definiert, dann wird insbesondere bei hochinnovativen Projekten zur Abstimmung der Komponenten ein ausschnitthafter, aber ausgesprochen detaillierter Wissensaustausch erforderlich (Schmickl, C. 2006: 200 ff.; Schmickl, C. & Kieser, A. 2008: 485). Insofern wirkt sich der Innovationsgrad durch die Schnittstellenspezifikation – durch das Ausmaß ihrer Vollständigkeit bzw. Unvollständigkeit – implizit auf die Tiefe des Wissenstransfers aus (Schmickl, C. 2006: 212; Schmickl, C. & Kieser, A. 2008: 485).

Der Wissensaustausch zwischen Organisationsmitgliedern erfolgt mit Hilfe des ‚Knowledge Bridging', eines Frage-Antwort-Prozesses, bei dem sich Informationssuchende durch Fragen schrittweise das Fachgebiet des Informationsvermittlers, soweit ihre Bedürfnisse es erfordern, erschließt (Schmickl, C. 2006: 187; Schmickl, C. & Kieser, A. 2008: 482). Das Ergebnis dieses Prozesses ist eine Brücke, die eigenes Fachwissen mit dem Fachwissen des Kollegen verbindet (Schmickl, C. 2006: 187; Schmickl, C. & Kieser, A. 2008: 482).

Die Integration des Wissens erfolgt durch den Prozess der *Wissensgenerierung*, die nach dem TOL-Konzept im Wesentlichen durch Modularisierung und ‚Prototyping' charakterisiert ist.
Durch Modularisierung und ‚Prototyping' (vgl. Abschnitt 1.3.) von Einheiten, wie etwa Produkten oder Verfahren in Teilkomponenten, Modulen, bzw. durch die Zerlegung von Regeländerungsprozessen in einzelne Teilaufgaben wird der Umfang des voneinander Lernens auf ein Minimum beschränkt: „[...] the necessary level of inter-organizational and inter-specialist learn-

ing can be reduced through modularization. Modularization enables the majority of groups of specialists to work separately on modules and to cooperate with each other while sharing only modest amounts of their respective specialized knowledge bases" (Grunwald, R. & Kieser, A. 2007: 375). Jedes einzelne Modul, bspw. Reaktoren und Kolonnen bei der Entwicklung eines neuen chemischen Verfahrens, wird von unterschiedlichen Spezialisten entwickelt, die weitgehend unabhängig voneinander ohne größeren Wissensaustausch daran zu arbeiten vermögen (Brusoni, S. 2005: 1889; Grunwald, R. & Kieser, A. 2007: 372 u. 374 f.). OL ist auf die Ebene der Komponenten oder Module reduziert (Schmickl, C. & Kieser, A. 2008: 475). Die Berücksichtigung der Schnittstellen der Module ermöglicht auch bei einer vollkommen modularen Produkt- oder Verfahrensarchitektur, die verschiedenen Module relativ einfach zu neuen Produkten oder Verfahren und damit zu organisationalem Wissen zu integrieren (Brusoni, S. et al. 2001: 615). Allerdings ist eine vollkommene Modularisierung häufig nicht durchführbar (Ethiraj, S. K. & Levinthal, D. 2004: 161). So wird eine totale Entkopplung der Module durch unvollkommen definierte Schnittstellen nicht selten verhindert (Buenstorf, G. 2005: 233). Die Spezialisten sind deshalb gezwungen, ihre Arbeit immer wieder auf den unterschiedlichsten Stufen des Innovationsprozesses aufeinander abzustimmen und ihr Wissen dementsprechend schrittweise zu integrieren und erneut den Versuch zu unternehmen, die Schnittstellen der einzelnen Module eindeutig zu definieren. Einen Weg, die Vorteile der Modularisierung nahezu uneingeschränkt zu nutzen, ohne das Prinzip der Spezialisierung aufzugeben, eröffnet das ‚Prototyping'.

‚Prototyping' beinhaltet einen iterativen ‚Trial-and-Error'-Prozess, über den das Spezialistenwissen auf Basis der Modularisierung integriert wird (Iansiti, M. 1997b: 22; Pisano, G. P. 1996: 263; Thomke, S. H. 1998a: 743; Wheelwright, S. & Clark, K. B. 1992: 273 f.). Es ist „trial and error, directed by some amount of insight as to the direction in which a solution might lie" (Thomke, S. H. et al. 1998: 316).

Grunwald und Kieser (2007: 373) sowie Schmickl und Kieser (2008: 476) beschreiben drei Arten von ‚Prototyping', nämlich mentales, virtuelles und reales ‚Prototyping'.
Mentales ‚Prototyping' beruht auf mental durchgeführten Experimenten mit dem Ziel, die Schnittstellen von interagierenden Modulen so aufeinander abzustimmen, dass ihre erfolgreiche Koordination bzw. Kombination zu einem innovativen Produkt ermöglicht wird. Die an einem Modul arbeitenden Spezialisten stellen den Entwurf für das Design ihres Moduls den an anderen, interagierenden Modulen arbeitenden Spezialisten vor, die dieses dann im Hinblick auf Kompatibilität mit ‚ihrem' Modul überprüfen und bewerten (Grunwald, R. 2003: 187; Grunwald, R. & Kieser, A. 2007: 382; Kieser, A. & Koch, U. 2002: 251; Koch, U. 2004: 134; Schmickl, C. 2006: 227;

Schmickl, C. & Kieser, A. 2008: 476). Tatsächlich erhalten Spezialisten im Rahmen dieser mentalen Experimente ein Feedback darüber, inwieweit anzunehmen ist, dass die Konzepte ihrer Module ein erfolgreiches Zusammenspiel mit den übrigen gestatten oder ob hierzu das Design ihrer Module noch eine entsprechende Veränderung benötigt (s. u. a. Schmickl, C. & Kieser, A. 2008: 476). Zur Vereinfachung des ‚Prototyping'-Prozesses werden die Konzepte häufig in Form von ‚Paper-Prototyping' auf Papier visuell dargestellt und im Zuge der Bewertung immer wieder verändert (Grunwald, R. 2003: 170; Snyder, C. 2003: 4 f. u. 60 ff.).

Somit werden beim mentalen ‚Prototyping' die ‚Trial-and-Error'-Prozesse nicht real oder virtuell, sondern ausschließlich mental getestet. Der Bewertungsvorgang orientiert sich an Kriterien wie „subjectively perceived feasibility, meaningfulness and acceptance" (Kieser, A. & Koch, U. 2008: 340; vgl. auch Koch, U. 2004: 119). Das Wissen der verschiedenen Spezialistengruppen wird beim mentalen ‚Prototyping' in dem Ausmaß integriert, wie es zur Revision der Modulkonzepte erforderlich ist (s. u. a. Grunwald, R. & Kieser, A. 2007: 382; Kieser, A. & Koch, U. 2008: 334; Schmickl, C. 2006: 96). Ähnliche Abläufe wie beim mentalen ‚Prototyping' werden – allerdings in einer allgemeineren Form – für die Abstimmungs- und Bewertungsprozesse bei der Entwicklung neuer Fertigungsverfahren (Carlile, P. R. 2002: 452; Carlile, P. R. & Rebentish, E. S. 2003: 1186; Postrel, S. 2002: 309 f.) bzw. bei Bewertungsprozessen zwischen Architekten und Ingenieuren (Ewenstein, B. & Whyte, J. 2009: 23) beschrieben.

Beim *realen und virtuellen ‚Prototyping'* wird die Kompatibilität interagierender Module mithilfe von real oder virtuell durchgeführten Integrationstests überprüft (Grunwald, R. & Kieser, A. 2007: 373; Schmickl, C. & Kieser, A. 2008: 476; Thomke, S. H. 1998a: 747; Zorriassatine, F. et al. 2003: 514 ff.), wobei aufgrund ihrer Zeit- und Kosteneffizienz virtuelle Simulationen zunehmend den Vorzug vor dem realen ‚Prototyping' erhalten (Nelson, R. R. 2009: 16; Thomke, S. H. 1998a: 27). Die Validierung der durch virtuelles ‚Prototyping' erhaltenen Ergebnisse erfordert jedoch ihren Abgleich mit Ergebnissen des realen ‚Prototyping' (Becker, M. C. & Zirpoli, F. 2009: 235).

Vor dem Integrationstest wird zunächst das einwandfreie Funktionieren der Module durch Funktionstests überprüft (Schmickl, C. 2006: 242; Schmickl, C. & Kieser, A. 2008: 483). Werden in Funktionstests Fehler nachgewiesen, müssen diese zunächst von den für das Modul verantwortlichen Spezialisten behoben werden, bevor das Zusammenspiel der Module durch Integrationstests erneut einer Prüfung unterzogen wird. Die durch das reale oder virtuelle ‚Prototyping' bei einzelnen oder mehreren Modulen aufgedeckten Fehler werden dementsprechend von einzelnen oder gemeinsam von mehreren Modulspezialisten analysiert und verbessert (Grunwald, R. 2003:

171; Schmickl, C. 2006: 243 f.), wobei das gemeinsame Lösen der Probleme durch Ideengenerierung und mentales ‚Prototyping' erfolgt (Schmickl, C. 2006: 245). Tatsächlich ist ‚Prototyping' als ein iterativer Prozess anzusehen, der auf den verschiedenen Entwicklungsstufen des Innovationsprojektes immer wieder dabei hilft, geplante Lösungen zu bewerten, neue Ideen zu entwickeln und hierdurch das bis dahin bereits integrierte Wissen zu verändern bzw. zu ergänzen (Bechky, B. A. 2003a: 729; Grunwald, R. & Kieser, A. 2007: 381 f.; Schmickl, C. & Kieser, A. 2008: 476; Thomke, S. H. 1998a: 744 ff.). Im günstigsten Fall können auf diese Weise, d. h. durch sich wiederholendes ‚Prototyping' Fehler in einer so frühen Phase nachgewiesen werden, in der ihre Korrektur noch vergleichsweise einfach, zeitsparend und kostengünstig durchzuführen ist.

Durch ‚Prototyping' wird Wissen ohne intensives ‚Cross-Learning' integriert (Grunwald, R. & Kieser, A. 2007: 382; Schmickl, C. & Kieser, A. 2008: 476). Es ist ein Vorteil des ‚Prototyping', dass es von Spezialisten keine zeitraubende, andere Spezialisten überfordernde Explizierung ihres zur Erläuterung der aus ihrer Sicht zu berücksichtigenden Anforderungen notwendigen Spezialistenwissens erfordert (Grunwald, R. 2003: 183). Vielmehr ist die direkte Anwendung ihres Wissens auf die Produkt-, Verfahrens- oder Regelentwürfe sowie die Weitergabe eines Feedbacks über mögliche Verbesserungspotentiale dieser Entwürfe an die anderen Spezialisten ausreichend (ebd.: 183). Gemeinsame mentale Modelle oder ein tiefgehendes gemeinsames Verständnis sind nicht notwendig. Der Wissenstransfer zwischen den Spezialisten ist ausschnitthaft und detailliert und beschränkt sich auf die „fields around non-functioning interfaces" (Schmickl, C. & Kieser, A. 2008: 476 f.).

Wie bei den OL-Konzepten der March-Schule erfolgt die *Speicherung* des durch ‚Prototyping' integrierten Wissens hauptsächlich in Artefakten, nämlich in Dokumenten wie technischen Berichten, CAD-Dateien, Vermerken (Hoetker, G. 2006: 313), Regeln (Cyert, R. M. & March, J. G. 1963: 100 f.), Routinen (Levitt, B. & March, J. G. 1988: 326), aber auch Verfahren und Produkten (Iansiti, M. 1997a: 347). Hierdurch wird das Gedächtnis der Organisationsmitglieder erheblich entlastet. Auch enthalten bspw. Produktkonzepte das Wissen von verschiedenen Spezialisten, „ohne dass jeder einzelne Spezialist über weitreichende Kenntnisse des Wissens der am Produkt beteiligten Kollegen verfügen muss" (Grunwald, R. 2003: 46). Erst durch die Speicherung des individuellen und kollektiven Wissens wird ein Zuwachs an Organisationswissen erzielt. Im Gegensatz zur ‚Cross-Learning'-Perspektive spielen im TOL-Konzept gemeinsame mentale Modelle (Kim, D. H. 1993: 44 ff.) als Speichermedium nur eine untergeordnete Rolle. Tatsächlich werden in gemeinsamen mentalen Modellen lediglich – was das Produktwissen betrifft – ein grobes Überblickswissen und Ausschnitte des Produkts sowie in Form von Routinen Projektmanagement- und Methodenwissen abgespeichert (Schmickl, C. 2006: 306 f.). Dementsprechend sind mentale Modelle als Speichermedium für das gesamte Organisationswissen nicht geeignet. Dieses Organisationswissen muss über ein ebenfalls gespeichertes Wissensverzeichnis für jedes einzelne Organisationsmitglied zugänglich sein (ebd.: 309). In dem Verzeichniswissen wird wiedergegeben, welche Inhalte auf welchen Medien zu finden sind (ebd.: 309). Ein derartiges Verzeichnis kann technisch realisiert werden oder sich im Gedächtnis der Organisationsmitglieder aufbauen (ebd: 309). Das Gedächtnis der Organisationsmitglieder hat sich gegenüber dem technischen Wissensverzeichnis u. a. aufgrund des raschen und gezielten Zugriffs auf die dort gespeicherten Daten als überlegen erwiesen (ebd.: 309 f.).

Als letzter OL-Prozess wird von Schmickl (2006: 311 ff.) die *Wissensumsetzung* untersucht. Diese beinhaltet die beiden Hauptmechanismen Wissenslokalisierung (vgl. auch den Abschnitt zur Wissenslokalisierung) und Wissensverbreitung (ebd.: 311). Während bei der Wissenslokalisierung die Projektmitarbeiter durch das ‚Transactive Retrieval' aktiv nach Wissen suchen und es in die verschiedenen Projekte hineinholen, wird durch die Wissensverbreitung das Wissen in die Projekte hineingetragen (ebd.: 311 f.). Schmickl (2006: 312 ff.) unterscheidet drei Mechanismen der Wissensverbreitung: (1) ‚Transactive Encoding', (2) die direkte Wissensumsetzung durch den Wissensträger und (3) die Aufnahme des Wissens in die Strategie.

Beim ‚Transactive Encoding' wird neu entwickeltes Wissen in das ‚Transactive Memory'-System der Organisation aufgenommen und über das gespeicherte Beziehungsnetzwerk des ‚Transactive Memory' nur an diejenigen Experten weitergeleitet, in deren Fachgebiet dieses neue Wissen fällt (Nevo, D. & Wand, Y. 2005: 551; Schmickl, C. 2006: 312; Wegner, D. M. 1987: 190). „Um das in einem Innovationsprojekt neu entwickelte Wissen innerhalb des Innovationssystems zu verbreiten, wird es vom Experten A, der im Innovationsprojekt A für das neu entwickelte Wissen zuständig ist, an den Experten B, der im Innovationsprojekt B für ein ähnliches Wissensgebiet verantwortlich ist, weitergeleitet" (Schmickl, C. 2006: 313). Alle anderen Organisationsmitglieder brauchen sich mit dem neuen Wissen nicht zu befassen und werden dadurch kognitiv entlastet (ebd.: 312). Das ‚Transactive Encoding' und das ‚Transactive Retrieval' werden durch institutionalisierte formelle ‚Communities of Practice' – wie Kolloquien oder Expertengruppen – zu bestimmten gruppenübergreifenden Themengebieten gefördert (ebd.: 316 f.), „in welchen Ideen und technologische Lösungen von den Projektmitarbeitern eines Projekts an die Projektmitarbeiter eines anderen Projekts weitergegeben werden" (ebd.: 324). Am häufigsten aber erfolgt die Wissensverbreitung über die direkte Wissensumsetzung durch den Wissensträger (ebd.: 318). Dieser wendet das neue Wissen in Folge- und Parallelprojekten an (ebd.: 318).

2. Organisationales Lernen

Schließlich wird Wissen durch seine Aufnahme in die F&E-Strategie innerhalb eines Unternehmens verbreitet und etabliert sich so als Grundlage für neue Innovationsprojekte (ebd.: 323 f.).

Auch beim TOL-Konzept ist wie beim ‚Knowledge-based View' (Grant, R. 1996b: 116) ohne eine gemeinsame Wissensbasis die Integration verschiedener Wissensbereiche nicht möglich: „The TOL mechanisms reduce the need for cross-learning between specialists. However, this does not mean that there is no need for knowledge sharing" (Grunwald, R. & Kieser, A. 2007: 373). Gemeinsames Wissen – ‚Common Knowledge' – wird benötigt, um Module aufeinander abstimmen zu können. ‚Common Knowledge' entsteht bei Interaktionen zwischen Organisationsmitgliedern. Aufbauend auf der Studie von Schmickl (2006: 267) unterscheidet das TOL-Konzept drei unterschiedliche Wissenskategorien: (1) das gemeinsame Produktwissen, (2) das gemeinsame Fachwissen und (3) die gemeinsame Sprache.

Unter der Kategorie des *gemeinsamen Produktwissens* fasst Schmickl vier Wissensarten zusammen: (a) das gemeinsame allgemeine Problemverständnis, (b) das gemeinsame Wissen über das Grobkonzept, (c) das gemeinsame Schnittstellenwissen und (d) das gemeinsame schnittstellenangrenzende Contentwissen (ebd.: 267 ff.). Das gemeinsame allgemeine Problemverständnis erstreckt sich auf die Funktionen des zu entwickelnden Produkts (Schmickl, C. 2006: 268; vgl. auch Grunwald, R. 2003: 213). Es ermöglicht die einheitliche Wahrnehmung der grundlegenden Anforderungen an das Produkt und deren technologische Realisierungsmöglichkeiten (Schmickl, C. 2006: 268). Dieses Verständnis wird insbesondere zu Beginn des Projekts meist durch einführende Präsentationen oder Workshops aufgebaut (ebd.: 268). Auch das gemeinsame Wissen über das Grobkonzept des Produkts entsteht in der Anfangsphase des Projekts. Es ist Wissen darüber, aus welchen Hauptkomponenten das Produkt besteht (ebd.: 272). Aus dem Grobkonzept leiten sich die Arbeitspakete sowie der Abstimmungsbedarf zwischen den Modulen ab. Ein gemeinsames Wissen über das Grobkonzept ist für die Entwicklung der Feinkonzepte unabdingbar (ebd.: 272). Es dient dem „Vergleich des eigenen Produktbeitrags mit dem Gesamtziel des Projekts" (ebd.: 293). Zur Abstimmung der Module werden die Anforderungen, die von dem jeweiligen Modul erfüllt werden müssen, zwischen den Projektmitgliedern mit interagierenden Modulen ausgetauscht. Das hierbei entstehende gemeinsame Wissen entwickelt sich zum gemeinsamen Schnittstellenwissen (ebd.: 293 f.). Gemeinsames Schnittstellenwissen ist notwendig, „um die Komponenten so entwickeln zu können, dass sie zufriedenstellend integriert werden können" (ebd.: 275). Gemeinsames schnittstellenangrenzendes Contentwissen entsteht, wenn Wissen ausgehend von der Schnittstelle ausschnitthaft über die interagierenden Komponenten ausgetauscht wird (ebd.: 276 f.). Für die Entwicklung gemeinsamen schnittstellenangrenzenden Contentwissens gibt es mehrere Gründe. So wird solches Wissen immer dann aufgebaut, wenn die

Projektmitglieder die Anforderungen bzw. die Schnittstelle zwischen ihren Modulen festlegen müssen und gemeinsam nach Lösungen für den schnittstellenspezifischen Aufbau der Komponenten suchen (ebd.: 276 f.).

Die zweite Wissenskategorie, das *gemeinsame Fachwissen*, umfasst zwei Wissensarten: (a) das gemeinsame produktbezogene Fachwissen und (b) das vom Produkt losgelöste gemeinsame Fachwissen. Das gemeinsame produktbezogene Fachwissen entsteht nach Schmickl „bei der Überbrückung der Schnittstellen zwischen Fachgebieten, um die gegenseitigen fachlichen Anforderungen zu klären, die für die Produktentwicklung benötigt werden" (ebd.: 294). Es bezieht sich nicht auf bestimmte Teile des Produkts, sondern betrifft Fakten oder Prozesse, die für die Produktentwicklung relevant sind (ebd.: 280). So werden bspw. die hinter dem Produkt stehenden Technologien auf grober Basis erklärt (ebd.: 281). Das vom Produkt losgelöste gemeinsame Fachwissen ist im Gegensatz zum produktbezogenen Wissen ein Nebenprodukt der Wissensgenerierung (ebd.: 280). Es ist für die eigentliche Produktentwicklung nicht notwendig und entwickelt sich bei den gemeinsamen Diskussionen (ebd.: 283).

Die letzte Kategorie ist die *gemeinsame Sprache*. Wie Grunwald (2003: 192) unterscheidet auch Schmickl (Schmickl, C. 2006: 288) natürliche und künstliche Sprachen. Natürliche Sprachen sind zum einen die Muttersprache, zum anderen die Firmensprache bzw. der Fachjargon der Mitarbeiter aus den verschiedenen Fachbereichen (Grunwald, R. 2003: 192 f.; Schmickl, C. 2006: 287 f.). Beide Autoren kommen zum Ergebnis, dass anfängliche Verständigungsprobleme meist sehr schnell überwunden werden und deshalb keine negative Auswirkung auf die Wissensgenerierung haben (Grunwald, R. 2003: 195 ff.; Schmickl, C. 2006: 288). Unter künstlichen Sprachen verstehen Grunwald (2003: 193) und Schmickl (2006: 287 ff.) unter Bezugnahme auf Pelz (2000: 183) sog. Expertensprachen, wie z. B. die Notensprache in der Musik, aber auch Programmiersprachen und Schaltpläne. Während Grunwald (Grunwald, R. 2003: 197 f.) feststellt, dass künstliche Sprachen den Wissensaustausch zwischen Experten erleichtern, kommt Schmickl zu einem gegenteiligen Ergebnis. Nach dieser Autorin fördern Expertensprachen nicht die Kommunikation zwischen den Mitgliedern verschiedener Spezialistengruppen und werden deshalb nur selten eingesetzt (Schmickl, C. 2006: 291 f.). Diese gegensätzlichen Ergebnisse erklären sich dadurch, dass in der Untersuchung von Grunwald Projektmitglieder als Softwareingenieure einer homogenen Spezialistengruppe angehörten und deshalb mit ihrer Programmiersprache tatsächlich über eine gemeinsame Expertensprache verfügten (Grunwald, R. 2003: 197 f.). In der Studie von Schmickl setzen sich die Projektteams aus Spezialisten unterschiedlicher Fachrichtungen zusammen, deren jeweilige Expertensprachen nicht allen Projektmitgliedern verständlich sind (Schmickl, C. 2006: 291 ff.).

‚Common Knowledge' ist nach Clark et al. (Clark, H. H. 1989: 260; Clark, H. H. & Brennan, S. E. 1991: 127; Clark, H. H. & Marshall, C. R. 1981: 20) Teil des weiter gefassten Konzepts des ‚Common Ground' (vgl. Abschnitt 1.4.). Neben dem gemeinsamen Wissen umfasst das Konzept des ‚Common Ground' gemeinsame Annahmen und Vorstellungen (Clark, H. H. & Brennan, S. E. 1991: 127). ‚Common Grounds' sind insbesondere für Innovationsprojekte von Bedeutung. Ein gemeinsames Vokabular, die Fähigkeit, die richtigen Fragen zu stellen, sowie die Notwendigkeit, Abhängigkeiten und Interaktionen zu identifizieren, besitzen speziell für organisationale Innovationen eine kritische Relevanz (Mengis, J. & Nicolini, D. 2009: 15). ‚Common Grounds' bedürfen im Verlauf eines Innovationsprojekts der permanenten Erneuerung und Erweiterung (ebd.: 19). Ohne einen gewissen ‚Common Ground' ist eine erfolgreiche Zusammenarbeit und Koordination zwischen Spezialisten erheblich erschwert, wenn nicht unmöglich.

Neben dem ‚Common Knowledge' führt Schmickl (Schmickl, C. 2006: 295 ff.) in ihrer Studie den Begriff des ‚neuen Wissens' ein. Tatsächlich konnte sie feststellen, dass neben dem Produkt zusätzlich die Entwicklung von ‚neuem Wissen' zu beobachten ist. Bei der näheren Analyse dieses ‚neuen Wissens' konnte sie vier unterschiedliche Wissensarten identifizieren (ebd.: 295 ff.): (1) systemisches Wissen, (2) ‚Transactive Memory'-Wissen, (3) Handlungswissen und (4) Wissen über technische Nebeneffekte. *Systemisches Wissen* erwirbt der einzelne Mitarbeiter in der Zusammenarbeit mit Kollegen aus anderen Fachgebieten. Hierbei lernt er Fachwissensbausteine aus deren Wissensgebieten kennen, die er in das eigene Vorwissen integriert und mit diesem verknüpft (ebd.: 295). Bei Innovationsprojekten wird auch das ‚Transactive Memory' verändert, u. a. durch Information neu zum Projekt zugestoßener Mitarbeiter oder wenn ein Organisationsmitglied von dem Fachwissen eines anderen Kollegen erfährt und diese Informationen in das Verzeichniswissen abspeichert (ebd.: 297). Unter *Handlungswissen* versteht Schmickl „Erfahrungen in Bezug auf die Vorgehensweisen bei der Produktentwicklung" (ebd.: 299). Es umfasst Methodenwissen, „Know-how über nützliche Entwicklungstools oder -instrumente und über allgemeine Entwicklungsmethoden" (ebd.: 299), sowie Projektmanagementwissen, „Know-how, das für das Management von Innovationsprojekten benötigt wird, wie beispielsweise bezüglich Planungs- und Dokumentationsverfahren" (ebd: 303). *Technische Nebeneffekte* sind Ideen und Lösungen, die innerhalb einer laufenden Produktentwicklung verworfen und nicht realisiert werden. Diese technischen Nebeneffekte können aber für andere Innovationsprojekte relevant sein (ebd.: 303).

Im Gegensatz zu Ansätzen der ‚Cross-Learning'-Perspektive beschreibt das TOL-Konzept mit der Modularisierung und den ‚Prototyping'-Mechanismen, durch die das Wissen der an Innovationsprojekten beteiligten Organisationsmitglieder ohne vorherigen intensiven Wissensaustausch erfolgreich in Innovationen integriert werden kann. Die in diesem Konzept enthaltenen Mechanismen stellen keine unerfüllbaren Anforderungen an die kognitiven Fähigkeiten der Organisationsmitglieder. Fundamentale Prinzipien der Organisation, wie Spezialisierung und Aufbau einzelner Abteilungen, können bei der Arbeit an innovativen Projekten beibehalten und daraus resultierende Vorteile weiterhin genutzt werden. Es ist hervorzuheben, dass im TOL-Konzept, anders als bei den Ansätzen der ‚Cross-Learning'-Perspektive, die einzelnen Mechanismen, die zur Wissensintegration, d. h. zu innovativen Produkten, Verfahren und formalen Regeln führen, klar herausgearbeitet sind. Empfiehlt bspw. Nonaka Metaphern als ein wichtiges Hilfsmittel zur Explizierung von Wissen, ohne näher auszuführen, wie dies funktioniert (Nonaka, I. 1994: 20), können Schmickl (2006: 187) bzw. Schmickel und Kieser (2008: 482) demgegenüber zeigen, wie Wissen innerhalb des ‚Knowledge Bridging' durch einen Frage-Antwort-Prozess effektiv zwischen Mitarbeitern transferiert wird. Inwieweit das TOL-Konzept und die Ergebnisse der bisherigen Studien in der Chemiebranche empirische Unterstützung erfahren, wird in der vorliegenden Untersuchung überprüft.

2.3. Entwicklung der forschungsleitenden Fragestellung

Im Mittelpunkt dieser Untersuchung steht die Frage, wie in der Chemiebranche das Wissen von an Innovationsprojekten beteiligten verschiedenen Spezialisten zu neuen Produkten und Verfahren integriert wird. Den Ausgangspunkt liefern die bisherigen Erkenntnisse der Studien zum TOL-Konzept. Diese zeigen, dass die Vorstellungen der in der Literatur dominanten ‚Cross-Learning'-Ansätze den Prozess der Wissensabstimmung und -integration zwischen Spezialisten und Abteilungen bei den in diesen Studien untersuchten Innovationsprojekten nicht hinreichend zu beschreiben vermögen. So konnte ein extensiver Wissensaustausch vor der eigentlichen Entwicklung neuen Wissens im Rahmen von Innovationsprojekten, wie von der ‚Cross-Learning-Perspektive' vorgeschlagen (vgl. u. a. Nonaka, I. 1994: 24; Tenkasi, R. V. & Boland, J. B. 1996: 87), nicht nachgewiesen werden (Grunwald, R. 2003: 135; Grunwald, R. & Kieser, A. 2007: 380; Schmickl, C. 2006: 217; Schmickl, C. & Kieser, A. 2008: 487). Auch ließ sich die Annahme, dass die Wissensintegration gemeinsame mentale Modelle zur Speicherung des organisationalen Wissens erfordert (vgl. u. a. Kim, D. H. 1993: 39), nicht bestätigten. Zudem fanden Grunwald (2003: 207) und Schmickl (Schmickl, C. 2006: 209) bzw. Schmickl und Kieser (2008: 482) in ihren Studien keinen empirischen Hinweis auf Organisationsmitglieder, die, ausgestattet mit interdisziplinären Fähigkeiten und fachübergreifendem Wissen, bei der Wissensintegration die Rolle eines Übersetzers übernehmen könnten, wie bspw. von Leonard-Barton (1998: 75) sowie Brown und Duguid (1998: 103) in die Diskussion gebracht. Schließlich entsprach in hochinnovativen Projekten der Prozess der Wissensabstimmung ebenfalls nicht den Vorstellungen der ‚Cross-Learning'-

Perspektive (Schmickl, C. 2006: 206 ff.; Schmickl, C. & Kieser, A. 2008: 484 ff.). Stattdessen scheinen die im TOL-Konzept vorgeschlagenen Mechanismen den Ablauf der Wissensintegration im Rahmen von Innovationsprojekten realitätsnäher abzubilden (Grunwald, R. 2003; Grunwald, R. & Kieser, A. 2007; Schmickl, C. 2006; Schmickl, C. & Kieser, A. 2008). Studien zur empirischen Stützung der Aussagen des TOL-Konzepts erfolgten in Bezug auf Innovationsprojekte in der IT- (Grunwald, R. 2003; Grunwald, R. & Kieser, A. 2007) und Elektrotechnikindustrie (Schmickl, C. 2006; Schmickl, C. & Kieser, A. 2008). Gegenüber der IT- und Elektrotechnikindustrie weisen die Innovationsprojekte in der Chemiebranche hinsichtlich ihrer Vielfalt und Komplexität deutliche Unterschiede auf. Bei der Verfolgung der Forschungsfrage erhalten deshalb die beiden folgenden Aspekte besondere Beachtung:

a) Ist das TOL-Konzept auf Unternehmen der Chemiebranche anwendbar und wenn ja, wie sind die Mechanismen des TOL-Konzepts dort ausgestaltet?

b) Falls erforderlich: Wie muss das TOL-Konzept verändert werden, um den Wissensintegrationsprozess in Innovationsprojekten der Chemiebranche vollständig und branchenspezifisch beschreiben zu können?

Tatsächlich könnten die speziellen Charakteristika der Chemiebranche zu dem Ergebnis führen, dass die im TOL-Konzept konzipierten OL-Prozesse keine empirische Unterstützung erfahren. Aus Abweichungen würden sich für die OL-Prozesse neue Fragestellungen ergeben.

So ist es vorstellbar, dass die im Vergleich zur IT- und Elektrotechnikindustrie größere fachliche Distanz zwischen Spezialisten der Chemiebranche einen Einfluss auf Umfang und Art des Wissenstransfers ausübt. Tatsächlich beteiligen sich an Innovationsprojekten der Chemiebranche neben Spezialisten mit einem verwandten wissenschaftlichen Hintergrund wie Chemiker, Biochemiker oder Biologen auch Spezialisten mit einer grundsätzlich anderen Denkweise wie Physiker, Mathematiker oder Verfahrensingenieure. In der IT- und Elektrotechnikindustrie weisen Spezialisten einen gemeinsamen technischen Hintergrund auf. So nahmen bspw. an den von Schmickl (2006: 171) bzw. Schmickl und Kieser (2008: 481) analysierten Innovationsprojekten überwiegend Elektroingenieure, Maschinenbauingenieure, Physiker und Informatiker teil. Diese Spezialisten arbeiten weitgehend hypothesengesteuert und theoriegeleitet, während Chemiker und Spezialisten verwandter Wissenschaften eher dem ‚Trial-and-Error'-Prinzip folgen (Bamfield, P. 2003: 228; Becker, M. C. & Zirpoli, F. 2009: 234; Thomke, S. H. et al. 1998: 325 f.). Es ist denkbar, dass die größeren Distanzen zwischen Spezialisten der Chemiebranche vor Beginn eines

Innovationsprozesses, anders als im TOL-Konzept vorgesehen, einen umfangreichen interdisziplinären Wissensaustausch und andere Formen des Wissensaustauschs erfordern. Zur Präzisierung des Wissenstransfers in der Chemiebranche stellen sich daher mehrere Unterfragen: *Zu welchen Zeitpunkten und in welchen Umfängen muss Wissen in Innovationsprojekten der chemischen Industrie ausgetauscht werden? Verläuft dieser Wissensaustausch gegenseitig oder einseitig? Wie ist er zu beschreiben? Welche Faktoren beeinflussen den Wissensaustausch?*

Ein sich möglicherweise vor Beginn eines Innovationsprojektes als notwendig erweisender breiter und tiefgehender Wissensaustausch könnte die Anwendbarkeit der Mechanismen des TOL-Konzepts zur Wissensgenerierung, Modularisierung und zum ‚Prototyping' in Frage stellen und Modifikationen erfordern. Da das TOL-Konzept mit diesen beiden Mechanismen – Modularisierung und ‚Prototyping' – den markantesten wissenschaftlichen Beitrag zum Diskurs ‚Cross-Learning'- vs. Spezialisierungsperspektive geliefert hat, soll auf diesem Aspekt ein besonderes Augenmerk liegen.

Während sich bei Verfahrensinnovationen der Chemiebranche die hierzu aufgestellten Konzepte in weitgehend eindeutig voneinander abgegrenzte Module wie Kolonnen, Reaktoren oder Katalysatoren unterteilen lassen (Brusoni, S. 2005: 1889), scheinen sich chemische Produktinnovationen – insbesondere bei chemischen Verbindungen mit einfachen molekularen Strukturen – weniger für Modularisierung zu eignen (Schmickl, C. & Kieser, A. 2008: 489). So ist eine Zerlegung von Chemikalien in einzelne Komponente, bei der ein Spezialist den einen Teil und ein weiterer Spezialist einen zweiten Teil des gleichen Moleküls entwickelt, auf den ersten Blick nur schwer vorstellbar. Die Modularisierung ist aber aus Sicht des TOL-Konzepts ein wesentlicher Mechanismus, mit dessen Hilfe der Wissensaustausch zwischen an verschiedenen Modulen arbeitenden Spezialisten auf die Schnittstellen begrenzt wird und die deshalb relativ unabhängig voneinander arbeiten können. Eine fehlende Modularisierung könnte daher einen umfassenden Wissenstransfer zwischen verschiedenen Spezialisten zur Folge haben und eine wesentlich intensivere Zusammenarbeit erfordern. Für die Wissensgenerierung in der Chemiebranche stellen sich im Hinblick auf die im TOL-Konzept favorisierte Modularisierung zusätzlich die folgenden Forschungsfragen: *Lässt sich Modularisierung bei allen Innovationsprojekten der Chemiebranche beobachten? Wenn nein, wie sieht dann die Zusammenarbeit zwischen verschiedenen Spezialisten aus?*

Auch für das ‚Prototyping', insbesondere für das mentale ‚Prototyping', ergeben sich aus den Charakteristika der Chemiebranche möglicherweise Limitationen. Im Vergleich zu der IT- und Elektrotechnikindustrie ist die chemische Industrie von einem hohen Maß an Unbestimmtheit geprägt. Während sich in der IT- und Elektrotechnikindustrie aufgrund von softwaretechnischen oder physikalischen Gesetzmäßigkeiten viele Fehler bei der Konzipierung bereits auf konzeptioneller Ebene, also vor dem Test der fertigen Produkt- oder Verfahrensinnovationen bereits ausschließen lassen, ist dies bei Produkt- und Verfahrensinnovationen der chemischen Industrie ohne reale Tests und Simulationen nur eingeschränkt möglich. Die chemische Forschung ist in hohem Maße durch ‚Trial–and-Error'-Prozesse getrieben, bei denen, ähnlich wie in der pharmazeutischen Industrie, unter dem Stichwort ‚Speculative Research' chemische Verbindungen in zahlreichen Variationen (‚Random'-Hypothesen) im Hinblick auf ein bestimmtes Eigenschaftsmuster getestet werden (Bamfield, P. 2003: 228; Becker, M. C. & Zirpoli, F. 2009: 234; Thomke, S. H. et al. 1998: 325 f.). Ein möglicher Grund für ein derartiges ‚Trial-and-Error'-basiertes Vorgehen liegt vermutlich darin, dass das theoretische Wissen häufig wohl nicht ausreicht, um Schwachstellen chemischer Produkte oder Verfahren vor deren Realisierung vollständig identifizieren zu können. Aufgrund dieser Unbestimmtheit ist es fraglich, ob und gegebenenfalls wie strukturiert Spezialisten ex ante im Rahmen des mentalen ‚Prototyping' Produkt- oder Verfahrenskonzepte bewerten können. Zudem scheint eine systematische Einbeziehung von mithilfe realer oder virtueller Tests gemachten Erfahrungen wegen des vermutlich beschränkten theoretischen Wissens beim mentalen ‚Prototyping' sehr wichtig zu sein.

Durch die große Bedeutung von ‚Trial-and-Error' in der Forschung rücken reales und virtuelles ‚Prototyping' in den Vordergrund. Besonders dem virtuellen ‚Prototyping' könnte eine besondere Rolle in der Chemiebranche zukommen. In der verwandten Pharmaindustrie ersetzen Simulationen häufig reale Tests. Statt relativ zufallsabhängig eine große Menge an chemischen Verbindungen zu testen, wird zunehmend versucht, auf Basis von Computermodellen passende Moleküle zu konzipieren, die dann real getestet werden (Thomke, S. H. et al. 1998: 325 f.). Ähnliche Beobachtungen sind auch für die Chemiebranche wahrscheinlich. Aufgrund der geschilderten besonderen Gegebenheiten in der chemischen Industrie stellen sich im Hinblick auf das ‚Prototyping', einem weiteren wichtigen Mechanismus der Wissensgenerierung im TOL-Konzept, folgende Fragen: *Ist in der Chemiebranche mentales, reales und virtuelles ‚Prototyping' als Mechanismus der Wissensintegration zu beobachten? Wenn ja, wie strukturiert läuft der mentale ‚Prototyping'-Prozess ab? Wie systematisch wird dabei auf neue Erfahrungen zurückgegriffen? Welche Rolle spielt virtuelles ‚Prototyping' in der Chemiebranche?*

In den bisherigen TOL-Studien wird das Wissen der Spezialisten mithilfe der Modularisierung und des ‚Prototyping' zu neuen Produkten integriert. Der Großteil des Wissens der einzelnen Spezialisten wird durch die Kopplung ihrer Module mit den Modulen der anderen Spezialisten in das Produkt integriert. Damit die Module auch erfolgreich miteinander interagieren, werden sie mithilfe des mentalen, realen und virtuellen ‚Prototyping' aufeinander abgestimmt. Die Feedbacks auf Grundlage der ‚Prototyping'-Prozesse werden bei der weiteren Entwicklung der einzelnen Module entsprechend berücksichtigt. Damit fließt auch das Wissen anderer Spezialisten in die Module ein. In den bisherigen TOL-Studien, in denen die Wissensabstimmung zwischen einzelnen Spezialisten, die jeweils für ein Modul zuständig waren, analysiert wurde, konnte die Wissensintegration mit den dargestellten Prozessen umfassend beschrieben werden. Da im Vorfeld der vorliegenden Untersuchung nicht klar ist, ob und in welcher Form die beiden Mechanismen – Modularisierung und ‚Prototyping' – bei den verschiedenen Innovationsprojekten beobachtbar sind, stellt sich deshalb zusätzlich folgende Frage: *Lassen sich andere Formen von Wissensintegrationsmechanismen in der Chemiebranche beobachten? Wenn ja, wie funktionieren sie und welche Eigenschaften weisen sie auf?*

In den bisherigen Untersuchungen war beim ‚Prototyping' und der Modularisierung der Aufbau gemeinsamen Wissens zur Erweiterung der ‚Common Grounds' notwendig. Gerade weil aber in der vorliegenden Untersuchung mit neuartigen Wissensintegrationsmechanismen zu rechnen ist, die ihrerseits einen Aufbau von ‚Common Knowledge' erfordern, soll hier allgemein die Rolle von ‚Common Knowledge' untersucht werden. Dabei sind folgende Fragen zu beantworten: *Welche Arten gemeinsamen Wissens werden generiert? Welche Rolle spielen diese bei der Wissensgenerierung?*

Über das gemeinsame Produkt- oder Verfahrenswissen hinaus wies Schmickl (2006: 295 ff.) in der von ihr untersuchten Elektrotechnikindustrie zusätzlich die Entstehung neuen Wissens mit den Wissensarten ‚systemisches Wissen', ‚Transactive Memory', Handlungswissen und technische Nebeneffekte nach. Bis auf das ‚Transactive Memory' spielt das neue Wissen aber keine besondere Rolle für den unmittelbaren Wissensintegrationsprozess (ebd.: 295 ff.). Es wird daher in der vorliegenden Untersuchung – bis auf das ‚Transactive Memory' – nicht weiter betrachtet. Die Entstehung und Entwicklung des ‚Transactive Memory' wird hingegen im Rahmen der Wissenslokalisierung genauer untersucht.

Wie in den anderen mit dem TOL-Konzept untersuchten Industriezweigen ist in der Chemiebranche für den Erfolg eines Innovationsprojekts von entscheidender Bedeutung, die hierfür am besten geeigneten Mitarbeiter zu rekrutieren und bei unvorhergesehenen, von den Projektteams selbst nicht zu lösenden Problemen die internen oder externen Wissensträger zu identifizieren, die für diese Aufgabe die entsprechende Kompetenz besitzen. Es fällt auf, dass in der Chemieindustrie zur Problemlösung vergleichsweise häufig externe Wissensträger eingesetzt werden, die damit speziell für diese Branche eine wichtige Funktion übernehmen (Rammer, C. 2007: 16 f.).

2. Organisationales Lernen

Nach den bisherigen Studien zum TOL-Konzept erfolgt die Lokalisierung externer Wissensträger mithilfe externer ‚Transactive Memories' (Schmickl, C. 2006: 183). Solche externen ‚Transactive Memories' sind Verzeichniswissen darüber, wer außerhalb der Organisation relevantes Wissen besitzt. Gegenüber dem Wissensabruf unternehmensinternen Wissens wird beim Wissensabruf des externen Wissens nicht zwischen formellem und informellem ‚Transactive Retrieval' unterschieden (Schmickl, C. 2006: 182 f.). Aufgrund des besonderen Stellenwerts der unternehmensexternen Wissensträger in der Chemiebranche wird der Aspekt des Wissensabrufs gesondert behandelt. Es ergeben sich somit folgende Fragen: *Wie werden Wissensträger im Rahmen der Rekrutierung und im Laufe des Projekts lokalisiert? Wie wird das externe und interne Wissen abgerufen? Lässt sich dabei ein Rückgriff auf ‚Transactive Memories' beobachten? Wenn ja, wie entstehen und verändern sie sich?*

Zur Reduktion der mit der Entwicklung eines chemischen Produkts verbundenen außergewöhnlich hohen Kosten (Bigwood, M. P. 2000: 42) bietet sich speziell in der Chemiebranche der Rückgriff auf in parallel durchgeführten oder bereits abgeschlossenen Projekten entwickeltes Wissen an. Neben der projektbezogenen Akkumulation von Wissen in den einzelnen Abteilungen ist es zur Vermeidung von Mehrfachentwicklungen von ebenso großer Bedeutung, dass dieses Wissen verbreitet wird und jederzeit verfügbar ist. Aus Sicht des TOL-Konzepts erfolgt die Verbreitung unternehmensinternen Wissens in der Organisation auf verschiedenen Wegen, nämlich in den Formen des ‚Transactive Encoding', der direkten Wissensumsetzung durch den Wissensträger sowie durch Aufnahme von Wissen in die F&E-Strategie des Unternehmens. Da ein nicht unwesentlicher Teil der für die Chemiebranche relevanten Forschung an Universitäten oder anderen öffentlichen Instituten stattfindet (Rammer, C. 2007: 16 f.), müssen die Unternehmen aus eigenem Interesse dafür sorgen, dass auch dieses Wissen intern verbreitet und für laufende und zukünftige Innovationsprojekte nutzbar wird. Diese Betrachtung führt zu den folgenden Forschungsfragen: *Können die vom TOL-Konzept vorgeschlagenen Mechanismen der Wissensverbreitung in der chemischen Industrie repliziert werden? Werden diese Mechanismen auch bei der Rezipierung unternehmensexternen Wissens eingesetzt?*

Zur Wissensspeicherung stehen die in den bisherigen TOL-Studien identifizierten Artefakte zur Verfügung (Grunwald, R. 2003: 145 ff.; Grunwald, R. & Kieser, A. 2007: 380 f.; Schmickl, C. 2006: 304 ff.). Wie bereits erwähnt, kann die starke fachliche Distanz zwischen den Spezialisten in der Chemiebranche bei der Verwirklichung von Innovationsprojekten mit einem umfangreicheren Wissensaustausch verbunden sein. Die Speicherung erworbenen gemeinsamen Wissens erfolgt möglicherweise in größerem Umfang in Form von gemeinsamen mentalen Modellen im Gedächtnis der Spezialisten, wobei nach dem TOL-Konzept zusätzlich ein Wissensverzeichnis, aus dem hervorgeht, wo welche Inhalte zu finden sind, angelegt werden muss (Schmickl, C. 2006: 309 ff.). Aus diesen Überlegungen resultieren folgende Forschungsfragen: *Welche Rolle spielen in der chemischen Industrie Artefakte und gemeinsame geteilte mentale Modelle für die Wissensspeicherung? Wie wird das Verzeichnis, in dem auf das jeweilige Wissen verwiesen wird, gespeichert?*

Zur Verfolgung dieser forschungsleitenden Fragen liegen unterschiedliche Forschungsmethoden vor. Im Folgenden wird für die vorliegende empirische Untersuchung das geeignete Forschungsdesign dargestellt.

3. Methodik

In diesem Kapitel wird die Auswahl des methodischen Designs begründet und die empirische Vorgehensweise detailliert beschrieben.

3.1. Methodisches Design

Vereinfacht stehen für die empirische Untersuchung zwei methodologische Ansätze, der qualitative und der quantitative, zur Verfügung. In dieser Arbeit erfolgt die Untersuchung der forschungsleitenden Fragen mit qualitativen Methoden. Diese Entscheidung wird nachfolgend begründet.

3.1.1. Qualitative empirische Sozialforschung als Untersuchungsansatz

Qualitative Studiendesigns verfolgen unter Rückgriff auf unterschiedliche Methoden einen interpretativen Ansatz (Das, T. H. 1983: 301; Denzin, N. K. & Lincoln, Y. S. 1994: 2). Qualitative Studiendesigns sind bestrebt, Gegenstände, Prozesse und Zusammenhänge möglichst umfassend und unter Verfolgung verschiedener Perspektiven v. a. zu verstehen (Archer, S. 1988: 265; Das, T. H. 1983: 303; Flick, U. 2009: 27; Helfferich, C. 2009: 21; Mayring, P. 2003: 17; Rubin, H. & Rubin, I. 2005: 29 f.). Sie erweisen sich immer dann als geeignet, wenn „‚how' or ‚why' questions are being posed" (Yin, R. K. 2009: 2) und Fragen nach existierenden oder möglicherweise typischen Mustern zur Erklärung vielschichtiger Phänomene gestellt werden (Helfferich, C. 2009: 29).

Auch in der vorliegenden Untersuchung geht es darum, zur Überprüfung der genannten Fragestellung – auf welche Weise Expertenwissen unter den besonderen Bedingungen der Chemieindustrie im Rahmen von Innovationsprojekten integriert wird – ein tieferes Verständnis über die in diesem Industriezweig angewandten Lernmechanismen zu gewinnen. Die identifizierten Lernmechanismen sollen auf Mikroebene im Detail analysiert sowie schließlich mit den bestehenden theoretischen Vorstellungen in Beziehung gesetzt werden. Für dieses Vorgehen ist der quantitative Studienansatz als Alternative gegenüber der qualitativen Vorgehensweise weniger geeignet (Archer, S. 1988: 265), zumal mit ihm ‚reichhaltige' Beschreibungen, wie sie qualitative Ansätze gestatten, nicht möglich sind (Denzin, N. K. & Lincoln, Y. S. 1994: 6; Miles, M. B. & Huberman, M. A. 1994: 1). Tatsächlich steht beim quantitativen Ansatz die statistische Überprüfung der Allgemeingültigkeit von Hypothesen und weniger das tiefgehende Verständnis sozialer Phänomene im Vordergrund. Bei den Untersuchungen mit quantitativer Methodik liegt der

Fokus auf einzelnen, voneinander getrennt quantifizierbaren Variablen, um innerhalb großer Stichproben Gesetzmäßigkeiten ausfindig zu machen (Flick, U. 2009: 23 f.; Mayring, P. 2003: 18).

Durch die Offenheit qualitativer Vorgehensweisen können komplexe soziale Interaktionen aufgedeckt und nachvollzogen werden (Das, T. H. 1983: 305; Eisenhardt, K. M. & Graebner, M. E. 2007: 26; Flick, U. 2009: 27). So werden bei den im Rahmen von Untersuchungen vorgenommenen Befragungen offene Fragen gestellt und nicht wie bei quantitativen Verfahren ein auf Ex-ante-Hypothesen beruhendes standardisiertes Antwortschema vorgegeben (Lamnek, S. 2005: 21). Der Vorteil der offenen Befragung ist, dass Sinnzusammenhänge, die sich nicht auf Anhieb erschließen, durch Nachfragen näher erläutert werden können (Hopf, C. 1979: 22). Somit bietet sie die Möglichkeit, Fragestellungen aus der Perspektive der Befragten zu ergründen und zu analysieren (Denzin, N. K. & Lincoln, Y. S. 1994: 5). Verfahrens- und Produktinnovationen der Chemiebranche stellen komplexe Prozesse dar, in denen Spezialisten mit sehr unterschiedlichen Perspektiven interagieren. Zur Erforschung derartiger Prozesse ist eine quantitative Methodik, die, um Auswertungen großer Stichproben zu erzielen, feste Antwortkategorien vorgibt, welche ein Abweichen auf zusätzliche, erst während der Befragung auftretende Problemfelder nicht zulassen, gegenüber einer qualitativen Methodik wenig hilfreich (Patton, M. Q. 1987: 9). Tatsächlich schränken diese vorgegebenen Antwortschemata die Informationsbereitschaft der Befragten stark ein (Lamnek, S. 2005: 21) und verleiten sie dazu, über gestellte Fragen nicht eingehend zu reflektieren (Patton, M. Q. 1987: 33). Stattdessen werden Ad-hoc-Antworten gegeben (Atteslander, P. & Kopp, M. 1993: 155). Implizit liegt der quantitativen Forschung die Annahme zugrunde, dass einfachen Fragen einfache Antworten folgen (Küchler, M. 1983: 15). Qualitative Methoden ermöglichen gegenüber quantitativen Vorgehensweisen eine sehr viel präzisere und detailreichere Darstellung kausaler Zusammenhänge (Miles, M. B. 1979: 590). Bei quantitativen Ansätzen werden Kausalitäten nur durch statistische Korrelationen (d. h. Angaben, wie stark eine Variable eine andere beeinflusst) erfasst (ebd.: 590), wobei im Gegensatz zu qualitativen Studien statistische Effekte und weniger kausale Mechanismen beschrieben werden (Gerring, J. 2004: 349).

Für zukünftige Studien wäre dagegen zur gesetzmäßigen Verallgemeinerung der TOL-Mechanismen ‚Knowledge Bridging', ‚Transactive Memory', ‚Transactive Retrieval', ‚Modularisierung', ‚Prototyping', ‚Wissensspeicherung in Artefakten' sowie zur gesetzmäßigen Verallgemeinerung der Mechanismen der Wissensumsetzung und zum Nachweis statistisch fassbarer Korrelationen eine quantitative Vorgehensweise vorzuziehen. Die vorliegende Untersuchung überprüft, inwieweit die in den TOL-Studien (Grunwald, R. 2003; Grunwald, R. & Kieser, A.

2007; Schmickl, C. 2006; Schmickl, C. & Kieser, A. 2008) nachgewiesenen Mechanismen auch bei Innovationsprojekten in der chemischen Industrie trotz ausgeprägter Unterschiede gegenüber der IT- sowie Elektrotechnikbranche (vgl. Abschnitt 2.3.) überhaupt funktionieren oder ob diese Mechanismen modifiziert, vielleicht sogar neue Mechanismen entwickelt werden müssen. Zudem wird versucht, bestehende Elemente des TOL-Konzepts weiter zu explizieren. Für die Fragestellungen und Ziele dieses Forschungsvorhabens erscheint ein qualitatives Vorgehen geeigneter. Tatsächlich ermöglicht die Offenheit qualitativer Forschung die Überprüfung, Erweiterung und Präzisierung bestehender Theorien (Mayring, P. 2003: 22) bzw. deren Erweiterung und Verfeinerung. So können bspw. einzelne Elemente bereits etablierter Theorien umfassender und detailreicher herausgearbeitet werden, um ein weiteres ‚Sharpening of Constructs' zu erreichen (Eisenhardt, K. M. 1989: 541).

Aus Sicht eines quantitativen Forschungsverständnisses weist der qualitative Ansatz bestimmte Schwächen auf. Danach ermöglicht die qualitative Forschung nur in begrenztem Umfang eine Generalisierbarkeit gewonnener Ergebnisse mit der Folge, dass ihre Übertragbarkeit auf andere als die in den jeweiligen Studien untersuchten Gegebenheiten als fraglich erscheinen (Flick, U. 2009: 32 f.; Miles, M. B. & Huberman, M. A. 1994: 2; Yin, R. K. 2009: 43). Ziel qualitativer Forschung ist nicht die statistische, sondern die argumentative oder analytische Generalisierbarkeit der erhobenen Befunde, indem bestimmte Erkenntnisse oder identifizierte Muster durch eine in sich schlüssige Argumentation zu einer allgemeingültigen Theorie verdichtet werden (Mayring, P. 2002: 35; Yin, R. K. 2009: 43 f.). Zwar ist von einer analytischen Generalisierbarkeit die Replizierbarkeit der Ergebnisse über große Stichproben hinweg nicht zwingend zu erwarten, doch wird die Aussagekraft der mithilfe dieses qualitativen Forschungsansatzes aufgestellten Theorie durch den wiederholten Nachweis ähnlicher Erkenntnisse und Muster in nachfolgenden Studien deutlich erhöht (‚Replication Logic') (Eisenhardt, K. M. 1989: 544; Yin, R. K. 2009: 43 f.). Aufgrund der Unterschiede müssen an Stelle der für die quantitative Forschung gültigen Bewertungskriterien zur Beurteilung qualitativer Forschung andere Kriterien herangezogen werden (Küchler, M. 1983: 13; Mayring, P. 2002: 142; Steinke, I. 2009: 320). Zentrale Punkte sind hierbei die Nachvollziehbarkeit und Transparenz der Ergebnisfindung. Es gilt deshalb, bei qualitativen Untersuchungen den Forschungsprozess darzulegen (Gephart, R. P. 2004: 458; Mayring, P. 2002: 144 ff.; Mayring, P. 2003: 113; Steinke, I. 2009: 324). Zudem sollten die von den qualitativen Ergebnissen abgeleiteten Theorien durch ausführliche und exemplarische Textbelege aus dem erhobenen Datenpool wie bspw. Interviewzitate belegt und die Grundlagen ihrer Entstehung nachvollziehbar dargestellt werden (Steinke, I. 2009: 328). Die Aussagekraft qualitativer Untersuchungen kann zudem durch Hinweise auf bereits publizierte ähnliche Ergebnisse erhöht werden (Eisenhardt, K. M. 1989: 544).

Diese Untersuchung folgt einer theoriegeleiteten Vorgehensweise. Bestehende theoretische Konzepte bzw. der aktuelle Stand der Forschung sind Grundlage dieser Studie (Mayring, P. 2002: 45). Dieses theoriegeleitete Vorgehen weicht grundsätzlich von der Idee der ‚Grounded Theory' als ursprünglichster Form qualitativer Forschung ab. Ihr zufolge sollten Forscher die Forschungsobjekte möglichst losgelöst von vorab entwickelten theoretischen Überlegungen untersuchen (Glaser, B. G. & Strauss, L. S. 1967: 33) und auf der Grundlage der erhobenen Daten konzeptuelle Kategorien für ihre Theorien ableiten (ebd.: 23). Nicht theoriegeleitete Vorgehensweisen weisen jedoch bestimmte Nachteile auf. So kann der Verzicht auf theoretische Konzepte und auf ihrer Basis vorab formulierter Forschungsfragen zu einer Überforderung des Forschers führen (Miles, M. B. & Huberman, M. A. 1994: 55). Tatsächlich ist es dann im Zweifelsfall schwer, aufgrund der Datenmenge zu differenzieren, welche Ergebnisse von Relevanz sind und welche nicht (ebd.: 55 f.). Auch erscheint die Vorstellung, bereits vorhandenes theoretisches Vorwissen unberücksichtigt lassen zu können, wenig realistisch (Eisenhardt, K. M. 1989: 536; Seidel, J. & Kelle, U. 1995: 56; Vaughan, D. 1992: 195). Diese potentiellen Nachteile eines nicht theoriegeleiteten Vorgehens begründen das gewählte Vorgehen.

3.1.2. Fallstudie als Forschungsmethode

Fallstudien erweisen sich u. a. aufgrund der fehlenden Reduktion auf einzelne Variablen (Lamnek, S. 2005: 299) für eine umfangreiche und tiefgehende Analyse wissenschaftlicher Phänomene als besonders geeignet (Goetz, J. P. & LeCompte, M. D. 1984: 46; Patton, M. Q. 1987: 19). Sie ermöglichen es, die relevanten Einflussfaktoren und Zusammenhänge weitgehend zu erfassen (Mayring, P. 2002: 42). Fallstudien finden typischerweise zur Beschreibung von Phänomen, zur Testung von Theorien oder zur Generierung neuer theoretischer Konzepte Anwendung (Eisenhardt, K. M. 1989: 535). Sie tragen dazu bei, bereits bestehende Theorien zu spezifizieren und auszuformulieren, indem sie innerhalb der Theorien bestehende Lücken aufzeigen und Hinweise zu ihrer Schließung liefern (Siggelkow, N. 2007: 21). Auch lassen sich mit Fallstudien theoretische Aussagen und Zusammenhänge verdeutlichen (ebd.: 21 f.).

In Fallsstudien werden Untersuchungseinheiten, sog. ‚Fälle', im Detail analysiert. Unter ‚Fällen' werden u. a. „organizational forms that are analyzed regarding some similar event, activity, or circumstance" verstanden (Vaughan, D. 1992: 175). Implizit liegt der Analyse von Fällen die Annahme zugrunde, dass die untersuchten Objekte ähnlich genug, gleichzeitig aber ausreichend voneinander abgrenzbar sind, um Vergleiche und die Entdeckung von Mustern zu ermöglichen (Ragin, C. C. 1992: 1). Es lassen sich zwei Designarten, das ‚Single-Case Design' und das ‚Multi-Case Design', unterscheiden (Yin, R. K. 2009: 46 f.). ‚Single-Case Designs' bestehen aus einem einzigen Fall, der jedoch mehrere Unteranalyseeinheiten enthalten kann (ebd.: 46). Bei dieser Konstellation handelt es sich um eine ‚Embedded-Case Study' (ebd.: 50). ‚Single-Case Studies' sind immer dann sinnvoll, wenn der untersuchte Fall für kritische Tests oder zur Erklärung und Beschreibung eines einzigartigen oder seltenen Umstands als repräsentativ bzw. typisch oder besonders aufschlussreich gelten kann (ebd.: 52). ‚Single-Case Studies' sind auch dann angezeigt, wenn ein Fall im Zeitverlauf überprüft werden soll (ebd.: 52). ‚Single-Case-Embedded Designs' ermöglichen durch die Definition von Unteranalyseeinheiten umfangreichere, aus verschiedenen Blickwinkeln erfolgende Untersuchungen, die weitreichende Einsichten gewähren (ebd.: 52). ‚Multi-Case Designs' hingegen beinhalten die Analyse mehrerer Fälle, die wie beim ‚Single-Case-Embedded Design' wiederum mehrere Unteranalyseeinheiten umfassen können (‚Multi-Case-Embedded Design') (ebd.: 46). Diesem Design liegt eine Replikationslogik zugrunde (ebd.: 54; vgl. auch Abschnitt 3.1.1.). In ‚Multi-Case Designs' wird jeder einzelne Fall als gesondertes ‚Experiment' zur Überprüfung von Ideen genutzt, so dass die Resultate aus diesen Experimenten in der Gesamtschau Verallgemeinerungen über den einzelnen Fall hinaus erlauben (Eisenhardt, K. M. 1989: 25). Bedeutsam ist hierbei die sorgsame Auswahl der Fälle, so dass mit ihnen ähnliche (‚Literal Replication') oder aber aus vorab erkennbaren Gründen gegensätzliche Ergebnisse (‚Theoretical Replication') erzielt werden (Yin, R. K. 2009: 54). Hierbei bestätigen die Fälle, die zu ähnlichen Ergebnissen führen, die beobachteten Zusammenhänge und erhöhen so das Vertrauen in ihre Validität für eine daraus abzuleitende Verallgemeinerung, während die Fälle, die abweichende Ergebnisse erbringen, die Möglichkeit bieten, die Zusammenhänge im Einzelnen weiter aufzuschlüsseln oder ihre Basis zu erweitern (Eisenhardt, K. M. 1989: 542). Tatsächlich können auf diese Weise durch Vergleich und Berücksichtigung der jeweiligen Fallergebnisse die theoretischen Konstrukte inhaltlich zunehmend spezifiziert werden (Vaughan, D. 1992: 181). Bevor dies möglich ist, sollten die Fälle zunächst getrennt voneinander auf bestimmte Muster hin untersucht werden (Eisenhardt, K. M. 1989: 540).

Ähnlich wie in den Studien von Grunwald (2003) bzw. Grunwald und Kieser (2007) sowie Schmickl (2006) bzw. Schmickl und Kieser (2008) wird auch für die vorliegende Untersuchung ein ‚Single-Case-Embedded Design' als Teil eines ‚Multiple-Case Design'-Forschungsprogramms mit dem Fokus auf OL-Prozesse bei interdisziplinärer Zusammenarbeit ausgewählt. Ausgangspunkt ist die ‚Multi-Case Design'-Studie von Kieser und Koch (2002; 2008) bzw. Koch (2004) zu Regelveränderungsprozessen in einer Bank und in einem Pharmaunternehmen, auf deren Basis das TOL-Konzept entwickelt wurde. In den darauffolgenden ‚Single-Case-Embedded Design'-Studien von Grunwald (2003) bzw. Grunwald und Kieser (2007) sowie Schmickl (2006) bzw. Schmickl und Kieser (2008) konnte das TOL-Konzept repliziert, detaillierter ausgearbeitet und erweitert werden. Die Einbettung der vorliegenden Fallstudie in dieses Forschungsprogramm ermöglicht nicht nur, die Ergebnisse einzelner Unteranalyseeinheiten innerhalb der ‚Single-Case-Embedded'-Fallstudie zum Nachweis einer ‚Replication Logic' zueinander in Beziehung zu setzen, sondern ermöglicht auch den Vergleich dieses nunmehr fünften Falles mit den übrigen vier bereits im Rahmen des übergeordneten ‚Multi-Case Design'-Forschungsprogramms untersuchten Fällen (vgl. hierzu auch Schmickl, C. 2006: 128). Dieser Vergleich mit den vier Fällen des Forschungsprogramms schärft den Blick für die spezifischen Charakteristika des vorliegenden Falls, der Wissensintegration in der chemischen Industrie (Vaughan, D. 1992: 199).

3.2. Forschungsvorgehen

Im Sinne der Transparenz und Nachvollziehbarkeit qualitativer Studien bedarf es einer detaillierten Beschreibung des in dieser Untersuchung gewählten Forschungsvorgehens (vgl. 3.1.1.). Es werden deshalb die Auswahl des Falles, der Ablauf der Datengewinnung, die eingesetzten Forschungsinstrumente sowie die Durchführung der Datenauswahl in Bezug auf das ausgewählte qualitative Fallstudiendesign dargelegt.

3.2.1. Auswahl des Falles

Die Auswahl der Fälle erfolgt in qualitativen Studien in der Regel theoriegeleitet (‚Theoretical Sampling') nach vorab definierten Kriterien in Abhängigkeit von der jeweiligen Fragestellung (Goetz, J. P. & LeCompte, M. D. 1984: 70; Mayring, P. 2003: 43; Miles, M. B. & Huberman, M. A. 1994: 27). Geht es bei quantitativer Forschung darum, mithilfe statistisch repräsentativer, oftmals nach dem Zufallsprinzip gezogener Stichproben fundierte Aussagen über eine Grundgesamtheit zu treffen (Flick, U. 2009: 24; Mayring, P. 2003: 18), wird beim ‚Theoretical Sampling' empfohlen, Fälle danach auszuwählen, inwieweit sie potentiell die Ergebnisse früherer Fallstudien zu replizieren oder daraus abgeleitete Theorien zu erweitern vermögen.

Dieses Auswahlverfahren erscheint für die vorliegende Studie besonders geeignet, da die Fragestellung, wie das Wissen von Spezialisten mit unterschiedlichen, z. T. weit auseinanderliegenden Fachhintergründen im Rahmen von Innovationsprojekten der Chemieindustrie integriert wird, v. a. danach fragt, ob sich der Prozess der Wissensintegration auch in dieser, sich deutlich von den anderen Fällen unterscheidenden Branche mit dem TOL-Konzept beschreiben lässt. Entsprechend der in Fallstudien angestrebten ‚Replication Logic' sind Fälle so auszusuchen, dass möglichst ähnliche Ergebnisse oder aus vorhersagbaren Gründen abweichende Ergebnisse zu erwarten sind (Yin, R. K. 2009: 54, vgl. auch Abschnitt 3.1.2.). Zur Replikation des TOL-Konzepts kommen grundsätzlich beide geschilderten Fallvarianten infrage. Wegen der großen Unterschiede im Vergleich zur IT- und Elektrotechnikindustrie (Grunwald, R. 2003; Grunwald, R. & Kieser, A. 2007; Schmickl, C. 2006; Schmickl, C. & Kieser, A. 2008) bietet die Chemieindustrie als Untersuchungsobjekt v. a. abweichende Fälle und erscheint daher für eine weiterführende Verallgemeinerung des TOL-Konzepts besonders geeignet. Tatsächlich könnte das TOL-Konzept aufgrund der besonderen Merkmale der chemischen Industrie auf eine noch breitere empirische Basis als bisher gestellt werden. Gemäß den Leitlinien der qualitativen Forschung sollte bei der Wahl der Fälle eine hohe Variationsbreite angestrebt und das Untersuchungsobjekt möglichst facettenreich erfasst werden (Merkens, H. 2009: 291). Die Chemieindustrie zeichnet sich durch eine Vielzahl unterschiedlicher Arten an Innovationsprojekten und F&E-Prozessen aus (Landau, R. & Arora, A. 1997: 139). Das Unternehmen und die Innovationsprojekte als Unteranalyseeinheiten wurden deshalb so ausgewählt, dass sie die Variationsbreite und den Facettenreichtum der chemischen Industrie widerspiegeln.

Im Einzelnen richtete sich die Auswahl des Unternehmens und der Innovationsprojekte unter Beibehaltung, teilweise auch unter Änderung der Forschungskonzepte der bisherigen TOL-Studien nach folgenden Kriterien:

(1) Wie in den Studien von Grunwald (2003) bzw. Grunwald und Kieser (2007) sowie Schmickl (2006) bzw. Schmickl und Kieser (2008) wird auch in dieser Untersuchung die Wissensintegration in für die Chemieindustrie exemplarischen interdisziplinären Innovationsprojekten analysiert. Da bereits aus theoretischer Sicht die in der Chemiebranche charakteristischerweise außergewöhnlich stark ausgeprägte fachliche Distanz zwischen den an Innovationsprojekten beteiligten Spezialisten einen potentiell negativen Einfluss auf die OL-Prozesse haben könnte, wurden vorzugsweise solche Projekte ausgesucht, die diese spezifische Spezialistenkonstellation aufweisen. (2) Wie in den Vorgängerstudien werden in dieser Arbeit Produktinnovationen, zusätzlich aber auch Verfahrensinnovationen untersucht. Verfahrensinnovationen spielen in der Chemiebranche gegenüber Produktinnovationen eine gleichwertige Rolle (Onken, U. & Behr, A. 2001: 15; Rammer, C. 2007: 16). Da die Entwicklung neuer Produkte nicht selten mit der Entwicklung neuer Verfahren und vice versa einhergeht, die Übergänge zwischen Produkt- und Verfahreninnovationen daher fließend und beide Innovationsformen nicht immer eindeutig zu trennen sind, gibt es Mischformen (Lager, T. 2002: 109 f.), die in dieser Untersuchung Berücksichtigung finden. (3) An Innovationsprojekten, bei denen mit hoher Wahrscheinlichkeit eine modulare Architektur vorliegt – wie

dies bspw. für Verfahrensinnovationen der Chemiebranche beschrieben wird (Brusoni, S. 2005: 1555) –, werden Lernprozesse analysiert, die vermutlich unter ähnlichen Bedingungen wie diejenigen der Studien von Grunwald (2003) bzw. Grunwald und Kieser (2007) sowie Schmickl (2006) bzw. Schmickl und Kieser (2008) stattfinden. Bei Produktinnovationen dagegen und den oben beschriebenen Mischforminnovationen (Produkt-/Verfahrensinnovationen) erscheint aus theoretischer Sicht die Modularisierung nur in Ansätzen oder gar nicht anwendbar. Das tatsächliche Fehlen einer Modularisierung bei diesen Produkt- bzw. Mischforminnovationen würde für die an einer Modularisierung orientierten Lernmechanismen des TOL-Konzepts die Notwendigkeit der Anpassung an die besonderen Bedingungen der chemischen Industrie bedeuten (vgl. Abschnitt 2.3.). Wegen der aus den genannten vorhersagbaren Gründen möglicherweise von den bisherigen TOL-Studien abweichenden Ergebnisse wird der Schwerpunkt der Auswahl auf solchen Innovationsprojekten liegen. (4) Entsprechend der Forderung des qualitativen Forschungsvorgehens nach maximaler Varianz und Facettenreichtum wird hierbei eine möglichst große Bandbreite an unterschiedlichen Innovationsprojekten über die verschiedenen F&E-Prozesse der Chemiebranche hinweg Beachtung finden.

Die für die Untersuchung gewonnene ChemCompany weist diese vorab festgelegten Kriterien auf. Als eines der größten Chemieunternehmen der Welt ist sie global in allen relevanten Märkten der Chemieindustrie vertreten (eine umfassende Beschreibung der ChemCompany erfolgt in Kapitel 4). In der ChemCompany findet sich nahezu die gesamte Bandbreite der unterschiedlichen Innovationsprojekte der Chemiebranche wieder. In diesem Unternehmen lassen sich sowohl Verfahrens- als auch Produkt- sowie Mischforminnovationsprojekte untersuchen. Aufgrund dieser Vielfalt an Innovationsprojekten als Unteranalyseeinheiten stellt die ChemCompany ein ideales Untersuchungsobjekt dar.

Vor Ort wurden einige der zu untersuchenden Innovationsprojekte mit dem Senior Vice President Science Relations and Innovation Management und einem seiner Mitarbeiter oder mit von ihnen benannten Ansprechpartnern für übergeordnete Forschungseinheiten entsprechend den oben genannten Kriterien ausgewählt. Um die Lernmechanismen retrospektiv in den einzelnen Phasen erforschen zu können, wurden die Ansprechpartner gebeten, abgeschlossene bzw. kurz vor dem Ende stehende Projekte vorzuschlagen. Bei Entwicklungszeiten von teilweise mehr als 10 Jahren konnte diesem Wunsch bei den im Zeitrahmen der Untersuchung laufenden Innovationsprojekten nicht durchgehend entsprochen werden. In diesen Ausnahmefällen wurden die später identifizierten Interviewpartner aufgefordert, wenn dies zur Klärung der Lernmechanismen als erforderlich und gerechtfertigt erschien, auf Erfahrungen vorangegangener Projekte zurückzugreifen. Insgesamt trugen der Senior Vice President Science Relations and Innovation Management, seine Mitarbeiter und die Ansprechpartner der übergeordneten Forschungseinheiten ein Verfahrensinnovationsprojekt, vier Produkt- und zwei Mischforminnovationsprojekte zu der vorliegenden Untersuchung bei (eine genaue Beschreibung dieser Innovationsprojekte erfolgt in Kapitel 4). In allen ausgewählten Projekten waren Spezialisten mit unterschiedlichen fachlichen Hintergründen, die teilweise sehr weit auseinanderlagen und nur wenige oder gar keine Gemeinsamkeiten aufwiesen, involviert. Die Projekte repräsentierten zudem verschiedene Produkt- und Verfahrensbereiche, so dass ein möglichst aussagekräftiges Abbild der Unterschiedlichkeit von Forschungsprozessen in der Chemieindustrie zu erwarten war. Mit dem geschilderte Vorgehen konnten so für alle in dieser Untersuchung zu Verfügung stehenden Innovationsprojekte die zuvor definierten Auswahlkriterien erfüllt werden (s. Tab. 3-1).

	PA	PB	PC	PD	PE	PF	PG
Ziel des Projekts	Polymerdispersion	Katalysator	Hybride organ.-anorgan. Nanopartikel	Propandehydrierungsverfahren	Organische Photovoltaik	Thermoplastische Nanokompositen	Pflanzenschutzmittel
Art der Innovation	Produktinnovationsprojekt	Mischinnovationsprojekt	Produktinnovationsprojekt	Verfahrensinnovationsprojekt	Produktinnovationsprojekt	Mischinnovationsprojekt	Produktinnovationsprojekt
Fachgebiete der Interviewpartner	Anorgan. Chemiker Prozessing.	Anorgan. Chemiker Verfahrensing. Projekting. Chemieing.	Organ. Chemiker Theor. Chemiker	Anorgan. Chemiker Theor. Elektrotechn. Verfahrensing. Chemieing. Werkstoffing. Maschinenbauing.	Organ. Chemiker Theor. Chemiker Elektrotechn. Physiker	Anorgan. Chemiker Maschinenbauing. Physiker	Agrarbiologe Anorgan. Chemiker Biologe

Tab. 3-1: Charakteristika der Innovationsprojekte

Die Auswahl der Interviewpartner übernahmen die Projektleiter. Für jedes Innovationsprojekt wurde zur Absprache der Auswahlkriterien der Kontakt zu den Projektleitern hergestellt. Für die Interviews kamen nur solche Projektmitglieder in Frage, die selbst an Abstimmungsprozessen zwischen Spezialisten beteiligt waren. Durch gezielte Auswahl der zu interviewenden Projektmitglieder sollte in den Interviews die Möglichkeit gegeben sein, die besonderen, speziell in der chemischen Industrie anzutreffenden OL- Mechanismen aus den verschiedenen Perspektiven heraus zu untersuchen und zusätzlich die potentielle Gefahr einer Ex-post-Sinngebung („Sense-Making") zu einzelnen der vorliegenden Charakteristika der Wissensintegration in dieser Branche weitgehend einzuschränken (Eisenhardt, K. M. & Graebner, M. E. 2007: 28).

Für die Datenerhebung im Rahmen von Fallstudien stehen verschiedene Methoden zur Verfügung (Eisenhardt, K. M. 1989: 534 f.). In dieser Untersuchung erfolgte sie mit Hilfe teilstandardisierter Leitfaden-Interviews. Im nächsten Abschnitt werden der Ablauf der Datengewinnung und die Entwicklung des Leitfadens geschildert.

3.2.2. Ablauf der Datengewinnung und eingesetzte Forschungsinstrumente

Vor Beginn der Datengewinnung mithilfe der erwähnten teilstandardisierten Leitfadeninterviews und vor der Kontaktaufnahme mit der ChemCompany wurde – zum besseren Verständnis der in der Chemiebranche vorliegenden Besonderheiten der Forschung – Anfang Mai 2007 zunächst ein Experteninterview mit einem Professor für organische Chemie geführt. Dieser Interviewpartner führt parallel zu seiner universitären wissenschaftlichen Tätigkeit Forschungsprojekte in Kooperation mit der Chemieindustrie durch. So betreibt er u. a. mit der ChemCompany ein Forschungslabor. Er verfügt also über spezielle Einblicke in die Chemieforschung der Universität und auch der Chemieindustrie. Das eineinhalbstündige Gespräch wurde anhand von vorbereiteten Fragen zu drei Themenbereichen geführt: Aufbau und Ablauf der Entwicklungsprozesse von chemischen Produkten und Verfahren, Auswahl der an diesen Prozessen typischerweise beteiligten Spezialisten und die Art ihrer Beteiligung sowie schließlich Abstimmungsprozesse zwischen den Spezialisten. Die in diesem Interview gewonnenen Informationen flossen in die Vorbereitung des ersten Gespräches mit der ChemCompany ein.

Im August 2007 wurde mit dem Senior Vice President Science Relations and Innovation Management und einem seiner Mitarbeiter Kontakt aufgenommen. Diese Gesprächspartner besitzen detaillierte Kenntnisse über Innovationsprojekte der ChemCompany sowie über Kooperationen zwischen dem Forschungsbereich der ChemCompany und externen Institutionen. Das ca. zweistündige Gespräch diente dem gegenseitigen Kennenlernen, der Darstellung des universitären Forschungsprojekts sowie speziell der Erläuterung der Auswahlkriterien für die in die Untersuchung aufzunehmenden Innovationsprojekte. Es folgte ein Einblick in die aktuellen Forschungsaktivitäten der ChemCompany, wobei Unternehmensbereiche, die für die Untersuchung von Projekten aus Sicht der ChemCompany-Mitarbeiter lohnenswert erschienen, benannt und erste möglicherweise zu analysierende Innovationsprojekte aus diesen Bereichen diskutiert wurden. Nach diesem Gespräch wurde für die eigentliche Projektauswahl der persönliche Kontakt zu vier Leitern von Forschungseinheiten oder direkt zu Projektleitern einzelner Innovationsprojekte hergestellt.

3. Methodik

Von den Gesprächen mit den Leitern der übergeordneten Forschungsbereiche – insgesamt vier über jeweils ca. eineinhalb Stunden – fanden drei im Januar 2008, das vierte im Juli 2008 statt. Auch ihnen wurden zunächst das Forschungsprojekt und die Auswahlkriterien der Innovationsprojekte vorgestellt, um dann gemeinsam diese Auswahlkriterien erfüllende Innovationsprojekte festzulegen. Im Anschluss daran wurden von den Leitern der übergeordneten Forschungsbereiche die in Frage kommenden Projekte benannt und wiederum der Kontakt zu den Leitern dieser Projekte hergestellt.

Ziel der darauffolgenden Gespräche mit insgesamt sieben Projektleitern war es, sich durch vorbereitete Fragen zu fünf Themenblöcken nähere Informationen über die jeweiligen Projekte zu verschaffen. Der erste Block enthielt allgemeine Fragen zur Art des Produkts/Verfahrens des jeweiligen Innovationsprojekts und zu der Phase, in der sich das Projekt zu diesem Zeitpunkt befand. Fragen des zweiten Blocks richteten sich auf die Struktur des Innovationsprojekts, z. B. auf seine vorab geplanten bzw. festgelegten Entwicklungsschritte, Arbeitspakete und Meilensteine. Der dritte Block umfasste Fragen zu den an diesen Innovationsprojekten beteiligten Spezialisten. Im vierten Block wurde danach gefragt, in welcher Weise Spezialisten interagieren. Das Gespräch endete mit allgemeinen Fragen zur Entstehungsgeschichte des jeweiligen Innovationsprojekts und zu seiner gegenwärtigen Entwicklungsphase. Diese Gespräche nahmen in der Regel jeweils eineinhalb Stunden in Anspruch; sie wurden zwischen Januar und April 2008, das letzte noch während der eigentlichen Datenerhebungsphase im Juli 2008 geführt. Insgesamt wurden mit dem Experten, mit dem Senior Vice President Science Relations and Innovation Management und dessen Mitarbeiter, mit den Leitern der übergeordneten Forschungseinheiten sowie den Projektleitern die Studie vorbereitende Interviews von über zwanzig Stunden geführt.

Auf Basis der Vorgespräche und der theoretischen Grundlagen des TOL-Konzepts wurde die Datenerhebung zu den schließlich ausgewählten Innovationsprojekten, d. h. die Befragung der an diesen Projekten beteiligten Spezialisten, in Form von teilstandardisierten Leitfadeninterviews konzipiert. In Leitfadeninterviews wird ein Katalog an vorformulierten Fragen zur Analyse des Untersuchungsgegenstands entwickelt (Friebertshäuser, B. 2003: 375). Diese Fragen betreffen insbesondere die Themenkomplexe, die nach Maßgabe der den Untersuchungsgegenstand zugrunde liegenden Theorien als relevant galten. Derartige vorformulierte Interview-Leitfäden erhöhen die Vergleichbarkeit der Interviewdaten (Flick, U. 1995: 145; Friebertshäuser, B. 2003: 375; Merton, R. K. & Kendall, P. L. 1979: 184). Durch Vorgabe der Themenkomplexe wird gewährleistet, dass alle Interviewpartner zu den gleichen Themengebieten befragt werden (Friebertshäuser, B. 2003: 375; Merton, R. K. & Kendall, P. L. 1979: 184). Teilstandardisierte Interviews weisen gegenüber standardisierten Fragekatalogen einen offenen Charakter auf (Friebertshäuser, B. 2003: 380; Helfferich, C. 2009: 179; Mayring, P. 2002: 68), d. h., sie geben keine Antwortschemata bspw. in Form von Skalen vor. Der Interviewpartner wird so in die Lage versetzt, auf die Fragen frei, nach eigenem Ermessen zu antworten (Flick, U. 1995: 143; Mayring, P. 2002: 68). Dem Interviewer wiederum ist gestattet, die Reihenfolge der Fragen in Abhängigkeit der Gesprächsdynamik zu verändern, auf Fragen zu verzichten, die im Gespräch bereits beantwortet wurden (Flick, U. 1995: 143), und bei Klärungsbedarf nachzufragen (Mayring, P. 2002: 70). So können zur inhaltlichen Präzisierung einzelner Antworten zusätzliche Verständnisfragen gestellt (Helfferich, C. 2009: 41), durch weiterführende, nicht im Leitfaden enthaltene Fragen neue Sachverhalte erschlossen sowie auf einzelne im Interview auftretende zuvor nicht erwartete Phänomene näher eingegangen werden (Rubin, H. & Rubin, I. 2005: 173). Der offene Charakter teilstandardisierter Leitfadeninterviews erscheint u. a. deshalb für die Überprüfung und auch für die Entwicklung und Erweiterung von Theorien besonders geeignet (Friebertshäuser, B. 2003: 376; Helfferich, C. 2009: 98).

Die Entwicklung des in der vorliegenden Untersuchung angewandten Interviewleitfadens war theoriegeleitet. Um eine Vergleichbarkeit mit den Ergebnissen der jüngsten TOL-Studien von Grunwald (2003: 229 ff.) und Schmickl (2006 324 ff.) zu gewährleisten, orientiert sich dieser aus vier Blöcken bestehende Interviewleitfaden an den Fragekatalogen jener Untersuchungen. Um den Einstieg der Befragten in den Interviewablauf zu erleichtern, wurden zu Beginn im ersten Fragenblock einfache Fragen gestellt (Atteslander, P. & Kopp, M. 1993: 158). So sollten die Interviewpartner beschreiben, welche Aufgaben sie bei dem jeweiligen Projekt erfüllen, an welchem Entwicklungsschritt sie aktuell arbeiten und an welchen Projektphasen sie bisher mitgewirkt haben.

Der *zweite Fragenblock* besteht aus drei Teilen. Der erste konzentriert sich auf die Konzeptphase des Projekts, d. h., er soll klären, ob bereits zu Beginn und wenn ja, in welcher Breite und Tiefe Wissen zum Aufbau eines gemeinsamen Verständnisses als Voraussetzung für die Wissensintegration ausgetauscht wird. Anschließend wird zur konzeptionellen Entwicklung der erforderlichen technologischen Lösungen gefragt, in welcher Breite und Tiefe die einzelnen Spezialisten die Aufgabenbereiche anderer Spezialisten für die Gesamtentwicklung des Produkts bzw. Verfahrens verstehen müssen, wie die Aufgaben der Experten aufeinander abgestimmt werden und wie strukturiert der Wissensintegrationsprozess ist. An die Projektleiter richten sich spezielle Fragen zur Rekrutierung der Projektmitglieder. Der zweite Teil des zweiten Fragenblocks befasst sich mit der Realisierung der einzelnen Entwicklungsschritte. Es wird nach den Abstimmungsprozessen zwischen den Spezialisten und darüber hinaus nach möglichen Iterationen bei der Produktbzw. Verfahrensentwicklung gefragt. Aufgrund der Bedeutung von Testverfahren und virtuellen Modellen in der Chemieindustrie zielen weitere Fragen auf die Zusammenarbeit zwischen Test-/Simulationsspezialisten und Nicht-Test-/Simulationsspezialisten, den Einfluss der Test-/Simulationsergebnisse auf die Arbeit der Nicht-Test-/Simulationsspezialisten, deren Übermittlung/Präsentation sowie den damit verbundenen Wissensaustausch. Der dritte Teil des zweiten Fragenblocks beinhaltet phasenübergreifende Fragen zur Wissenslokalisierung, zu gemeinsamem Wissen, Kommunikation und Speicherung sowie Umsetzung von Projekterfahrungen.

Der dritte Fragenblock dient dem Gesprächsabschluss. Die Interviewpartner werden gebeten, Angaben zu ihrer Funktion im Projekt, ihrer Abteilungszugehörigkeit, ihrer Stellenbezeichnung und ihrem beruflichen Abschluss zu machen.

Der *vierte Fragenblock* gibt dem Interviewpartner noch einmal die Möglichkeit zu Rückfragen und Anmerkungen. Durch hinreichend allgemein formulierte ‚Wie-Fragen', anhand derer die Befragten die tatsächlichen Abläufe bei der Verfahrens- bzw. Produktentwicklung zu beschreiben vermochten, wird darauf geachtet, zusätzlich die ‚Rival Explanations' erfassen und testen zu können (Yin, R. K. 2009: 130 ff.).

Insgesamt ist der Interviewleitfaden so aufgebaut, dass die Fragen einem konsistenten, in sich logischen Argumentationsfluss folgen und abrupte Themenwechsel vermieden werden (Helfferich, C. 2009: 180). Der Interviewleitfaden wurde vor dem Beginn der Datenerhebung in Probeinterviews auf Durchführbarkeit und Relevanz getestet und bei Erfordernis geändert (Friebertshäuser, B. 2003: 376). Nach jedem Interview wurden Notizen und zu relevant eingeschätzten Beobachtungen erste Interpretationen in Form von Kommentaren vorgenommen (Eisenhardt, K. M. 1989: 538 f.; Friebertshäuser, B. 2003: 381). Nach den ersten Interviews führte dies zur Aufnahme weiterer Themen in den Leitfaden, wohingegen Themen, die weniger wichtig erschienen, wieder entfernt wurden (Eisenhardt, K. M. 1989: 539; Rubin, H. & Rubin, I. 2005: 176 ff.). Während der Interviews diente der Interviewleitfaden v. a. als Orientierungshilfe nicht im Sinne einer Leitfadenbürokratie, bei der es darauf ankommt, die Fragen ‚abzuhaken', sondern als flexibel zu handhabende Merkposten (Hopf, C. 1978: 101 ff.). Abweichend vom Leitfaden wurden Fragen in Abhängigkeit vom Interviewverlauf vorgezogen oder weiter vertieft (ebd.: 101 ff.).

Insgesamt wurden zwischen Anfang Juli 2008 und Anfang Januar 2009 33 Interviews mit Mitarbeitern der einzelnen Innovationsprojekte geführt. Zwei dieser Interviews erfolgten per Telefon, 31 vor Ort in der ChemCompany. Drei Interviews wurden in englischer, 30 in deutscher Sprache geführt. Im Durchschnitt dauerten sie 134 Minuten. Das kürzeste nahm 91, das längste über 231

Minuten in Anspruch. Insgesamt betrug die Dauer der Interviews 73,3 Stunden. Mit einer Ausnahme wurden alle Interviews per Recorder aufgenommen und anschließend transkribiert. Bei der Transkription wurden sprachliche Feinheiten wie ähs und hmms, aber auch Lachen, Betonungen, Pausen nicht berücksichtigt und der Dialekt bereinigt, da solche Ausdrucksformen für die Untersuchung keine Relevanz besitzen (Mayring, P. 2002: 89 ff.). Der Satzbau wurde dagegen zur Wahrung der Authentizität der Antworten beibehalten. Allerdings wurden Aussagen, die bei der Darstellung der Ergebnisse direkt zitiert wurden, z. T. minimal geglättet, um die Lesbarkeit zu erhöhen. Bei dem nicht aufgezeichneten Interview wurden während des Interviews Notizen gemacht, die unmittelbar danach in Interviewform gebracht wurden.

3.2.3. Datenauswertung

Die Auswertung qualitativer Interviews unterteilt sich nach Miles und Huberman in Datenreduktion, Datendarstellung und Ziehen von Schlussfolgerungen (Miles, M. B. & Huberman, M. A. 1994: 10 ff.). Die Datenanalyse ist kein einmaliger, schematisch durchzuführender Prozess. Sie stellt sich als ein kontinuierliches und iteratives Verfahren dar, in dem sich die drei genannten Schritte der Datenauswertung permanent wiederholen (Araujo, L. 1995: 102; Coffey, A. & Atkinson, P. 1996: 10; Miles, M. B. & Huberman, M. A. 1994: 12).

Die *Reduktion der Daten* erfolgt durch ihre Kodierung. Einzelnen Interviewpassagen wird ein Code zugeteilt, wodurch die Datenmenge auf eine kleinere Zahl an Analyseeinheiten reduziert wird (Miles, M. B. & Huberman, M. A. 1994: 69). Codes sind Schlagwörter, die den jeweiligen Interviewdaten eine bestimmte Bedeutung zuordnen (Araujo, L. 1995: 100; Miles, M. B. & Huberman, M. A. 1994: 56; Seidel, J. & Kelle, U. 1995: 52). So erhielten Datenausschnitte, die die Vermittlung tiefgehenden Wissens in ein und derselben Situation über einen Themenbereich eines fremden Fachgebiets wiedergeben, den Code ‚Wissenstransfer-Umfang-ausschnitthaft-detailliert'. Die Funktion der Codes erschöpft sich aber nicht in der Ordnung und Kennzeichnung zentraler Interviewaussagen, sondern sie erleichtern zusätzlich die Entwicklung und Formulierung neuer Konzepte, helfen Fragen aufzuwerfen und liefern erste Vorstellungen über sich zwischen einzelnen Interviewdaten ergebende Zusammenhänge (Coffey, A. & Atkinson, P. 1996: 31). Dazu müssen die jeweils mit den Codes belegten Interviewzitate *dargestellt* werden. Tatsächlich müssen die Daten, um Vergleiche herstellen, Unterschiede aufdecken sowie Muster und Themen erkennen zu können, in möglichst einfach lesbarer, nachvollziehbarer, kompakter und nicht zuletzt verständlicher Form präsentiert werden (Coffey, A. & Atkinson, P. 1996: 46; Miles, M. B. & Huberman, M. A. 1994: 92; Tesch, R. 1990: 122). Die aus dem Vergleich der in Codes erfassten Interviewzitate abgeleiteten Gemeinsamkeiten und Unterschiede erlauben *Schlussfolgerungen*, die die

Beantwortung der forschungsleitenden Fragestellungen ermöglichen (Coffey, A. & Atkinson, P. 1996: 47; Miles, M. B. & Huberman, M. A. 1994: 245).

Die zur Reduktion der Daten notwendige Entwicklung der Codes erfolgte sowohl deduktiv als auch induktiv im Zuge der Kodierung oder auf Basis der aus der Gegenüberstellung einzelner Interviewzitate gewonnenen Schlussfolgerungen (Eisenhardt, K. M. 1989: 540 f.; Früh, W. 2007: 148; Mayring, P. 2002: 100; Mayring, P. 2003: 76; Miles, M. B. & Huberman, M. A. 1994: 58; Tesch, R. 1990: 87). Vor der Kodierung der transkribierten Interviews wurde zunächst unter Bezugnahme auf die relevanten Theorien eine Codeliste erstellt (Archer, S. 1988: 285; Coffey, A. & Atkinson, P. 1996: 32; Crabtree, B. F. & Miller, W. L. 1992: 94; Früh, W. 2007: 153 ff.; Miles, M. B. & Huberman, M. A. 1994: 58), und zwar mithilfe eines hierarchischen Vorgehens, bei dem ein Kategoriensystem mit Haupt- und Unterkategorien entwickelt wurde (Früh, W. 2007: 87).

Ausgehend vom TOL-Konzept und den ‚Cross-Learning'-Ansätzen als ‚Rival Explanations' (Yin, R. K. 2009: 133 ff.) wurden für die Forschungsfrage und ihrer Nebenfragen 14 Hauptkategorien gebildet (s. Tab.3-2).

Dimension	Hauptkategorie
Wissenslokalisierung	Wissenslokalisierung-Rekrutierung
	Wissenslokalisierung-Laufendes-Projekt
Wissenstransfer	Wissenstransfer-Zeitpunkt
	Wissenstransfer-Umfang
	Wissenstransfer-Beeinflussung
	Wissenstransfer-Richtung
	Wissenstransfer-Mechanismus
Wissensgenerierung	Wissensgenerierung-Modularisierung
	Wissensgenerierung-Prototyping
Wissensspeicherung	Wissensspeicherung-Speichermedium
	Wissensspeicherung-Wissensverzeichnis
Wissensumsetzung	Wissensumsetzung-Mechanismus
Common Ground	Common Ground-Wissensart
	Common Ground-Rolle

Tab. 3-2: Hauptkategorien auf Basis des TOL-Konzepts und der ‚Cross-Learning'-Perspektive

Für jede der Hauptkategorien ergaben sich wiederum Unterkategorien. Zu jeder Forschungsfrage wurden Hypothesen entwickelt, aus denen sich Haupt- und Unterkategorien ableiten ließen (Coffey, A. & Atkinson, P. 1996: 32; Früh, W. 2007: 82 ff. u. 153 ff.). Zur Verhinderung eines ‚Information Processing Bias' (Eisenhardt, K. M. 1989: 540; Schmickl, C. 2006: 140) wurden bei der Formulierung der Unterkategorien sowohl Codes zu Hypothesen des TOL-Konzepts als auch zu den rivalisierenden ‚Cross-Learning'-Ansätzen in die Codeliste aufgenommen. So ergab sich bspw. für die Frage nach dem Zeitpunkt des Wissenstransfers entsprechend dem TOL-Konzept die Hypothese, dass Wissen nur bedarfsorientiert, ‚On the Job' und nicht vorab ausgetauscht wird. Daraus entwickelte sich die Hauptkategorie ‚Wissenstransfer-Zeitpunkt' mit den Unterkategorien ‚Wissenstransfer-Zeitpunkt-vorab' und ‚Wissenstransfer-Zeitpunkt-situativ-bedingt'.

Diese Codeliste wurde, bevor mit der Kodierung der Interviewaussagen dieser Studie begonnen wurde, durch Codes ergänzt, die sich aus den nach jedem Interview gemachten Notizen ergaben. Diese Notizen enthielten neben den Einblicken in den tatsächlichen Ablauf der Wissensintegration in den Innovationsprojekten der ChemCompany v. a. erste wertende Eindrücke und Interpretationen der Interviewaussagen. Die Notizen zu den Aussagen der Einzelinterviews führten deshalb nicht selten zu Konsequenzen für die Datenanalyse (Eisenhardt, K. M. 1989: 538, vgl. auch Abschnitt 3.2.2.). So ergaben sich bspw. aus den Aussagen der Interviewpartner Anhaltspunkte dafür, dass ‚Boundary Objects' und Routinen von Bedeutung sein könnten. Dieser Eindruck wurde in den Notizen festgehalten und später im Rahmen der Erstellung der Codeliste wieder aufgegriffen. In die Liste wurden deshalb weitere Codes zu ‚Boundary Objects' sowie zu Routinen aufgenommen, die aus Hypothesen in der einschlägigen Literatur abgeleitet wurden. Die Codes wurden in einem Codehandbuch aufgeführt, wobei für jeden Code eindeutig definiert wurde, welche Aussagen in den transkribierten Interviews den jeweiligen Codekategorien zugeordnet wurden (Crabtree, B. F. & Miller, W. L. 1992: 99; Früh, W. 2007: 88 ff.; Mayring, P. 2002: 118 f.; Miles, M. B. & Huberman, M. A. 1994: 63). Das Codehandbuch wurde von einer dritten Person mit ähnlichem theoretischen Hintergrund auf Plausibilität und eindeutige Operationalisierung geprüft und anschließend in einem Probelauf getestet (Mayring, P. 2002: 119 f.; Mayring, P. 2003: 83).

Aufgrund des insgesamt großen Umfangs aller transkribierten Interviews wurde vor dem Test des Codesystems eine Stichprobe aus allen Projekten gebildet, die wiederum in zwei Interviewgruppen unterteilt wurde, wobei dann mit einer dieser Teilstichproben ein erster Probedurchlauf stattfand (Früh, W. 2007: 187). Die mit diesem Probelauf gewonnenen Erfahrungen führten zu einer Modifizierung der Codes und ihrer Definitionen sowie zusätzlich zu einer induktiven Neuentwicklung von Codes (Mayring, P. 2003: 83; Miles, M. B. & Huberman, M. A. 1994: 65; Tesch, R. 1990: 87). Codes, die in diesem Probelauf keine Entsprechung in den Interviewdaten aufwiesen, wurden gestrichen (Mayring, P. 2003: 83; Miles, M. B. & Huberman, M. A. 1994: 65; Tesch, R. 1990: 87). Die Neuentwicklung von Unterkategorien sowie die Modifizierung der Codes erfolgten in zwei Schritten. Zunächst wurden die jedem Code inhaltlich zugeordneten Aussagen bzw. Zitate den Interviews entnommen und in einer Liste zusammengestellt. Durch die im zweiten Schritt vorgenommene systematische Gegenüberstellung und den direkten Vergleich der Interviewzitate konnten Strukturen aufgezeigt werden, die eine Modifizierung von Codes und die Formulierung neuer Unterkategorien nahelegten (Mayring, P. 2002: 120; Mayring, P. 2003: 83).

Neue Codes wurden insbesondere dann entwickelt, wenn sich aus Sicht der Forschungsfrage interessante Interviewpassagen keinem der vorab deduktiv abgeleiteten Codes zuordnen ließen. Das auf diese Weise nach dem ersten Probelauf veränderte Kategoriensystem wurde auf der Basis der zweiten Teilstichprobe einem erneuten Test unterzogen und noch einmal überarbeitet (Früh, W. 2007: 158 ff.). Mit diesen wiederum modifizierten und neu entwickelten Codes und Unterkategorien wurden die bereits im ersten Probelauf analysierten Interviews erneut ausgewertet. Erst nach diesen beiden Testläufen und nach Berücksichtigung der sich daraus ergebenden Modifizierungen und Neuentwicklungen wurde die Kodierung der Transkripte der anderen Interviews mithilfe der Software AtlasTi (6.1) durchgeführt. Mit dieser Software konnten die transkribierten Interviews nicht nur kodiert, sondern danach unter jedem Code die entsprechenden Zitate wieder problemlos abgerufen und dargestellt werden.

Aus den den Codes zugeordneten Zitaten wurden innerhalb („Within-Case-Analysis') und zwischen („Cross-Case-Analysis') den einzelnen Innovationsprojekten Schlussfolgerungen zur Fragestellung der vorliegenden Untersuchung gezogen. So ging es bei der Analyse der kodierten Interviewzitate zunächst um die Aufdeckung von Mustern und Regelmäßigkeiten innerhalb der einzelnen Innovationsprojekte (Eisenhardt, K. M. 1989: 539 f.; Miles, M. B. & Huberman, M. A. 1994: 90 f.), um sie dann in einem nächsten Schritt über die verschiedenen Projekte hinweg zu generalisieren oder im Gegenteil weiter auszudifferenzieren. Zusätzlich galt es, das Verständnis und die Erklärungen für die nachgewiesenen Muster und Regelmäßigkeiten zu erweitern und zu vertiefen (Eisenhardt, K. M. 1989: 40 f.; Miles, M. B. & Huberman, M. A. 1994: 172 f.). Die einzelnen auf diesem Weg erstellten Konzepte wurden in Beziehung zueinander gesetzt, um Verbindungen zwischen ihnen aufzuspüren (Miles, M. B. 1979: 596). Bei der Ableitung von Schlussfolgerungen aus Interviewzitaten wurden Erkenntnisse aus den mithilfe anderer korrespondierender Theorien/Konzepte erzielten Daten berücksichtigt, auch wenn diese korrespondierenden theoretischen Konzepte nicht unmittelbar Gegenstand der theoretischen Vorüberlegungen zu dieser Studie waren (Miles, M. B. & Huberman, M. A. 1994: 262; Schmickl, C. 2006: 142). Insgesamt ermöglicht diese qualitative Datenanalyse den vielschichtigen Prozess der Wissensintegration nachzuvollziehen, d. h. nachzuvollziehen, wie das Wissen der an den

Innovationsprojekten der chemischen Industrie beteiligten Spezialisten zu einem neuen Produkt oder Verfahren integriert wird, und in den Kontext anderer Untersuchungen einzuordnen. Im Folgenden wird die in Kooperation mit der ChemCompany durchgeführte Fallstudie im Detail dargestellt.

4. Beschreibung des Untersuchungsfelds

Die im 19. Jahrhundert gegründete ChemCompany ist heute mit einem Jahresumsatz von ca. 60 Milliarden Euro in 2007 eines der weltweit führenden Chemieunternehmen.[12] Mit Methylenblau, Alizarin und Indigo entwickelte sich die ChemCompany auf dem Weltmarkt zu einem der führenden Farbenproduzenten und ist heute auf allen bedeutenden Märkten der Chemieindustrie global aktiv. So umfasst das Unternehmensportfolio schwerpunktmäßig Chemikalien, Kunststoffe, Veredlungsprodukte, Pflanzenschutzmittel und Feinchemikalien sowie Erdöl und Erdgas.

Weltweit verteilen sich die 95.247 Mitarbeiter der ChemCompany auf 14 Unternehmensbereiche, denen 68 globale und regionale Geschäftseinheiten unterstehen. Sie ist mit 385 Produktionsstandorten in allen wichtigen Regionen der Welt vertreten. Hauptmärkte waren im Jahr 2007 nach wie vor Europa und Nordamerika, wobei Wachstumsmärkte wie China und Indien zunehmend an Bedeutung gewinnen.

4.1. Forschung aus Sicht der ChemCompany

Unter dem Motto ‚We innovate for Growth' hat die ChemCompany in den letzten Jahren ihre globalen F&E-Aktivitäten kontinuierlich ausgeweitet. Derzeit arbeiten über 8.300 Mitarbeiter in diesem Bereich. Allein 2006 stiegen die Forschungsaufwendungen um 20 % auf 1,3 Milliarden Euro. Vom Jahr 2010 an erwartet die ChemCompany allein aus Produktinnovationen einen Jahresumsatz von über 4 Milliarden Euro. Die Innovationsprozesse der ChemCompany spiegeln viele der Besonderheiten wider, die für die Chemieindustrie charakteristisch sind. Sie werden daher im Folgenden zunächst erläutert.

4.1.1. Besonderheiten der Forschung in der Chemiebranche

Aufgrund der großen Heterogenität der Produkte (einschließlich ihrer Abnehmer) und ihrer Produktionsprozesse liegt in der Chemieindustrie als Ausdruck der hierzu notwendigen, breit angelegten Forschungsanstrengungen eine ebenso große Vielfalt an unterschiedlichen Innovationsprozessen vor (Bathelt, H. 1997: 100; Landau, R. & Arora, A. 1997: 140; Rammer, C. 2007: 15). Die Produkte verteilen sich grob auf folgende Produktsegmente: Grundchemikalien, Industrieprodukte, Feinchemikalien und Spezialprodukte.

---

[12] Alle Informationen zur ChemCompany sind Unternehmenspublikationen und dem Internetauftritt entnommen. Sie geben den Unternehmensstatus von 2007 wider, dem Jahr, in dem die vorliegende Untersuchung begonnen wurde.

Grundchemikalien sind reine organische oder anorganische Verbindungen mit einer niedrigen Wertschöpfung, die häufig als Vor- und Zwischenprodukte für industrielle Abnehmer, die anbieterübergreifend in gleicher Form und nach allgemeinen Standards produziert werden (Amecke, H.-B. 1987: 63 f.; Bathelt, H. 1997: 102; Linn, R. A. 1984: 170; Swift, T. K. 1999: 33). Marktrelevante Beispiele für Grundchemikalien sind Petrochemikalien, aber auch Schwefelsäure, Soda oder Chlorkalk (Amecke, H.-B. 1987: 67). *Industrieprodukte* wie Chemiefasern, Düngemittel, Explosivstoffe, Farbmittel, Füllstoffe, Harze, Kautschuk, Kunststoffe, Lösemittel, Schleifmittel, Tenside und Treibgase bestehen wie die Grundchemikalien ebenfalls aus reinen Verbindungen. Sie werden aber nach unterschiedlichen anwendungstechnischen Anforderungen ausdifferenziert und optimiert (Amecke, H.-B. 1987: 64 u. 83). *Feinchemikalien* sind gegenüber Grundchemikalien und Industrieprodukten häufig sehr komplex aufgebaute Moleküle, die durch speziell entwickelte Extraktionsverfahren aus Naturstoffen oder durch forschungsintensive vielstufige Syntheseprozesse oder biotechnologische Methoden gewonnen werden (ebd.: 103). Als wichtigste Feinchemikalien gelten z. B. Aminosäuren, Aromachemikalien und ätherische Öle, pharmazeutische Wirksubstanzen, Radionuclide, Reinsubstanzen, Spezialgase, Vitamine und Zwischenprodukte (ebd.: 104 ff.). Tatsächlich erfordert die Herstellung von Feinchemikalien überwiegend aufwendige Produktionsverfahren, die in der Regel nicht an Kundenerfordernisse angepasst werden müssen und damit relativ undifferenzierte Produkte hervorbringen (ebd. 102). *Spezialprodukte* werden dagegen hochdifferenziert zielgerichtet auf Bedürfnisse einzelner Kunden hin entwickelt (Amecke, H.-B. 1987: 109; Swift, T. K. 1999: 34). Diese Spezialprodukte erlangen eine relevante Marktposition (Amecke, H.-B. 1987: 109; Linn, R. A. 1984: 117). Ihre chemische Zusammensetzung ist im Vergleich zu den vorgenannten chemischen Produkten von untergeordneter Bedeutung (Amecke, H.-B. 1987: 109). Spezialprodukte sind bspw. hochkomprimierte Gase, Klebstoffe, tierische oder pflanzliche Fette, Geschmacksstoffe, Substanzen für Parfüms, Hilfsprodukte zur Behandlung von Leder und Textilien, Photochemikalien sowie Haushaltsreiniger (Amecke, H.-B. 1987: 109 ff.).

Die beträchtlichen Unterschiede dieser Produktgruppen hinsichtlich ihrer chemischen Zusammensetzungen, jeweiligen Herstellungsverfahren, Marktrelevanz, der Heterogenität ihrer Abnehmer und nicht zuletzt der Kundenanforderungen, führen zu ebenso großen Unterschieden in der Planung und Durchführung von Innovationsprozessen zur Entwicklung von neuen bzw. Nachfolgerprodukten (Landau, R. 1998: 139 f.; Rammer, C. 2007: 15). Gegenüber anderen Branchen besitzen Verfahrensinnovationen in der Chemieindustrie zudem eine erhebliche wirtschaftliche Bedeutung (Onken, U. & Behr, A. 2001: 15; Rammer, C. 2007: 16). Tatsächlich entfallen in der Chemiebranche 42 % der F&E-Investitionen auf Verfahrensinnovationen (Rammer, C. 2007:

16). Diese grundlegenden Unterschiede lassen deshalb die Darstellung eines allgemeingültigen Innovationsprozesses nur auf einem abstrakten Niveau zu (s. Abb. 4-1).

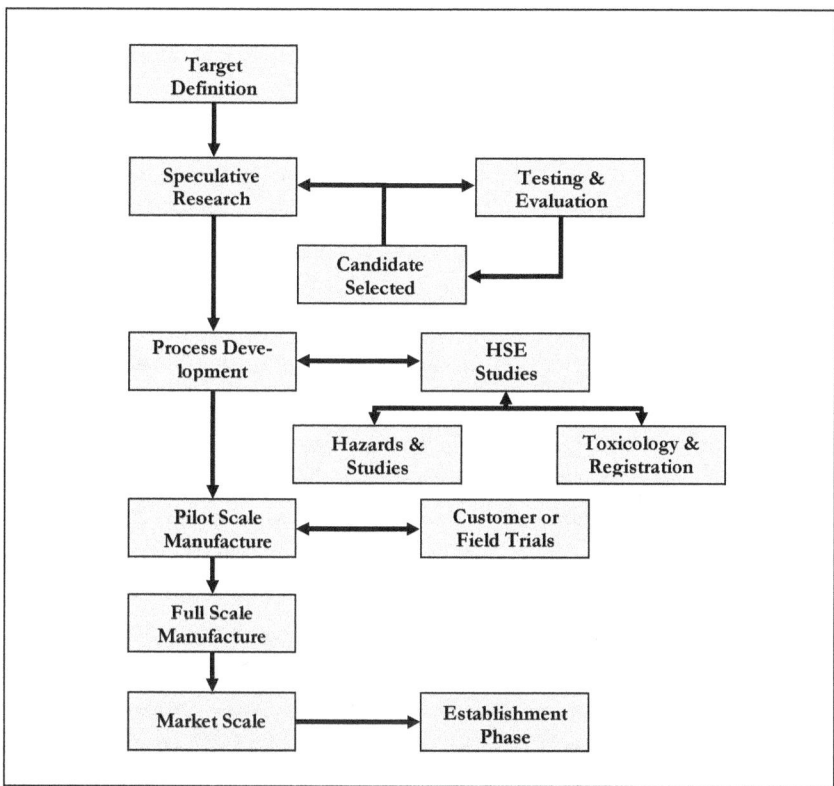

Abb. 4-1: Abstrakte Darstellung des Innovationsprozesses in der Chemiebranche
(entnommen aus Bamfield [2003: 227])

Nach Bamfield (2003: 227 ff.) lassen sich hierbei acht Schritte unterscheiden: ‚Target Definition', ‚Speculative Research', ‚Process Development', ‚HSE & Product Registration', ‚Pilot Plant Manufacture', ‚Field & Customer Trials', ‚Trial Manufacture' und ‚Market Launch'. Im Verlauf der *Target Definition* wird mithilfe von Kundenbesuchen, Techniksymposia, Branchen-, Patentliteratur und Marktforschung nach innovativen Produktideen gesucht (ebd.: 218). Am Ende dieses Prozesses steht die konkrete Definition der Eigenschaften des neu zu entwickelnden Produkts (ebd.: 218). Das Ergebnis der ‚Target Definition' führt im nächsten Schritt, dem *„Speculative Research"*, zur Synthese erster chemischer Verbindungen, unter denen die Moleküle ausgewählt werden, die die ‚Target Definition'-Kriterien weitestgehend erfüllen (ebd.: 228). Tatsächlich ist jedoch die Umsetzung aller ‚Target Definition'-Kriterien nicht möglich, so dass nicht selten bei der Realisierung abgewogen werden muss, welches der Kriterien bzw. welches Kriterienbündel für den Markterfolg eines neuen Produkts entscheidend ist (ebd.: 228). Im ‚*Process Development*' wird im Labormaßstab das Herstellungsverfahren, d. h. im Hinblick auf Materialeinsatz, Ausbeute, Zeit sowie andere Parameter, optimiert. Ein Abgleich mit bereits bestehenden Produktionsverfahren ergibt, inwieweit auf diese Verfahren oder Operationseinheiten zurückgegriffen werden kann (ebd.: 229). Zeitgleich durchgeführte *HSE* (‚*Health, Safety and Environmental Aspects*') und Produkt-Studien klären Risiken durch die chemische Reaktion selbst, Risiken der betrieblichen Anlage, d. h. Risiken einer Gesundheitsgefährdung der Mitarbeiter am Arbeitsplatz und prospektiv zu erwartender Kunden, sowie Risiken negativer Umwelteinflüsse (ebd.: 230). Ergebnisse dieser HSE-Studien sind für die Registrierung eines neuen Produkts von entscheidender Bedeutung. Decken HSE-Studien keine schwerwiegenden Mängel auf, erfolgt eine erste Hochskalierung der Laborprozesse. In diesem Stadium des Innovationsprojekts werden in einer sog. Miniplant (‚*Pilot Plant Manufacture*') Prozessvariablen überprüft und weitere umfangreichere toxikologische Untersuchungen durchgeführt (ebd.: 232). In diesen Zeitraum fallen zusätzlich Feld- und Zielgruppenstudien (ebd.: 232). Nach dem positiven Abschluss dieser Phase wird schließlich das entwickelte Verfahren in Industriemaßstab (‚*Trial Manufacture*') umgesetzt (ebd.: 233). Endpunkt des Innovationsprozesses ist der ‚*Market Launch*' des neuen Produkts (ebd.: 234). Diese sehr allgemein und grob definierten Schritte finden sich bei Innovationsprozessen über alle Produktgrenzen hinweg in allerdings unterschiedlichen Ausgestaltungen wieder. So erfordert nicht jede Produktinnovation ein neues Herstellungsverfahren. Auch besitzen einige der Schritte in bestimmten Innovationsprozessen, z. B. für Produkte mit vergleichsweise geringem Innovationsgrad oder mit bereits bekanntem toxikologischen Profil, nur eine eingeschränkte Relevanz.

Aufgrund der beschriebenen ausgeprägten Heterogenität der Produkte und der dazugehörigen Innovationsprozesse erfordert die Durchführung von Innovationsprojekten in der Chemiebranche eine große Anzahl von Spezialisten, die die unterschiedlichen, z. T. weit auseinanderliegenden Fachgebiete beherrschen (Bamfield, P. 2003: 7 f.). Um diese weitverzweigte Innovationsaufgabe effizient, d. h. kosten- und zeitsparend, aber dennoch erfolgreich zu bewältigen, sind der Rückgriff auf bereits erworbenes internes und externes Wissen und die bedarfsgerechte Bildung neuen Wissens innerhalb der Unternehmen der chemischen Industrie oder in von diesen Unternehmen beauftragten Institutionen sowie eine effektive interne innovationsfördernde Struktur von essentieller Bedeutung (Rammer, C. 2007: 16 f.).

4. Beschreibung des Untersuchungsfelds

Die Vielfalt des Produktportfolios und die sich darin widerspiegelnde Vielfalt der Innovationsprozesse sind deshalb auch mit den entsprechenden Folgen für den Aufbau und die Struktur des F&E-Bereichs in der ChemCompany anzutreffen. Die Darstellung der Produktsegmente und des F&E-Bereichs folgt im nächsten Abschnitt.

4.1.2. Produktsegmente und Struktur des F&E-Bereichs der ChemCompany

Die ChemCompany ist in allen Produktsegmenten der chemischen Industrie – Grundchemikalien, Industrieprodukte, Feinchemikalien und Spezialprodukte – vertreten. Ihr Produktportfolio unterteilt sich in ‚Chemicals', ‚Plastics', ‚Performance Products', ‚Functional Solutions', ‚Agricultural Solutions' und ‚Oil and Gas', die wiederum Produktuntergruppen enthalten (s. Abb. 4-2).

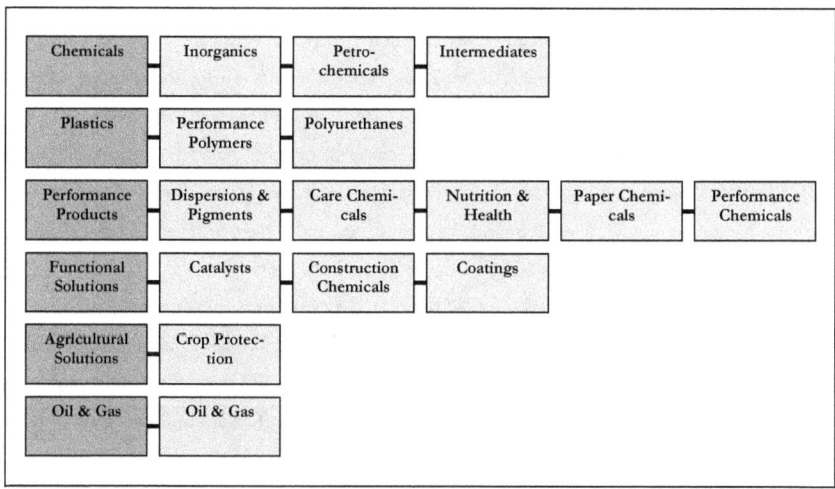

Abb. 4-2: Produktsegmente der ChemCompany
(Quelle: ChemCompany)

So teilt sich das Segment ‚Chemicals' zusätzlich in die Unternehmensbereiche ‚Inorganics', ‚Petrochemicals' und ‚Intermediates' auf. Unter die ‚Inorganics' fallen im Wesentlichen die Grundprodukte Ammoniak, Methanol, Natronlauge, Chlor sowie Schwefel- und Salpetersäure. Ein großer Anteil dieser Produkte wird für den Eigenbedarf hergestellt. Externe Abnehmer sind vornehmlich die Elektronik- und Pharmabranche. So entwickelt die ChemCompany für die Elektronikbranche spezielle Additive, die das technisch notwendige Einbringen von Kupfer in Chipstrukturen ermöglichen. Die ‚Petrochemicals' bilden ein wesentliches Fundament der Wertschöpfungsketten der ChemCompany. Aus Naphtha oder Erdgas werden Produkte wie Ethylen,

Propylen, Butadien und Benzol hergestellt, die zur Weiterverarbeitung in Alkohole und Lösemittel sowie Weichmacher benötigt werden und in der Chemie- und Kunststoffindustrie breite Anwendung finden. Auch sind Petrochemikalien für so unterschiedliche Industriezweige wie die Waschmittel-, Automobil-, Verpackungs- und Textilindustrie derzeit unverzichtbare Ausgangsprodukte. Dies gilt ebenso für die Herstellung von Farben, Lacken und Kosmetik sowie von Ölfeld-, Papier- und Bauchemikalien. Die ‚Intermediates' umfassen mehr als 600 Produkte, u. a. Amine, Diole, Polyalkohole sowie Säuren und Spezialitäten, die ähnlich wie die Petrochemikalien für Lacke, Kunststoffe, Pharmazeutika, Textilfasern, Pflanzenschutz sowie Wasch- und Reinigungsmittel notwendige Ausgangsstoffe sind.

Das Segment ‚Plastics' unterteilt sich in ‚Performance Polymers' und ‚Polyurethanes'. ‚Peformance Polymers' sind v. a. Kunststoffe, Polyamid und Polyamidvorprodukte sowie Schaumstoffe und Spezialkunststoffe. Die Kunststoffe finden aufgrund ihrer besonderen auf Haltbarkeit und Reißfestigkeit ausgerichteten mechanischen Eigenschaften, ihres geringen Gewichts und ihrer hohen Temperatur- und Chemikalienresistenz breite Anwendung im Automobilbau, in der Elektronik- und Elektroindustrie sowie in Haushalts-, Sport- und Freizeitartikeln. Für die Verpackungs-, Textil- und Lebensmittelindustrie gelten Polyamidpolymere zur Herstellung von Fasern und Folien als Basisprodukte. Schaumstoffe schließlich werden als Dämmstoffe in der Bau- und Verpackungsindustrie eingesetzt. Für ‚Polyurethanes' und ihre Derivate ist die ChemCompany weltweit Marktführer von Grundprodukten, Systemen und Spezialitäten.

Im Segment ‚Performance Products' werden die Bereiche ‚Dispersions and Pigments', ‚Care Chemicals', ‚Nutrition & Health', ‚Paper Chemicals' und ‚Performance Chemicals' unterschieden. Der Bereich ‚Dispersions and Pigments' fasst Produkte für die Lack- und Anstrichmittelindustrie zusammen, für die Pigmente, Harze, Dispersionen und Zusatzstoffe wie Photoinitiatoren, Lichtschutzmittel und Formulierungsadditive benötigt werden. Weitere Abnehmer sind die Klebstoffsowie die Druck- und Verpackungsindustrie, die hauptsächlich Dispersionen für Etiketten, Schutzfolien und Klebebänder sowie für wasserbasierte Drucksysteme Bunt- und Effektpigmente bis hin zu Harzen nachfragen. Dispersionen und Additive werden zudem zur Herstellung von Vliesstoffen, Faserbauteilen und Bauchemikalien verwendet. Zu ‚Care Chemicals' zählen Produkte für Gebäudereinigung, Körperpflege, Kosmetik und Hygiene, v. a. Polymere, Tenside, Komplexbildner, UV-Filter und weitere Spezialitäten. Im Zentrum des Bereichs ‚Nutrition & Health' stehen Vitamine, Carotinoide und Enzyme zur Human- und Tierernährung sowie Wirkstoffe wie Koffein und Ibuprofen für die Pharmaindustrie. Unter ‚Nutrition & Health' sind zusätzlich Chemikalien für die Aroma- und Duftstoffindustrie zu finden. Für die Papierindustrie werden ‚Paper Chemicals' wie Binder, funktionale Chemikalien und Prozesschemikalien, Stärkeprodukte und Kaolinmineralien hergestellt. ‚Performance Chemicals' bieten innovative und spezifische

Lösungen für die kunststoffverarbeitende Industrie, die Automobil- und Raffinerieindustrie sowie für die Veredlung von Leder und Textilien.

Das Segment ‚*Functional Solutions*' setzt sich aus den Unternehmensbereichen ‚Catalysts', ‚Construction Chemicals' und ‚Coatings' zusammen. Der Bereich ‚Catalysts' entwickelt Katalysatoren und Adsorbentien zur Reinigung der Luft, zur Produktion von Kraftstoffen und zur effizienten Herstellung einer Vielzahl von Chemikalien und Kunststoffen. ‚Construction Chemicals' erhöhen die Stabilität und Lebensdauer von Beton. Es sind Betonzusatzstoffe wie Verflüssiger, Verzögerer oder auch Härter, mit deren Hilfe der Baustoff Beton einfacher, effizienter und flexibler einsetzbar wird.

‚*Agricultural Solutions*' bestehen aus ‚Crop Protection' und ‚Plant Science'. Der Bereich ‚Crop Protection' entwickelt Wirkstoffe zur Verbesserung des Wachstums und des Ertrags von Kulturpflanzen. Hierzu werden Fungizide, Insektizide, Herbizide und Saatgutbeizen eingesetzt. ‚Plant Science' verfolgt das Ziel, Pflanzen mithilfe technologischer Methoden für eine effizientere Landwirtschaft zu optimieren und nachwachsende Rohstoffe zu erzeugen.

Mit dem Segment ‚*Oil and Gas*' ist die ChemCompany im Bereich der Exploration und Förderung von Erdöl und Erdgas tätig.

Mit ihren unterschiedlichen Produktsegmenten ist die ChemCompany in nahezu allen Bereichen des täglichen Lebens präsent. Um den Anforderungen des Markts gerecht zu werden, muss die ChemCompany als Anbieter der kompletten Bandbreite an chemischen Produkten im Vergleich zu anderen Industriezweigen eine Vielzahl unterschiedlicher Innovationsprojekte initiieren, für die unterschiedliche Spezialisten erforderlich sind. Dies erfordert eine komplexe interne und externe F&E-Struktur.

Die ChemCompany greift für die Entwicklung neuer Innovationen auf einen Forschungsverbund zurück (s. Abb. 4-3). Dieser ist in vier globale Technologieplattformen untergliedert: Forschung und Technologie Chemikalien, Forschung Pflanzenbiotechnologie, Polymerforschung und Forschung Wirk- und Effektstoffe.

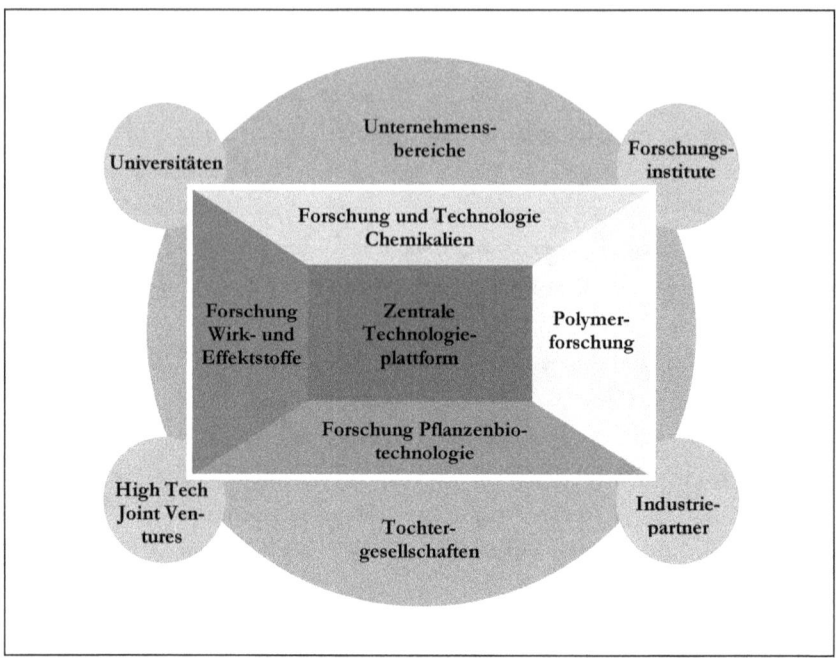

Abb. 4-3: Forschungsverbund der ChemCompany
(Quelle: ChemCompany)

Der Fokus des Bereichs *Forschung und Technologie Chemikalien* liegt auf der Prozessinnovation, mit der etablierte Verfahren weiter optimiert bzw. neu entwickelt werden sollen. Diese Technologieplattform umfasst die Abteilungen Grundprodukte, Zwischenprodukte, Katalyse, Verfahrensentwicklung und technische Entwicklung. Die Forschung der Abteilungen Grundprodukte und Zwischenprodukte befasst sich schwerpunktmäßig mit der Verbesserung von Syntheseverfahren bereits auf dem Markt befindlicher Produkte. Die Katalyseforschung sucht nach heterogenen Katalysatoren und Adsorbentien, die sie charakterisiert und testet. In der Verfahrensentwicklung sind die Entwicklung von Prozesskonzepten, die Reaktionstechnik, das Scale-up/-down sowie der Bau und Betrieb von Pilotanlagen angesiedelt. Hierzu werden u. a. Werkzeuge wie die experimentelle Bestimmung von Reaktionskinetiken, die Modellierung heterogener Katalyseprozesse oder Prozesssimulationen eingesetzt. Die Abteilung technische Entwicklung nimmt jedoch in Produkt- und Verfahrensinnovationen eine Schlüsselrolle ein. Sie liefert für die Forschung, die Produktion und den Betrieb der Produktionsanlagen spezielle Dienstleistungen, wie die Simulation von Materialflüssen und Partikelpopulationen sowie Strömungsdynamiken mithilfe von che-

misch-physikalischen Modellen, Experimente zum Scale-up in Pilotanlagen, die Messung physikalischer Größen und technischer Sicherheitsparameter. Die zweite Technologieplattform *Forschung Pflanzenbiotechnologie* befasst sich vorrangig mit der Optimierung von Kulturpflanzen hinsichtlich der Qualität ihres Ertrags und ihrer Ertragsstabilität unter verschiedenen Umweltbedingungen. Bestimmende Faktoren der Ertragsstabilität sind Resistenzen, Standfestigkeit, Trockentoleranz und Nährstoffeffizienz. Weitere Schwerpunkte sind die Entwicklung von verträglicheren, nährstoffreicheren und gesünderen Nahrungs- und Futtermitteln durch die gezielte Veränderung von Pflanzengenen sowie die Entwicklung von biogenen nachwachsenden Rohstoffen, bspw. eine spezielle Art von Kartoffelstärke zur Verbesserung der Anwendung von Sprühbeton. Eine weitere Aufgabe ist die Erforschung einzelner pflanzlicher Gene oder Gengruppen sowie von molekularen Markern, die bspw. Hinweise auf Resistenzen und die Qualität der Pflanzen zu geben vermögen. Insgesamt verfolgen diese Forschungsansätze das Ziel, die wirtschaftliche Bedeutung und die Wertschöpfung von Pflanzen zu steigern.
Die dritte Technologieplattform *Polymerforschung* umfasst acht Abteilungen, nämlich Thermoplaste, Funktionale Zwischenprodukte, Polymerkolloide, Polymere für anorganische Materialien und Lösungspolymerisate sowie die für die Polymerforschung zentrale Aufgaben ausübenden Abteilungen Polymerphysik, Polymertechnologie und Analytik. So definiert die Polymerforschung die für innovative funktionelle Polymere und Polymermaterialien kennzeichnenden Struktur-Eigenschaftsbeziehungen, die im Innovationsprozess eine Schlüsselposition einnehmen. Die Polymertechnologie entwickelt Verfahren zur Optimierung der Polymerfunktionen, während die Analytik die Forschungsergebnisse der übrigen fünf Abteilungen mithilfe verschiedener Methoden in bestimmten hierzu entwickelten Testabläufen im Hinblick auf die angestrebten Innovationsziele überprüft. In den anderen Abteilungen wird anhand der aufgestellten Struktur-Eigenschaftsbeziehungen und mithilfe der Verfahren zur Optimierung der Polymerfunktion nach innovativen Materialien geforscht.
Diese Aufgabenverteilung ist in der vierten Technologieplattform *Forschung Wirk- und Effektstoffe* wiederzufinden. Tatsächlich beschäftigen sich auch hier die Abteilungen Globale Forschung und Entwicklung Crop Protection, Forschung Feinchemikalien und Biokatalyse und die Forschung Veredlungschemikalien vornehmlich mit der Entwicklung neuer Produkte. Die Abteilung Physikalische Chemie und Informatik mit den Fachgebieten Biophysik, Bioinformatik, Computational Chemistry, Formulierungstechnologie, Organische Elektronik und Radiochemie versucht dagegen in den vorgenannten Abteilungen die Umsetzung der in der vierten Technologieplattform aufgestellten Innovationsziele durch vielfältige u. a. mithilfe der Molekülmodellierung und von quantenchemischen Berechnungen ausgeführten Forschungsbeiträge zu beschleunigen. Die der vierten Technologieplattform zugehörende Abteilung Experimentelle Toxikologie und Öko-

logie führt schließlich sämtliche zur Registrierung der neuen Produkte erforderlichen toxikologischen und ökologischen Prüfungen durch.

Die vier Technologieplattformen arbeiten eng mit den für die einzelnen Produkte verantwortlichen Unternehmensbereichen zusammen. Ihre Forschungstätigkeit wird ergänzt durch mehr als 1.900 Kooperationen mit Universitäten, Forschungsinstituten, Kunden und der Industrie. Zwei Drittel der global angesiedelten Kooperationsprojekte sind an Exzellenzzentren in Universitäten und Forschungsinstituten, ein Drittel an Start-up-Unternehmen und industrielle Partner vergeben. Diese hoch komplexe interne und externe F&E-Struktur spiegelt die bereits erwähnten Besonderheiten der chemischen Industrie, nämlich die Vielfalt der Produkte und die Heterogenität ihrer Abnehmer, wider. Aus diesem Forschungsverbund erschließen sich der ChemCompany das notwendige neue Wissen und die dazu erforderlichen wegweisenden Technologien, aus denen neue marktgerechte Innovationen geschaffen werden.

4.1.3. Struktur und Organisation der Innovationsprojekte in der ChemCompany

Die Innovationsprojekte der ChemCompany weisen eine Matrixstruktur[13] auf, in der ein Projektleiter für die Entwicklung eines neuen Produkts oder Verfahrens die Gesamtverantwortung übernimmt. Die Projektleiter führen Innovationsteams, für die die erforderlichen Experten in den Abteilungen der vier Technologieplattformen bzw. in ihren Unterabteilungen und in einzelnen Gruppen identifiziert wurden. Die Teammitglieder unterstehen den Projektleitern und gleichzeitig den Leitern der Abteilungen, aus denen sie rekrutiert wurden. Sie agieren somit auf zwei Ebenen, der Projekt- und der Abteilungsebene. Neben ihren Projektmanagementaufgaben nehmen die Projektleiter häufig auch bestimmte Entwicklungsaufgaben für das Projekt wahr.

Formal ist für jedes Innovationsprojekt ein ‚Phase-Gate'-Prozess in der ChemCompany vorgesehen (s. Abb. 4-4; vgl. Abschnitt 1.1.), der sich in fünf Phasen ‚Opportunity Fields', ‚Business Case', ‚Proof of Concept' (‚Lab Phase'), ‚Pilot Phase', ‚Launch' untergliedert und mit dem Vorgang des ‚Debriefing' endet.

---

[13]Neben dem Matrix-Projektmanagement existieren zwei weitere Formen des Projektmanagements: Einfluss- und reines Projektmanagement (Kieser, A. & Walgenbach, P. 2010: 138 ff.). Beim Einflussmanagement erhält der Projektmanager keine Entscheidungs- und Weisungsbefugnisse. Er erstellt lediglich Pläne für den Projektablauf und ist bei der Umsetzung auf die Zustimmung der betroffenen Abteilungsinstanzen angewiesen (ebd.: 138 f.). Im Gegensatz dazu wird beim reinen Projektmanagement dem Projektmanager für die Dauer des Projekts das erforderliche Personal unterstellt. Er ist mit allen Kompetenzen und Weisungsbefugnissen ausgestattet (ebd.: 139).

4. Beschreibung des Untersuchungsfelds 99

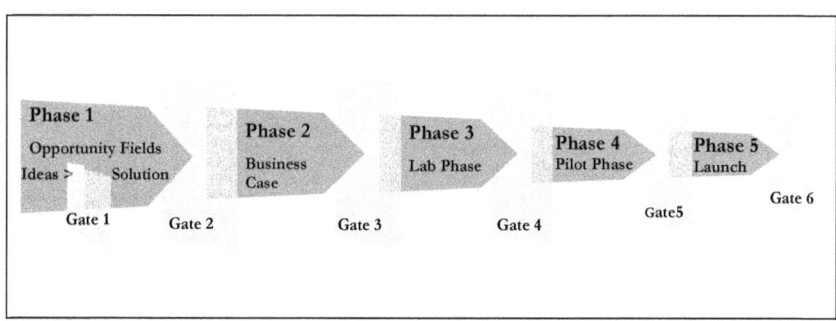

Abb. 4-4: ‚Phase-Gate'-Prozess der ChemCompany
(Quelle: ChemCompany)

‚Opportunity Fields' ist die Phase der Suche nach Ideen für neue Produkte oder Verfahren bzw. für die Optimierung sich bereits auf dem Markt befindlicher Produkte oder bereits angewandter Verfahren. Diese Ideen können sich bspw. aus Marketingüberlegungen, Vorgängerprojekten, aber auch aus dem Lesen wissenschaftlicher Artikel ergeben. Bei erfolgversprechenden Ideen setzt eine intensive Auseinandersetzung zu der Frage ihrer Realisierbarkeit ein, u. a. durch umfassendes Literaturstudium oder durch systematische Recherchen in den Berichten über bereits abgeschlossene Projekte. Erscheint eine Realisierung möglich, werden frühzeitig erste Lösungen entwickelt. In der Phase ‚Business Case' wird dann ein ‚Business Case' erstellt, mit dem die Wirtschaftlichkeit der zur Umsetzung der Idee angedachten Lösungen beurteilt wird. Sind die Ergebnisse vielversprechend, wird versucht, das auf der Idee basierende Produkt oder Verfahren auf Laborebene herzustellen. Dem sog. ‚Proof of Concept' (‚Lab Phase'), d. h. dem Nachweis der technischen Machbarkeit mithilfe laborspezifischer Methoden, folgt die ‚Pilot Phase', in der Laborprozesse den Bedingungen einer Miniplant, d. h. einer noch kleinen aber bereits höherskalierten Produktionsstätte, angepasst werden. Auf der Basis der bis dahin gesammelten Informationen, Erkenntnisse und Erfahrungen werden Entscheidungen darüber getroffen, ob das neue Produkt mit neuen oder angepassten älteren Verfahren, mit neuen oder bereits vorhandenen Produktionsmitteln hergestellt bzw. das neue Verfahren umgesetzt wird. Mit dem ‚Launch' wird die Phase der Markteinführung des neuen Produkts oder die Inbetriebnahme eines neuen Verfahrens bezeichnet. Der ‚Phase-Gate'-Prozess endet mit dem Vorgang des sog. ‚Debriefing'. Hierbei wird festgestellt, welche der einzelnen Stufen des Innovationsprojekts in ihrem Ablauf als positiv oder weniger zufriedenstellend zu bewerten sind. In den ‚Phase-Gate'-Phasen öffnet sich nach jeder Phase ein Tor, sofern vorgegebene Arbeitsergebnisse erzielt wurden und nach vorab definierten Erfolgskriterien einschließlich Barwertberechnungen die Entscheidung für den Fortgang des

Innovationsprojekts getroffen werden konnte. Jedes der in dieser Arbeit untersuchten Innovationsprojekte, die im Folgenden beschrieben werden, hat diesen ‚Phase-Gate'-Prozess durchlaufen.

4.2. Darstellung der untersuchten Projekte

In dieser Arbeit werden aus den verschiedenen Produktsegmentsbereichen (vgl. 4.1.1.) sieben Innovationsprojekte untersucht. Für jedes Innovationsprojekt werden das Projektziel, die Projektphase, die Struktur des Innovationsprozesses und die an dem Projekt mit wesentlichen Aufgaben beteiligten Spezialisten beschrieben.[14] Aus Geheimhaltungsgründen kann die Beschreibung der Projekte nur in groben Zügen erfolgen.

4.2.1. Projekt A

Ziel des Projekts A ist die Verbesserung der Eigenschaften eines Klebestoffs, der in der Automobilindustrie im Karosseriebau zum Verbund von Kunststoffelementen eingesetzt wird. Das Projekt befindet sich bereits in der Endphase. Die Struktur des Innovationsprozesses beinhaltet Synthese, Prüfung und Charakterisierung sowie Hochskalierung (s. Abb. 4-5)

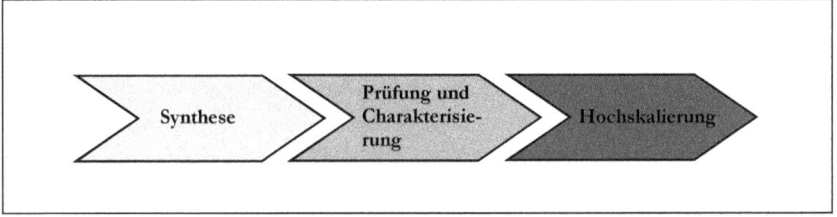

Abb. 4-5: Innovationsprozess Projekt A
(eigene Darstellung)

Der Syntheseprozess umfasst die Identifizierung neuer Klebstoffverbindungen, von denen eine Verbesserung der Klebeeigenschaften zu erwarten ist, und die Entwicklung von Laborrezepturen. Die Anwendungstechnik prüft diese neu synthetisierten Verbindungen dahingehend, inwieweit sie den zu Beginn des Projekts festgelegten Eigenschaften des neu konzipierten Klebstoffs entsprechen, bzw. charakterisiert die tatsächlich vorliegenden Eigenschaften der jeweiligen Verbindung. Lassen sich die Eigenschaften nicht oder nur zum Teil mit den vorab gesteckten Zielen

---

[14] Die Innovationsprojekte werden aus Geheimhaltungs- und die Interviewpartner aus Datenschutzgründen anonymisiert. Dabei wurden die einzelnen Projekte mit P und zusätzlich einem randomisiert zugeteilten Buchstaben zwischen A bis G bezeichnet. Die Interviewpartner der einzelnen Projekte wurden durchnummeriert und die Zahl dem jeweilig ermittelten Projektkürzel zugeordnet. Nähere Informationen zur Vergabe der Identifikationskürzel siehe Anhang.

in Einklang bringen, werden die Verbindungen in dem weiterführenden Syntheseprozess modifiziert oder es wird so lange nach wiederum vollkommen neuen Substanzen gesucht, bis die Anforderungen der Automobilindustrie an den innovativen Klebestoff erfüllt werden können. Bei der Hochskalierung wird die Laborrezeptur zur Herstellung der schließlich als geeignet identifizierten Verbindung mit Unterstützung der Synthesespezialisten auf einen bedarfsgerechten Umfang der industriellen Produktion übertragen.

An diesem Innovationsprojekt beteiligen sich im Wesentlichen Spezialisten aus drei Abteilungen: zwei Experten der anorganischen Chemie für die unterschiedlichen fachspezifischen Aufgaben der Synthese bzw. für die Anwendungstechnik zur Prüfung und Charakterisierung der neuen Verbindung sowie ein Prozessingenieur für die Hochskalierung.

Die notwendige Abstimmung findet im Projektverlauf fortwährend zwischen Synthetiker und Anwendungstechniker, der zusätzlich die Funktion des Projektleiters übernommen hat, und gegen Ende des Projekts zwischen Synthetiker und Prozessingenieur statt. Mit jedem der drei Spezialisten wurde ein Interview geführt.

4.2.2. Projekt B

Bei Projekt B handelt es sich um eine Produkt- und Verfahrensinnovation: Ziele sind die Entwicklung eines neuen Katalysators und im Zuge dieser Neuentwicklung die Erarbeitung eines neuen Verfahrens. Mit einem Zeithorizont von 10-30 Jahren befindet sich dieses Projekt derzeit noch am Anfang, in der jetzigen aktuellen Projektphase lässt sich der Innovationsprozess in drei Schritte unterteilen: Synthese, Testung in verfahrensnaher Umgebung und Feinabstimmung (s. Abb. 4-6).

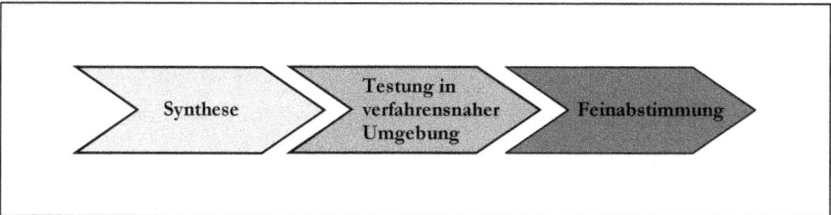

Abb. 4-6: Innovationsprozess Projekt B
(eigene Darstellung)

Die Synthese übernimmt die Entwicklung des neuen Katalysators. Die Testung der physikalischen und chemischen Aktivitäten des Katalysators erfolgt verfahrensnah in einer eigens hierfür aufgebauten Miniplant bzw. Versuchsanlage. Bei der Feinabstimmung zwischen Katalysator und Verfahren werden zunächst Einsatzmöglichkeiten des neu entwickelten Katalysators innerhalb des ebenfalls neu zu entwickelnden Verfahrens abgewogen bzw. festgelegt sowie seine physikalischen und chemischen Aktivitäten mit den einzelnen Verfahrenskomponenten in Einklang gebracht.

In diesem Projekt sind im Wesentlichen vier Spezialisten involviert: ein Chemiker der Anorganik, ein Verfahrens-, ein Chemie- und ein Projektingenieur. Der Chemiker, der zusätzlich die Funktion des Projektleiters erfüllt, und der Verfahrensingenieur sind für die Entwicklung des Katalysators bzw. für die Entwicklung eines für die Erstherstellung des Katalysators benötigten Reaktors verantwortlich. Neben dieser Aufgabe ist der Verfahrensingenieur zudem für die Konzipierung des späteren Großreaktors zuständig. Dem Chemieingenieur fällt die Entwicklung des Verfahrenskonzepts zu, auf dessen Basis der Projektingenieur die Miniplant erstellt, wobei der Verfahrensingenieur mit der Auslegung des Versuchsreaktors ebenfalls an der Detailkonzipierung der Miniplant beteiligt ist. In dieser Versuchsanlage führt der Chemieingenieur die erwähnten Feinabstimmungen zwischen Katalysator und Verfahren durch. Die Überprüfungen der physikalischen und chemischen Eigenschaften des Katalysators werden durch Standardtests von einer zentralisierten internen Serviceeinheit übernommen.

Die Abstimmung zwischen den Spezialisten im Projekt erfolgt zum einen bei der Planung und dem Bau der Miniplant und zum anderen bei der Durchführung und Auswertung der in der Miniplant durchgeführten Tests. So stimmen sich bei der Planung der Miniplant der Chemiesowie der Verfahrensingenieur, aber auch der Katalysatorchemiker im Rahmen der Grobplanung untereinander und bei dem Aufbau der Miniplant zusätzlich mit dem Projektingenieur intensiv ab. Die in der Versuchsanlage durchzuführenden, der Feinabstimmung dienenden Testverfahren werden zwischen dem Katalysatorchemiker und dem Chemieingenieur vorab im Detail abgesprochen und deren Ergebnisse zusammen mit den Befunden der physikalischen und chemischen Standardtests gemeinsam mit dem Verfahrensingenieur diskutiert. Bis auf die Spezialisten der Serviceeinheit wurden mit allen Spezialisten Interviews geführt.

4.2.3. Projekt C

Projekt C zielt auf die Entwicklung eines neuen Materials mit hoher Lichtstabilität ab. Dieses mit langfristigem Horizont geplante Projekt wurde 2006 begonnen. Der Innovationsprozess beinhaltet die Schritte Synthese, Molekülmodellierung, Quick-Tests und Real-Life-Tests (s. Abb. 4-7).

4. Beschreibung des Untersuchungsfelds   103

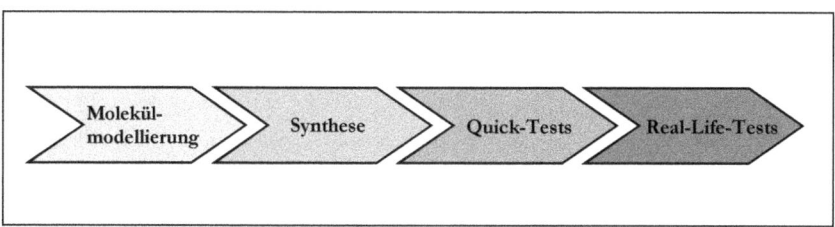

Abb. 4-7: Innovationsprozess Projekt C
(eigene Darstellung)

Zunächst schlägt der Synthetiker aufgrund seines Expertenwissens und seiner Erfahrungen bestimmte Molekülstrukturen vor, die seiner Meinung nach die zu Beginn des Projekts definierten Eigenschaften besitzen könnten. Mithilfe von Methoden der Molekülmodellierung wird dann anhand von Rechenmodellen überprüft, inwieweit von den verschiedenen Molekülen bzw. Molekülanordnungen diese Eigenschaften tatsächlich zu erwarten sind, wobei in Abhängigkeit von der Anzahl der zu erwartenden Eigenschaften eine bestimmte Reihenfolge der Molekülstrukturen eingehalten wird. Entsprechend der Rangfolge erfolgt die Synthese der Moleküle, die dann sog. Quick-Tests unterzogen werden. Mit diesen stark vereinfachten Testsets, die bereits grobe Einblicke in die Real-Life-Anwendungen ermöglichen, werden vergleichsweise rasch Ergebnisse erzielt. Fällt diese erste Grobeinschätzung nicht zufriedenstellend aus, könnte dies zu Molekülmodifikationen bzw. zu einem Anstoß zur Entwicklung weiterer neuer Moleküle führen. Vor der Molekülmodifikation bzw. der Neu-Synthese würden dann erneut Berechnungen der zu erwartenden Moleküleigenschaften erfolgen. Quick-Tests können Real-Life-Tests nicht ersetzen, in denen bspw. das in diesem Projekt entwickelte Material einem Belastungstest zur Prüfung seiner Lichtstabilität den realen Bedingungen einer längeren Sonneneinstrahlung ausgesetzt wird.

Die wichtigsten an diesem Innovationsprojekt beteiligten Spezialisten sind ein organischer Chemiker für die Synthese (gleichzeitig der Projektleiter), ein theoretischer Chemiker für die Molekülmodellierung, ein Physikochemiker für die Quicktests und ein weiterer auf Real-Life-Tests spezialisierter organischer Chemiker.

Die Interaktion zwischen den Spezialisten erfolgt überwiegend entlang den Innovationsschritten. So stimmt sich der theoretische Chemiker zur effizienten Identifizierung eines geeigneten Moleküls mit dem für die Synthese zuständigen organischen Chemiker ab. Die für die Quick-Tests bzw. Real-Life-Tests zuständigen Teammitglieder, der Physikochemiker und der organische Chemiker, tauschen sich untereinander, aber auch mit dem Synthetiker und schließlich mit dem Molekülmodellierungsspezialisten aus. Tatsächlich sind in diesem Innovationsprojekt die Arbeit der Spezialisten eng verbindende, z. T. iterativ ablaufende Feedbackschleifen angelegt. Negative Ergebnisse der Quick- und Real-Life-Tests bedeuten für den Synthetiker und den theoretischen Chemiker, dass sie nach geeigneteren Molekülen suchen bzw. die Molekülmodelle entsprechend anpassen müssen. Die neuen Moleküle müssen dann erneut getestet werden. Die Ergebnisse der Real-Life-Tests haben auch einen Einfluss auf die Quick-Tests, indem sie Rückschlüsse auf deren Aussagekraft zulassen, auf deren Grundlage Quick-Tests u. U. verändert werden. Für die vorliegende Untersuchung wurden mit Ausnahme des Physikochemikers alle Spezialisten interviewt.

4.2.4. Projekt D

Projekt D hat ähnlich wie Projekt B die Entwicklung eines neuen Verfahrens mit einem neuen Katalysator zum Ziel. Das Projekt ist bereits abgeschlossen. Die Struktur des Innovationsprojekts ergibt sich aus dem in Abb. 4-8 wiedergegebenen schematischen Aufbau des Verfahrens.

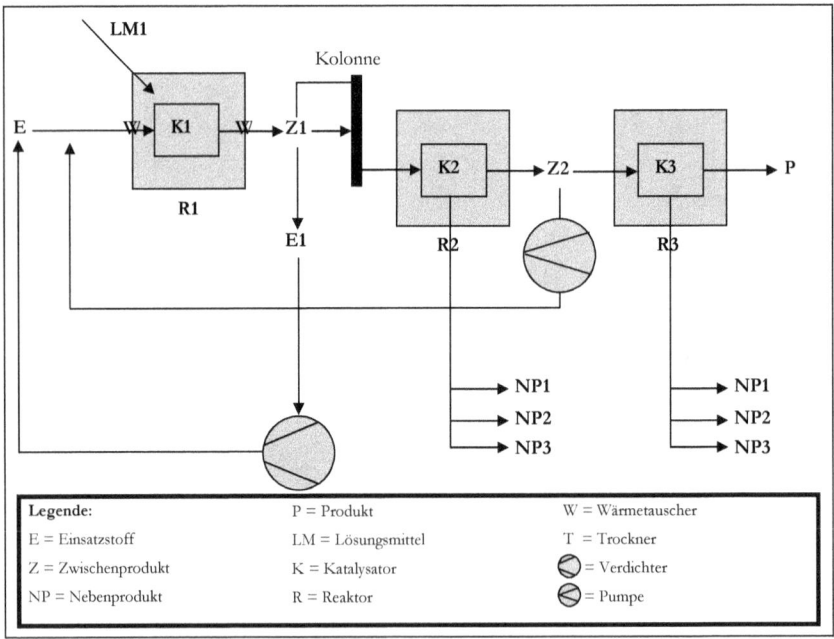

Abb. 4-8: Schematische Darstellung des Verfahrens in Projekt D
(eigene Darstellung)

Das zu entwickelnde Produktionsverfahren vereinigte auf sich sechs Komponenten: Reaktor, Katalysator, Wärmetauscher, Kolonnen, Verdichter und Pumpen. Die Ausarbeitung der Kompo-

4. Beschreibung des Untersuchungsfelds

nenten erfolgte zunächst weitestgehend getrennt voneinander, bevor diese dann im Zuge des Baus der Minianlage aufeinander abgestimmt und zu einem Verfahren integriert wurden. Am Beginn des Verfahrens stand die Entwicklung eines neuen Katalysators, dessen Reaktivierungsverhalten überprüft und gegebenenfalls aufgrund der Testergebnisse modifiziert werden musste. Anschließend wurde der Katalysator erneut, diesmal unter den Rahmenbedingungen einer für den endgültigen Produktionsprozess notwendigen Maßstabsvergrößerung, überprüft. Ähnliches galt für die übrigen Verfahrenskomponenten. So wurden neben dem Katalysator die Maße der übrigen Verfahrenskomponenten, nämlich die des Reaktors mithilfe der in einer Minianlage gewonnenen Prozessdaten auf den tatsächlichen, für die industrielle Herstellung notwendigen Realisierungsmaßstab umgerechnet und das Regelungs- und Steuerungssystem für den vollautomatisierten Rund-um-die-Uhr-Betrieb geplant. Zusätzlich wurden die Kosten für Anlagenausrüstung, Beschaffung, Aufbau/Montage und Inbetriebnahme mit einer Genauigkeit von ca. 10 % der Gesamtprojektkosten geschätzt. Auch wurden u. a. die Prozessrisiken sowie die zuvor genannten und ermittelten investiven Gesamtkosten dem zu erwartenden wirtschaftlichen Nutzen in einer späteren industriellen Produktionsphase gegenübergestellt. Ausgehend von Wirtschaftlichkeitskennzahlen und von einem Strategieabgleich erfolgte am Ende des Projekts auf Basis der gesammelten Daten eine negative Investitionsentscheidung.

Die Realisierung der einzelnen Verfahrenskomponenten übernahmen die folgenden Spezialisten: Ein Chemiker der anorganischen Chemie und ein theoretischer Elektrotechniker waren für die Katalysator- bzw. Reaktorentwicklung, drei Verfahrensingenieure aus der zentralisierten Abteilung Operation Unit mit jeweils spezieller Fachausrichtung waren für die Kolonne, den Wärmetauscher und die Verdichter und Pumpen verantwortlich. Zudem beteiligten sich ein Werkstoffingenieur und ein Chemiker der organischen Chemie an der Entwicklung dieses Verfahrens. Sie beantworteten Fachfragen zu den Werkstoffen der einzelnen Komponenten bzw. zu den benötigten Rohstoffen, Lösungsmitteln und Nebenprodukten. Der Chemiker der Organik begleitete zusätzlich die Umsetzung der Rohstoffe in das Endprodukt und führte sämtliche Analysen zur Qualitätskontrolle der in diesem Verfahren verwendeten Stoffe durch. Eine Querschnittsfunktion in der Verfahrensentwicklung bestand in der Aufgabe, die einzelnen Module optimal zu einem Produktionsverfahren abzustimmen. Diese Verbindung der einzelnen Verfahrenskomponenten übernahm ein Chemieingenieur, der im späteren Verlauf des Innovationsprojekts von einem anderen Chemieingenieur abgelöst wurde. Am Ende des Projekts wurde ein Maschinenbauingenieur mit dem Spezialgebiet Verfahrenstechnik einbezogen. Ihm oblag die Auslegung der Großanlage.

Die intensivste Interaktion betraf die Spezialisten, deren Komponenten gemeinsame Schnittstellen aufwiesen. Die Abstimmung erfolgte schwerpunktmäßig in der Phase, in der die Komponenten im Pilotmaßstab in der Minianlage zusammengeführt wurden. In dieser Versuchsphase traten durch Rückkopplungen einzelner Komponenten vergleichsweise häufig unvorhersehbare Störungen auf, die von jeweiligen Spezialisten eine Modifizierung oder sogar eine Neukonzeption ihrer Komponenten erforderten. Darüber hinaus beeinflussten einzelne Komponenten oftmals über die Nachbarkomponenten hinaus auch die Produktqualität, die Lebensdauer der Reaktorstufe oder die Werkstoffbeständigkeit.

Zu diesem Projekt wurden sieben Interviews geführt. Stellvertretend für die Operation Unit wurde der Kolonnenspezialist interviewt. Beide Chemieingenieure wurden interviewt, wobei einer von ihnen zum Ende des Projekts auch Projektleiter war. Der Chemiker der Organik stand für ein Interview nicht zur Verfügung.

4.2.5. Projekt E

Ziel des Projekts E ist die Entwicklung von Solarzellen auf Basis organischer Halbleitermaterialien. Das Projekt startete 2006. Bis 2010 soll die Technologie so weit zur Verfügung stehen, dass mit der Ausarbeitung eines marktreifen Produkts begonnen werden kann. Das Projekt befindet sich zurzeit in der Mitte des Innovationsprozesses. Um die Marktreife des Produkts zu beschleunigen, werden parallel zwei Solarzellkonzepte verfolgt. An dem Projekt sind Kooperationspartner aus anderen Industrien und verschiedenen Universitäten beteiligt. Die Aufgaben der ChemCompany bestehen aus der Entwicklung der Materialien und dem Aufbau eines Devices, d. h. einer Einzelsolarzelle, zu Testzwecken (s. Abb. 4-9).

4. Beschreibung des Untersuchungsfelds

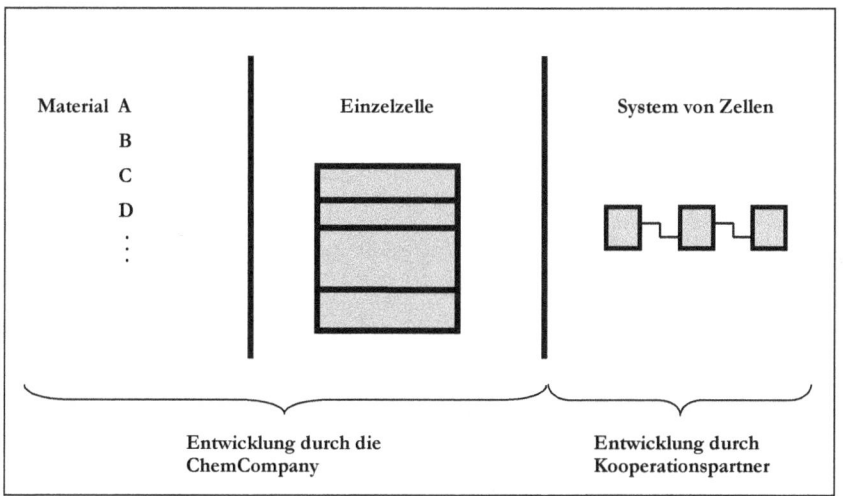

Abb. 4-9: Struktur Projekt E
(eigene Darstellung)

Der Innovationsprozess lässt sich in die Schritte Modellierung der Materialien, Synthese, Charakterisierung der Materialien, Komposition der Materialien zu einem Device und Charakterisierung des Device unterteilen (s. Abb. 4-10).

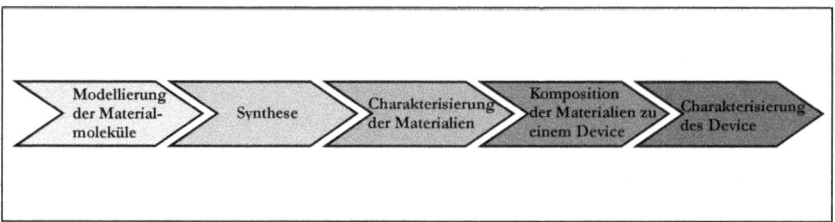

Abb. 4-10: Innovationsprozess Projekt E
(eigene Darstellung)

Ähnlich wie bei Projekt C werden die Eigenschaften der von den Synthetikern konzipierten Molekülstrukturen vor der Synthese berechnet und es wird überprüft, inwieweit diese das vorab definierte Anforderungsprofil erfüllen. Die Molekülstrukturen werden im nächsten Schritt entsprechend der daraufhin ermittelten Rangfolge synthetisiert. Vor Einbau der neusynthetisierten Materialien werden diese im Hinblick auf ihre Eigenschaften, bspw. die Temperaturstabilität, eingehend getestet. Verlaufen die Testreihen positiv, erfolgt mit diesen Materialien der Aufbau einer Einzelzelle. Bei der Charakterisierung der Einzelzellen werden die Materialien in verschiedenen Kombinationen und Anwendungsformen, bspw. in unterschiedlichen Dicken, getestet. Hierbei wird auf eine spezielle statistische Versuchsanordnung zurückgegriffen, die es erlaubt, das Testverfahren auf einige wenige Parameterkombinationen zu begrenzen. Parameter, die eine statistisch relevante Korrelation aufweisen, werden daraufhin überprüft, inwieweit sie in unterschiedlicher Ausführung bestimmte Einflüsse auf die Eigenschaften des Device ausüben.

An diesem Innovationsprojekt sind wiederum Spezialisten stark unterschiedlicher Fachgebiete beteiligt. Für die Modellierung der Materialien ist ein theoretischer Chemiker verantwortlich. Die Synthese der Materialien wird wegen der beiden Zellkonzepte von zwei Teams aus jeweils zwei Chemikern der organischen Chemie übernommen. Die beiden Teams sind einem Leiter der Synthese, ebenfalls ein Chemiker der organischen Chemie, zugeordnet. Ein Physikochemiker betreut die Charakterisierung der Materialien. Ein Physiker und ein Elektrotechniker sind jeweils für die Komposition der Materialien zu einem Device, d. h. zu zwei Einzelsolarzellen, zuständig und führen die Charakterisierung dieser Zellen durch.

Wie in Projekt C erfolgt die Interaktion zwischen den Spezialisten ebenfalls entlang dem Innovationsprozess. So muss sich der theoretische Chemiker überwiegend mit den Synthetikern abstimmen und die von ihnen vorgeschlagenen Moleküle mithilfe geeigneter mathematischer Modelle berechnen. Er erhält aber auch von den Testspezialisten eine Rückmeldung über die in den auf das Projektziel ausgerichteten Prüfverfahren erzielten Ergebnisse. Diese Ergebnisse versetzen ihn in der Lage, seine Modellberechnungen zu verbessern. Die Synthetiker sind zur Modifizierung und evtl. Neusynthese der Moleküle ebenfalls auf die Resultate der Testspezialisten angewiesen.

Für die vorliegende Untersuchung wurden – bis auf den Physikochemiker – Interviews mit allen Projektteilnehmern durchgeführt.

4.2.6. Projekt F

Bei Projekt F handelt es sich um ein Produktinnovationsprojekt zur Entwicklung thermoplastischer Nanokompositen. Nanopartikel werden in Polymere eingebettet. Dieses Projekt befindet sich zurzeit in der Endphase. Die Struktur des Innovationsprozesses unterteilt sich in Synthese, Modifizierung, Herstellung der Komposite, Herstellung der Komposite in größerem Maßstab und Charakterisierung (s. Abb. 4-11).

4. Beschreibung des Untersuchungsfelds 109

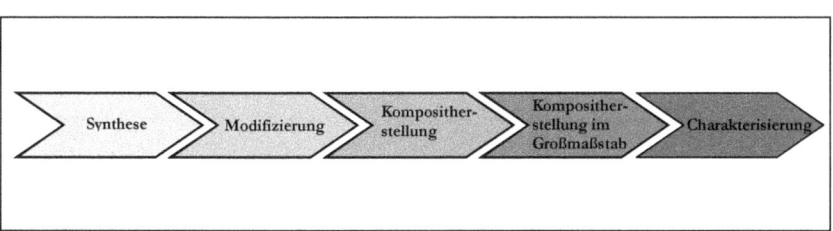

Abb. 4-11: Innovationsprozess Projekt F
(eigene Darstellung)

Im Rahmen der Synthese werden die Nanopartikel synthetisiert. Bevor die Nanopartikel in die Polymermatrix zu Kompositen eingefügt werden, wird ihre Oberfläche durch Modifizierung an die der Polymere angepasst. Einige der Kompositeigenschaften lassen sich nur ab einer bestimmten Kompositmenge überprüfen. Hierzu muss die Herstellung der Komposite vom Labor- auf den Pilotmaßstab angehoben werden, um über eine ausreichende Kompositmenge zu verfügen, in der das vorher festgelegte Eigenschaftsprofil, z. B. ein bestimmter UV-Absorptionswert oder bestimmte mechanische Eigenschaften, überprüfbar wird. Erfüllen die getesteten Komposite die geforderten Eigenschaften nicht, beginnt der Prozess von neuem.

Das Kernteam des Projekts besteht aus zwei Chemikern, einem Maschinenbauer und einem Physiker. Gegen Ende des Projekts kam ein weiterer Chemiker hinzu. Für die Synthese und die Modifizierung der Nanopartikel ist ein Chemiker der anorganischen Chemie zuständig. In der Endphase dieses Projekts werden parallel organische Nanopartikel entwickelt und getestet. Diese werden von einem Chemiker der organischen Chemie synthetisiert und modifiziert. Ein Chemiker der anorganischen Chemie mit dem Schwerpunkt Polymerforschung stellt die Komposite her. Die Hochskalierung der Kompositmengen und die Charakterisierung sind die Aufgaben eines Maschinenbauingenieurs bzw. eines Physikers.

Die Interaktion der Spezialisten findet hauptsächlich auf der Ebene der Chemiker statt. Aufgrund der Testergebnisse im Rahmen der Kompositcharakterisierung ergibt sich zwischen den Chemikern und dem Physiker ebenfalls ein intensiver Austausch. Die Abstimmung mit dem Maschinenbauer begrenzt sich dagegen auf die Absprache der Herstellungsbedingungen der Komposite: Mit welchem Lösungsmittel und bei welcher Temperatur soll sie bspw. erfolgen. Für das Projekt F wurde das gesamte Kernteam interviewt. Der später hinzugekomme Chemiker stand für ein Interview nicht zur Verfügung.

4.2.7. Projekt G

Beim Projekt G handelt es sich um ein idealtypisches Entwicklungsprojekt[15] des Bereichs Fungizide, bei dem aus einem Wirkstoff der Forschung CropProtection ein marktreifes Fungizid entwickelt werden soll. Üblicherweise wird in diesem Forschungsbereich nach Substanzen gesucht, die gegen pflanzliche Krankheitserreger, sog. Pathogene, gerichtet sind. Wird bei einer dieser Substanzen eine reproduzierbare Wirkung nachgewiesen, finden Freilandversuche statt. Stellt sich bei diesen Freilandtests ein Substanzpotential heraus und erweist sich die Substanz gegenüber den bisher gebräuchlichen Substanzen als effektiver, wird sie Gegenstand eines Entwicklungsprojekts. Ziele eines derartigen Entwicklungsprojekts sind die Festlegung des Anwendungsgebiets und des Kulturenspektrums, d. h. die Festlegung, für welche Pflanzenarten das Fungizid eingesetzt werden soll, des Weiteren die Festlegung der Applikationswege, der Aufwandmenge und der Stoffkombinationen, die bspw. bestimmen, mit welchen Solventien der Wirkstoff für seine optimale Verfügbarkeit in den betroffenen Pflanzenteilen bzw. -strukturen kombiniert werden muss. Das Anforderungsprofil an ein neues Produkt dieser Wirkstoffgruppe wird zusätzlich durch regulatorisch bedingte Marktbesonderheiten bestimmt. So existieren bspw. in den einzelnen globalen Handelszonen wie Europa, Asien und Nordamerika unterschiedliche Zulassungsbedingungen. Derartige Entwicklungsprojekte weisen in der Regel einen Zeithorizont von sechs bis acht Jahren auf.

Die typische Struktur dieser Innovationsprojekte ergibt sich aus den vergleichbaren Aufgaben, die in jedem der Projekte zu erfüllen sind. Jede einzelne Aufgabe lässt sich einer hierfür kompetenten Abteilung zuordnen. Aus diesen Abteilungen rekrutieren sich die Projektmitglieder, die aufgrund ihres Spezialistenwissens für die effiziente Durchführung des Entwicklungsprojekts gebraucht werden. In der Regel bildet sich aus Vertretern der Marketing-, der Biologie-, der Formulierungs-, der Registrierungs- und der Produktionsabteilungen ein festes Kernteam, das den Innovationsprozess vorantreibt (s. Abb 4-12).

---

[15] Da die CropProtection aufgrund der hohen Entwicklungskosten und des in diesem Marktsegment anzutreffenden extremen Wettbewerbs ein risikobehafteter Unternehmensbereich innerhalb der ChemCompany ist, wurde ein idealtypisches Projekt des Bereichs Fungizide untersucht, d. h. die Interviewpartner berichteten, wie hier ein typisches Projekt geplant wird, in welche Phasen es sich unterteilt und welche Abstimmungsprozesse notwendig sind. Für ein solches Vorgehen erschien der Bereich Fungizide besonders geeignet, da in diesem Bereich die Entwicklungsprojekte weitgehend identisch aufgebaut sind, d. h., es sind dieselben Spezialistengruppen involviert, es werden in allen Projekten die gleichen Aufgaben gestellt, die in ähnlicher Weise ausgeführt werden.

4. Beschreibung des Untersuchungsfelds 111

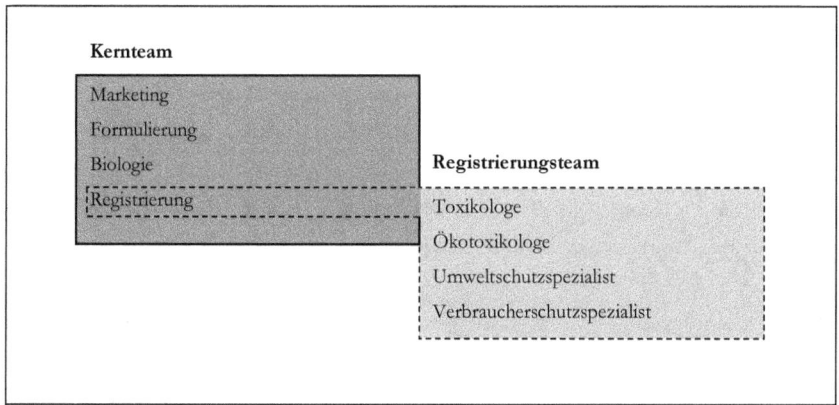

Abb. 4-12: Struktur eines typischen Innovationsprojekts im Bereich Fungizide
(eigene Darstellung)

Die Marketingabteilung gibt vor, welche Eigenschaften das Produkt aufweisen soll, um wirtschaftlich erfolgreich zu sein – erfolgreich z. B. hinsichtlich Wirkstärke und potentieller Nebeneffekte – und welche Besonderheiten des Marktumfelds für dieses Produkt zu beachten sind. Sie ist für das Projektmanagement und für die Koordination der einzelnen Funktionen verantwortlich. Das vorab definierte Eigenschaftsprofil des zu entwickelnden neuen Produkts bestimmt die Lösungsansätze der Formulierungsabteilung. Der Schwerpunkt der Aufgabe des Formulierers liegt in der Optimierung des neuen Wirkstoffs. Der aus der Forschung kommende Wirkstoff erhält so durch geeignete Zusatzstoffe eine Formulierung, die Wirkansatz, -eintritt und -stärke dieses neuen Fungizids in den für seinen Einsatz vorgesehenen Pflanzen unter Vermeidung unerwünschter Nebeneffekte so zielgenau wie möglich optimiert. Die sich für die Zielvorgaben als am günstigsten erweisende Formulierung kann gasförmig, flüssig, halbfest oder fest sein. In Freiland- und Gewächshausversuchen überprüfen Vertreter der Abteilungen Biologie das Wirkprofil des in seiner endgültigen Anwendungsform vorliegenden Fungizids in den vorgesehenen Pflanzenpopulationen. Es geht hierbei um die abschließende Klärung, inwieweit das in diesen Versuchsanordnungen tatsächlich ermittelte Wirkprofil dem gewünschten Eigenschaftsprofil entspricht. Die Registrierung kümmert sich bereits frühzeitig im Innovationsprozess um die Umsetzung der Zulassungsbedingungen für das neue Produkt. Jedes neue Produkt benötigt vor seinem Vertrieb eine behördliche Registrierung, die an der Erfüllung konkreter Vorgaben gekoppelt ist. Das notwendige Zulassungsverfahren kann nur dann erfolgreich durchlaufen werden, wenn die Ergebnisse der teilweise von den Behörden exakt vorgeschriebenen Tests mit dem Wirkstoff und seinen Formulierungen dies zulassen. So sind potentielle Gesundheitsgefährdungen des Menschen durch zu hohe Rückstände des neuen Produkts in den behandelten Pflanzen sowie potentielle Umwelteinflüsse des neuen Produkts, bspw. seine Konzentration und die seiner Abbauprodukte im Boden oder etwaige schädliche Auswirkungen auf Insekten und andere Tierarten, eingehend zu untersuchen. Der Registrierer leitet zu diesem Zweck ein Registrierungsteam bestehend aus Toxikologen, Ökotoxikologen, Umwelt- und Verbraucherschutz-Spezialisten. Gegen Ende des Innovationsprozesses erfolgt in der Produktionsabteilung die Übertragung der Laborrezeptur auf einen industriellen Großmaßstab. In der Regel sind für Produktinnovationen im Bereich Fungizide keine neuen Verfahren erforderlich.

Auch an diesen Projekten sind wiederum Spezialisten aus ganz unterschiedlichen Fachgebieten beteiligt. Die Vertreter der Abteilung Marketing sind häufig Biologen oder Chemiker. In der Formulierungs- und Biologieabteilung sind überwiegend Chemiker und Biologen beschäftigt. In der Registrierungsabteilung arbeiten neben den oben bereits genannten Spezialisten Chemiker, aber auch Biologen. Die ausgeprägte Spezialistenvielfalt in dieser Abteilung erklärt sich u. a. daraus, dass bisher kein Studiengang vorliegt, der das zur Registrierung bspw. eines Fungizids benötigte Spezialistenwissen zumindest spartenweise zusammenfassend vermittelt. Die Produktionsabteilung umfasst Ingenieure mit den in der chemischen Industrie benötigten unterschiedlichen Fachhintergründen.

Zur Umsetzung der vorab formulierten Eigenschaften des zu entwickelnden Fungizids ist eine engmaschige und vielfältige Interaktion der Spezialisten notwendig. Dies wird am Beispiel der Formulierungsspezialisten und Biologen deutlich: Das Wirkprofil eines neuen Fungizids hängt von den chemischen Charakteristika seines Wirkstoffes und seiner Anwendungsform ab, d. h., jeder Wirkstoff benötigt eine adäquate Formulierung, die seine vorteilhaften Charakteristika im günstigsten Fall verbessern, aber keinesfalls negativ beeinflussen sollte. Die auf Basis der Wirkstoffe entwickelten Formulierungen müssen daher immer mithilfe biologischer Tests auf ihr Wirkungsprofil getestet werden. Entsprechen die Ergebnisse nicht den Erwartungen, müssen die Formulierungen nochmals modifiziert werden. Generell ist es für die Effizienz des Innovationsprozesses von erheblicher Bedeutung, dass sämtliche Ergebnisse, die im Laufe dieses Prozesses erhoben werden, allen Spezialisten mitgeteilt werden, die davon betroffen sein könnten. Um dies zu gewährleisten, werden die Ergebnisse in regelmäßigen Treffen des Kernteams vorgestellt.

Für die vorliegende Untersuchung wurde aus der Marketingabteilung ein Agrarbiologe interviewt, der langjährige Erfahrung als Projektleiter besitzt. Der aus der Formulierungsabteilung interviewte Chemiker hat sich im Laufe seiner Berufstätigkeit auf die Formulierung von Pflanzenschutzmitteln spezialisiert. Der Registrierer, ebenfalls ein Chemiker der anorganischen Chemie, war vor seiner Tätigkeit als Registrierer im Rückstandslabor der ChemCompany tätig und zum Zeitpunkt des Interviews für die Registrierung Europa zuständig. Er verfügt somit über umfassende Einblicke in die verschiedensten Innovationsprojekte des Unternehmensbereichs CropProtection. Als Vertreter der Biologieabteilung wurde ein Biologe interviewt, der auf eine langjährige Berufstätigkeit in der Biologieabteilung für Fungizide und Herbizide zurückblickt. Aus der Produktionsabteilung konnte kein Mitarbeiter für ein Interview gewonnen werden.

4.2.8. Synoptische Darstellung der analysierten Innovationsprojekte

Tabelle 4-1 gibt die wesentlichen Charakteristika der sieben analysierten Innovationsprojekte zusammengefasst wieder.

	PA	PB	PC	PD	PE	PF	PG
Ziel des Projekts	Polymerdispersion	Katalysator	Hybride organ. anorgan. Nanopartikel	Propandehydrierungsverfahren	Organische Photovoltaik	Thermoplastische Nanokompositen	Pflanzenschutzmittel
Art der Innovation	Produktinnovationsprojekt	Mischinnovationsprojekt	Produktinnovationsprojekt	Verfahrensinnovationsprojekt	Produktinnovationsprojekt	Mischinnovationsprojekt	Produktinnovationsprojekt
Fachgebiete der Interviewpartner	Anorgan. Chemiker Prozessing.	Anorgan. Chemiker Verfahrensing. Projekting. Chemieing.	Organ. Chemiker Theor. Chemiker	Anorgan. Chemiker Theor. Elektrotechn. Verfahrensing. Chemieing. Werkstoffing. Maschinenbauing.	Organ. Chemiker Theor. Chemiker Elektrotechn. Physiker	Anorgan. Chemiker Maschinenbauing. Physiker	Agrarbiologe Anorgan. Chemiker Biologe
Interview Projektleiter	Ja (PA 3)	Ja (PB 1)	Ja (PC 1)	Nein	Nein	Nein	Ja (PG 4)
Zahl der Interviews	3	4	3	7	8	4	4

Tab. 4-1: Synoptische gegenüber Tab. 3-1 erweiterte Darstellung der Innovationsprojekte

Unter den sieben Projekten befinden sich ein Verfahrensinnovationsprojekt (D), vier Produktinnovationsprojekte (A, C, E, G) und zwei Mischprojekte (B, F). Sie sind alle interdisziplinär: Bei zwei Projekten (A, C) wurden Spezialisten mit zwei, bei drei (B, F, G) mit drei, bei einem (E) mit vier und bei einem (D) sogar mit sechs verschiedenen Fachrichtungen interviewt. An allen Projekten sind Spezialisten beteiligt, die z. T. weit auseinanderliegende Fachgebiete vertreten und zwischen denen somit hinsichtlich ihres Expertenwissens und ihrer wissenschaftlichen Denkmodelle eine große Distanz besteht. Die Zahl der Interviewpartner variiert zwischen drei (A, C) und acht Interviewpartnern (E). Insgesamt konnten vier Projektleiter zu Interviews gewonnen werden.

Durch die in den letzten Abschnitten erfolgte eingehende Darstellung des Untersuchungshintergrunds werden das methodische Vorgehen, mit dem die in dieser Arbeit wiedergegebenen Ergebnisse erzielt wurden, und die Ergebnisse selbst transparent und nachvollziehbar. Im folgenden Kapitel werden die Ergebnisse der in dieser Untersuchung vorgenommenen empirischen Analyse von sieben Innovationsprojekten der chemischen Industrie im Detail vorgestellt.

5. Ergebnisse der empirischen Analyse

Die Darstellung der Ergebnisse zu der vorgelegten Forschungsfrage, wie das Wissen verschiedener Spezialisten in Innovationsprojekten der Chemiebranche zu neuen Produkten und Verfahren integriert wird, erfolgt in zwei Teilen. Im ersten Teil (5.1.) wird der Frage nachgegangen, ob das TOL-Konzept auch in der Chemiebranche anwendbar ist und wenn ja, in welcher Form die Mechanismen des TOL-Konzepts dort vorliegen. In diesem Teil werden die Ergebnisse anhand der im TOL-Konzept definierten OL-Prozesse Wissenslokalisierung (5.1.1.), Wissenstransfer (5.1.2.), Wissensgenerierung (5.1.3.), Wissensspeicherung (5.1.4.) und Wissensumsetzung (5.1.5.) vorgestellt. Abschließend geht Abschnitt 5.1.6. auf die Frage ein, ob in der Chemiebranche der Aufbau gemeinsamen Wissens für den Erfolg eines Innovationsprojekts von vergleichbarer Bedeutung ist wie in anderen Branchen. Die Analyse der Ergebnisse des ersten Teils berücksichtigt zusätzlich die konkurrierenden Vorstellungen der ‚Cross-Learning'- und Spezialisierungsperspektive.

Der zweite Teil (5.2.) setzt sich mit der Frage auseinander, ob und inwieweit das TOL-Konzept zu verändern ist, um den Wissensintegrationsprozess in den Innovationsprojekten der Chemieindustrie vollständig abzubilden. Tatsächlich lassen sich aus den Ergebnissen für den TOL-Ansatz neue Erkenntnisse ableiten, die als Erweiterung der bestehenden OL-Mechanismen des TOL-Konzepts aufgefasst werden können. So wurde mit dem Mechanismus des ‚Feedback Processing' (5.2.1.) ein neuer OL-Mechanismus identifiziert. Zudem nahmen in den untersuchten Innovationsprojekten ‚Boundary Objects' (5.2.2.) sowie organisationale Routinen (5.2.3.) eine hohe Bedeutung für die Wissensintegration ein. Im zweiten Teil werden die Ergebnisse zunächst im Detail erläutert, mit den OL-Prozessen des TOL-Konzepts in Beziehung gesetzt und weiterführende Erkenntnisse am Ende des Kapitels in eine erweiterte Version des TOL-Konzepts integriert.

5.1. Wie wird das Wissen von Spezialisten mit unterschiedlichen Fachhintergründen in Innovationsprojekten der Chemieindustrie integriert? Eine Frage nach der Gültigkeit des TOL-Konzepts, dessen Mechanismen und Annahmen in der Chemieindustrie

In den untersuchten Innovationsprojekten werden die verschiedenen Annahmen der ‚Cross-Learning'-Perspektive nicht beobachtet. Stattdessen lassen sich, wie im Folgenden für die einzelnen OL-Prozesse dargestellt, die Vorstellungen des TOL-Konzepts im Wesentlichen unterstützen.

5.1.1. Wissenslokalisierung

Das TOL-Konzept entwirft als eines der wenigen OL-Konzepte einen Mechanismus, mit dem die für die Entwicklung neuen organisationalen Wissens notwendigen Wissensträger, bspw. für neue organisationale Regeln, Produkte oder Verfahren, lokalisiert werden kann. Aus Sicht des TOL-Konzepts erfolgt die Lokalisierung dieses Wissens mithilfe des ‚Transactive Memory' (Grunwald, R. 2003: 45 f. u. 148 ff.; Grunwald, R. & Kieser, A. 2007: 372 f. u. 381; Kieser, A. & Koch, U. 2002: 249; Kieser, A. & Koch, U. 2008: 334; Koch, U. 2004: 130 f.; Schmickl, C. 2006: 86 ff. u. 178 ff.; Schmickl, C. & Kieser, A. 2008: 477 f. u. 481 f., vgl. auch Abschnitt 2.2.2.) und wird dann durch ‚Transactive Retrieval' verfügbar gemacht (Schmickl, C. 2006: 87 u. 180 ff.; Wegner, D. M. 1987: 190). In der vorliegenden Studie soll geprüft werden, ob auch in den hier untersuchten Innovationsprojekten dieser Mechanismus der Wissenslokalisierung in ähnlicher Weise anzutreffen ist. Dabei wird zunächst geprüft, ob der Wissenslokalisierung in den Innovationsprozessen der chemischen Industrie ebenfalls ‚Transactive Memories' zugrunde liegen, bevor dann auf die Lokalisierungsprozesse bei der Rekrutierung der Projektmitglieder vor und während des laufenden Projekts näher eingegangen wird.

5.1.1.1. ‚Transactive Memory' als Grundlage der Wissenslokalisierung

Im TOL-Konzept stellt das ‚Transactive Memory' eine wesentliche Grundlage der Wissenslokalisierung dar. Über ein Verzeichniswissen, das angibt, „wer was weiß', werden die benötigten Wissensträger ausfindig gemacht (Wegner, D. M. 1987: 189; Wegner, D. M. et al. 1991: 923; Wegner, D. M. 1995: 326). Derartige Verzeichnisse existieren nach dem TOL-Konzept für externe und interne Wissensträger, es lassen sich daher ein internes und ein externes ‚Transactive Memory' unterscheiden (Schmickl, C. 2006: 178; Schmickl, C. & Kieser, A. 2008: 481 f.). Das TOL-Konzept geht nicht von einem einzigen organisationalen ‚Transactive Memory' aus, sondern davon, dass einzelne ‚Transactive Memories' durch ein Netzwerk von Personen verbunden sind, die entweder selbst das notwendige Fachwissen besitzen oder von anderen Personen wissen, dass sie es aufweisen (Schmickl, C. & Kieser, A. 2008: 477). Durch die Lokalisierung von Wissensträgern mithilfe dieser Verzeichnisse ist es für die Organisationsmitglieder nicht notwendig, das Wissen selbst zu erwerben. Es reicht aus, wenn sie wissen, wer darüber verfügt (Grunwald, R. 2003: 46; Grunwald, R. & Kieser, A. 2007: 373; Kieser, A. & Koch, U. 2002: 249; Kieser, A. & Koch, U. 2008: 334; Koch, U. 2004: 131; Nevo, D. & Wand, Y. 2005: 551). ‚Transactive Memories' entstehen, wenn Gruppenmitglieder mit anderen Gruppenmitgliedern bestimmte Expertisen assoziieren (Lewis, K. et al. 2005: 583). Schmickl zeigt in ihrer Untersuchung, dass sich bei Innovationsprojekten das ‚Transactive Memory' der Projektmitglieder erweitert, wenn neue Mitglieder in das Projektteam aufgenommen werden oder Projektmitglieder sich gegenseitig darüber informieren, welcher Experte innerhalb oder außerhalb der Organisation über ein bestimmtes Fachwissen verfügt (Schmickl, C. 2006: 297 f.). Der eigentliche Wissensabruf erfolgt durch das ‚Transactive Retrieval'. Beim ‚Transactive Retrieval' wird der Spezialist, der das benötigte Wissen besitzt, direkt befragt oder es werden Organisationsmitglieder kontaktiert, von denen angenommen wird, dass sie wissen, wer über das gesuchte Wissen verfügt (Schmickl, C. 2006: 87). Je nachdem, ob externe oder interne Wissensträger ausfindig gemacht werden, unterscheidet das TOL-Konzept internes und externes ‚Transactive Retrieval' (ebd.: 180). In Bezug auf das interne ‚Transactive Retrieval' zeigt die Studie von Schmickl (2006), dass es zwei Formen von ‚Transactive Retrieval' gibt: formelles und informelles (ebd.: 180). Beim formellen ‚Transactive Retrieval' werden Wissensträger über die formalen Organisationsstrukturen identifiziert (ebd.: 180), beim informellen über persönliche Kontakte (ebd.: 176).

Auch bei den hier untersuchten Innovationsprojekten der chemischen Industrie wird bei der Suche nach Trägern notwendigen Wissens auf ‚Transactive Memories' zurückgegriffen. Es lassen sich – wie bei der Studien von Schmickl (2006: 178) – sowie Schmickl und Kieser (2008: 481 f.) interne und externe ‚Transactive Memories' unterscheiden.

Auf die Frage, wie interne Wissensträger identifiziert werden, antworteten Interviewpartner, dass sich mit zunehmender beruflicher Erfahrung Kenntnisse darüber entwickeln, wer über das gesuchte Wissen verfügt. Bei der Wissenslokalisierung wird in der Regel auf dieses personengebundene Verzeichniswissen zurückgegriffen.

> PD7: Da gibt es verschiedene Wege, diese Leute zu identifizieren. Je länger Sie da sind, desto mehr Leute kennen Sie und dann reicht es auch, jemanden in dem Umfeld zu kennen, sprich, Sie können jemand anders in diesem, in dieser anderen Organisation anrufen und fragen: „Sag mal, weißt du denn, wer denn dafür zuständig ist?" […]
>
> PE8: Man kennt ja so langsam Leute oder man fragt Kollegen, ob, die in ähnlichen Bereichen arbeiten, ob die jemanden kennen, der Spezialist ist für …, für ein ganz spezielles Gebiet.
>
> PC2: Well, I think it's simply the case, I mean if you have a project whoever say we have new project, something, we need some sort of analysis, something has been going wrong, who knows. If I know already that Mr. Z., for example, has lot of experience in those areas, then I think that is something that comes to you automatically.

Solche ‚Transactive Memories' bestehen auch für die Lokalisierung externer Wissensträger. Sie beruhen vornehmlich auf persönlichen Kontakten und ergeben sich in den hier untersuchten Innovationsprojekten auch aus offiziellen Kooperationen. In diesem Fall werden mithilfe der bestehenden Unternehmensnetzwerke außerhalb des Unternehmens die erforderlichen externen Wissensträger identifiziert.

PD6: […]. Schwierig, oder, oder was anderes ist dann sicherlich, wenn ich direkt auf eine externe Person zugreifen möchte. Da würde ich dann eigentlich auch mein, mein persönliches Netzwerk spielen lassen, wenn ich jemanden direkt anrufen würde, wobei, da ist dann immer, muss man dann immer noch vorsichtig sein, ob jetzt mit Geschäftskontakten offiziell anbahnt, ob man da womöglich irgendwelche, irgendwelche rechtlich relevanten Dinge tut.

PB1: […], zum anderen sind wir ja alle von Universitäten, das heißt, man kennt sich aus. Und manchmal ist es einfach so, dass man in einer Diskussionsrunde unten in der, gerade nach der Mittagspause, beim Kaffee sitzt und dann eine Problemstellung in den Raum schmeißt. Und dann findet sich jemand der sagt: „Ja, der Professor da und da macht so was." Und wenn dann der Wunsch nach einer Kooperation kommt […].

PE3: Also wir haben in dem Projekt jetzt ein ziemlich großes Netzwerk an Hochschulkooperationen. Das ist dann so die erste Adresse, an die man sich wendet, wenn man eine Fragestellung hat, wo man nicht genug, ja, wo man das Gefühl dann hat, nicht selber genug Erfahrung oder Know-how. Dann geben wir üblicherweise an einen Uni-Professor oder Experten für das Thema und, und diskutiert mit dem darüber im Rahmen von einer Forschungskooperation.

Wie vom TOL-Konzept postuliert (Kieser, A. & Koch, U. 2002: 249; Schmickl, C. & Kieser, A. 2008: 477), sind in den Unternehmen die ‚Transactive Memories' der einzelnen Gruppen über Netzwerke von Organisationsmitgliedern miteinander verknüpft. Die einzelnen ‚Transactive Memories' überschneiden sich. Angehörige des eigenen ‚Transactive Memory' sind häufig nicht die gesuchten Wissensträger, doch kennen sie einen Spezialisten aus einem anderen ‚Transactive Memory', der entweder selbst direkt weiterhelfen kann oder wiederum einen weiteren Wissensträger benennen kann, der möglicherweise das notwendige Wissen besitzt. Diese Kette aus Kontakten von ‚Transactive Memory' zu ‚Transactive Memory' setzt sich idealerweise bis zur erfolgreichen Wissenslokalisierung fort. Anders als in den bisherigen Studien des TOL-Konzepts (Grunwald, R. 2003: 151 ff.; Grunwald, R. & Kieser, A. 2007: 381; Kieser, A. & Koch, U. 2002: 249; Kieser, A. & Koch, U. 2008: 340; Koch, U. 2004: 117 ff.; Schmickl, C. 2006: 178 ff.; Schmickl, C. & Kieser, A. 2008: 481 f.) lassen sich diese Beziehungen zwischen den ‚Transactive Memories' durch die Antworten der Interviewpartner der vorliegenden Untersuchung auch empirisch nachvollziehen.

PA1: Ja, ja, also sagen wir die Gesprächsrunden, in denen ich drin sitze, setzen sich ja auch aus unterschiedlichen Spezialisten zusammen, und entsprechend individuellen Netzwerken. Und wenn halt das Problem auftaucht und ich weiß keinen, ist durchaus eine Chance, dass eben mein Partner aus einem Projekt vor zehn Jahren sich noch entsinnt: „In der Gruppe, der da, und da war einer, der kannte sich damit aus."

PC3: Genau, beziehungsweise das von meinem Netzwerk, ich meine, es gibt dann immer Leute, die wieder jemanden kennen und so weiter.

PE6: Würde ich sagen, das alles nimmt den Hauptwert ein, ja. Die Netzwerke und die Netzwerke anderer. Dass man einfach durch Gespräche mit Personen, man weiß, die haben ein sehr gutes Netzwerk […]. Paar Telefonate, dann hat man eigentlich relativ schnell die Ansprechpartner identifiziert.

Durch Rückgriff auf ‚Transactive Memories' werden die einzelnen Organisationsmitglieder erkennbar entlastet. Tatsächlich ist es den Spezialisten völlig klar, dass sie über ihren fachspezifischen Wissensbestand hinaus nicht alles wissen müssen bzw. können und es ihnen ausreicht, wenn sie herausfinden, wer über das entsprechende Wissen verfügt.

> PF2: Ich glaube [...], dass der PF1 auch nicht probiert, das zu [speichern], weil, wenn er irgendwelche Probleme hat [...] dann kann er mich anrufen. [...] Bis ich tot bin, dann braucht er das nicht zu speichern.

Ähnlich wie von den bisherigen TOL-Studien festgestellt (Schmickl, C. 2006: 297 f.), werden die ‚Transactive Memories' dadurch erweitert, dass Organisationsmitglieder im Zuge der verschiedenen Projekte neu in die Organisation eingetretene Personen und deren Expertise kennenlernen oder auf die Expertise anderer Kollegen aufmerksam gemacht werden.

> PE2: [...] das weiß man: „Wo kommst du denn." Ja kommt ein Neuer her: „Wo kommst du denn her, was hast du gemacht bisher, was hat dich da beschäftigt, aha", und dann sortiert man das halt ein. Und wenn man dann mal so ein Problem hat, dann denkt man: „Ah, da war doch der und der", der kennt sich jetzt zum Beispiel besonders gut mit paladium-katalysierten Werkzeugen aus, und wenn man da mal ein Problem hat, dann fragt man den halt mal.

> PD4: Das ist natürlich ganz wichtig, man, dadurch, dass man viele Projekte bearbeitet, dadurch lernt man ja die Leute alle intensiv kennen. Jedes Projekt hat wieder einen anderen Kreis, und so baut man sich im Laufe der Jahre, wenn die Leute nicht gerade wieder versetzt werden, baut man sich da einen ganzen Bekanntenkreis auf.

> PC2: And then there is another aspect that you might be suggested to speak to somebody, because of their specific knowledge. [...] So, for example, if I spoke to my colleague here and said: "I have this problem, I'm thinking about this." And he might say: "Oh, you should definitely speak to this guy, this department, because he's worked on something similar." [...] So, I'll speak to him. I know what he's already working on in the future. I might speak to him about a future project.

‚Transactive Memories' verändern sich aber nicht nur dadurch, dass neue Organisationsmitglieder hinzukommen oder einzelne Organisationsmitglieder zunehmend mehr Kollegen kennenlernen. Auch das Ausscheiden von Kollegen bewirkt Veränderungen. Tatsächlich werden ‚Transactive Memories' fortwährend an neue personelle Rahmenbedingungen angepasst, wie folgendes Zitat zeigt:

> PB3: Wie verändert sich das? Gut, das wird natürlich immer größer im Laufe der Zeit, mit jedem Projekt, das man bearbeitet, hat man mit neuen Leuten zu tun. Es gibt natürlich auch Leute, die gehen in Rente, die verlassen die ChemCompany zum Beispiel, die sind dann halt weg, dementsprechend passt man das dann an.

Das externe ‚Transactive Memory' erweitert sich nicht nur durch neue Kollegen, die neue Kontakte zu der ‚Scientific Community' außerhalb des Unternehmens besitzen, sondern auch dadurch, dass die Organisationsmitglieder in den hier untersuchten Innovationsprojekten regelmäßig Konferenzen besuchen und dort neue Kontakte aufbauen.

PE7: You go to conferences, seminars, so there you come to know what other people are doing, so what, what their expertises are. If you see some synergies, synergetic things, if you think they can help us, then always we try to look for some co, collaborations or at least try to get some contacts with the groups, try to learn something from them.

PG1: Externe lernt man häufig über Konferenzteilnahmen kennen oder durch Gespräche mit Kollegen, die über ein entsprechendes Netzwerk verfügen.

Die Interviews machen deutlich, dass der Aufbau interner und externer ‚Transactive Memories' gezielt gefördert werden kann. So wird die Entwicklung interner ‚Transactive Memories' von der ChemCompany durch Seminare und andere Veranstaltungen unterstützt, bei denen die Organisationsmitglieder die Möglichkeit haben, andere Kollegen und deren Arbeitsgebiete kennenzulernen. Für den Ausbau externer ‚Transactive Memories' werden externe Dozenten eingeladen, um so die Netzwerke einzelner Organisationsmitglieder nach außen zu erweitern.

PA3: Ich denke schon durch, also es wird gefördert, insbesondere in der Anfangsphase, wenn die Leute noch relativ frisch hier im Unternehmen sind, durch gemeinsame Seminare über die eigene Einheit hinaus werden Leute zusammengeführt. Dann gibt es natürlich auch gemeinsame Veranstaltungen von Einheiten, die gelegentlich oder häufiger zusammenarbeiten. Fachliche Veranstaltungen, häufig auch mit einem, sagen wir mal, etwas mehr privateren Teil anschließend, um Netzwerke aufzubauen.

PD4: Oder dass man gemeinsame Vorträge hört; es finden ja hier viele Vorträge statt. Es gibt immer mal wieder Leute, die von den Hochschulen hier Vorträge halten, Professoren, Studenten oder Studenten weniger, aber so Leute, die ihre Dissertation machen. Und da geht man hin und da kommen dann alle zusammen und so lernt man dann auch Leute kennen. Es gibt genug Gelegenheiten. Wer will, der kann viele kennenlernen.

Der eigentliche Wissensabruf erfolgt wie in den bisherigen Studien des TOL-Konzepts durch das ‚Transactive Retrieval'. Dabei wird ausgehend vom ‚Transactive Memory' direkt der jeweilige Wissensträger gefragt oder ein Kollege, von dem angenommen wird, dass er den entsprechenden Wissensträger kennt.

PE1: Ansonsten ist es oft das Ausnutzen des eigenen Netzwerkes, dass ich zu jemandem gehe, der so etwas Ähnliches macht, frag, was er genau macht, und dann vielleicht frage, ob er noch jemanden bei der ChemCompany kennt, der vielleicht auch so was macht, in der Richtung.

Ähnlich wie in der Studie von Schmickl (2006: 180) lassen sich in dieser Studie externe und interne ‚Transactive Retrieval'-Prozesse beobachten und bei Letzteren formelle und informelle Abläufe unterscheiden. Auf Basis der Untersuchungsergebnisse lässt sich auch für das externe ‚Transactive Retrieval' formelles und informelles ‚Transactive Retrieval' unterscheiden. In den Innovationsprojekten der ChemCompany können somit hinsichtlich der Dimensionen extern und intern sowie formell und informell folgende Lokalisierungsprozesse differenziert werden: externes formelles ‚Transactive Retrieval', externes informelles ‚Transactive Retrieval' sowie internes formelles ‚Transactive Retrieval' und internes informelles ‚Transactive Retrieval'. Diese vier Wissensabrufprozesse werden im Folgenden jeweils für die Rekrutierungsphase zu Beginn des Projekts und für den Projektverlauf eingehend beschrieben.

5.1.1.2. Lokalisierung von Wissensträgern im Rahmen der Rekrutierung in das Projekt

Die Lokalisierung von Wissensträgern in der Rekrutierungsphase wird in der Studie von Schmickl (2006: 181) im Hinblick auf das TOL-Konzept erstmalig untersucht. Sie konnte nachweisen, dass die Rekrutierung der Wissensträger hauptsächlich mithilfe der internen informellen Form des ‚Transactive Retrieval' erfolgt. Auch in den hier untersuchten Innovationsprojekten werden die Wissensträger auf Grundlage des ‚Transactive Memory' rekrutiert. Die Lokalisierung der Wissensträger erfolgt jedoch durch das interne formelle ‚Transactive Retrieval'. So werden die Wissensträger durch Abteilungs- und Gruppenleiter identifiziert, die auf Anfrage entsprechend dem Aufgabengebiet und der zeitlichen Verfügbarkeit Mitarbeiter auswählen.

PB1: Das war, wie ich schon mal angedeutet ..., im Grund genommen läuft das über die Hierarchie. Man hat gewisse Abteilungen, die, in denen eben die Spezialisten für gewisse Fragestellungen gebündelt sind. Und dort wird eben dann in der Regel über Abteilungsleiter, Gruppenleiter die Person identifiziert, die uns am besten weiterhilft.

PA3: Die Leute, die werden in der Praxis, bei uns ist es so, dass der Projektleiter sich die Leute nicht aussucht, sondern die werden zugeteilt. In der Forschung, im Technischen Marketing, gibt es Kollegen, die bestimmten Arbeitsgebieten zugeordnet sind. Die Teams ergeben sich in der Regel automatisch daraus, dass die diesem Arbeitsgebiet zugeordneten Kollegen ein Team bilden.

OD: Also, Sie machen eine Anfrage und sagen: „Ich hab das und das Projekt. Und ich brauch die und die Leute dafür."

PG4: Ja, das Projektmanagement sagt: „Wir wollen ein neues Projekt aufstellen." Und dann weiß eigentlich jeder aus den und den Bereichen muss, müssen Ressourcen dafür bereitgestellt werden. Also brauchen wir auch, ich sag mal, müssen wir daraus aus den verschiedenen Bereichen Leute rekrutieren.

Ein Grund für die von Schmickl (2006: 181) abweichenden Ergebnisse zur Rekrutierung der Wissensträger ist der formale Prozess, den die Projekte durchlaufen. Entsprechend dem ‚Phase-Gate'-Prozess werden von einzelnen Mitarbeitern die Projekte initiiert, die dann nicht selten auf höherer Hierarchieebene mit verschiedenen anderen Fachvertretern diskutiert werden. Wird das Projekt positiv bewertet, erfolgt die Bildung eines Projektteams, dessen Mitglieder von den einzelnen Abteilungen nach Maßgabe der Verfügbarkeit zugewiesen werden.

5.1.1.3. Lokalisierung von Wissensträgern im laufenden Projekt

Die jüngste Studie zum TOL-Konzept zeigt, dass im Laufe eines Projekts immer wieder unternehmensinterne Wissensträger für das Projektteam zusätzlich benötigt und v. a. durch das interne informelle ‚Transactive Retrieval' ausfindig gemacht werden (Schmickl, C. 2006: 182). Dabei spielen einzelne Organisationsmitglieder wegen ihrer umfassenden ‚Transactive Memories' eine besondere Rolle (Grunwald, R. 2003: 159; Grunwald, R. & Kieser, A. 2007: 381; Kieser, A. & Koch, U. 2002: 249; Moreland, R. L. 1999: 24). ‚Transactive Retrieval' ist auch für die Lokalisierung externer Wissensträger der entscheidende Mechanismus (Schmickl, C. 2006: 183). Die Ergebnisse der TOL-Studien (Grunwald, R. 2003: 159; Grunwald, R. & Kieser, A. 2007: 381; Schmickl, C. 2006: 183 f.; Schmickl, C. & Kieser, A. 2008: 482), aber auch der Studie von Olivera (2000: 823 ff.) verdeutlichen, dass zur Lokalisierung von externen und internen Wissensträgern elektronische ‚gelbe Seiten' und andere Datenbanken aufgrund ihrer Ineffizienz nur selten zum Einsatz kommen. Nur selten lässt sich Wissen für die Datenbanken so zusammenfassen und aggregieren, dass auch Dritte es verstehen und nutzen können (Criscuolo, P. et al. 2007: 1605).

Diese Einschätzungen lassen sich durch die Aussagen von Interviewpartnern der vorliegenden Untersuchung bestätigen. Zur Identifizierung der internen Wissensträger wird häufig, wie oben beschrieben, auf persönliche Kontakte zurückgegriffen.

> PD3: Wenn Sie jetzt sagen: „Ich hab ein werkstofftechnisches Problem", dann kenne ich halt ein paar Kollegen und die ruft man dann an. Oder, wenn ich es jetzt nicht wüsste, dann hätte das in dem Team meinetwegen der PD2 gewusst, den ruft er an, weil wir auch in der Miniplantgeschichte natürlich Werkstoffprobleme haben.
>
> PC1: Wenn wir ein Problem haben […] und es kennt keiner [einen], würde ich wahrscheinlich einfach informal hier sprechen und Leute, die Kollegen, fragen: „Das Projekt kann nicht weitergehen. Kennt irgendjemand [jemanden], [der das] soundso machen kann?"
>
> PF3: Ich meine, ich bin zum Beispiel kein Experte für Streutechnik. Aber ich weiß, es gibt zwei Kollegen, der eine befasst sich mit Lichtstreuung, der andere befasst sich mit Röntgenstreuung und ja. Dann geht man halt zu denen und sagt: „Das Problem liegt da und da, glaubt ihr, eine Lösung anbieten zu können?" Entweder hat er die zündende Idee, oder er, zum Beispiel weil er schon die Lösung hat, also er kann die Lösung haben, er kann die zündende Idee haben oder er sagt: „Sorry, kann ich auch nicht weiterhelfen."

Bei der Identifizierung interner Wissensträger werden häufig Analogien zu vergangenen Projekten gezogen. Ähneln aktuelle Probleme den Problemen vorangegangener Projekte, werden die damaligen Projektmitarbeiter angesprochen, die damalige Fragestellungen gelöst haben.

> PE4: Kann hilfreich sein, wenn da irgendwo eine Verwandtschaft besteht oder man kann halt irgendwie denken, damals, der hat doch da das und das auch mal gemacht, der kann vielleicht für uns hilfreich sein.

Wie bei den Studien von Grunwald (2003: 159) bzw. Grunwald und Kieser (2007: 381), Koch und Kieser (2002: 249) sowie Moreland (1999: 24) nehmen bei dem internen informellen ‚Transactive Retrieval' einzelne Organisationsmitglieder wegen ihrer ausgeprägten ‚Transactive Memories' bei der Lokalisierung von Wissensträgern eine zentrale Position ein. In der Regel werden bei der Suche nach bestimmten Spezialisten erfahrene ältere Kollegen angesprochen, die sich über die Jahre ein großes Netzwerk aufgebaut haben und detaillierte Einblicke in die verschiedenen Arbeitsgruppen besitzen.

> PE3: Ja, also das ist halt eben der Erfahrungsfaktor. Das merkt man halt zum Beispiel beim Herrn W. [Projektleiter von Projekt E], beim Projektleiter. Der ist halt schon relativ lange in der ChemCompany, der kennt eigentlich überall jemanden und wenn man irgendwas diskutiert, dann sagt er sofort: „Ach, da kenn ich den soundso. Ruf den mal an." Das ist so.

> PC3: Ja, es gibt Einzelne, vor allem längere, langjährige Mitarbeiter oder Kollegen, die dann halt ziemlich viele Leute kennen, und das sind meist ziemlich gute Ressourcen.

> PG4: Bestimmte Personen, ich meine, wie wollen Sie die beschreiben? Das sind erfahrene Personen, das sind Leute, die vielleicht lange in der ChemCompany sind. Leute, die vielleicht auch, ich sag mal, unter Umständen auch in der Hierarchie schon etwas weiter oben stehen, dadurch dass sie schon länger bei der ChemCompany sind. Menschen, die selber eben auch die Tendenz haben, sich zu vernetzen.

Im laufenden Projekt spielt dagegen internes formelles ‚Transactive Retrieval', wie in den bisherigen Erkenntnissen zum TOL-Konzept (Schmickl, C. 2006: 182), nur eine untergeordnete Rolle. Tatsächlich werden auch nach der vorliegenden Untersuchung offizielle Organisationsstrukturen erst dann genutzt, wenn das eigene Netzwerk noch nicht groß genug ist oder an Grenzen stößt. Dabei wird häufig der hierarchische Weg eingeschlagen, um benötigte Wissensträger zu lokalisieren.

> PE3: Also, das ist der übliche Weg, wenn man jetzt niemanden persönlich kennt in einer Abteilung und sucht jetzt einen Ansprechpartner in dem und dem Bereich, dann geht man meistens über die Linie, ruft den Gruppenleiter an.

> PD6: Als Neueinsteiger war ich da wesentlich öfter in der Verlegenheit, weil ich noch überhaupt gar kein persönliches Netzwerk aufgebaut hatte, mittlerweile bin ich etwas über zwei Jahre da, da wird es dann weniger. Einfach, weil ich schon ein gewisses Netzwerk habe, was ich nutzen kann. Ich denke aber nicht, dass das Ganze auf null zurückgehen wird, denn das, das eigene Netzwerk kann nie perfekt sein, kann nie allumfassend sein. Und da kann man dann, wird man dann diesen, diese Informationsquelle auch weiterhin nutzen.

> PB1: Das heißt, wenn ich als Projektleiter ein, einen Experten für ein gewisses Gebiet suche, dann frage ich zum Beispiel auch mal gerne meinen direkten Vorgesetzten, weil er einfach die Expertise hat, weil er länger in der Firma ist und er wiederum kennt jemanden in einer anderen Abteilung und schildert dem dann das Problem. Und das geht dann im Grunde genommen wieder runter auf die Arbeitsebene. Und da wird dann ein Mitarbeiter ausgeschaut.

Die Lokalisierung von externen Wissensträgern erfolgt in den hier untersuchten Innovationsprojekten mithilfe des ‚Transactive Retrieval'. Anders aber als in vorangegangenen Studien zum TOL-Konzept (Schmickl, C. 2006: 183) lassen sich in dieser Untersuchung auch bei der Suche nach externen Wissensträgern informelles und formelles ‚Transactive Retrieval' unterscheiden. Beim externen informellen ‚Transactive Retrieval' werden entweder direkt persönliche Kontakte außerhalb des Unternehmens in Anspruch genommen oder Kollegen im Unternehmen angesprochen, die einen Kontakt nach außen herstellen können.

PA1   Also, wir hatten einen angesprochen aus dem ganz einfachen Grund: Einer unserer Kollegen hat einen Schulfreund… […] der eine Professur hat […], der hatte den schon einmal für ein ähnliches Problem angeheuert […] und den haben wir angesprochen […].

OD: Gab es denn auch Situationen, wo du gesagt hast: „Okay, für dieses Problem brauche ich jemanden, der extern ist, also nicht in der ChemCompany vorhanden ist?"

PB4:   Ja.

OD: Und wie hast du diese Person dann gefunden?

PB4:   Das waren meistens Unikontakte.

PD5:   Für den, die Kontakte, die man halt auf Tagungen bei, bei Vorträgen, externen Veranstaltungen erwirbt, respektive Lieferantenkontakte, die auch sagen: „Pass auf, ich weiß, dass an der Stelle das Problem schon behandelt worden ist, redet doch mal mit denen."

Beim externen formellen ‚Transactive Retrieval' werden entweder offizielle Anfragen an externe Institutionen gestellt oder aber über bestehende Kooperationen des eigenen Unternehmens offiziell externe Partner kontaktiert.

PE3:   Also, wir haben in dem Projekt jetzt ein ziemlich großes Netzwerk an Hochschulkooperatoren. Das ist dann so die erste Adresse, an die man sich wendet, wenn man eine Fragestellung hat, wo man nicht genug, ja, wo man das Gefühl dann hat, nicht selber genug Erfahrung oder Know-how [zu haben]. Dann geben wir üblicherweise an einen Uni-Professor oder Experten für das Thema und, und diskutiert mit dem darüber im Rahmen von einer Forschungskooperation.

PF3:   Grundsätzlich können sie das natürlich schon machen, wenn sie irgendwas mit, mit Chemie und Polymeren haben wollen, dann wissen sie, dass das Max-Planck-Institut in, in Mainz, da ist Kompetenz, und dann müssen sie halt den Abteilungsleiter anrufen.

PG4:   […], dass man sich Expertise von außen holt. Und da würden wir dann wiederum über unsere Kommunikationsabteilung versuchen nach außen zu gehen. Ich werde jetzt also nicht anfangen, selber jetzt noch mal einen externen Kontakt aufzustellen, sondern man würde erstmal gucken, was haben wir, ich sag mal, im Pool. Ja, weil das sonst kontraproduktiv wäre.

Die Antworten der Interviewpartner machen deutlich, dass ähnlich wie beim internen formellen ‚Transactive Retrieval' auf offizielle Strukturen v. a. dann zurückgegriffen wird, wenn die Organisationsmitglieder mit ihrem externen informellen ‚Transactive Memory' keinen geeigneten Wissensträger ausfindig machen können. Neben der Nutzung offizieller Strukturen wird auch auf das Internet zurückgegriffen. Dort wird entweder direkt nach Wissensträgern oder zunächst nach Publikationen gesucht, die auf das zu lösende Problem eingehen, um im Anschluss daran die Autoren zu kontaktieren.

‚Gelbe Seiten' oder andere Datenbanken besitzen bei der Wissenslokalisierung, wie in den vorherigen TOL-Studien (Grunwald, R. 2003: 159; Grunwald, R. & Kieser, A. 2007: 381; Schmickl, C. 2006: 183; Schmickl, C. & Kieser, A. 2008: 482) und der Studie von Olivera (2000: 823 ff.), in den hier untersuchten Innovationsprojekten ebenfalls nur eine untergeordnete Bedeutung. Zwar existieren auch in der ChemCompany verschiedene Instrumente dieser Art wie Expertendatenbanken, bei denen jeder Experte eine eigene ‚Homepage' besitzt, Datenbanken zur Speicherung von Berichten, Wikis oder visuelle Foren zum Ideenaustausch. Für die Lokalisierung von Wissen werden aber, wie Interviewzitate zeigen, von den Interviewpartnern persönliche Netzwerke und Gespräche bevorzugt.

PC1: Man fragt die Kollegen. Man fragt immer die Kollegen. Das ist das, dieses Dokumentum [Name der Wissensdatenbank in der ChemCompany] ist einfach, das Problem ist, wenn, wenn [man] das Dokumentum benutzt, dann müssen Sie alles lesen. Und wenn irgendjemand einen fünfzig Seiten Bericht geschrieben hat, man muss das durch das Lesen und sich Konzentrieren, dass man auch die richtige Information findet. Wenn man weiß, dass die Informationen da drin sein könnten, das Problem ist dann, wo finde ich das. Ich kann nicht einfach sagen: „Ah, wir brauchen eine Online-IR-Spectre." Ich klicke einfach auf Dokumentum und sage einfach: „Naja, oh ja, Bericht A und B haben das." Das ist unwahrscheinlich. Das ist in dem Dokumenttext. Es ist unwahrscheinlich, dass es wirklich in den Dokumenten vorkommt, wenn man nicht nach den richtigen Begriffen gesucht hat. Am einfachsten ist, man kennt irgendjemand, der das einmal gemacht hat. Wenn Sie selber keine Ahnung mehr haben, wissen Sie, wer das gemacht hat und können das weiterleiten. Wenn man nur in der richtigen Gruppe landet, wenn diese Person in zehn Jahren nicht mehr da ist, reicht das. Irgendjemand da wird das immer wissen.

PE8: Naja, was heißt recherchierbar, es gibt sicherlich dieses ChemCompany-Suchsystem, da findet man aber eigentlich nicht das, was man wirklich sucht. Ich denke, das Wichtigste ist wirklich der, der Kontakt, den Hörer in die Hand zu nehmen und sich durchzuhangeln und zu fragen: „Wer hat denn diese Expertise in der ChemCompany?"

PD5: Es gibt das Intranet, ich bin mir allerdings sicher, dass es auch eine Expertendatenbank gibt. Ich meine, dass ich da vor kurzem einmal drüber gestolpert bin und da was eingegeben habe, aber meine Kontakte sind noch, jetzt im neunten Jahr der Tätigkeit eigentlich so weit, dass ich Vorstellungen habe, wo ich hin muss. Was jetzt Apparatetechnik, spezielle Maschinentechnik, für, für Rotating-Equipment angeht zum Beispiel.

PB4: Wir haben auch Foren. Wikipedia ist nicht so. Wiki-ChemCompany oder so was. Oder European Portals oder wie die dann heißen. Da kann man Fragen stellen dann. Eventuell wenn sich jemand interessiert, dann antwortet: „Ich weiß es nicht." [...]

OD: Aber benutzt man so etwas auch?

PB4: Ich nicht.

Als Erklärung, warum auf diese Instrumente (‚gelbe Seiten', Datenbanken etc.) nur eingeschränkt zurückgegriffen wird, lassen sich auf Grundlage der Interviews verschiedene mögliche Gründe nennen. Das Pflegen dieser Experten- und Wissensdatenbanken ist in beiden Fällen mit einem erheblichen Aufwand verbunden. So lässt sich aus dem Zitat von PD1 entnehmen, dass die Spezialisten häufig in den verschiedensten Projekten parallel beschäftigt sind und daher oftmals nicht die Zeit finden, alle Details zu dokumentieren. Auch die umfassende Darstellung des eigenen Expertenprofils hängt häufig laut PE3 vom eigenen Engagement ab. Die Nutzung der einzelnen Instrumente wird zusätzlich zumindest teilweise auch aus softwaretechnischen Gründen eingeschränkt, wie für die Expertendatenbank exemplarisch durch das Interviewzitat von PC1 deutlich wird. So berichtet PC1, dass die Suchprozesse häufig nicht zu zufriedenstellenden Ergebnissen führen.

> PD1: Zwangsläufig nicht, aber in vielen Fällen ist es dann doch so, weil die Leute, die viele Projekte haben, die haben meistens dann zu wenig Zeit zum Dokumentieren, dann versuchen die es halt so zu machen, dass es zwar da steht, aber sie nicht so extrem viel Arbeit damit hatten [...].
>
> OD: Wird der Aufbau eines solchen Wissens von der ChemCompany gefördert?
>
> PE3: Ja, die ChemCompany bemüht sich da schon. Also, diese Seminare sind sicher eine sinnvolle Sache. Es gibt jetzt dann ein Intranet, ein neues Portal, R&D Plattform, wo man so à la Facebook [PE3 versteht darunter eine neue Form von Expertendatenbanken] sich eintragen kann und sein Profil erstellen kann und sich dann da gegenseitig suchen kann und austauschen kann. Also da versucht man schon die Instrumentarien dafür zu schaffen. Letztlich hängt es aber auch viel von, von einem selbst ab, wie viel man da investiert und wie viel man da, wie offen man da ist.
>
> PC1: Ja. Diese Expertdatenbank. [...] Das Problem ist, die interne ChemCompany Website, zum Beispiel, die wirklich effizient gemacht sein könnte, ist sehr benutzerunfreundlich. Man könnte denken, dass man einfach zum Beispiel in die Suche „Experte [für XY]" eintippt, und man dann direkt zur Expertwebsite gelinkt wird. [Aber] nein, [meistens] wird irgendwas anderes kommen. Das ist sicher.

Für die Wissensdatenbanken treten weitere Gründe hinzu. So ist die Wissensdokumentation nie vollständig (vgl. Criscuolo, P. et al. 2007: 1605), die einzelnen Gedankengänge im Detail häufig nur schwer dokumentierbar. Viele Informationen sind zudem kontextabhängig und lassen sich nicht ohne weiteres auf neue Problemstellungen übertragen. Der wohl schwerwiegendste Grund ist aber aus Sicht der Interviewpartner, dass negative Erfahrungen häufig in den Berichten nicht aufgeführt werden. Diese Informationen finden nur in Gesprächen zwischen den Kollegen Erwähnung.

> PE6: [...]. Die Dokumentation ist wahrscheinlich nie ganz vollständig und da wird noch einiges in den Köpfen von Leuten sein, das in der Form nicht so niedergeschrieben ist.
>
> PC3: Ja, wobei die Projekte oft so unterschiedlich sind, dass die Berichte dann gar nicht so furchtbar viel tun, also das ist dann halt schon, die sind ja schon sehr speziell in eine Richtung, wenn man ein bisschen in eine andere Richtung geht, dann nutzen die meistens nicht mehr viel.
>
> PB3: [...]. Es sind vielmals die Sachen, die nicht funktioniert haben, die nicht dokumentiert werden, und die aber wichtig sind für andere Projekte. Das kriegt man dann nur im Gespräch mit den Leuten raus.

Aufgrund dieser Informationsdefizite wird auf ‚Transactive Memories' zurückgegriffen und darüber werden die Wissensträger identifiziert, die bei Problemen mit ihrem spezialisierten Wissen weiterhelfen. Die Wissenslokalisierung über Datenbanken erfolgt, wenn überhaupt, nur zu Beginn eines Projekts. Berichte in Datenbanken verschaffen einen Überblick über die zu der Fragestellung des aktuellen Projekts bereits abgeschlossenen Arbeiten. ‚Transactive Retrieval' ist im Laufe eines Projekts der bevorzugte Mechanismus zur Wissenslokalisierung, der in dieser Phase auch bei der Rekrutierung von Projektmitgliedern zur Anwendung kommt.

5.1.1.4. Zusammenfassung der Ergebnisse zur Wissenslokalisierung

Die Wissenslokalisierung in Innovationsprojekten der chemischen Industrie erfolgt wie in der IT- und Elektrotechnikindustrie zum wesentlichen Teil mithilfe der ‚Transactive Memories'. Auch in der Chemiebranche lassen sich externe und interne ‚Transactive Memories' unterscheiden, wobei die einzelnen ‚Transactive Memories' über persönliche Netzwerke miteinander verknüpft sind. ‚Transactive Memories' erweitern sich durch den Eintritt neuer Mitarbeiter in die Organisation, aber auch durch das Ausscheiden bisheriger Mitarbeiter sowie durch die Teilnahme der Organisationsmitglieder an einer zunehmenden Zahl unterschiedlicher Projekte und schließlich durch die Erfassung der Expertise einzelner Kollegen. Der Aufbau der internen und externen ‚Transactive Memories' wird u. a. durch abteilungsübergreifende Seminare und Veranstaltungen sowie durch Einladungen externer Dozenten zu Vorträgen und Gesprächen gezielt gefördert.

Durch das ebenfalls in den hier untersuchten Innovationsprojekten zu beobachtende formelle und informelle ‚Transactive Retrieval' wird internes und externes Wissen verfügbar gemacht sowie die für die Innovationsprojekte benötigten Wissensträger identifiziert und, sofern die verfügbaren Ressourcen dies zulassen, den Projektteams zur Verfügung gestellt. Anders als in der Studie von Schmickl (2006: 181) erfolgt die interne Identifizierung der Wissensträger während der initialen Phase der Rekrutierung von Projektmitarbeitern in der Chemieindustrie jedoch nicht über persönliche Kontakte, sondern vorwiegend durch formelles ‚Transactive Retrieval', wohingegen im Verlauf des Projekts Wissen und Wissensträger, wie in der Studie von Schmickl (2006: 182), hauptsächlich durch das informelle ‚Transactive Retrieval' identifiziert werden.

In den hier untersuchten Innovationsprojekten lässt sich die Lokalisierung externer Wissensträger im Verlauf der Projekte durch informelles und formelles und nicht allein durch informelles ‚Transactive Retrieval' beobachten. Dabei werden beim externen informellen ‚Transactive Retrieval' Wissensträger außerhalb des Unternehmens direkt persönlich durch Organisationsmitglieder oder durch Kollegen mit entsprechenden externen Kontakten ausfindig gemacht, während dies beim formellen ‚Transactive Retrieval' durch offizielle Anfragen an externe Institutionen und bestehende Unternehmenskooperationen geschieht.

Für die Lokalisierung von Wissen und Wissensträgern spielen in der vorliegenden Untersuchung elektronische Datenbanken und ‚gelbe Seiten' ebenfalls nur eine untergeordnete Rolle. Dies liegt u. a. daran, dass in den in Datenbanken und ‚gelben Seiten' verfügbaren Berichten nicht alle für Innovationsprojekte potentiell relevanten Informationen und Gedankengänge dokumentiert wurden, die Informationen häufig kontextabhängig sind und negative Erfahrungen vergleichsweise häufig keine Erwähnung finden. Zudem sind die Pflege dieser Datenbanken zeitintensiv und die Abfragemöglichkeiten zu bestimmten Stichwörtern nicht präzise genug. Stattdessen wird v. a.

mithilfe des informellen ‚Transactive Retrieval' auf das wesentlich detailreichere und aktuellere Wissen untereinander vernetzter interner und externer Wissensträger zurückgegriffen. Auch in den Innovationsprojekten der ChemCompany erfolgt auf Basis von ‚Transactive Memories' die Wissenslokalisierung mithilfe des TOL-Mechanismus ‚Transactive Retrieval'. Die Ergebnisse bestätigen damit – ungeachtet der angegebenen Abweichungen bzgl. der Identifizierung von Wissensträgern zu Beginn und im Verlauf eines Innovationsprojekts – die Erkenntnisse der bisherigen Studien zum TOL-Konzept und tragen zur weiteren Generalisierbarkeit der TOL-Ansätze bei.

5.1.2. Wissenstransfer

In der Literatur findet sich eine Reihe widersprüchlicher Annahmen (vgl. Abschnitt 2.2.) zum Wissenstransfer, und zwar zu Zeitpunkt und Umfang, möglichen Einflussfaktoren, seiner Richtung, beteiligten Personen und der Existenz von Übersetzern. Im Folgenden wird versucht, die Daten im Hinblick auf diese Widersprüche zu analysieren.

5.1.2.1. Zeitpunkt des Wissenstransfers

Aus Sicht der ‚Cross-Learning'-Perspektive ist Wissenstransfer zur Integration von Wissensbeständen verschiedener Spezialisten zu neuem Organisationswissen jeweils am Beginn von Innovationsprojekten erforderlich (vgl. Abschnitt 3.2.1.). Nach Nonaka bspw. erfolgt unter den Mitgliedern funktionsübergreifender Teams ein intensiver Austausch impliziten Wissens (Nonaka, I. 1994: 24), bevor in einer Rekombinationsphase Elemente von Wissensbeständen zu neuem Organisationswissen integriert werden (vgl. ebd.: 20).
Wissenstransfers solcher Art ließen sich bislang in den Studien zum TOL-Konzept nicht beobachten (Grunwald, R. 2003: 128 ff.; Kieser, A. & Koch, U. 2002: 246; Koch, U. 2004: 145; Schmickl, C. 2006: 190 f., vgl. auch Abschnitt 2.2.2.). In den von Grunwald und Schmickl untersuchten Innovationsprojekten der IT- bzw. Elektrotechnikindustrie wurde Wissen nur situativ und problemindu ziert ausgetauscht (Grunwald, R. 2003: 135; Schmickl, C. 2006: 190 f.). Die Ergebnisse von Schmickl verdeutlichen, dass die am Innovationsprojekt beteiligten Organisationsmitglieder einen Wissenstransfer unabhängig von bestimmten Bedarfen als ineffektiv betrachten (Schmickl, C. 2006: 190 f.).

Die vorliegende Untersuchung kommt zu ähnlichen Ergebnissen. In keinem der Interviews wurden im Vorfeld eines Projekts detailliertere Wissensaustausche, wie von der ‚Cross-Learning'-Perspektive postuliert (s. bspw. Dixon, N. M. 1994: 77 f.; Nonaka, I. 1994: 18 ff.), erwähnt. In den Anfangsphasen wurden lediglich organisatorische Details, wie Definitionen von Zielen und Meilensteinen, Arbeitspakete und die Aufgabenverteilung, festgelegt und kommuniziert.

> PB1: Ja, also so detailliert war es eigentlich gar nicht, sondern vielmehr die, die organisatorischen Details wurden mir erzählt […].

> PF1: Ich denke, im Wesentlichen war eine der Aufgaben, einfach die Projektpartner kennenzulernen, für mich insbesondere. Wer die Aufgabenverteilung zu definieren [hat], wer macht was, welche Themen, welche Ziele, welche Meilensteine, das haben wir diskutiert.

> PC3: Das [der Wissensaustausch] war nicht nur unbedingt im Start-Up-Meeting […], das war im Prinzip in den ganzen verschiedenen Meetings, auch während des Projektes. Am Anfang hatten wir, da hat halt jeder erstmal seine Arbeiten gemacht, wir haben halt Arbeitspakete geschnürt, und dann hat jeder seine Arbeit gemacht und aus diesen Arbeiten kamen dann im Prinzip Fragen auf.

Auch in den hier untersuchten Innovationsprojekten ist der Wissenstransfer, wie in den bisherigen TOL-Studien (Grunwald, R. 2003: 128 ff.; Kieser, A. & Koch, U. 2002: 246; Koch, U. 2004: 145; Schmickl, C. 2006: 190 f.), probleminduziert und findet bedarfsorientiert während des gesamten Projektverlaufs statt. Tatsächlich sind die auftretenden Fragen und Probleme überwiegend nicht vorhersehbar und das hierzu benötigte Wissen oftmals zu speziell, als dass es vorab ausgetauscht werden könnte. So zeigen Interviewzitate, dass Wissen fortlaufend und problemgetrieben, wenn „etwas hochkam", im Stile von „Fire-Fighting" ausgetauscht wurde.

> PC1: Man sieht, es ist mehr so wie Fire-Fighting. Das Problem kommt, man schlägt vor, was man machen kann. Man redet nicht allgemein in dem Projekt über was für Methoden man hat und was man machen kann.

> PD6: Immer wieder, wenn was hochkam [Probleme], weil es ja ein relativ großes und komplexes Verfahren war. An einem Tag, so mal kurz in einer halben Stunde, dazu war es einfach zu komplex, um es da erklären zu können.

> PD7: Nein, das [der Wissensaustausch], nein, nein. Das ist, Sie können es fragen oder, ich würde es, ich persönlich würde es eher problemgetrieben nennen. Mit jeder Erkenntnis, die Sie kriegen, kriegen Sie neue Fragen, neue Probleme und die treiben Sie, das Ganze dann noch mal besser zu verstehen.

> PE3: Das [der Wissensaustausch] war nicht, dass man das am Anfang einmal gemacht hat, sondern das gab es halt fortlaufend immer mal wieder.

5.1.2.2. Umfang des Wissenstransfers

Die ‚Cross-Learning'-Perspektive setzt bei den an Innovationsprojekten beteiligten Spezialisten für den Aufbau eines gemeinsamen, tiefgehenden Verständnisses eine erfolgreiche Wissensintegration durch intensives Voneinander-Lernen voraus (vgl. Abschnitt 2.2.1.). So muss zur Entwicklung gemeinsamer Perspektiven als Voraussetzung der Wissensintegration individuelles Wissen expliziert und ausgetauscht werden (Tenkasi, R. V. & Boland, J. B. 1996: 87). Auch Nonaka (1994: 24) sowie Argyris und Schön (1978: 16) postulieren, dass, bevor neues Organisationswissen entstehen kann, sich jedes Organisationsmitglied zunächst das Wissen anderer Organisationsmitglieder aneignen sollte. Aus Sicht des TOL-Konzepts sind die Vorstellungen der ‚Cross-Learning'-Perspektive allerdings aufgrund der begrenzten kognitiven Fähigkeiten der Mitarbeiter wenig realistisch (Kieser, A. 2001: 243; Kieser, A. & Koch, U. 2002: 244), zumal sie in letzter Konsequenz bedeuten würden, dass Spezialisierung als fundamentales Organisationsprinzip aufgehoben würde (Schmickl, C. 2006: 67). Dagegen zeigen die bisherigen TOL-Studien übereinstimmend, dass in den von ihnen untersuchten Innovationsprojekten Wissen zwischen den Organisationsmitgliedern nur in begrenztem Umfang ausgetauscht wird (Grunwald, R. 2003: 135; Grunwald, R. & Kieser, A. 2007: 380; Kieser, A. 2008: 343; Kieser, A. & Koch, U. 2002: 242 ff.; Koch, U. 2004: 128; Schmickl, C. 2006: 192 ff.; Schmickl, C. & Kieser, A. 2008: 487). So erfolgt der Wissensaustausch ausschließlich probleminduziert und selektiv, d. h. nur in dem Umfang, wie er zum Aufbau eines gemeinsamen Problemverständnisses und zur Lösung eines aufgetretenen speziellen Problems notwendig ist (Grunwald, R. 2003: 135). Schmickl (2006: 192 f.) führt neben der Wissenstransferdimension ‚detailliert versus grob' zusätzlich die Dimension ‚ausschnitthaft versus breit' ein. Daraus ergeben sich die vier Kategorien: breit und detailliert, breit und grob, ausschnitthaft und detailliert sowie ausschnitthaft und grob (ebd.: 192 f.). Nach Schmickl wird Wissen in den von ihr untersuchten Elektrotechnikprojekten v. a. ausschnitthaft und detailliert sowie breit und grob ausgetauscht (ebd.: 193 f.). Einen breiten und detaillierten Wissensaustausch konnte sie in keinem der von ihr untersuchten Innovationsprojekte beobachten (ebd.: 194). Die vorliegende empirische Untersuchung führt zu ähnlichen Resultaten.

Tatsächlich wird Wissen in den Innovationsprojekten der ChemCompany, anders als es von der ‚Cross-Learning'-Perspektive zu erwarten wäre (vgl. u. a. Argyris, C. & Schön, D. A. 1978: 16; Boland, R. J. & Tenkasi, R. V. 1995: 359; Nonaka, I. 1994: 24), nur in begrenztem Umfang und nicht umfangreich und detailliert ausgetauscht. Auf die Frage, wie tief Spezialisten in das Fachgebiet anderer Spezialisten eindringen, antworten die Interviewpartner, dass Wissen nur begrenzt ausgetauscht wird.

> PB1: Ich kenne […] das Wissen, sagen wir mal, an der Oberfläche kratzend, aber bei weitem nicht so wie der Experte. Das heißt, man findet vermutlich die gemeinsame Sprache, um das Problem zu artikulieren, aber die Lösung muss dann der Experte quasi liefern und so aufbereiten, dass es […], sagen wir mal, Nichtexperten verstehen können.
>
> PE6: Also wir diskutieren das dann natürlich. Das Wissen, was er sich aneignet, versucht er uns zu vermitteln. Sicherlich nicht mit letzter Detailtiefe. Immer, wenn es um ganz spezielle physikalische Ableitungen geht, dann interessiert mich das eigentlich nicht mehr. Dann sage ich mir, dass muss ich nicht wissen, dafür haben wir Experten im Team. Aber ich muss natürlich das Grobe verstehen, um mit zu entscheiden und nachzuvollziehen, warum wir in bestimmte Dinge reinglucken und in andere nicht.

PD5: Ich kann das schlecht beantworten, wie weit kann ich in ein Fachgebiet eindringen. Für mich, ich bin da immer etwas vorsichtig, ich sage, ich werde immer nur an der Oberfläche bleiben, ich kann da nur Hinweise geben.

Ähnlich wie bei Schmickl (2006: 193f.) bzw. Schmickl und Kieser (2008: 487) wird auch in den hier untersuchten Innovationsprojekten detailliertes Wissen nur ausschnitthaft transferiert. So zeigen Interviewzitate, dass ein solches ausschnitthaftes und detailliertes Wissen schnittstellenorientiert ausgetauscht wird.

PC3: […]. Es geht ja darum, wie wir dann auch hinterher zusammenarbeiten, wie die Schnittstelle aussieht. Insofern ist es schon sehr wichtig, dass man da auch versteht, wo die eigene Grenze ist oder wo der eigene Aufgabenbereich aufhört und der andere anfängt und wie das dann halt zusammenpasst. Wenn man davon keine klare Vorstellung hat, was der andere eigentlich sagt, dann ist das halt schwierig.

OD: Wie genau mussten sie dabei dann die Beiträge Ihrer Kollegen dann verstehen, bei so einer Diskussion, bei einem Brainstorming?

PF1: Das muss man schon relativ, sag ich so, genau wissen, welche generellen, sag ich so, Anforderungen ich [erfüllen] muss.

OD: An welchem Punkt beim Wissensaustausch haben Sie sich gesagt: „Mehr Wissen brauche ich nicht mehr über die technologische Lösung"?

PG1: Wie gesagt, ich muss die Eigenschaften der Formulierungen kennen und verstehen. Ich muss nicht die Solvens in den Formulierungen oder die Stabilisatoren im Detail nachvollziehen. Ähnlich muss auch das Marketing nur die Wirkungen kennen. Die Registrierer müssen letztlich auch nur wissen, ob beispielsweise die Solvens auf ihrer roten Liste stehen oder nicht.

Über die Schnittstellen hinaus wird Wissen nur breit und grob ausgetauscht. Mithilfe dieses Wissenstransfers soll lediglich ein allgemeines Verständnis für das innovative Produkt/Verfahren, über die Projektstruktur und die Anforderungen an das Produkt/Verfahren vermittelt werden, wie die Interviewzitate verdeutlichen.

PA3: Die letzten Feinheiten in der labortechnischen Umsetzung brauche ich nicht unbedingt verstehen, aber ich muss in groben Zügen verstehen, welche Einsatzstoffe eingesetzt werden, warum sie eingesetzt werden, wie das Produkt hergestellt wird, wie das in der Produktion laufen soll, in welchen Anlagen, vor allen Dingen auch zu welchen Kosten. Diese Dinge muss ich verstehen.

PB4: Das ist schon wichtig. Also [wenn ich] ganz grob weiß, was die anderen machen, dann kann ich auch denen helfen oder Tipps geben oder so etwas. Manchmal stoppen, manchmal Gas geben, auch […] Kritik oder so, Empfehlungen machen. Das ist schon wichtig.

PF4: Für mich ist es wichtig, überhaupt grob verstanden zu haben, was die machen, auch wie das Verfahren funktioniert oder so, aber wenn dann Endgruppen auf der Oberfläche diskutiert werden oder so chemische Details, dann ist das für mich dann schon, ich sage mal so, das brauche ich dann nicht mehr zu verstehen.

Zusammenfassend: Ein breiter und detaillierter Wissenstransfer, wie er aus Sicht der ‚Cross-Learning'-Ansätze erforderlich ist, konnte in den Interviews nicht nachgewiesen werden.

5.1.2.3. Einflussfaktoren des Wissenstransfers

Aus Sicht des ‚Cross-Learning' tauschen Organisationsmitglieder zur Bildung eines gemeinsamen Verständnisses Wissen umfangreich und intensiv aus. In der vorliegenden und in bisherigen Studien zum TOL-Konzept ist jedoch nur ein begrenzter Wissenstransfer zu beobachten. Grunwald (2003) und Schmickl (2006) identifizieren in ihren Untersuchungen verschiedene Faktoren, die einen direkten Einfluss auf diesen Wissensaustausch ausüben. Für Schmickl (2006: 194 ff.) liegt die Notwendigkeit eines Wissenstransfers im Wesentlichen in zwei, den Wissensaustausch unmittelbar betreffenden Faktoren, nämlich die erforderliche Abstimmung und Bewertung der Produkt- bzw. Verfahrenskomponenten sowie die Definition ihrer Schnittstellen. Grunwald (2003: 139 ff.) betont u. a. darüber hinaus die Bedeutung der Phase des Projekts und des Zeitdrucks. Die von Schmickl und Grunwald genannten Einflussfaktoren finden sich auch in dieser Studie wieder, wobei sich zusätzlich Verständigungsprobleme als Faktor identifizieren ließen.

Abstimmung und Bewertung als Einflussfaktor

Die Studie von Schmickl (2006: 194) verdeutlicht, dass die Abstimmung und Bewertung des Inputs der verschiedenen Projektmitglieder einen wesentlichen Einfluss auf den Wissenstransfer besitzen, wobei der Bedarf des für die Abstimmung und Bewertung benötigten Wissens den Umfang des Wissensaustauschs bestimmt. Nach Schmickl erfolgt der Wissensaustausch im Rahmen der Grobkonzeptentwicklung, der Feinkonzeptentwicklung und der Abstimmung des jeweiligen Inputs der einzelnen Spezialisten (ebd.: 194 f.).

Auch in der vorliegenden Untersuchung induziert die Abstimmung und Bewertung einzelner Spezialisteninputs Wissensaustausche. Anders als bei Schmickl (2006: 194 ff.), die v. a. den Umfang des Wissenstransfers betrachtet, lassen sich auf Basis vorliegender Ergebnisse bei der Abstimmung und Bewertung der Inputs drei Formen des Wissensaustauschs unterscheiden: (1) Wissensaustausch, um ein erfolgreiches Zusammenspiel der Inputs zu gewährleisten, (2) Wissensaustausch zur Lösung von Problemen an den Schnittstellen und (3) Wissensaustausch zum Aufbau einer Bewertungskompetenz.

Die erste Form tritt auf, wenn sich Spezialisten als Voraussetzung für eine erfolgreiche Interaktion zwischen den Inputs einen Überblick über die Arbeit anderer Spezialisten verschaffen. Aus Interviewzitaten wird deutlich, dass ein solcher Wissensaustausch für die Abstimmung der Inputs, das Abschätzen von Wechselwirkungen und die Ausrichtung der eigenen Arbeit an den Inputs anderer Spezialisten notwendig ist.

PD6: Das, das geht nach, eine, eine Abstimmung geht eigentlich nur, wenn ich zumindest eine grobe Vorstellung von dem habe, zum einen, was der andere treibt, [...]

PE1: Das heißt, [...] das Bauen der Zellen ist nun einmal meine Expertise, da muss ich entscheiden, was mache ich mit einem bestimmten Molekül. Und um zu wissen, was ich mit einem bestimmten Molekül machen kann, muss ich natürlich auch wissen, wie so ein Molekül aussieht, welche Eigenschaften es hat. [...] Es ist eben ein komplexes System, was halt nicht nur, wo nicht nur das Molekül entscheidend ist, sondern das gesamte System außen herum [...], die Wechselwirkung zwischen den einzelnen Komponenten. Und da ich das gesamte System aufbauen muss, das heißt, alles, was um das Molekül herum ist, muss ich natürlich, naja, verstehen, erst einmal wie das Molekül aussieht und welche Eigenschaften es hat. Und zwar so viele Eigenschaften wie möglich. Damit ich verstehen kann und auch planen kann, was kann ich für Komponenten für das System außen herum verwenden, dass die gut miteinander zusammenarbeiten.

PF1: Ja, ich denke, das [die Molekülstruktur] musste ich [verstehen]. Weil letztendlich nur, wenn man versteht, wie sie [die Moleküle] aufgebaut sind, kann man auch darüber reden, wie man die Funktionalisierung der Partikel so ausrichtet, dass sie zu dieser Matrix passt, das musste man schon [wissen].

Bei der zweiten Form erfolgt der Wissensaustausch problemgetrieben zur Abstimmung und Bewertung von Schnittstellen. Treten Schnittstellenprobleme auf, die der Einzelne allein nicht lösen kann, werden sie mit den betreffenden Kollegen diskutiert, nach den Ursachen sowie möglichen Lösungen gesucht und die Inputs erneut aufeinander abgestimmt.

PB4: Wenn es Probleme gibt oder Dinge gibt, die ich nicht verstehe, dann melde ich mich wieder bei ihm. Und dann kommen wieder irgendwelche Lösungen.

PD7: Sie setzen sich mit den relevanten Personen zusammen und sagen: „Wir haben ein Problem." Und je genauer dieses Problem dargelegt wird und je besser es von den anderen verstanden wird, desto eher sehen sie, an welcher Stelle sie was ändern müssen, um das Problem zu beseitigen.

PF4: Ja, letztlich ist diskutiert worden: „Was können wir denn noch an Partikeln machen, was können wir noch an der Modifikation machen." Und dann auch natürlich: „Was können wir an dem Verfahren machen", weil das ja irgendwo alles zusammenhängt. Und dann ist in der Diskussion [eine Problemlösung] entstanden: „Ich könnte mir auch noch vorstellen, [es] so und so zu machen, das hätte aber die Auswirkung, dass ihr noch das und das an eurem Prozess ändern müsstet", und dann sind da Sachen letztlich diskutiert worden, Ansätze, und dann ist festgelegt worden: „Wir machen das mal oder das andere oder beides."

Die dritte Form erfasst den Wissensaustausch, der zur Bewertung der Inputs und der Ideen einzelner Spezialisten erforderlich ist. Diese Beurteilungskompetenz ermöglicht die Entdeckung potentieller Fehlerquellen und Probleme, die sich im Zusammenspiel der jeweigen Inputs und Ideen ergeben können.

PC3: Eigentlich ist es eigentlich doch klar. Wenn Sie denken, dass Sie verstanden haben, was der andere erklärt hat, dann ergibt sich daraus mit dem eigenen Wissen schon, ob es Sinn macht oder ob da noch eine Veränderung ist. [...] Ich denke, das Verständnis ist der Schlüssel. [...]. Genau, aber dazu muss ich erst verstehen, ob das, was er sagt, also [...] das, was der andere sagt, muss ich erst verstehen.

PD3: Zunächst mal muss man ja informiert sein, worum geht es denn überhaupt, das ist ja erstmal die Grundlage und damit ich mitdenken kann. Und dann fängt man natürlich an zu überlegen, wo, wie könnte das aussehen, wo gibt es, wo gibt es Schwachpunkte, wo gibt es Probleme, was ist Standard und wo muss ich mich dann genauer drum kümmern.

PE6   Das ist sehr wichtig. Das ist absolut sehr wichtig. Das betrifft eigentlich alle Projekte, gerade solche Hightech-Projekte, das ist das Schlagwort Beurteilungskompetenz, das wir uns da immer wieder aufbauen müssen.

Diese Formen des Wissensaustauschs und die dazu aufgeführten Interviewzitate deuten darauf hin, dass die Notwendigkeit zur Abstimmung und Bewertung der Inputs einzelner Spezialisten einen Einfluss auf den interdisziplinären Wissensaustausch ausübt.

Schnittstellenspezifikation als Einflussfaktor

Nach Schmickl (2006: 199 ff.) stellt die Spezifikation von Schnittstellen einen weiteren Einflussfaktor des Wissensaustauschs dar. Die Organisationsmitglieder tauschen Wissen aus, um die gegenseitigen Anforderungen der interagierenden Komponenten und Arbeitspakete zu präzisieren (ebd.: 199). Dabei erfordert insbesondere die Feststellung, welchen Anforderungen die Module für das Erreichen einer optimalen Gesamtlösung erfüllen müssen, häufig einen detaillierten Austausch von Wissen (ebd.: 200). Zu ähnlichen Ergebnissen kommt auch die vorliegende Untersuchung.

Wissen über die Schnittstellen ist von zentraler Bedeutung. Es versetzt die Spezialisten in die Lage, mit der Arbeit anderer Spezialisten abstimmen zu können.

PB1:   Nee, also ich lass mir, gut, also, ich lass mir das erst mal insgesamt erklären und dann versuche ich halt zusammen mit meinem Gegenüber die Schnittstellen zu identifizieren, wo das eine, wo seine Lösung im Grunde genommen mit meinem Ansatz irgendwie vielleicht in Konflikt kommen kann. Und das muss dann eben genauer erörtert werden.

PE1:   Parallel zu meinem Aufbau haben die Chemiker sich schon … sich überlegt, um neue Substanzen zu generieren. Und das haben wir gemacht, am Anfang in der Gruppe, wir waren ja nur zu dritt, wir haben uns zusammengesetzt und haben uns überlegt, welche Anforderungen haben die Zellen an die neuen Moleküle, wie müssen die Moleküle aussehen, was sind so die Mindestanforderungen. Die kannten wir zum Teil am Anfang noch gar nicht. Das haben wir erst Schritt für Schritt auch erst herausgefunden, was sind wirklich die Anforderungen. […].

PF1:   Die Absprachen [sind] … aber natürlich, wie man diese Schnittstelle da am besten von unserem Pigment oder […] die Kunststoffmatrix, wie man das besonders gut aufeinander […] anpasst, dass zum Beispiel das, […] was ich erstelle, nicht dann später bei der Anwendung stören würde. Diese Formulierung der Schnittstelle, das war ein extrem wichtiger Bestandteil des Projekts.

Projektphase als Einflussfaktor

Grunwald (2003: 140) unterstreicht in seiner Studie in der IT-Branche, dass die Phase, in der sich das Projekt befindet, einen Einfluss auf den Wissenstransfer besitzt. So liegt nach seinen Befunden ein Schwerpunkt des Wissenstransfers in der Anfangsphase eines Innovationsprojekts (ebd.: 140). Tatsächlich ist es in dieser Phase zur Vermeidung von Fehlern notwendig, ein Grobkonzept mit tragfähigen Grundstrukturen zu schaffen (ebd.: 140). Vergleichbare Ergebnisse zur Intensität des Wissenstransfers, insbesondere in der Anfangsphase, ergeben sich auch aus der Analyse der hier untersuchten Innovationsprojekte.

Interviewpartner berichten, dass zu Beginn eines Projekts wiederholt Brainstormingrunden stattfinden, in denen beteiligte Spezialisten Wissen austauschen, um sich auf ein Grobkonzept zu verständigen, auf dem das Projekt aufbaut. Mit zunehmender Realisierung des Projekts nimmt dieser Abstimmungsbedarf ab.

> PA3: Es hängt stark von der Phase des Projektes ab. Wenn Sie neu einsteigen, beginnt das in der Regel damit, dass in der Forschung eine Vielzahl von Proben gekocht werden, so eine Art Screeningphase. Im Laufe des Projektes engt sich dann immer mehr die Richtung ein und am Ende des Projektes geht es zum Beispiel darum, diese im Labor hergestellte Rezeptur in einem größeren technischen Maßstab zu produzieren, in einem Technikum, in einer Produktionsanlage. Und in dieser letzten Phase trifft man sich vielleicht nicht so häufig wie in der Anfangsphase, wo man sehr viele verschiedene Wege ausprobiert, wo man am Anfang steht, wo man Screeningergebnisse auswertet.

> PC2: Yeah, I think at the beginning there are much more ideas. So, for example, you could speak to this guy, he works like this, we could do this, could do that. At the end it's not so much ideas, but trying hard to get some things to work. Which may also involve speaking to people, but I think more, it's more, by the end you already have plan and place, you know the work. It is more trying to get it worked and prove concepts.

> PD1: [Die Zusammenarbeit] ist erst mal weniger, als sie es vorher war [...]. Die Zusammenarbeit vorher war natürlich intensiver, weil man sich viel mehr Informationen von denen erst mal holen musste, damit man es richtig auslegt und die entsprechenden Apparate dann hingestellt bekommt.

Zeitdruck als Einflussfaktor

Grunwald (2003: 140) zeigte in seiner Untersuchung, dass Zeitdruck den Wissensaustausch reduziert. Zwar besteht bei den Projektmitgliedern ein Interesse, sich persönlich weiterzubilden und mehr Details von der Arbeit anderer zu erfahren, aber die fehlende Zeit verhindert einen umfangreicheren Wissenstransfer (ebd.: 140). Ähnliche Effekte lassen sich auch bei den hier untersuchten Innovationsprojekten nachweisen. So berichtet bspw. PE1, dass er prinzipiell gerne mehr über den Bereich anderer Spezialisten erfahren würde, ihm aber dafür die Zeit fehle. In diese Richtung weisende Antworten finden sich auch in anderen Interviews.

> PE1: Das muss ich natürlich nicht verstehen und das würde ich natürlich gerne auch verstehen, weil ich das interessant finde, aber dazu habe ich nicht die Zeit.

> PC1: Ja, absolut unsinnvoll. Aber das ist, in der Industrie läuft das nie so. Du hast nie mehr als zwei oder drei Stunden Zeit, im Meeting zu sein, und auch wenn es nur ein informelles Meeting ist. Man kann einfach dann, du hast nie genügend Zeit, bei der ChemCompany so was zu machen.

> PG3: Hängt natürlich auch von der Zeit ab, die man zur Verfügung hat, um sich auch mal mit Dingen zu beschäftigen, die jetzt für einen selbst nicht so relevant sind [...].

Die vorliegenden Ergebnisse zeigen, dass der von der ‚Cross-Learning'-Perspektive angenommene intensive Wissensaustausch allein aus Zeitgründen wenig realistisch ist.

Verständigungsprobleme als Einflussfaktor

Verständigungsprobleme sind eine weitere Ursache eines reduzierten Wissenstransfers. Sie treten v. a. dann auf, wenn Spezialisten Fachtermini benutzen, die den anderen Spezialisten nicht geläufig oder in ihrem Feld mit unterschiedlichen Bedeutungen belegt sind. Wie die nachfolgenden Interviewzitate deutlich machen, ist Wissensaustausch zur Behebung von Verständigungsproblemen notwendig.

> PB4: Ja. Also manche Dinge müssen erklärt werden, damit man versteht erstmal. Da reicht dann eine Erklärung. Wenn ich dich nicht verstehe, frage ich auch: „Was heißt das?" oder so.

> PE6: Wer aus der Fachdisziplin kommt, der hat natürlich diese Gesamt-, den gesamten, das gesamte Hintergrundwissen zu diesem Fachterminus, ne? Wer sich das nur angeeignet hat, der ist, sitzt halt, steckt halt nicht so tief drin. Aber man, man kann erstmal miteinander diskutieren und dann kommt vielleicht irgendwann mal eine blöde Bemerkung oder eine blöde Frage, woraus man entnehmen kann, dass, dass derjenige, der die gestellt hat, zwar mit dem Begriff jetzt gearbeitet [hat], aber natürlich noch nicht das gesamte Hintergrundwissen kennt und dann, dann stellt man das richtig und sagt: „Nein, so ist es nicht, also dieser, dieser Begriff drückt das zwar aus, das ist schon richtig, wie du das gesagt hast, aber das und das passt halt nicht dazu."

> PF4: Es werden andere Sprachen gesprochen. Darauf muss man sich einfach einstellen. Das merkt man aber, ich habe das hier relativ schnell gemerkt. Dass, dass hier gewisse Vokabularien einfach auch anders besetzt sind, das kann zu Missverständnissen führen. Die sprechen von Polymer, aber Polymer ist für mich ein Kunststoff, ein technischer Kunststoff, wo ich einen Teil draus machen kann. Ein Polymer für einen Chemiker ist prinzipiell erst mal alles, was irgendwie mehr als zwei Wiederholeinheiten hat, das kann auch dünnflüssige Plörre sein, Kerzenwachs wäre, ist auch ein Polymer im chemischen Sinne.

Die Antwort von PD6 macht deutlich, dass Verständigungsprobleme in der Kommunikation v. a. mit jüngeren Kollegen auftreten, aber mit zunehmender Erfahrung dieser Mitarbeiter abnehmen.

> PD5: Wenn wir als Werkstofftechniker mit jüngeren Kollegen sprechen, dann verwenden zum Beispiel unsere Termini Nickelbasislegierung, Hastelloy. Das sind Dinge, mit denen die zunächst nichts anfangen, anfangen können, dann macht [man ein] kurzes Briefing.

Durch Austausch von Hintergrundwissen lassen sich Verständigungsprobleme dieser Art in aller Regel beheben.

5.1.2.4. Richtung des Wissenstransfers und am Wissenstransfer beteiligte Personen

Neben Zeitpunkt und Ausmaß sind zusätzlich die Richtung des Wissenstransfers und die Anzahl der am Wissenstransfer beteiligten Personen von Bedeutung (Schmickl, C. 2006: 212). Ist der Wissenstransfer einseitig oder wechselseitig? Vertreter der ‚Cross-Learning'-Perspektive gehen von einem gegenseitigen und kollektiven Wissensaustausch auf Organisationsebene aus (Argyris,

5. Ergebnisse der empirischen Analyse

C. & Schön, D. A. 1978: 16 f.; Boland, R. J. & Tenkasi, R. V. 1995: 358 f.; Dixon, N. M. 1994: 83; Kim, D. H. 1993: 44 ff.; Nonaka, I. et al. 1996: 206 f.), bei dem individuelles Wissen mithilfe von ‚Collective Meaning Structures' zu organisationalem Wissen integriert wird (Dixon, N. M. 1994: 43 u. 77 ff.). Der Aufbau kollektiver Bedeutungsstrukturen – bzw. die Bildung gemeinsamer Perspektiven – erfordert einen wechselseitigen Wissensaustausch zwischen Beteiligten (Boland, R. J. & Tenkasi, R. V. 1995: 385; Dixon, N. M. 1994: 83).

In den von Schmickl (2006: 212 ff.) untersuchten Innovationsprojekten wird Wissen im Rahmen interagierender Aufgabenbereiche häufig nur in einer Richtung weitergegeben. Ein gegenseitiger Wissenstransfer erfolgt in der Regel nur dann, wenn er zur wechselseitigen Abstimmung und Bewertung der für das Innovationsprojekt benötigten Wissensbausteine unumgänglich ist (ebd.: 213 f.).

Auch in den hier untersuchten Innovationsprojekten ist ein häufiger, einseitiger Wissenstransfer festzustellen (vgl. Schmickl, C. 2006: 212 f.). PD6 und PC3 berichten, dass Wissen einseitig ausgetauscht wird, wenn Projektmitglieder zur Klärung von Verständnisproblemen Wissen anderer Spezialisten benötigen.

> PB2: Kick-off ist ja mehr oder weniger, ist zwar ein Wissensaustausch, aber eher einseitig, weil, weil sozusagen der Projektleiter gibt dann bekannt, mehr oder weniger, um was es geht, und vielleicht tauchen ein paar Fragen auf, wo man sich dann macht.

> PD6: Habe ich dann, habe ich bspw. bei anderen Projekten schon gemacht, dass ich speziell zu den anderen Fachstellen hin bin und habe mir irgendwelche Details mal erklären lassen, dass ich sie verstehen kann.

> PC3: Na gut, in den Meetings wird das dann natürlich diskutiert. Da stellen normalerweise die Kollegen die [Test-]Ergebnisse vor und dann kann man, dann wird dann im Prinzip gefragt, bis man halt, bis jeder das Gefühl hat, dass er es verstanden hat.

Ein gegenseitiger Wissenstransfer lässt sich, wie in Abschnitt 5.1.2.3. gezeigt, ähnlich wie bei Schmickl (2006: 213 f.) immer dann feststellen, wenn Wissen abgestimmt oder bewertet wird. So wird Wissen wechselseitig vermittelt, wenn Aufgabenbereiche aufeinander abgestimmt werden, um ein erfolgreiches Zusammenspiel der Inputs zu erreichen; oder wenn Probleme an den Schnittstellen gemeinsam gelöst werden müssen.

Wie in der Untersuchung von Schmickl (2006: 213) wird Wissen typischerweise zwischen Spezialisten ausgetauscht, deren Aufgabenbereiche sich überschneiden bzw. voneinander abhängen.

> PC1: Es ist normalerweise so, dass nicht jeder mit jedem arbeitet. Das gibts, allgemein ist es ein bisschen wie, wie heißt das, sixty Degrees of Separation, ja, jeder kennt jeden in dem Projekt, aber nicht jeder arbeitet mit jedem. Es macht keinen Sinn, dass zum Beispiel jemand, der einen chemischen Reaktor baut, [...] dass der mit dem arbeitet, der die kinetische Messung macht. Und es macht Sinn, dass der, der die kinetische Messung macht, mit mir für den Mechanismus arbeitet.

Aber es macht keinen Sinn, dass ich mit dem Typ arbeite, der den Reaktor baut zum Beispiel. Man kennt die alle. Man weiß, was sie machen.

PD4: Ich habe vor-, vorwiegend eben mit zwei Kollegen zu tun gehabt, mit zweifachen Rechnungen, das sind die Katalysatoren [chemische Stoffe zur Erhöhung der Reaktionsgeschwindigkeit]. Der Katalysator ist eben die Basis und die muss man verstehen, also arbeitet man intensiv mit den Katalysatorforschern zusammen und dann auch mit den Ingenieuren vom Anlagenbau, die ja dann das Gerät bauen sollen. Das waren so die Haupt- die anderen Dinge, wie zum Beispiel Verfahrenssimulation, Destillation, die habe ich akzeptiert, so wie es auch die Spezialisten dann eben dargestellt haben, oder ausgerechnet haben. Die, die beiden anderen, da hat man dann aktiv zusammengearbeitet. Wo man wirklich Wechselwirkungen hat und [...].

PE1: Na gut, es gibt die Kollegen, von denen ich Materialien bekomme, mit denen arbeite ich so in der Art zusammen. Das sind im Prinzip zwei, das ist einmal ein Farbstoffchemiker und einmal eben der Halbleiterchemiker. Mit den beiden Kollegen habe ich die intensivste Zusammenarbeit.

Der von der ‚Cross-Learning'-Perspektive angenommene gegenseitige, kollektive Wissenstransfer aller Projektmitglieder (Argyris, C. & Schön, D. A. 1978: 16 f.; Boland, R. J. & Tenkasi, R. V. 1995: 358 f.; Dixon, N. M. 1994: 83; Kim, D. H. 1993: 44 ff.; Nonaka, I. et al. 1996: 206 f.) ließ sich in dieser Untersuchung wie in der von Schmickl (2006: 212 ff.) nicht nachweisen.

5.1.2.5. Wissenstransfer mithilfe von Personen mit fachübergreifendem Wissen

Alternativ zum Aufbau gemeinsamer, alle Organisationsmitglieder erreichenden Wirklichkeitskonstruktionen als Voraussetzung zur Wissensintegration schlagen einige Vertreter der ‚Cross-Learning'-Perspektive vor, dass sich nur einzelne Mitarbeiter fachübergreifend die Perspektiven verschiedener Gruppen innerhalb der Organisation aneignen, was sie in die Lage versetzt, die Integration von Wissensbeständen verschiedener Spezialisten zu unterstützen (Brown, J. S. & Duguid, P. 1998: 103; Jeffrey, P. 2003: 551; Leonard-Barton, D. 1998: 75, vgl. auch Abschnitt 2.2.1.). Mit ihrem fachübergreifenden Wissen sollen diese Organisationsmitglieder die Funktion von Übersetzern zwischen Spezialisten verschiedener Art wahrnehmen und dazu beitragen, dass die verschiedenen Spezialisten die Problemverständnisse ihrer jeweiligen Kooperationspartner verstehen (Brown, J. S. & Duguid, P. 1998: 103; Jeffrey, P. 2003: 551; Leonard-Barton, D. 1998: 75). Die Vorstellung aber, dass Organisationsmitglieder – wenn auch nur wenige – in der Lage sind, sich Fachwissen von zwei oder mehreren Abteilungen anzueignen, erscheint aufgrund der gegebenen kognitiven Grenzen des Menschen unrealistisch (March, J. G. 1988: 280; Simon, H. A. 1976: 40 f. u. 79).

In den von Grunwald (2003) und Schmickl (2006) bzw. Schmickl und Kieser (2008) untersuchten Innovationsprojekten in der IT- und Elektrotechnikindustrie konnten Übersetzer mit einem derartigen breiten und detaillierten fachübergreifenden Wissen nicht nachgewiesen werden. Das fachübergreifende Wissen, das die Projektleiter im Laufe des Projekts erwarben, erreichte bei weitem nicht das von der ‚Cross-Learning'-Perspektive als erforderlich angesehene Ausmaß (Grunwald, R. 2003: 207). Schmickl (2006: 215) identifizierte in ihrer Studie Personen mit fachübergreifendem Wissen, z. B. einen Projektleiter, der Elektrotechnik studiert und mit einem Maschinenbauthema promoviert hatte, die mit ihrem interdisziplinären Wissen der Vorstellung der ‚Cross-Learning'-Perspektive von Übersetzern nahekamen. Allerdings trat keines dieser Organisationsmitglieder als Übersetzer auf, der in dieser Funktion an der Wissensintegration beteiligt gewesen wäre (ebd.: 215 ff.).

Auch in den hier untersuchten Innovationsprojekten übernahm keines der Projektmitglieder die Aufgabe eines Übersetzers. Stattdessen wird von jedem Projektmitglied erwartet, dass es Sachverhalte seines Forschungsgebiets auch Fachfremden nachvollziehbar erklären kann.

PE3: Ja, es wäre schön, wenn es so was mehr gäbe, aber es ist wohl mehr so, dass jeder einzelne die Aufgabe und auch die Verantwortung dafür trägt, sich in den anderen auch so ein bisschen hineinzudenken. Und das gibt nicht so den, den übergeordneten Allesversteher, der dann versucht zu vermitteln, sondern es ist schon eher in unserem Team – so ein Team von Experten – die da so ihre Heimatbasis haben und sich von dort aus irgendwo in die Mitte bewegen müssen.

PB3: Spezielle Leute, die so was dann machen als Vermittler? Nein, das gibts nicht. Also das Denkmodell ist, glaube ich so, dass von den Ingenieuren erwartet wird, dass sie sich, dass sie lernen, sich in so einen Chemiker hineinzuversetzen. Deswegen sagen auch viele, dass es wichtig ist, dass man Ingenieure hat, die promoviert sind, die auch wissenschaftliches Denken mitbringen, um da auch irgendwo einen gemeinsamen Nenner zu haben.

PF4. Eigentlich alle [sollen als Vermittler auftreten]. Also ich hatte nie das Gefühl, dass da irgendeiner nicht in der Lage ist, mir auch in einfachen Worten zu erklären, was er, was sie denn da machen wollen.

Dennoch waren an den untersuchten Innovationsprojekten Mitarbeiter beteiligt, von denen man aufgrund ihrer Qualifikation (ein Physikochemiker des Projekts E) oder aufgrund der ihnen zugeteilten Aufgabe (Verfahrensentwickler der Projekte B und D: PB4, PD1 und PD2) hätte annehmen können, dass sie diese Funktion möglicherweise ausfüllen. So führen bspw. die Verfahrensentwickler die einzelnen Komponenten des Verfahrensinnovationsprojekts zusammen und versuchen, das Gesamtverfahren zu optimieren – eine Tätigkeit, aus der heraus sich die Funktion eines Übersetzers gut entwickeln könnte. Tatsächlich aber ließen ihre Antworten und die ihrer Kollegen erkennen, dass sie an der Abstimmung der einzelnen Komponenten nur untergeordnet oder gar nicht beteiligt sind. Vielmehr beschränkt sich ihre Aufgabe auf die Ermittlung optimaler Rahmenbedingungen (bspw. Temperatur, Druck) für die neuen Verfahren. Die fachübergreifende Qualifikation des Physikochemikers wird dagegen anerkannt, eine ihm durchaus zugebilligte Übersetzerrolle allerdings nicht als zwingend notwendig erachtet. Vielmehr bemühen sich die Spezialisten so lange um Klärung einzelner, unverständlicher, für die Erfüllung ihrer Aufgabe aber notwendiger Sachverhalte, bis sie jedem verständlich sind.

PE2: Ja, es gibt zum Beispiel einen Physiko-Chemiker, der kann eigentlich am besten, dem könnte man diese Funktion zuschreiben, der versteht alle Disziplinen ein bisschen, der sitzt so ein bisschen in der Mitte, zwischen den Disziplinen und das merkt man schon, also der hat es da ganz gut, dass er alle versteht.

OD: Braucht man denn das zwangsläufig, um sich mit anderen abstimmen zu können? Jetzt aus Ihrer täglichen Arbeit heraus?

PE2: Nein, braucht man eigentlich nicht. Weil, ja, man kann genauso gut, können die Experten der unterschiedlichen Disziplinen so lange hin und her sich erklären, bis es dann der andere dann so versteht, also, man braucht den Übersetzer eigentlich nicht, man kann, man muss es eben dann so lange vereinfachen, und immer wieder nachfragen: „Habe ich das so richtig verstanden, meinst du das?" Und so kann man sich auch verständigen.

5.1.2.6. Mechanismen des Wissenstransfers

Schmickl (2006: 187 f.) bzw. Schmickl und Kieser (2008: 482) konnten zeigen, dass Wissen zwischen Spezialisten mithilfe des sog. ‚Knowledge Bridging' transferiert wird. Dabei dringt der informationssuchende Spezialist durch einen Frage-Antwort-Prozess schrittweise gezielt in das Fachgebiet eines anderen Spezialisten ein, so dass schließlich beide Fachgebiete durch eine gemeinsame, situativ entwickelte Wissensbrücke verbunden werden (Schmickl, C. 2006: 187; Schmickl, C. & Kieser, A. 2008: 482). Der Prozess ist abgeschlossen, sobald der Informationssuchende den Input anderer Spezialisten auf Basis des neuen Wissens zu beurteilen vermag (Schmickl, C. 2006: 187; Schmickl, C. & Kieser, A. 2008: 482). Die vorliegende Untersuchung liefert weitere empirische Belege, die auf ‚Knowledge Bridging' als einen der wesentlichen Wissenstransfermechanismen hinweisen.

Auch in dieser Studie berichten Interviewpartner, dass sie ihrem Bedürfnis nach Wissen aus dem Fachbereich anderer Spezialisten durch ein Frage-Antwort-Spiel nachkommen, wobei überwiegend Schnittstellenwissen als Wissen aus Aufgabenbereichen anderer Spezialisten benötigt wird.

PB1: Und sobald ich irgendwie […] nicht zum Beispiel weiß, was für eine Strömungsgeschwindigkeit herrscht, oder was für, ja was, was für mechanische Beanspruchung ich zu erwarten habe, rufe ich einfach den Experten von der Wirbelschicht an, der bei uns im Team drin ist und lasse mir das ein bisschen genauer erzählen. […] bis ich erst mal nach meinem Gefühl genug weiß. […] Und in der Regel kommen ja dann neue Fragen auf, wenn man wieder tiefer einsteigt, so dass das quasi iterativ ist, bis man alles weiß.

PC2: Okay, well, I would, if for example one of the colleagues suggested something and I didn't quite understand what he is talking about, of course, I would ask him: "What exactly do you mean?" And, if he says something which I still didn't understand, I would say again, and I'm getting him to explain exactly what he means and maybe he could give me some stories about some previous work which he used this suggestion in, there was a lot of the time, there was a point we had such discussions. It was not immediately obvious to me what the suggestions actually were. So, for that reason there was a lot of explaining before.

PE3: Gut, eine Situation wäre beispielsweise, ein Teammitglied stellt was vor im Team, hat eine Power-Point-Präsentation vorbereitet, erzählt was. Dann kommt er zu einem bestimmten Schritt und dann kommt einfach, wenn jemand was nicht konkret versteht, einfach eine Frage: „Entschuldigung, kannst du das mal näher erklären? Was habt ihr da genau gemacht?" Und dann geht er dann in der Regel dann darauf ein, erzählt ein bisschen im Detail und es kann noch paar Mal hin und her gehen.

Neben ‚Knowledge Bridging' lässt sich mit dem sog. ‚Sending-Receiving' in dieser Untersuchung ein weiterer Wissenstransfermechanismus beobachten. Dieser Senden-Empfangen-Prozess, bei dem Wissen an einen Wissensempfänger übermittelt/versandt wird, ist gegenüber dem ‚Knowledge Bridging' dadurch charakterisiert, dass die Informationen, die der Wissensempfänger von anderen Spezialisten aus deren Fachbereich erhält, keiner weiteren Erklärungen bedürfen. Der Versand dieser Informationen erfolgt bspw. über gemeinsame Netzlaufwerke oder über E-Mail.

OD: Wie sieht das aus, wie werden Ihnen dann diese Testergebnisse übermittelt?

PD5: Das ist ein einseitiger Ergebnisbericht im Allgemeinen. Wo wir wissen möchten, wie hoch sind zum Beispiel Konzentrationen von verschiedenen Stoffen drin: Chloridgehalt, Schwefelsäuregehalt, Eisengehalt, definiert eben, was man analysiert haben möchte, was man sucht, in dem Medium, und das kriegt man als DIN-A4-Zettel dann, als DIN-A4 zugemailt.

OD: Gibt es da auch eine Diskussion, die sich dann dem anschließt, oder reicht es Ihnen in dem Fall aus, dieses DIN-A4-Blatt zu bekommen?

PD5: In den seltensten Fällen haben wir Diskussionen mit der Analytik. Weil die ein Standardverfahren einsetzen und sie tun das, was man letztendlich gefordert hat.

PE6: Okay, es gibt dieses Testsystem und wir geben eine Verbindung da rein und wir kriegen eine bestimmte Antwort da raus und dann ist das auch abgehakt. Das kommt in eine Tabelle und das können wir dann jederzeit nachlesen.

OD: Per Mail? Und wie wichtig sind dann Diskussionen über die Testergebnisse mit den Test-Spezialisten dann für deine Arbeit? Sind die notwendig?

PF2: Ich würde sagen, dass normalerweise in 95 Prozent der Fälle rufen wir nicht an und [...] man kann das sofort benutzen.

Die Zitate zeigen, dass der ‚Sending-Receiving'-Wissenstransfermechanismus in den Frage-Antwort-Prozess des ‚Knowledge Bridging' überführt wird, sobald bei dem Informationsempfänger zu den erhaltenen Informationen Verständnisfragen an die Informationssender, die Spezialisten anderer Fachbereiche, auftreten.

5.1.2.7. Zusammenfassung der Ergebnisse zum Wissenstransfer

Die Annahmen der ‚Cross-Learning'-Perspektive zum interdisziplinären Wissenstransfer – wie gegenseitiger kollektiver Wissensaustausch vor Beginn eines Innovationsprojekts, fachübergreifende Wissensintegration mithilfe einzelner Organisationsmitglieder, sog. Übersetzer – konnten in dieser Studie nicht beobachtet werden. Stattdessen wurden die Ergebnisse der TOL-Studien weitestgehend repliziert und teilweise ergänzt.

So werden in den Innovationsprojekten der ChemCompany zu Beginn eines Innovationsprojekts lediglich organisatorische Details festgelegt. Ein breiter und detaillierter Wissensaustausch zu diesem Zeitpunkt wurde dagegen von keinem der Interviewpartner genannt. Allerdings wird detailliertes Wissen im Projektverlauf ausgetauscht, dann aber nur ausschnitthaft an den Schnittstellen der verschiedenen Aufgaben. Auch wird für den Wissenstransfer die Funktion eines Übersetzers mit fachübergreifendem Wissen in keiner Phase des Innovationsprojekts als notwendig erachtet, obgleich in den hier untersuchten Innovationsprojekten Mitarbeiter identifiziert wurden, die diese Rolle aufgrund ihrer fachlichen Qualifikation oder aufgrund der ihnen gestellten Aufgaben hätten übernehmen können. Allgemein ist die Richtung des Wissenstransfers überwiegend einseitig und findet zwischen Spezialisten mit sich berührenden Aufgabenbereichen statt. Ein gegenseitiger Wissenstransfer ist vornehmlich bei der Abstimmung und Bewertung der Wissensbausteine notwendig.

Konnten zum Wissenstransfer die Aussagen der ‚Cross-Learning'-Perspektive nicht nachvollzogen werden, so wurden stattdessen die Ergebnisse der bisherigen TOL-Studien weitestgehend repliziert und teilweise ergänzt. Auch in den hier untersuchten Innovationsprojekten findet der Großteil des Wissensaustauschs punktuell und bedarfsorientiert statt. Als wesentlicher Wissenstransfermechanismus ließ sich hier ebenfalls das ‚Knowledge Bridging', bei dem Spezialisten durch Frage-Antwort-Prozesse in das Fachgebiet anderer Spezialisten eine Brücke schlagen, identifizieren. Neben ‚Knowledge Bridging' tritt der ‚Sending Receiving'-Prozess als weiterer ergänzender Wissenstransfermechanismus auf.

Die von Schmickl und Grunwald genannten Einflussfaktoren auf den Wissensaustausch, wie die Abstimmung und Bewertung (für das erfolgreiche Zusammenspiel der Inputs verschiedener Spezialisten, das Lösen von Schnittstellenproblemen und den Aufbau einer Beurteilungskompetenz), die Spezifikation der Schnittstellen, die Phase des Projekts und der Zeitdruck, konnten ebenfalls bestätigt werden. Als weiteren Einflussfaktor wurden Verständigungsprobleme identifiziert. Sie treten bei Fachtermini auf, die nicht verstanden oder mit unterschiedlichen Bedeutungen belegt sind. Sie sind im Allgemeinen durch kurzfristigen Wissensaustausch rasch zu beheben.

5.1.3. Wissensgenerierung

Wie erwähnt, können die wesentlichen Annahmen der ‚Cross-Learning'-Perspektive in der vorliegenden Studie empirisch nicht nachvollzogen werden. So konnten weder der Aufbau eines tiefgehenden kollektiven Verständnisses noch Organisationsmitglieder mit fachübergreifenden

Wissensbeständen, sog. Übersetzer, beobachtet werden. Stattdessen findet die notwendige Wissensgenerierung in einem für den Erfolg des Innovationsprojekts ausreichendem Umfang unter Beibehaltung der Spezialisierung statt. Das TOL-Konzept zeigt mit Modularisierung und ‚Prototyping' zwei Mechanismen auf, die diese begrenzte Form der Wissensintegration ermöglichen.

5.1.3.1. Modularisierung als Basis der Wissensgenerierung

Aus Sicht des TOL-Konzepts ist zur Begrenzung des Wissenstransfers die Modularisierung eine wesentliche Voraussetzung für die Integration von Wissen (Grunwald, R. 2003: 137; Grunwald, R. & Kieser, A. 2007: 380; Schmickl, C. 2006: 218; Schmickl, C. & Kieser, A. 2008: 482). So stellt in den von Grunwald (2003: 137 f.) bzw. Grunwald und Kieser (Grunwald, R. & Kieser, A. 2007: 380) untersuchten Innovationsprojekten die Modularisierung den Ausgangspunkt für die Entwicklung neuer Software dar. Die Modularisierung segmentiert die zu entwickelnden Produkte oder Verfahren in weitgehend voneinander unabhängige Komponenten bzw. Aufgaben (Baldwin, C. Y. & Clark, K. B. 1997: 84; Brusoni, S. 2005: 1886; Caminati, M. 2006: 210; Gershenson, J. K. et al. 2004: 33; Simon, H. A. 1973: 270; Specht, G. et al. 2002: 140, vgl. auch Abschnitt 1.3.), die unterschiedlichen Spezialisten zugeteilt werden (Brusoni, S. 2005: 1899; Göpfert, J. 1998a: 148). Neben der Beschreibung der Komponenten werden im Rahmen der Festlegung der modularen Produkt- oder Verfahrensarchitektur die Spezifikationen ihrer funktionellen Schnittstellen festgelegt. Die Schnittstellenspezifikation legt die technischen Anforderungen fest, die das Einzelmodul am Ende des Innovationsprozesses beim Zusammenspiel mit anderen Modulen erfüllen muss (Schmickl, C. 2006: 199). Die Architektur des Entwicklungsprozesses ergibt sich aus der Produktbzw. Verfahrensarchitektur. Aus den Modulen leiten sich die entsprechenden Arbeitspakete ab (Clark, K. B. & Fujimoto, T. 1992: 103; Göpfert, J. 1998b: 145). So kann jeder Spezialist sein Modul weitgehend getrennt von den Modulen der anderen Spezialisten entwickeln (Baldwin, C. Y. & Clark, K. B. 1997: 84; Grunwald, R. 2003: 137; Grunwald, R. & Kieser, A. 2007: 372). Allerdings wird die modulare Architektur nicht – wie in der Fachliteratur allgemein angenommen – in der Regel am Anfang eines Innovationsprojekts definiert (Baldwin, C. Y. & Clark, K. B. 1997: 86; Baldwin, C. Y. & Clark, K. B. 2000: 77). Nach Schmickl beginnt die Entwicklung der Architektur vielmehr in der Anfangsphase eines Projekts im Rahmen der Grob- und Feinkonzeptentwicklung und wird erst in dessen Verlauf schrittweise vervollständigt (Schmickl, C. 2006: 219). In der vorliegenden Untersuchung konnte das Prinzip der Modularisierung in der Chemiebranche nicht nur für Verfahrens- (vgl. Brusoni, S. 2005: 1889), sondern auch für Produktinnovationen nachgewiesen werden. Darüber hinaus wurden wesentliche Einsichten des TOL-Konzepts bestätigt.

In allen untersuchten Innovationsprojekten wurde zur Begrenzung des Wissenstransfers Modularisierung angewandt bzw. der Entwicklungsprozess in voneinander abgrenzbare Arbeitspakete unterteilt. Die Ergebnisse legen nahe, dass modulare Designs in der chemischen Industrie nicht nur bei der Konzeptualisierung von Verfahrensinnovationen, sondern auch bei Produktinnovationen anzutreffen sind. Wie von Brusoni (2005: 1889) angegeben, lassen sich in der ChemCompany bei Verfahrensinnovationen einzelne Komponenten wie Katalysatoren, Reaktoren oder Trennstufen etc. unterscheiden, deren Entwicklung und Testung verschiedenen Spezialisten zugeteilt ist.

> PD2: Also, ich sag mal für die Spezialsachen, jetzt für den Katalysator, haben sicher die Kollegen auch was transferiert im Sinne von Wünschen, Know-how oder weiß der Kuckuck. In Bezug auf die Versuchsanlagen, die Miniplant, muss ich sagen, ich sag mal ein bisschen frech, da hätte mir dort keiner das Wasser reichen können in der Expertise, rein von meinem Erfahrungshintergrund. Deswegen war ich quasi an der Stelle auch drin, um solche Dinge, sag ich mal, selber mit einzubringen. Die dann weiter hochspezialisierten Sachen, wir haben da Trennoperationen drin, thermische Trennoperationen, die man natürlich, wenn man da im Detail durchblicken will, deutlich tieferes Know-how braucht, als ich zu dem Zeitpunkt dafür hatte. Da hat man natürlich seine weitergehenden Spezialisten. […] Spezialisten für Spezialsachen, für die Reaktionsstufe, wir haben, das ist ein System mit zwei getrennten Reaktionsstufen gewesen. […] Das sind die Reaktionsstufen und die, sag ich mal, Trennoperationen, da ist, sag ich mal, was weiß ich, von, von Parallelarbeiten, Fachkollegen ein Input geliefert worden.

Auch Produktinnovationen in der chemischen Industrie lassen sich in verschiedene Komponenten gliedern, wie z. B. in Projekt F in organische Nanopartikel und Polymere, die zusammen die neuen thermoplastischen Nanokomposite ergeben. Für die Entwicklung der sich hieraus ergebenden klar getrennten Module sind verschiedene Spezialistengruppen verantwortlich.

> PF3: Der eine war zum Beispiel für Styrolpolymere zuständig, der andere hat sich auf Polyamid konzentriert, der Dritte, das war ein Anorganiker, der war für die Fällungssynthesen zuständig, dann hatten wir noch einen Synthetiker, der war für diese kleinen organischen Teilchen zuständig. Wir hatten einen Verfahrenstechniker, der war für die Technikumsaufgaben zuständig. Ich als Polymerphysiker war dann zuständig für auch alternative Möglichkeiten, diese Teilchen in ein Polymer einzubringen, und die messtechnische Seite. Dann haben wir noch einen Kollegen mit im Projekt gehabt, der war für die reallogische Seite zuständig. Die, es waren schon klar getrennte Aufgaben, da wusste eigentlich schon jeder, was er zu tun hatte in diesem Räderwerk des Projekts.

Die verschiedenen Komponenten, mit denen jeweils spezielle Aufgaben verbunden sind, bestimmen die Architektur des Entwicklungsprozesses der untersuchten Innovationsprojekte. Eine zentrale Aufgabe ist neben u. a. der Synthese von chemischen Verbindungen und der Konstruktion der Verfahrenskomponenten das Testen dieser Projektbeiträge durch Testspezialisten, die das notwendige Expertenwissen besitzen. So können auch für die Entwicklung von nicht in einzelne Module unterteilbaren Produkten, wie bspw. einem verbesserten Klebstoff in Projekt A, unterschiedliche Arbeitspakete definiert werden. So müssen bspw. die während des Projekts A neu synthetisierten Klebstoffe von Physikochemikern mithilfe komplizierter Testverfahren auf ihre physikalischen Eigenschaften hin geprüft werden.

> PA1: Also, das findet, eigentlich hat bei mir noch nie stattgefunden, da diese Methoden sehr sophisticated sind, und ich die zwar im Prinzip kenne ... [...]. Es ist meistens so, dass diese, nennen wir sie mal Physikochemiker, einen sehr viel fortgeschritteneren Wissensstand auf ihrer Methoden haben als ich... [...] und in der Regel verstehe ich nichts [...].

Der Modularisierungsprozess beginnt auch in der vorliegenden Untersuchung mit einer Definition der Projektziele und der Festlegung der Strategie, wie diese zu erreichen sind (vgl. Schmickl, C. 2006: 219). Für die danach identifizierten Module werden die jeweiligen Arbeitspakete definiert, so dass für die beteiligten Spezialisten eindeutig ist, welche Inputs von ihnen für das Projekt erwartet werden.

> PB1: Also, im Grunde genommen kann man sich das so vorstellen, als ob, fast wie ein Brainstorming, dass im Grunde genommen die Experten, die da reinspielen können, das sind jetzt, wir mal, Katalysatorhersteller, dann der Ingenieur, der Verfahrensentwickler, dass die sich einfach zusammensetzen, diskutieren, was wollen sie erreichen, und aufgrund der Rahmenbedingungen, zum Beispiel aus dem System, muss schnell Wärme abgeführt werden. Dann kann der Verfahrensingenieur sagen: „Okay, wenn ich viel Wärme ausführen muss, dann habe ich entweder die Möglichkeit, von einem Rohrbündelreaktor oder von einer Wirbelschicht." Das heißt, das Verfahren wird dann auf zwei Optionen erst mal eingeschränkt. Wenn dann allerdings der Katalysatorexperte sagt: „Ja, ich brauche aber diese Art Katalysator. Die kann ich keiner mechanischen Belastung aussetzen", dann wird zum Beispiel die Option von einer Wirbelschicht wieder gestrichen. Und so kommt dann, im Grunde genommen durch den Einfluss des Fachwissens, ein, ein roter Faden zustande, der da nachher noch mal überprüft wird und quasi die Arbeitsgrundlage bildet.

> PE1: Das müssen wir entwickeln. Das war quasi die erste Aufgabe, die auch ich hatte. Es war nur festgelegt, wir arbeiten nach der organischen Photovoltaik, wir schlagen eine bestimmte Richtung ein. Das hat man festgelegt. Es gibt mehrere Richtungen in der organischen Photovoltaik und uns wurde quasi als Aufgabe gegeben, also mir speziell, ich bin für den Zellbau verantwortlich und für das Testen der Materialien, der andere muss oder der Chemiker ist dafür zuständig, Material zu synthetisieren, der theoretische Chemiker ist dafür zuständig, diese Materialien zu berechnen. Und das war letztendlich das, womit ich angefangen habe, mit der Information habe ich angefangen.

Auch bei Produktinnovationsprojekten, die nicht in Module unterteilbar sind, werden zu Projektbeginn die Ziele, die Strategie und die sich daraus für den Entwicklungsprozess ergebenden Arbeitspakete entwickelt.

> PC3: Na ja, zum einen, dass man das Team erstmal zusammenbringt, damit sich die Leute kennenlernen, also zum Beispiel PC1, den kannte ich vorher nicht, [...] wir haben damals auch den Zeitplan noch mal diskutiert und auch im Prinzip im Team abgesegnet. Der war zwar vorher schon vorgestellt worden, aber man hat dann halt gesagt: „Okay, das kommt uns auch realistisch vor", und letztlich dann, als erstes Treffen auch die Arbeitspakete zu schnüren, welche Sachen müssen gemacht werden, was dann auch in regelmäßigen Abständen später auch der Fall war.

Die Modularisierung der zu entwickelnden Produkte und Verfahren erfordert neben der Definition der Teilkomponenten ebenfalls die Spezifikation der Schnittstellen. An interagierenden

Modulen arbeitende Spezialisten bestimmen gemeinsam das wechselseitig zu erfüllende Anforderungsprofil, um das reibungslose Zusammenspiel der Module zu gewährleisten.

> PD1: Indem man eben vor allem an den Schnittstellen zu der Unit, die vorne dran oder hinten dran kommt, auch mit den dortigen Experten dann noch mal die Randbedingungen durchgeht, die sich ergeben durch die Auslegung, die derjenige gemacht hat. Das heißt also, zum Beispiel wenn Sie einen Experten haben, der Ihnen einen Reaktor auslegt, dann müssen Sie noch mal mit demjenigen, der einen solchen Reaktor später befüllen muss, weil er den Katalysator reinlegen muss, […] mit demjenigen sprechen, der den Katalysator herstellt, ob zum Beispiel, wenn man den Katalysator zwanzig Meter tief da reinfallen lässt, ob der das überhaupt aushält, ob der dann nicht zerbricht […].

> PE1: Nein, die Anforderungen in der Zelle waren für mich natürlich zentral. Die mussten wir ja auch entwickeln, das heißt, da brauchten die Chemiker ja auch in gewisser Weise mein Feedback, also das ist schon das Essentielle, das ist genau der Schnittpunkt zwischen den Kollegen und mir, das Anforderungsprofil für die Farbstoffe.

Die Spezifikation der Schnittstellen zwischen den Komponenten bestimmt häufig direkt auf der Prozessebene, wie einzelne Arbeitspakete voneinander abhängen und wie ihre Interaktion aufeinander abzustimmen ist. In den hier untersuchten Innovationsprojekten finden sich aber auch Arbeitspakete, wie z. B. das Testen oder die Simulation der Module, die keine Schnittstellen im Sinne von wechselseitigen Anforderungen mit den Arbeitspaketen für die Entwicklung der Module aufweisen. Für solche Begleitaufgaben müssen die dafür zuständigen Spezialisten und die Modulspezialisten, für deren Aufgaben die jeweiligen Begleitaufgaben relevant sind, festlegen, wie genau der Beitrag für das Projekt aussehen soll und auf welche Besonderheiten bei der Erledigung der Arbeitspakete zu achten ist. So zeigen die Interviewzitate, dass für die Test- und Simulationsaufgaben genau definiert wird, wie bestimmte chemische Verbindungen getestet bzw. die Simulationsmodelle gestaltet werden sollen.

> PB1: […] Wenn ich jetzt allerdings zu den, zur, sagen wir mal, den Dienstleistungsfachstellen, wie der Analytik, gehe. Denen muss ich grob sagen, was ich von denen erwarte, und dann krieg ich von denen Ergebnisse geliefert.

> PD6: Nein. Nein, die Information, das wird sich so und so verhalten, beispielsweise der Reaktor mit diesem und jenem Katalysator wird sich so und so verhalten, also baut das Modell auf diese Art und Weise, die kam dann schon von den anderen Experten. Die konkrete Implementierung ins Modell, die lief dann bei uns vollkommen autark. Aber was denn, was dann das Modell beschreiben soll, was dann, was dann die Realität, die es zu beschreiben gilt, das, die kam von den anderen.

Auch in den Innovationsprojekten zur Entwicklung nicht modularisierbarer Produkte werden die Rahmenbedingungen für solche Begleitaufgaben festgelegt, wie die Aussage von PA1 belegt.

> PA1: Das hängt davon ab, also im Moment haben wir ein Problem, das wir versuchen zu bearbeiten mit Mikroskopie. Und da muss der Mikroskopeur wissen, wie er die Probe herrichtet. Das muss ich ihm sagen. Wie er sie mikroskopiert, weiß er selber, das brauche ich wiederum nicht wissen. Aus was jetzt genau diese Probe besteht, ist für den Mikroskopeur völlig egal.

Durch die Spezifizierung der Schnittstellen sind die Module und Arbeitspakete allerdings nur lose miteinander verbunden, so dass die Spezialisten bzw. Spezialistengruppen in den hier untersuchten Innovationsprojekten, wie in den Studien von Baldwin (1997: 84), aber auch in der von Grunwald (2003: 137) bzw. Grunwald und Kieser (2007: 372), die ihnen übertragenen Module und Arbeitspakete weitgehend unabhängig voneinander bearbeiten und das hierzu notwendige Wissen nahezu autonom entwickeln können. Auf die Frage, wie die Zusammenarbeit mit anderen Spezialisten nach der Festlegung der jeweiligen Schnittstellen bzw. Rahmenbedingungen für die Begleitaufgaben aussieht, antworteten die Interviewpartner, dass sie relativ unabhängig voneinander arbeiten und sich niemand in den Bereich des anderen einmischt.

> PC2: A lot of the time they worked, they were quite independent from another. So, for example, with the calculations with PC1; he would do some tests, calculations and they'd be independent of what we work in the lab more for future ideas.

> PE3: Also nicht, was die Praxis angeht. Also ich würde jetzt nicht dem, dem, dem Synthetiker vorschreiben: „Mach die Reaktion lieber mit dem und dem Lösungsmittel" oder sowas. Es ist seine Domäne, da mische ich mich nicht ein. Genauso beim, beim PE1, wie der jetzt im Detail seine Zellen baut, das ist seine Kompetenz. Da hab ich nichts mit zu schaffen.

> PB1: Im Grunde genommen hat jeder aus seinem Bereich ein Fachwissen. Und dieses Fachwissen muss im Grunde genommen für, für das konkrete Projekt natürlich vertieft werden. Also, der Ingenieur hat sein, sein allgemeines Ingenieurwissen, der Chemiker sein Chemiewissen, aber ich muss im Grunde genommen mein Wissen für diese spezielle Art Katalysatoren erweitern. Der Ingenieur muss vielleicht sein Wissen in Bezug auf das Verfahren optimieren und ausbauen.

Interviewpartner betonen, dass sich die Koordination zwischen Modulen auf die Erfüllung der Schnittstellenspezifikationen beschränkt.

> PE6: Da ist eigentlich kein großer Abstimmungsbedarf mehr notwendig. Da sind wir dann eigentlich in der Gruppe mehr oder weniger autark. Der große Abstimmungsbedarf ist dann natürlich im Labor mit den Mitarbeitern.

> PD6: Und da, das ist dann auch die Schnittstelle eigentlich, wenn irgendwas am Katalysator geändert wurde oder wenn jetzt in den Versuchen, die, die bei dem Projekt liefen, wenn da eine neue Erkenntnis kam, diese und jene Reaktion läuft auch noch, aber sicherlich ein klein wenig anders, dann haben wir dieses Wissen dann wieder für uns genutzt […].

> PC2: I think coordination is more to do with coordinating the samples for testing. So, we make ten samples, these have to be tested and then we'd have to give these samples to the colleague, Mr. Z., and he would test these.

Wie bei Schmickl (2006: 219) erweist sich auch in dieser Studie die Modularisierung als ein evolutionärer, kontinuierlicher Prozess. In der chemischen Industrie ergibt sich dies laut den Aussagen der Interviewpartner aus dem experimentellen Charakter der chemischen Innovationsprozesse und den damit verbundenen Unwägbarkeiten. So können die Schnittstellen zu Beginn eines Projekts nicht endgültig spezifiziert werden, sondern bedürfen im Verlauf des Projekts einer kontinuierlichen Anpassung. So wird bspw. durch Testergebnisse deutlich, dass bestimmte Abhängigkeiten zwischen den Modulen nicht berücksichtigt wurden. Eine umfassende Um- oder Neuformulierung des Konzepts ist allerdings trotz aller Unwägbarkeiten eher die Ausnahme. Veränderungen betreffen in der Regel einzelne Komponenten.

> PB4: Wir haben einen [Katalysator], der macht was, aber nicht so hundertprozentig, was wir wollen. Diese Katalysatoränderungen […] sind [dann] nicht [so] drastisch, dass du sagst: „Von A, von heute bis morgen", dass […] dann plötzlich [ein anderer] Weg [gegangen wird]. Das sind dann Minimaländerungen, Minimaloptimierungen sag ich mal so.

Der Modularisierung, die eine weitgehend autonome Bearbeitung der Teilaufgaben eines Innovationsprojekts der chemischen Industrie ermöglicht, folgt die Koordination und Integration der einzelnen Module und Aufgabenbereiche. Somit kann die Modularisierung als Ausgangspunkt für das ‚Prototyping' angesehen werden.

5.1.3.2. ‚Prototyping' als Mechanismus zur Wissensintegration

‚Prototyping' beschreibt einen Prozess, durch den Wissen von Spezialisten durch ‚Trial-and-Error'-Prozesse aufeinander abgestimmt wird (Iansiti, M. 1997b: 22; Pisano, G. P. 1996: 263; Thomke, S. H. 1998a: 743; Wheelwright, S. & Clark, K. B. 1992: 273 f., vgl. auch Abschnitt 2.2.2.). Im TOL-Konzept wird mentales, virtuelles und reales ‚Pototyping' unterschieden (Grunwald, R. & Kieser, A. 2007: 373). Beim mentalen ‚Prototyping' erfolgt die Abstimmung durch Gedankenexperimente (Grunwald, R. 2003: 187; Grunwald, R. & Kieser, A. 2007: 382; Kieser, A. & Koch, U. 2002: 251; Koch, U. 2004: 134; Schmickl, C. 2006: 227; Schmickl, C. & Kieser, A. 2008: 476), beim virtuellen und realen ‚Prototyping' mit Hilfe von Integrationstests (Grunwald, R. & Kieser, A. 2007: 373; Schmickl, C. & Kieser, A. 2008: 476). Auf Basis einer Analyse der Interviews wird nachfolgend geprüft, ob sich die verschiedenen Arten des ‚Prototyping' auch in den hier untersuchten Innovationsprojekten wiederfinden lassen.

Mentales ‚Prototyping'

Mentales ‚Prototyping' geht von Gedankenexperimenten aus, in denen die beteiligten Spezialisten Wissen, das der Gestaltung ihrer jeweiligen Module zugrunde liegt, im Hinblick auf das neue Produkt bzw. Verfahren aufeinander abstimmen (vgl. Abschnitt 2.2.2.). Mentales ‚Prototyping' wurde erstmalig im Zusammenhang mit Regeländerungsprozessen untersucht (Kieser, A. & Koch, U. 2002: 250 ff.; Kieser, A. & Koch, U. 2008: 340; Koch, U. 2004: 132 ff.). Die Spezialisten der von Regelentwürfen betroffenen Abteilungen beurteilen auf Basis ihres Wissens in Form von Gedankenexperimenten (‚Trial'), ob ein Regelentwurf nach ihrem Wissen und ihrer Erfahrung im Organisationsalltag praktikabel ist oder zu Fehlern (‚Errors') führt (Koch, U. 2004: 132 f.). Nach Maßgabe solcher, von Betroffenen abgegebenen mentalen Beurteilungen wird der

Regelentwurf realisiert, nachdem potentielle Fehlerquellen in dem Entwurf korrigiert sind. Dieser ‚Trial-and-Error'-Prozess lässt sich auf Innovationsprojekte übertragen (Grunwald, R. 2003: 166 f.; Grunwald, R. & Kieser, A. 2007: 381 f.; Schmickl, C. 2006: 226 ff.; Schmickl, C. & Kieser, A. 2008: 482, vgl. auch Abschnitt 2.2.2.). Spezialisten, die interagierende Produktkomponenten bearbeiten, bewerten gegenseitig Konzepte ihrer Module. Die Bewertung erfolgt – wie beim Regeländerungsprozess – auf Basis ihres Wissens und ihrer Erfahrungen und soll die Frage klären, inwieweit ihre Konzepte in das neue Produkt integrierbar sind (Grunwald, R. 2003: 166 f.; Grunwald, R. & Kieser, A. 2007: 382; Schmickl, C. 2006: 227; Schmickl, C. & Kieser, A. 2008: 482). Solange die gegenseitigen Beurteilungen auf relevante Integrationsprobleme aufmerksam machen, werden betroffene Konzepte Revisionen unterzogen (Grunwald, R. 2003: 188; Schmickl, C. 2006: 227). Diese Bewertungsrunden finden auf den verschiedenen Entwicklungsstufen eines Projekts statt (Schmickl, C. 2006: 245). ‚Prototyping' erfordert keinen extensiven Austausch von Spezialistenwissen (Grunwald, R. 2003: 183; Grunwald, R. & Kieser, A. 2007: 382; Schmickl, C. 2006: 233; Schmickl, C. & Kieser, A. 2008: 476), da sich die Bewertung der jeweils anderen Module auf die Bewertung der Erfüllung der Kriterien der Schnittstelle zum eigenen Modul beschränkt (Schmickl, C. 2006: 233). Die Ergebnisse dieser Studie tragen zur weiteren Generalisierung des mentalen ‚Prototyping'-Mechanismus bei. Die bisherigen TOL-Erkenntnisse zu diesem Mechanismus lassen sich in den Innovationsprojekten der ChemCompany beobachten und können z. T. ergänzt werden.

In den untersuchten Innovationsprojekten erhielten an interagierenden Modulen arbeitende Spezialisten in Bewertungsrunden Feedback darüber, inwieweit ihre Modulkonzepte mit denen der anderen Module integrierbar sind oder ob mit Störungen im Zusammenspiel zu rechnen ist. Solche Bewertungen lassen sich anhand der folgenden Interviewzitate nachvollziehen.

PF1: [N]ach einiger Zeit hat man schon einen relativ guten Überblick, was kann funktionieren und was kann nicht funktionieren […], aus welchen Bausteinen [müssen] zum Beispiel die [Partikel zusammengesetzt sein, damit sie] zur Synthetisierung kompatibel [sind], dass es, sag ich so, dass [es] bei mir letztendlich klappt, und wenn jemand anderes kommt und sagt: „Da noch das und das Molekül, setz sie da auf die Partikel", und dann werden die das einarbeiten und in der und der Konzentration, dann kann es häufig natürlich sein, dass [es] einfach unmöglich [ist], sag ich so, so was zu realisieren aus der Erfahrung. Da muss man einfach sagen: „Das und das konkret unter diesen Bedingungen ist nicht möglich", nach der Erfahrung, [die] man schon innerhalb dieses Projekts [gemacht hat].

PE5: I'd say, like I said before, they look in a different perspective. So, they see things that I don't see or, and then they can say, they can find out the flaws in my ideas what, of the basic ideas, first. And then also practical things like certain molecules can be processed in this way and certain molecules cannot be processed in the way that I would like to be, to use that. And then these things all say: "Ah, maybe these things will work", and they would say: "This will not be processable in our setups." So, they come with basic ideas in a practical point of view, so that actually contributes very large in my, I'll say if they're new ideas.

PD3: Ja, ganz klar. Wenn der Bauingenieur sieht: „Jetzt habt ihr da einen zehn Meter langen Träger gemacht und da hängen riesige Massen drauf ganz da oben", dann kommt da schon die Frage: „Kann man den Träger nicht kürzer machen, das ganze Punktfeld ein bisschen kleiner machen", dann machen wir meinetwegen zwei Punktfelder draus. Es gibt, jeder, jede Fachrichtung versucht zunächst mal, aus ihrer Sicht das zu optimieren, von den Kosten her und von der, von der technischen Ausgestaltung her. Da muss man sich dann irgendwie, das ist aber das, das Ziel des Ganzen, irgendwie optimieren.

Neben den für die Entwicklung von Produkt- oder Verfahrensmodulen verantwortlichen Spezialisten sind auch Test- oder Simulationsspezialisten an der Bewertung der Module beteiligt, die keine Konzepte für Module entwickeln. Sie bewerten die Arbeit der Modulspezialisten anhand ihrer Test- und Simulationserfahrungen. Sie sind dadurch in der Lage, die Ergebnisse möglicher Tests und Simulationen zu antizipieren bzw. Vergleiche mit den Ergebnissen früherer Tests oder Simulationen anzustellen. So berichten der Testspezialist PC3 und der Simulationsspezialist PE3, dass sich bestimmte Materialien aufgrund der Ergebnisse früherer Tests und Simulationen sowie aufgrund persönlicher Erfahrungen für die Produktentwicklung nicht eignen.

PC3: Also, ich sage mal so, bei manchen Eigenschaften, da weiß man das einfach vorher aus Tests, die schon früher gelaufen sind. Und man weiß halt, dass ein gummiartiges Produkt sich schlecht verarbeiten lässt und solche Sachen. Das also ist indirekt aus dem Erfahrungsschatz, aber im Prinzip auf Tests basiert.

PE3: Ich würde sagen, guck mir halt so was an und versuch es einfach, erst mal physikalisch nachzuvollziehen, macht das Sinn? Also jetzt naturwissenschaftlich betrachtet, macht das Sinn. Und passt das mit meinen Erfahrungen zusammen, mit dem, was ich so weiß aus bisherigen Erfahrungen, die wir gemacht haben? Zum Beispiel diese Materialklasse, wenn bekannt ist, die ist zum Beispiel nicht besonders stabil unter diesen Bedingungen, geht kaputt, degradiert, ist das einfach eine Information, die kann man da mal zugrunde legen und sagen: „Aha, mmh, da hat es wahrscheinlich ein Problem, dieses System."

In den bisherigen TOL-Studien (Grunwald, R. 2003: 166 f.; Grunwald, R. & Kieser, A. 2007: 381 f.; Schmickl, C. 2006: 226 ff.; Schmickl, C. & Kieser, A. 2008: 482) wurde die Mitwirkung von Spezialisten, die nicht direkt an der Entwicklung von Modulen beteiligt sind, nicht beschrieben.

Ein anderer Befund, der sich bisher anhand der empirischen Ergebnisse der TOL-Studien nicht nachvollziehen lässt, besteht darin, dass auch auf das Wissen und die Erfahrung von Spezialisten außerhalb des Projektteams zurückgegriffen wird. So diskutieren die Spezialisten die Ideen der Projektmitglieder mit den Fachkollegen aus der Gruppe, der sie selbst zugeordnet sind. Die Interviewzitate zeigen, dass dies insbesondere dann der Fall ist, wenn sich der einzelne Spezialist in seiner Bewertung nach der Diskussion mit den Experten des Projektteams nicht sicher ist.

PB1: Wenn ich aber Bedenken habe, dann gehe ich natürlich erst mal in mich, überlege was, was stört mich eventuell an dem Ansatz. Weil, oftmals ist es ja so, so ein Bauchgefühl, das einem sagt, ja, irgendwas ist da nicht ganz sauber, und dann geht man in sich, geht in seine, schaut man in die Unterlagen. Und wenn [man] damit das Ganze nicht gelöst kriegt, dann ist es am ehesten

5. Ergebnisse der empirischen Analyse

so, dass man, sagen wir mal, zu einem Kollegen mit dem eigenen Hintergrund geht. Das kann, in der Regel ist es der Gruppenleiter, der Chef, der schon ein paar mehr Dienstjahre auf dem Buckel hat. Und wenn man mit dem das Ganze diskutiert, kriegt man eben seine Perspektive mit und kann das Ganze dann vielleicht für sich auflösen.

PD5: Das ist erfahrungsbasiert, nicht nur von der eigenen Person, sondern irgendwo auch in der [Abteilungs-]Gruppe, wir wissen ja, wer was betreut, und wenn größere Probleme auftauchen, dann wird das auch, bleibt das nicht bei einer Person, sondern es wird in der Gruppe diskutiert. Wo dann eben auch mal Vorschläge kommen: „Kann man das nicht so und so machen?"

Der Einbezug projektexterner Spezialisten kann aber auch formaler Bestandteil der offiziellen Projektstruktur sein. So werden in der ChemCompany neue Verfahren zunächst von einem Expertenkomitee auf seine technische und wirtschaftliche Machbarkeit hin beurteilt, bevor mit ihrer Realisierung begonnen werden kann. Diesem Komitee gehören in der Regel verschiedene Experten an, die einen Überblick über eine Vielzahl abgeschlossener und über die zu diesem Zeitpunkt laufenden Projekte besitzen. Aufgrund dieses Überblicks können sie aus der Sicht ihres Fachgebiets das Zusammenspiel der Module besonders kompetent begutachten und die Fehler, die in parallel laufenden Projekten auftreten bzw. in vergangenen aufgetreten sind, frühzeitig benennen und bewährte Lösungsansätze vermitteln.

PD3: Da haben wir ja einmal dieses, dieses Procedere in der Konzeptionsphase, wo eigentlich Spezialisten auch von der Verfahrens-, hier im Haus von der Verfahrensprozessentwicklung, dazugehen, da gibt es so gewisse Gesprächsrunden, so Procedere. Da gucken dann unabhängige Leute drauf, die sich die Projekte mal angucken. [...] Es ist eine Teamarbeit mit verschiedenen Spezialisten. Der Baukollege ist dabei, da ist der, der Logistikkollege ist bei so einem Meeting dabei. Es ist praktisch eine, das Projekt wird vorgestellt und die verschiedenen Spezialisten sind in solchen Gesprächsrunden VIPs, heißen die, das ist ein bisschen hochtrabend, Value Improvement Practices. Es gibt so eins bis zehn, [...] solche Meetings und da wird das Projekt praktisch noch mal durch die Mangel gedreht. Durch, nicht im Projektteam, Mitglieder des Projektteams, sondern durch externe Kollegen. Das hat den großen Vorteil, weil die haben, haben den, den Vergleich zwischen dem Projekt A und dem Projekt B, weil sie vier Wochen vorher oder acht Wochen vorher schon mal eine Lösung für einen ähnlichen, für ein ähnliches Problem von einem ganz anderen Projektteam gesehen haben.

Das Feedback der am mentalen ‚Prototyping' beteiligten Spezialisten fließt in die Konzepte der jeweiligen Module ein. Die Konzepte werden solange verändert, bis keine Fehler mehr identifiziert werden.

PB2: Und der [Konzeptvorschlag] wird dann diskutiert mit den anderen Kollegen, Kollegenkreis, und da wird dann halt entsprechend abgestimmt, was, was man so übernehmen kann, und was man nicht übernimmt und dann wird das revidiert und dann noch mal. Das ist halt so ein iterativer Prozess, das dauert halt ein paar Sitzungen, ja.

PA3: Gemeinsame Diskussion, Für und Wider, Ergebnisse, werden in der Regel schriftlich festgehalten.

Diese Antworten bestätigen Ergebnisse der bisherigen TOL-Studien (Grunwald, R. 2003: 166), wonach mentales ‚Prototyping' ein iterativer Prozess ist, der auch in den hier untersuchten Innovationsprojekten in allen Entwicklungsphasen eines Projekts anzutreffen ist (vgl. Schmickl, C. 2006: 245).

Und auch in den hier untersuchten Innovationsprojekten ist mentales ‚Prototyping' nicht mit einem extensiven Wissenstransfer verbunden. Der Bewertungsprozess konzentriert sich auf die Modulschnittstellen, d. h. der Spezialist bewertet nur, ob die Anforderungen, die das eigene Modul an die anderen Module stellt, erfüllt sind.

> PF4: Und dann habe ich mir die angeguckt und dann habe ich aus deren, aus meinen Anforderungen, von meinem Verfahren sozusagen gesagt: „Das und das und das wären vielleicht die besten", und dann kommen noch so Anmerkungen wie: „Ja, das eine ist aber polarer als das andere, dann nehmen wir lieber das." Und, und so und dann hat man sich auf, relativ schnell eigentlich auf, auf feste Zuordnungen geeinigt.
>
> PB2: Ja, nee, ich gucke jetzt zum Beispiel dann, wenn jetzt, wenn ich jetzt so einen Entwurf bekomme, dann gucke ich zuerst Druck, Temperaturen werden halt immer geguckt, und dann, ob das Ding überhaupt reinpasst bei uns, man weiß ja nie, Abmessung von den Gestellen, und dann weiß man, ob das Ding überhaupt reinpasst, oder von, ob man die Mengen überhaupt durchsetzen können, oder so Sachen halt sind schon bestimmte, bestimmte Dinge, die man da immer abfragt, am Anfang.

Infolge der Unwägbarkeiten von Produktinnovationsprojekten ist zu berücksichtigen, dass das zu bestimmten Zeitpunkten vorliegende Wissen häufig nicht ausreicht, alle Schwachstellen durch mentales ‚Prototyping' zu erkennen. Virtuelles und reales ‚Prototyping' sind unverzichtbar.

Virtuelles und reales ‚Prototyping'

Bevor Modulinteraktionen getestet werden, erfolgt mithilfe von Simulationen oder realen Tests die Überprüfung jedes einzelnen Moduls auf einwandfreie Funktion (Schmickl, C. 2006: 242; Schmickl, C. & Kieser, A. 2008: 483). Entdeckte Fehler werden von den Modulverantwortlichen behoben, bevor das Zusammenspiel der Module durch Integrationstests überprüft wird (Grunwald, R. & Kieser, A. 2007: 373; Schmickl, C. & Kieser, A. 2008: 476). Die rascher durchzuführenden virtuellen Tests verkürzen die Entwicklungszeit und sind kosteneffizient (Nelson, R. R. 2009: 16; Thomke, S. H. 1998a: 27). Sie müssen aber immer wieder mithilfe von Ergebnissen realer Tests kalibriert und validiert werden (Becker, M. C. et al. 2005: 1315; Becker, M. C. & Zirpoli, F. 2009: 235). Weisen reale und virtuelle Integrationstests Fehler nach, werden zunächst gemeinsam im Projektteam Hypothesen entwickelt, welche Komponenten für die Fehler verantwortlich sein könnten. Die sich daran anschließende Ursachenanalyse erfolgt entweder getrennt in der jeweils betroffenen Abteilung, sofern sich nur ein Modul als fehlerhaft erweist, oder kollektiv in allen betroffenen Abteilungen (Schmickl, C. 2006: 243 f.; Schmickl, C. & Kieser, A. 2008: 483). Im letzteren Fall ist die Problemursache nicht in einem einzelnen Modul, sondern in mehreren Modulen bzw. im Zusammenspiel der Module (Schmickl, C. 2006: 244; Schmickl, C. & Kieser, A. 2008: 483) zu vermuten. Die Fehlerkorrektur erfolgt analog zur Fehleranalyse individuell durch einzelne oder kollektiv durch alle betroffenen Spezialisten. So werden Fehler, die nur in einer Komponente auftreten, allein von dem zuständigen Fachbereich, Fehler dagegen, die das Zusammenspiel der Module an ihren Schnittstellen betreffen, gemeinsam gelöst (Grunwald, R. 2003: 171; Schmickl, C. 2006: 244 f.; Schmickl, C. & Kieser, A. 2008: 483).

Module werden zunächst getrennt voneinander darauf hin getestet, inwieweit sie die vorab definierten Eigenschaften aufweisen (vgl. Schmickl, C. 2006: 242; Schmickl, C. & Kieser, A. 2008: 483). Erst wenn diese Tests erfolgreich abgeschlossen sind, werden die einzelnen Module zusammengeführt. So berichtet bspw. PE7, dass die synthetisierten Materialien, bevor sie in die Solarzelle, das sog. Device, eingebaut werden, erst einmal darauf hin getestet werden, ob sie die gewünschten Eigenschaften erfüllen.

> PE7: There is a characterization phase, yeah? We need to characterize the materials. […] So we go to, we go, send samples to other facilities, get the material tested there to confirm from that, we have the right material. This is basically material characterization, yeah? […] So, once this characterization part is completed, the material is then sent to Germany, yeah? So then comes the device part.

Anschließend prüfen Projektmitglieder mithilfe von Integrationstests das Zusammenspiel der Module. So werden bspw. für Tests der Verfahrensinnovationen im Projekt D Miniplants aufgebaut, die die realen Bedingungen der zukünftigen Industrieanlagen aufweisen. Im Photovoltaikprojekt, Projekt E, werden die verschiedenen Materialien der Solarzellprototypen darauf hin getestet, in welcher Konfiguration und Anordnung sie den vorgegebenen Eigenschaften am ehesten entsprechen. Bei der Entwicklung der thermoplastischen Nanokompositen im Projekt F werden die einzelnen Materialien in Kompositen zusammengeführt und entsprechenden Integrationstests unterzogen. Dazu Interviewzitate aus diesen drei Projekten.

> PD6: Da haben wir, da haben wir eigentlich immer wieder, auch durch den Betrieb der Miniplant, da sind wir dann […] auf Probleme gestoßen, die vorher noch keiner gesehen hatte, die vorher auch keiner erwartet hätte, das ist ganz klar. Deswegen sind wir Forscher. Und deswegen haben wir ja auch diesen, eigentlich immensen Aufwand von der Miniplant betrieben, um auf genau solche Probleme, solche Probleme vorher zu sehen, bevor wir denn, am Ende eine Großanlage bauen, in der dann womöglich auch mal Investitionen von zig Millionen Euro dieses Problem auftaucht.

> PE6: Und dann kommt man nicht drum rum, die fertige Zelle zu bauen. Das ist dann der anwendungstechnische Schritt des neuen Materials. Man baut die komplette Zelle und guckt, ob das jetzt besser oder schlechter geworden ist, zieht dann Rückschlüsse aus den Ergebnissen und die münden dann wieder ein in die Ersinnung neuer Materialien. Das findet auf diesen regelmäßigen Treffen statt.

> PF1: Das Ganze wird dann letztendlich umgesetzt, […] das Produkt [bestehend aus den einzelnen Bestandteilen] wird analysiert, […] wenn man schaut, ob dieses Konzept funktioniert hat,

kann man sich überlegen, was nicht funktioniert [hat], was man zusätzlich noch verbessern kann, [...], gibt es noch Raum zu Verbesserungen und falls es nicht funktionierte, dann schreibt man Alternativen.

Neben den realen Tests sind die virtuellen Tests für die Überprüfung von Funktion und die Integrationsfähigkeit der Module sehr wichtig. Sie helfen, die Entwicklungszyklen zu verkürzen und ermöglichen das Screening einer großen Zahl chemischer Verbindungen. Die durch Veränderungen einzelner Module zu erwartenden Konsequenzen für das endgültige Produkt oder Verfahren können in Simulationen vergleichsweise einfach und kostengünstig und mit vergleichsweise hoher Treffsicherheit identifiziert und charakterisiert werden, bevor die neuen Verfahren und Produkte mit hohem Aufwand in Miniplants oder als Prototypen realen Prüfbedingungen unterworfen werden. So erläutert bspw. PD1, dass, bevor Verfahrensmodule tatsächlich verändert werden, mithilfe von Simulationen die Auswirkung dieser Veränderung auf das Gesamtverfahren berechnet wird. In Projekt E hingegen fungieren Simulationen laut PE8 als „erstes Sieb", mit dessen Hilfe die Zahl der synthetisierbaren Moleküle vor der Molekülsynthese reduziert wird.

> PD1: Ja, es ist insofern dann eine Bewertung da, als dass derjenige sagt: „Die Kolonne soll so und so dick werden und so und so hoch und dann kann sie die und die Trenneigenschaften erreichen." Dann kann man in seiner Simulation das auch noch mal, entsprechend ein paar Kenndaten aus dieser Auslegung, einbauen und damit dann bewerten, ob das wirklich für das Gesamtverfahren so in Ordnung ist.

> PE8: Ja, die, also gut. Alle Vorschläge, die dort, sagen wir mal, die meisten Vorschläge, die ich, die man bei den Rechnungen einreicht, sind Verbindungen, die man potentiell herstellen könnte, die im Prinzip einen Sinn machen würden, hergestellt zu werden. Und, und diese Rechnungen sind im Prinzip ein erstes Sieb, was die Verbindungen raussiebt, die halt nicht in dem, in dem Raster liegen, in der wir sie haben wollen. Dann kann man sicherlich einen weiteren Iterationsschritt gehen, sagen: „Okay, ich ändere an dieser Verbindung ein bisschen was und lasse sie noch mal rechnen und dann schauen wir, ob diese Verbindung dann in dem richtigen, in das richtige Zielfeld kommt."

In Übereinstimmung mit der Studie von Becker et al. (2005: 1315) sowie Becker und Zirpoli (2009: 235) verdeutlichen die Interviews die Notwendigkeit, Simulationsergebnisse mithilfe von Ergebnissen realer Tests zu verifizieren und zu kalibrieren. Da Simulationen die Wirklichkeit nur modellhaft wiedergeben, müssen die Simulationsergebnisse mit Prüfergebnissen unter realen Bedingungen verglichen werden. Dieser Vergleich führt zu einer kontinuierlichen Modifizierung und Verbesserung der Simulationsmodelle.

> PC1: Man kann keine sinnvollen Ergebnisse rechnen. Rechnen [...], man kann alle physikalisch messbaren Eigenschaften rechnen. Die Genauigkeit ist das Problem. Aber das ist der Punkt, dieses Feedback, [...] ich rechne was aus, die sagen mir, [wie] die [realen] Ergebnisse waren. Ich kann dann eine Kalibration machen.

> PE3: Ja, meistens das angesprochene Benchmarking [der Vergleich der realen Testergebnisse mit den Simulationsergebnissen]. Man hat ein experimentelles Ergebnis und variiert dann eben

die Parameter der Rechnung im gewissen Rahmen und guckt halt eben, was passt am besten mit dem, mit dem experimentellen Ergebnis. Wie bei Schmickl (2006: 243 f.) bzw. Schmickl und Kieser (2008: 483) werden Outputs virtueller und realer Integrationstests in den Projektteams gemeinsam diskutiert. Legen die Ergebnisse einen Entwicklungsfehler nahe, versuchen Projektmitglieder diesen auf der Basis verschiedener Hypothesen einem der Module zuzuordnen. Ist der Fehler nur einem Modul zurechenbar, ist es die Aufgabe des dafür verantwortlichen Spezialisten, Lösungsansätze auszuarbeiten und den Fehler zu beheben.

> PB1: Also, da gibt es schon eine gewisse Systematik, weil so ein Problem wird ja oftmals in dem Projektteam identifiziert, dass man irgendwie nicht weiter kommt. Und wenn man sieht, dass zum Beispiel dieses Problem jetzt eher beim Katalysator liegt als beim Verfahren, dann wird natürlich, probiert der Katalysatorexperte vielleicht, eine andere Gruppe von Leuten zu treffen. Das heißt, die Systematik besteht da drin, dass er dann quasi das Problem zu sich holt, und dann mit Kollegen diskutiert, um zu einer Lösung zu kommen, weil die anderen können ja quasi keinen Beitrag mehr leisten.

> PD4: Also, wir versuchen halt gemeinsam, was zu finden. Jeder überlegt für sich, woran kann es liegen, natürlich mit dem Schwerpunkt auf seinem eigenen Fachgebiet, aber man denkt auch für andere ein bisschen mit. Und wenn man dann einen, wenn man dann gemeinsam einen Grund zu finden glaubt, dann, dann ordnet man das halt eben dem jeweiligen Spezialisten zu, der da eine Lösung finden soll.

> PF1: Und man versucht einfach, wirklich alles aufzustellen, was dabei schieflaufen könnte, was generell dabei eine Rolle spielen könnte. Nehmen wir an, ein Beispiel, […], Sie machen eine Polymerisation, und da, bei dieser Polymerisation, gibt es Anforderungsbereiche, die […] für die Produktion letztendlich erfüllt werden müssen. Und dann stellen Sie fest, dass einer der Parameter jetzt nicht in diesem Anforderungsprofil drin ist, mit einem Standard. […] Es [kommen] dann natürlich gleich Ideen, woran es liegen könnte, es könnte a, b, c, d [sein], dann äußern Sie diese Ideen mir und ich analysiere, ob es eine von diesen [ist], […], dann muss ich daraufhin […] weitere Experimente so planen, […] dass ich diese Hypothesen nacheinander abarbeite.

Der für die Problemlösung verantwortliche Spezialist erhält laut Aussagen der Interviewpartner nach Möglichkeit im Rahmen der gemeinsamen Diskussion erste grobe Ideen, wie der Fehler korrigiert werden könnte.

In Situationen, in denen sich das Problem nicht eindeutig einem Modul zuordnen lässt, sondern stattdessen das Zusammenspiel der Module betrifft, sind die Projektmitglieder aufgefordert, gemeinsam eine Lösung zu entwickeln. Ansätze dazu münden häufig erneut in eine konzeptuelle Phase, bei der zunächst wieder mithilfe des mentalen ‚Prototyping' eine Lösung ins Auge gefasst wird. An diesem Prozess sind auch Spezialisten beteiligt, die nicht unmittelbar an der Entwicklung der Verfahrens- oder Produktkomponente beteiligt sind.

> PB1: Dann gehe ich, im Grund genommen mache [ich] eine Rolle rückwärts, gehe quasi wieder in meine konzeptionelle Phase rein, lade mir wieder meine ganzen Kollegen ein und diskutiere mit denen eben, dass das, so wie wir es geplant hatten, nicht funktioniert. Woran kann es liegen? Und wenn das dann eventuell nur eine falsche Analytik ist, dann wird eben eine andere Analytik aufge-

baut. Aber dann gehe ich im Grunde genommen wieder zurück nach Los, und versuch das von vorne wieder aufzurollen.

PF1: Dann versuchen wir zu überlegen, was könnte an meiner Seite noch verbessert werden oder was könnte noch bei der anderen Seite [verbessert werden]. Und wenn ich weiß, dass bei dem anderen Projekt [die] eine oder andere Idee zu einer Verbesserung geführt hat, dann sage ich einfach, das könnte noch ausprobiert werden und die sagen: „Ja, das kann auch in unserem System Sinn machen […]", oder sie sagen: „Nein, das kann aber nur speziell für dieses System von Vorteil sein." Weil, letztendlich, ich habe eine bessere Kenntnis über diese Polymermatrizen und ich kann vorschlagen, was ich bereits, was bei den anderen funktioniert hat und die [am anderen Modul arbeitenden] können natürlich das beurteilen.

Die weitere Entwicklung und Umsetzung der einzelnen Komponenten durch den jeweils verantwortlichen Spezialisten folgt dann den Vorgaben des neuen Produkt- bzw. Verfahrenskonzept.

Wissen von Spezialisten fließt über zwei Wege in neue Produkte und Verfahren ein, nämlich über ihre Feedbacks zu den Konzepten anderer Spezialisten und v.a. über die Module selbst, die sie zu dem Produkt oder Verfahren beitragen. So können Module als Wissensspeicher verstanden werden. Der Aspekt der Feedbackverarbeitung ist für die Integration des Wissens der Spezialisten (u. a. Test- und Simulationsspezialisten) ohne Modulverantwortung von besonderer Bedeutung, weshalb in Abschnitt 5.2.1. nochmals gesondert auf ihn eingegangen wird.

5.1.3.3. Zusammenfassung der Ergebnisse zur Wissensgenerierung

Die Ergebnisse zur Wissensgenerierung stimmen weitgehend mit denen der bisherigen TOL-Studien überein. So lässt sich der Modularisierungsprozess mit gewissen, den Besonderheiten der chemischen Industrie geschuldeten Modifikationen auch in Verfahrens- und Produktinnovationsprojekten dieser Branche nachweisen. Auch hier ergeben sich aus der Modularchitektur Arbeitspakete, die Spezialisten mit der zur Erledigung dieser Aufgaben notwendigen Kompetenz zugeteilt werden. Auch bei Produktprojekten, bei denen die Synthese des neuen chemischen Produkts selbst nicht modularisierbar ist, werden für die unterschiedlichen Begleitaufgaben Arbeitspakete festgelegt, die von verschiedenen Spezialisten übernommen werden. Ebenso werden auch in den hier untersuchten Innovationsprojekten Schnittstellen zwischen den Modulen entsprechend ihren Berührungspunkten definiert mit Kriterien, aus deren Erfüllung durch die jeweils verbundenen Module sich eine reibungslose Interaktion ergibt. Allerdings liegen in den hier untersuchten Innovationsprojekten auch Aufgaben vor, die keine Schnittstellen im Sinne von wechselseitigen Anforderungen mit den Arbeitspaketen für die Entwicklung der Module aufweisen. Für solche Begleitaufgaben müssen Rahmenbedingungen festgelegt werden. So wird zur Überprüfung der Eigenschaftsprofile neu synthetisierter Chemikalien definiert, wie und unter welchen Bedingungen diese getestet werden müssen.

5. Ergebnisse der empirischen Analyse

Die beschriebene Schnittstellenspezifikation ermöglicht es den Spezialisten in den Innovationsprojekten der ChemCompany, weitgehend unabhängig Modulaufgaben zu bearbeiten und ihr Wissen vergleichsweise autonom zu erweitern. Die Sicherstellung der notwendigen Kooperation mit interagierenden Modulen wird allein über die Gestaltung der Schnittstellen bewerkstelligt. Wie in den übrigen TOL-Studien ist die Modularisierung auch hier ein kontinuierlicher Prozess, der durch eine fortlaufende Anpassung der Schnittstellen an neue Erkenntnisse bei der Abstimmung der Module und Aufgaben charakterisiert ist. Eine umfassende Reformulierung der untersuchten Produkt- oder Verfahrenskonzepte wurde jedoch nicht beobachtet.

Gegenüber den bereits publizierten TOL-Untersuchungen (Grunwald, R. 2003: 166 f.; Grunwald, R. & Kieser, A. 2007: 381 f.; Schmickl, C. 2006: 226 ff.; Schmickl, C. & Kieser, A. 2008: 482) beteiligen sich an mentalen ‚Prototyping'-Prozessen auch Spezialisten, die nicht für die Entwicklung von Produkt- oder Verfahrenskomponenten zuständig sind. So bewerten Test- und Simulationsspezialisten, die an den Produkt- und Verfahrensentwicklungen nicht direkt beteiligt sind, Module verantwortlicher Spezialisten, indem sie die Ergebnisse potentiell durchzuführender Tests und Simulationen antizipieren bzw. die zu entwickelnden Module mit den Modulen vergleichen, die bereits real oder virtuell getestet wurden. Zudem greifen die Spezialisten beim mentalen ‚Prototyping' nicht nur – wie bisher beschrieben – auf ihren eigenen Wissens- und Erfahrungsschatz, sondern zusätzlich auf den projektexterner Organisationsmitglieder zurück. Dieses Mitwirken projektexterner Spezialisten kann durch die formale Projektstruktur vorgegeben sein. So werden in der ChemCompany Verfahrenskonzepte vor ihrer erstmaligen Realisierung von einem externen Expertenkomitee beurteilt.

Im Vergleich zu den bisherigen TOL-Studien (Grunwald, R. 2003: 166 f.; Grunwald, R. & Kieser, A. 2007: 381 f.; Schmickl, C. 2006: 226 ff.; Schmickl, C. & Kieser, A. 2008: 482) scheint beim ‚Prototyping' mithilfe von Integrationstests dem virtuellen ‚Prototyping' in der Chemiebranche eine besondere Bedeutung zuzukommen. So zeigt sich, dass virtuelle Tests, in denen eine große Anzahl potentiell synthetisierbarer chemischer Verbindungen auf das vorab im Projektziel festgelegte Eigenschaftsprofil hin gescreent werden, eine deutliche zeitliche Verkürzung der Innovationsentwicklung bewirken können. Auch können in virtuellen Tests negative Folgen einzelner Moduländerungen identifiziert werden, bevor sie kostenaufwändig umgesetzt und in ein neues Produkt oder Verfahren implementiert werden. Die Erkenntnisse aus dem virtuellen ‚Prototyping' werden in einem nächsten Schritt durch reale Tests verifiziert. Gelingt dies nicht, erfolgt mithilfe der Ergebnisse realer Tests eine Kalibrierung der Simulationsmodelle, so dass bei ihrer erneuten Anwendung mit einer exakteren Bewertung der Modulkonzepte zu rechnen ist. Somit sind Simulationen gewisse Grenzen gesetzt. Tatsächlich müssen sie zur Verbesserung ihrer Aussagefähigkeit regelmäßig kalibriert, d. h. an Ergebnisse realer Tests angepasst werden.

5.1.4. Wissensspeicherung

In Projektteams entwickeltes Wissen wird durch Speicherung der gesamten Organisation zugänglich und dadurch zu organisationalem Wissen. Die ‚Cross-Learning'-Perspektive nimmt an, dass die Wissensspeicherung in mentalen Modellen erfolgt. Aus individuellen mentalen Modellen mit dem persönlichen Know-how (Routinen) und Know-why (‚Frameworks') der einzelnen Organisationsmitglieder entsteht ein gemeinsames mentales Modell (Kim, D. H. 1993: 39 ff.). Für Innovationsprojekte würde das bedeuten, dass die Projektteilnehmer das gesamte für das Projekt relevante Wissen in ihren Gedächtnissen abspeichern müssen. Der quantitative und qualitative Anspruch, den die ‚Cross-Learning'-Perspektive damit an die Wissensspeicherungsfähigkeiten der einzelnen Projektmitglieder stellt, erscheint allerdings aufgrund der naturgemäß begrenzten kognitiven Fähigkeiten des Menschen nicht erfüllbar zu sein (March, J. G. 1988: 280; Simon, H. A. 1976: 40 f. u. 79). Unabhängig davon stellen sich grundsätzliche Fragen nach der Notwendigkeit eines, das gesamte Projektwissen umfassenden, kollektiven mentalen Modells. Es ist auch zu fragen, inwieweit diese Form der Wissensspeicherung der Realität der hier untersuchten Innovationsprojekte entspricht.

Die TOL-Studien weisen darauf hin, dass nicht die Gedächtnisse der Projektmitglieder die zentralen Speichermedien sind, sondern vielmehr organisationale Artefakte wie Projektberichte und andere Arten von Dokumenten, darüber hinaus Regeln, Routinen, Prototypen und nicht zuletzt die Produkte selbst (Grunwald, R. 2003: 146 ff.; Grunwald, R. & Kieser, A. 2007: 381 f.; Kieser, A. & Koch, U. 2002: 252; Kieser, A. & Koch, U. 2008: 337; Koch, U. 2004: 136; Schmickl, C. 2006: 304 ff.). Diese Beobachtung wird auch von March et al. (Cyert, R. M. & March, J. G. 1963: 123 ff.; Levitt, B. & March, J. G. 1988: 326; March, J. G. et al. 2000: 6), Hoetker (Hoetker, G. 2006: 313), und Iansiti (Iansiti, M. 1997a: 347) beschrieben. Im TOL-Konzept spielen zudem gemeinsam geteilte Modelle bei der Wissensspeicherung nur eine untergeordnete Rolle. Sie umfassen kein umfangreiches und detailliertes Produktwissen, sondern lediglich Ausschnitte aus dem Produktwissen, zusätzlich ein Grobkonzeptwissen, v. a. aber Handlungswissen (Schmickl, C. 2006: 306 ff.) wie Methoden- (bspw. Wissen über Entwicklungstools und -methoden) und Projektmanagementwissen (z. B. Planungs- und Dokumentationsverfahren) (ebd.: 299 ff.).

5. Ergebnisse der empirischen Analyse

Wissensspeicherung in Artefakten führt zu einer Entlastung der kognitiven Kapazität der Spezialisten, die das in den Artefakten gespeicherte Wissen jederzeit abrufen können, dieses aber selbst nicht speichern müssen (Grunwald, R. 2003: 46; Schmickl, C. 2006: 304). Der Zugriff auf das organisationale Wissen wird durch Wissensverzeichnisse erleichtert, in denen elektronisch dokumentiert ist, wo welche Wissensinhalte zu finden sind (Schmickl, C. 2006: 309). In der täglichen Arbeit werden diese elektronischen Wissensverzeichnisse aus den im Abschnitt 5.1.1.3. geschilderten Gründen vergleichsweise selten genutzt. Spezialisten setzen zur Wissensfindung eher auf das in ihrem Gedächtnis gespeicherte Verzeichniswissen, in welcher Datenbank welche Wissensinhalte vorliegen, oder auf das ‚Transactive Memory' – auf das Gedächtnis anderer Organisationsmitglieder, die wiederum Hinweise geben können, wo welche Inhalte dokumentiert sind (Schmickl, C. 2006: 309 f.).

Auch in dieser Studie wird im Verlauf eines Innovationsprojekts anfallendes Wissen überwiegend in Artefakten gespeichert. Die zentralen Artefakte sind Dokumente wie Sitzungsprotokolle, Statusberichte im Rahmen des ‚Phase-Gate'-Prozesses, Labor- und Abschlussberichte, die die bis dahin vorliegenden Ideen, Konzepte, Lösungen und Erfahrungen wiedergeben. Ihre wesentlichen Inhalte werden schließlich umgesetzt, d. h. in die Produkte bzw. Verfahren integriert und damit gespeichert.

> PA1: Also, wir sind, wie gesagt, gehalten, Berichte zu schreiben. Dann gibt es dieses Projektreporting ‚Phase-Gate', was je nach Projektleiter mehr oder weniger in der Regel weniger funktioniert. Dann werden Projektbesprechungen dokumentiert. Da gibt es Protokolle, wo dann der Status festgehalten wird und das weitere Vorgehen vereinbart wurde. Das sind die Wege zur Festhaltung, die es bis jetzt [...] gibt.

> PB4: Gestern hat der Chemiker mich angerufen. Seit Anfang des Jahres hatte ich es [das Projekt] abgegeben. Wir machen [es] nicht mehr. Und dann wollte er ein paar Zahlen, obwohl die andere Gruppe übernommen hat, wollte er von mir ein paar Zahlen und meine Rechnungen, weil er einen Abschlussbericht schreiben musste. So etwas passiert auch. Seit sechs Monaten habe ich nicht mit ihm telefoniert und dann ruft er mich gestern an und sagt: „Du hast das, das berechnet. Du hast diese Diagramme gemacht. Du hast diese Sensitivitäten berechnet. Kannst du mir das vorbeischicken? Deine Rechnungen, deine Ergebnisse, deine Bilder, deine Slides, alles Mögliche. Ich will einen Abschlussbericht schreiben. Die brauche ich."

> PE6: Die Ergebnisse dieser Experimente müssen dokumentiert werden. Laborjournal ist die erste Instanz, da ist es, steht [es] immer drin. Da führt überhaupt kein Weg dran vorbei. Aber jetzt wirklich, sag mal, in regelmäßigen Abständen, hundert bis zweihundert Laborjournalseiten dann mal in einem Bericht zusammenfassend darzustellen, das gelingt nicht allen gleichermaßen gut. Manche haben da, fühlen sich da eher berufen, haben auch Spaß vielleicht dran. Denen fließt es, da fließt es locker aus der Feder und andere tun sich da eher schwer und schieben das so bisschen vor sich her, bis dann irgendeiner mal mit der Faust auf den Tisch haut und sagt: „Und jetzt brauche ich aber von dir bis spätestens nächste Woche die Zusammenfassung."

Im Verlauf eines Projekts werden fortlaufend Zwischenberichte erstellt, die am Ende zu einem Abschlussbericht zusammengefasst werden.

PB2: [D]as ist eine Datei mit vierzig Seiten oder was, oder fünfzig Seiten, das ist ein fortlaufendes Protokoll [...] von einem Projekt.

PD6: Und das, beispielsweise für dieses Projekt hat es sich jetzt so ergeben, dass unsere Gruppe mehrere, mehrere Berichte geschrieben hat, in denen unser Wissen dokumentiert war, es gab dann eine, ein, ein, von PD1, wenn ich es richtig weiß, der hat den erstellt, auch wieder mehrere Berichte, dann auch darauf verweisen, so dass man dann am Ende eigentlich ein, ein Paket aus Dokumenten hat, die das Wissen bündeln sollen. Jetzt während der, während des Projektablaufs, auch wieder das gleiche Medium, Berichte, die zwischendrin erstellt werden.

Ähnlich wie in den von Schmickl (2006: 305) untersuchten Innovationsprojekten der Elektrotechnikindustrie werden die einzelnen Berichte zunächst in projektbezogenen Datenbanken und später die aus diesen Berichten abzuleitenden wichtigsten Projektergebnisse in projektübergreifenden Datenbanken gespeichert. Sie sind damit auch anderen Organisationsmitgliedern für zukünftige Produkt- und Verfahrensentwicklungen zugänglich.

PB1: Im Grunde genommen tun diese Spezialisten uns zuarbeiten, das heißt, es existieren Berichte, die ich lesen kann. Wir haben was ganz Pragmatisches. Wir haben ein Netzlaufwerk, wo jeder seine, seine Erkenntnisse quasi in irgendeiner Form abspeichert, wo jeder, der projektbezogen arbeitet, Einblick hat.

PF3: Auf jeden Fall gibt es dort eine Nummer drunter, unter der dieses Projekt läuft. Das ist ja wie ein Laufwerk und den haben Sie dann in diesem Laufwerk bereits alles abgelegt, zum Beispiel Protokolle von, von Sitzungen und dergleichen. Oder aber Sie wären am Ende des Projektes natürlich noch in der Lage, alles, was Ihnen wichtig und relevant auf diesem gemeinsamen Datenlaufwerk erscheint, das nach Polaris [ein projektübergreifendes Datenlaufwerk] rüberzuschieben. Da wäre es dann auch für die Zukunft erhalten.

In den Innovationsprojekten der ChemCompany spielen gemeinsame mentale Modelle (Kim, D. H. 1993: 44) der ‚Cross-Learning'-Perspektive ebenfalls nur eine untergeordnete Rolle. Projektmitglieder speichern – wie in der Studie von Schmickl (2006: 306) – in ihren Gedächtnissen Produkt- bzw. Verfahrenswissen lediglich in Form von Überblickswissen und einzelnen Ausschnitten ab. Tatsächlich berichten Interviewpartner, dass sie sich entsprechend ihren unterschiedlichen Fachgebieten nur eine kleine Schnittmenge an detailliertem Produkt- und Verfahrenswissen und hierbei v. a. „Knackpunkte" des Entwicklungsprojekts oder überraschende Testergebnisse im Gedächtnis behalten. Demnach findet eine umfangreiche, gemeinsame mentale Speicherung des gesamten Projektwissens nicht statt.

PD1: Also das, was alle gemeinsam haben, ist sicherlich nicht in so einer extremen Detailtiefe, sondern es ist so, dass die Leute natürlich das, was sie da an Informationen immer filtern aus ihrer speziellen Sichtweise und sich dann natürlich gewisse Brocken besser merken als andere, und so gesehen könnte man natürlich am Ende sagen, die Schnittmenge aus allem ist dann doch relativ klein.

PB2: Ich denke mal, die werden sich das merken, wo man lang darüber diskutiert hat, ja, [...] das sind die Knackpunkte eigentlich im Verfahren. [...] Die werden sie sich eigentlich merken, schätze ich mal.

PE4: Jeder lernt halt irgendwo bisschen vom anderen was dazu, mehr oder weniger ausgeprägt, und versucht sich da, ein möglichst rundes Bild zu machen. Wenn wir jetzt jeder das gleiche Bild hätten, dann wäre das wahrscheinlich nicht menschlich. Also hat in den Details jeder ein gewisses anderes Bild.

Offensichtlich enthält das während des Innovationsprozesses aufgebaute gemeinsame mentale Modell nur selektives Wissen. Dieses wird z. T. – wie in der Studie von Schmickl (2006: 306 f.) – in Routinen umgesetzt. Auf die Routinen wird in Abschnitt 5.2.3.1. eingegangen.

Der organisationsweite Wissenszugriff erfolgt auch in der ChemCompany über Wissensverzeichnisse, die elektronisch oder in den Gedächtnissen von Organisationsmitgliedern gespeichert sind und über das Transactive Memory ausfindig gemacht werden können (vgl. Schmickl, C. 2006: 309). Die Interviewpartner nutzen die Suchfunktionen der elektronischen Wissensverzeichnisse über die Eingabe von Schlagwörtern oder erfahren durch ‚Transactive Retrieval' identifizierte Kollegen, wo ein entsprechender Bericht zu ihrem Wissensbedarf zu finden ist.

> PA3: [Wir] haben Recherchesysteme. Da kann man in innerhalb von ChemCompany internen Berichten gezielt nach Dingen suchen, Fragestellungen über Schlüsselwörter eingeben, Volltextsuche, wenn man sogar will. Also, alle modernen Mittel der Kommunikation, der EDV sind dort angewendet.

> PD1: Ich sage mal so, das waren dann eigentlich die, die Hinweise der Leute, mit denen ich gesprochen habe, auf bestimmte Notizen, die dort abgelegt sind, also quasi die Wertung der Experten zu dem, was dort in diesem Dokumentum zu finden ist. Das ist aber jetzt nicht, dass die in Form einer Bewertungsschemata irgendwo abgelegt waren, sondern das ist eigentlich mehr aus dem persönlichen Gespräch rausgekommen: „Gucke dir doch mal die Labornotiz Nummer soundsoviel an, da steht viel dazu drin, die ist wichtig, die ist gut, da stimmen die Ergebnisse, die drin stehen."

Wie in der Studie von Schmickl (2006: 309) verdeutlichen Antworten von Interviewpartnern auch hier, dass Projektmitglieder aufgrund der ihrer Erfahrung nach benutzerunfreundlichen und zu langsamen Systeme (s. Interviewaussage von PC1) eher über ihr eigenes Gedächtnis oder über das Erinnerungsvermögen ihrer Kollegen den Speicherort des benötigten Wissens ausfindig machen.

> PC1: Teilweise. Offiziell sollte [man] irgendwie ein System nutzen. Dokumente zum Beispiel für [den] Austausch von Informationen. In Practice wird das selten benutzt. Einfach, das, das System ist benutzerunfreundlich und gleichzeitig langsam.

5.1.4.1. Zusammenfassung der Ergebnisse zur Wissensspeicherung

Aufgrund der mit den bisherigen TOL-Studien übereinstimmenden Ergebnisse treffen die Vorstellungen des TOL-Konzepts zur Wissensspeicherung auch auf die Innovationsprojekte der ChemCompany zu. Auch in den hier untersuchten Innovationsprojekten nehmen organisationale Artefakte, d. h. im wesentlichen fortlaufend ergänzte Projektberichte und Abschlussberichte über die projektbezogenen Erfahrungen, Lösungen und Konzepte etc. eine zentrale Stellung bei der

Wissensspeicherung ein. Dokumente werden in elektronischen Datenbanken gespeichert und allgemein zugänglich gemacht, wobei sich jedoch das Gedächtnis der Projekt- und anderer Organisationsmitglieder als effizienteres Speichermedium für das Wissensverzeichnis erweist. So greifen Projektmitglieder entweder auf ihr eigenes Gedächtnis zurück oder machen mithilfe des ‚Transactive Memory' Organisationsmitglieder ausfindig, die den Speicherort für das benötigte Wissen nennen können.

Im Gegensatz zu den Annahmen der ‚Cross-Learning'-Perspektive wird das Projektwissen in gemeinsamen mentalen Modellen nicht vollständig, sondern punktuell (z. B. „Knackpunkte") oder in Form eines Grobkonzepts über das zu entwickelnde Verfahren oder Produkt gespeichert.

5.1.5. Wissensumsetzung

Die Wissensumsetzung wird in OL-Konzepten nur selten eindeutig thematisiert. Es wird vorausgesetzt, dass neues Wissen nach seiner Speicherung automatisch in zukünftigen Innovationsprojekten angewendet wird (vgl. u. a. Argyris, C. & Schön, D. A. 1978: 17; Cyert, R. M. & March, J. G. 1963: 104; Dixon, N. M. 1994: 92; Nonaka, I. 1994: 25). In der jüngsten TOL-Studie erwies sich der Prozess der Wissensumsetzung jedoch als komplexerer Vorgang: Er umfasst die Wissenslokalisierung, bei der Wissen durch ‚Transactive Retrieval' in die Projekte hineingeholt und dort angewandt wird, und die Wissensverbreitung, die drei Mechanismen beinhaltet (Schmickl, C. 2006: 311 ff.): (1) ‚Transactive Encoding', (2) direkte Wissensumsetzung durch den Wissensträger in Produkt- und Verfahrensinnovationen und (3) Aufnahme des Wissens in die F&E-Strategie. Auf die in den hier untersuchten Innovationsprojekten beobachteten ersten beiden Mechanismen der Wissensverbreitung wird nachfolgend eingegangen. Wissensumsetzung auf Basis der Wissenslokalisierung wurde bereits umfassend in Abschnitt 5.1.1.3. erläutert. Sie wird in diesem Abschnitt nicht weiter betrachtet.

5.1.5.1. ‚Transactive Encoding'

Nach Wegner (Wegner, D. M. 1987: 190) ist ‚Transactive Encoding' ein ‚Transactive Memory'-Prozess, bei dem innerhalb einer Gruppe neues Wissen einzelnen Spezialisten entsprechend ihrem Fachgebiet zugänglich gemacht wird. Nur von diesen Spezialisten wird erwartet, dass sie sich das neue Wissen aneignen. Wegner hat diesen Mechanismus nur auf kleine Gruppen angewendet, entsprechende Prozesse finden sich aber auch in großen Unternehmen. Hier wird ein Wissensgebiet in der Regel von mehreren Experten vertreten. Nach Schmickl (Schmickl, C. 2006: 313) wird neu entwickeltes Wissen über das ‚Transactive Memory' an Experten weitergeleitet, die sich mit einer ähnlichen Thematik beschäftigen. Beim ‚Transactive Encoding' wird – wie beim

‚Transactive Retrieval' (vgl. Abschnitt 5.1.1.) – ein informelles und formelles ‚Transactive Encoding'-Vorgehen unterschieden, d. h., neues Wissen wird über das persönliche Netzwerk oder über das offizielle Netzwerk der Organisation verbreitet (ebd.: 314). Die von Schmickl (Schmickl, C. 2006: 314) interviewten Projektmitglieder nannten formelles ‚Transactive Encoding' (bspw. die Information über neue Entwicklungen durch den Vorgesetzten) deutlich häufiger als ‚Transactive Encoding' über das persönliche Netzwerk. Dabei erfolgt ‚Transactive Encoding' zusätzlich durch formelle ‚Communities of Practice', bspw. Kolloquien zu bestimmten Themengebieten (ebd.: 316 f.). So erreicht neues Wissen gezielt die Experten, die ein bestimmtes oder ein verwandtes Wissensgebiet vertreten.

Auch in den hier untersuchten Innovationsprojekten der ChemCompany wird neues Wissen durch informelles und formelles ‚Transactive Encoding' verbreitet. Auf die Frage, wie Erfahrungen in der ChemCompany verbreitet werden, antworten die Interviewpartner, dass viele Erfahrungen informell an Fachkollegen oder Kollegen, die sich mit ähnlichen Problemen beschäftigen, weitergegeben werden.

> PD5: Eine Niederschrift, [die] ... meine Erfahrung jetzt ganz speziell für dieses Hochtemperaturprojekt Propandehydrierung [wieder-] gibt, die gibt es so nicht. [...] Das ist letztendlich Schatz meiner Erfahrungen. [...] Wenn ich jetzt [aber] weiß, dass ein jüngerer Kollege mit dem Hochtemperaturprojekt betraut wird, werde ich sagen: „Pass auf, achte darauf."

> PF2: Ich habe auch das oft gemacht, dass, wenn ich [ ] einen speziellen Effekt [erziele] oder so, der nicht interessant für mein Projekt ist, aber für ... andere ... Projekte, [...] [werde ich hingehen] und sagen: „Oh, ich habe gehört, dass du dieses Projekt machst. Ich habe etwas gefunden für dein Projekt, vielleicht kannst du das probieren."

> PG4: Vor allen Dingen über den Austausch mit dem Projektleitern [wird neues Wissen weitergegeben]. Ja, dass man sich da austauscht und sagt: „Wie ist das bei dir gelaufen? Wo gibt es da Schwierigkeiten? Wie soll ich damit umgehen? Was rätst du mir?"

> OD: Ist das was Informelles oder ist das auch institutionalisiert, so ein Austausch?

> PG4: Informell.

Formelles ‚Transactive Encoding' erfolgt v. a. über die Leiter der Gruppen, denen die Projektmitglieder in ihren Fachabteilungen zugeordnet sind. So bündeln die Gruppenleiter, wie das Zitat von PC3 zeigt, die Erfahrungen, die die Gruppenmitglieder in den verschiedenen Projekten sammeln, und geben sie an alle Gruppenmitglieder weiter. Zudem berufen die Gruppenleiter regelmäßig Gruppensitzungen ein, in denen Erfahrungen und Ergebnisse eingehend diskutiert werden. In solchen Meetings werden laut PD6 Informationen ausgetauscht. Die Gruppenleiter informieren ihre Mitarbeiter in der Regel auch über die in offiziellen Abschlussberichten dokumentierten ‚Lessons-Learned'. Das geschieht aus Sicht PB1 v. a. dann, wenn bestimmte Probleme auftreten, zu denen der Gruppenleiter relevante Abschlussberichte kennt.

PC3: Also, wie gesagt, das eine ist eben diese Vorstellung, dass man das eben in bestimmten Treffen oder Workshops darstellt, das andere ist natürlich, dass man selber – oder die Kollegen – die Erfahrung gemacht hat, darüber spricht man natürlich auch oder eben auch über den Vorgesetzten, der dann halt sozusagen nicht nur einen Projektleiter hat, sondern verschiedene oder Projektmitglieder, die dann verschiedene Erfahrungen gemacht haben und das dann ein bisschen zusammensammelt und auch weiter versucht, [das] [...] weiterzugeben.

PD6: Das ist sehr viel einfacher, natürlich in einem kleineren Rahmen, beispielsweise bei uns im Team diskutieren wir regelmäßig auch solche Dinge, wenn irgendwo was schieflief, dass wir gegenseitig voneinander lernen können. Wobei, da ist so was relativ gefahrlos, kann, kann einer relativ gefahrlos so was vorbringen, weil der Kreis ist sehr klein, und wir haben da auch untereinander keine Konkurrenz, so dass irgendeiner Kapital schlagen könnte aus den Fehlern [...].

PB1: Das heißt, wenn ein Projekt im schlimmsten Fall wegen so einer Größe scheitert, ein Projekt. Und dann gibt es immer diese Debriefingphase, das heißt, das Projekt wird nachher noch mal aufbereitet. Es werden die ganzen Parameter quasi gelistet, es werden die kritischen Parameter gelistet, und es wird natürlich auch detailliert dokumentiert, was da falsch gelaufen ist. [...] Und dann ist es eben auch die Aufgabe von dem Gruppenleiter oder Abteilungsleiter, zwar nicht im Detail zu wissen, was da in jedem Bericht drin steht. Aber wenn irgendwo noch mal ein Projekt gestartet wird, denen eventuell zu sagen: „Schaut mal, 2004 haben die mal ein Problem gehabt, guckt doch mal, da gibt es irgendwie einen Bericht."

Zudem erfragen die Gruppenleiter wöchentlich die neuesten Projektergebnisse von ihren Mitarbeitern und leiten sie an den Abteilungsleiter weiter, der diese Informationen bei entsprechender Relevanz in der gesamten Organisation verbreitet.

Ähnlich wie in der Fallstudie von Schmickl (2006: 316 ff.) wird neben den Gruppensitzungen das ‚Transactive Encoding' zusätzlich durch abteilungsübergreifende formelle ‚Communities of Practice' gefördert. Hinzu kommen breit angelegte Aussprachen über einzelne Projekte sowie ‚Lessons-Learned'-Veranstaltungen, bei denen lehrreiche Erfahrungen exemplarisch für laufende und zukünftige Projekte vorgestellt werden.

PD2: Und dann haben wir, das ist aber doch stark fachlich orientiert, ein Mal im Jahr einen globalen Technologieinformationsaustausch mit Teilnehmern von allen Produktionsstätten, die wir haben. Also von den großen Produktionssites. Das heißt, die kommen von dort in der Welt, wo die sind, typischerweise nach Deutschland für eine Woche, wo man sich über produktionstechnische Spezialthemen, allgemeine Themen [wie] Sicherheit, das wird vorher natürlich auch abgefragt oder abgestimmt, unterhält. Das ist so eine, so eine auch eine Art Wissensplattform.

PE4: Ja, im Normalfall ist es, ich weiß es gar nicht genau. Also wie gesagt, es gibt diese eine Aussprache, da kann die ganze ChemCompany hinlaufen, kann sich das anhören, was eben da [verkündet wird]. Wobei das aber natürlich schon Projekte sind, die einen gewissen Wert haben, ChemCompany intern, so dass es sich – in Anführungszeichen – lohnt, darüber zu reden. Dann waren aber auch ganz normale Projekte dabei. Das ist etwas, wo alle hinkönnen und zuhören können, können sehen, was da eine Fehlereinschätzung gebracht hat.

Derartige unternehmensweite Veranstaltungen besitzen nach Auffassung der Interviewpartner nur einen begrenzten Lerneffekt, zumal, wie PD3 meint, überwiegend über positive und selten über negative Erfahrungen berichtet wird. PF3 fasst den Sinn solcher Veranstaltungen daher auch sehr kritisch und überspitzt als „Selbstbeweihräucherung" zusammen.

PD3: Die Präsentation von positiv gelaufenen Projekten in größeren Sitzungen kommen natürlich wesentlich häufiger vor, als wenn sich einer hinstellt: „Da haben wir jetzt, ich und mein Team, haben da Mist gemacht." Das kommt seltener vor, ganz klar. Das ist jetzt ein bisschen, Weihnachtsgesangsstunde dann, bei so einer Weihnachtsfeier, da kommt jetzt kein Projekt, was schief gelaufen ist.

PF3: Auf Abteilungsebene [...] [sind] das in aller Regel Fälle wie Selbstbeweihräucherung, da werden Probleme nie zur Sprache kommen.

Ergänzend zu den bisherigen Ergebnissen des TOL-Konzepts zum ‚Transactive Encoding' (Schmickl, C. 2006: 312 ff.) lassen sich bei den hier untersuchten Innovationsprojekten auch ‚Transactive Encoding'-Prozesse beobachten, die externes Wissen beinhalten. So werden Patentschriften, wissenschaftliche Publikationen sowie Kongressberichte der Organisationsmitglieder an diejenigen Experten weitergeleitet, deren Fachgebiete tangiert sind und für die diese Informationen potentiell interessant sein könnten. Auch werden mithilfe der ‚Transactive Memories' externe Wissensträger entsprechenden Experten der ChemCompany für mögliche Kooperationen vermittelt. Bei dem ‚Transactive Encoding' des externen Wissens ist wiederum formelles und informelles ‚Transactive Encoding' zu unterscheiden. Die beschriebenen externen ‚Transactive Encoding'-Prozesse lassen sich anhand von Antworten auf die Frage, wie externes Wissen in der ChemCompany verbreitet wird, nachvollziehen.

PB3: Oder andersrum, ja, das [Hinweise auf externe Informationen] kommt schon vor. Grade bei Projekten, [bei denen] [...] der Projektleiter vielleicht so eine Recherche laufen hat und dann was in die Finger bekommt, wo er denkt, das könnte uns bei der Arbeit weiterhelfen, dann schickt er uns das schon.

PA3: Bei Messen und Tagungen, Kongressen da schreibt man in der Regel einen Besuchsbericht, der verbreitet wird an potentielle Interessenten. Das ist schon üblich, dass man das macht.

PF4: Ich kriege auch aus der Patentabteilung von den entsprechenden Patentreferenten ab und zu Anmeldungen zugeschickt, die ihm [dem Patentreferenten] über den Weg kommen in seiner täglichen Arbeit, wo er meint, das könnte doch interessant sein.

PE6: Es kommen Anfragen an die ChemCompany, teilweise nach dem Zufallsprinzip, wo die landen, und dann ist es eine Aufgabe eines jeden, diese Anfrage dahin weiterzuleiten, wo sie auf, auf fruchtbarsten Boden trifft. Meistens auch multipli-, wird sie multipliziert, ne: „Hier ist ein Anschreiben von einem Professor Sowieso, der gerne mit uns kooperieren würde auf dem und dem Gebiet, habt ihr Interesse? Ist das für euch interessant?", wird dann verteilt.

Doch lassen sich, anders als in der Studie von Schmickl (2006: 314), in den hier untersuchten Innovationsprojekten keine eindeutigen Präferenzen für das formelle gegenüber dem informellen ‚Transactive Encoding' feststellen. Dies lässt sich zum einen damit erklären, dass in der ChemCompany eine offene Kommunikationskultur vorherrscht, bei der die Organisationsmitglieder dazu ermuntert werden, ihre Erfahrungen informell weiterzugeben (vgl. Interviewzitat PE3). Zum anderen werden über das informelle ‚Transactive Encoding' negative Erfahrungen eher weitergegeben als über formelle Wege. Offensichtlich liegt in Vieraugengesprächen die Hemmschwelle, negative Erfahrungen anzusprechen, deutlich niedriger (vgl. Interviewzitat PD3).

> PE3: Wir werden dazu von unseren [Vorgesetzten] […] ermuntert, ja, sich rege auszutauschen mit den Kollegen. Das passiert aber auch.

> PD3: Aber bei den schlecht gelaufenen [Projekten] ist es schon ein bisschen schwieriger. Das ist unwahrscheinlich, dass die dann auf das Tapet kommen. Das wird eher im kleineren Kreis dann diskutiert, bisschen so am Mittagstisch.

Die vorgestellten Ergebnisse stellen die Aussagen des TOL-Konzepts zum ‚Transactive Encoding' auf eine breitere empirische Basis und führen zu einer Erweiterung des ‚Transactive Encoding' auf externes Wissen, wobei insgesamt keine Präferenz für formelles oder informelles ‚Transactive Encoding' festzustellen ist.

5.1.5.2. Direkte Wissensumsetzung

Nach dem TOL-Konzept ist die direkte Wissensumsetzung, bei der das in den Projekten neu entstandene Wissen von den Wissensträgern selbst in Folge- oder Parallelprojekte hineingetragen, d. h. berücksichtigt oder direkt angewandt wird, die gängigste Form der Wissensverbreitung (Schmickl, C. 2006: 318).

Die Analyse der Interviews macht deutlich, dass Organisationsmitglieder versuchen, die in einem Projekt gewonnenen technologischen Erfahrungen auf Parallelprojekte oder darauffolgende Projekte, insbesondere zur Lösung dort auftretender Probleme direkt oder durch Analogieschlüsse zu übertragen. Auf die Frage, wie die Spezialisten auf Erfahrungen in Vorgänger- oder Parallelprojekten zurückgreifen, antworten Interviewpartner, dass sie ihre Erfahrungen direkt in anderen Projekten umsetzen.

> PD4: Ich kann nur über meine fachlichen Sachen sprechen die, die übertragen wir so, […], alles, was wir in einem Projekt lernen, übertragen wir ans nächste Projekt, so weit das möglich ist von der Chemie her.

> PA1: Ja, also Erfahrungen, die ich nicht mitnehmen würde, das wäre ziemlich dumm. Und auch, auch Querschnittserfahrungen. Sage, ich arbeite für viele Projekte und habe auch schon in der Vergangenheit viele bearbeitet. Und da ist es eben hilfreich, wenn man weiß: „Ah, so ein ähnliches Problem war bei einer ganz anderen Anwendung auch schon mal gewesen, und damals haben wir das so und so gelöst. Das könnten wir ja hier auch einmal probieren." Also, Erfahrung ist wirklich sehr viel wert.

> PF1: Ja, mittlerweile, sag ich so, ja. Weil, letztendlich, ich habe jetzt, wir arbeiten nicht nur an einem Projekt, [wenn wir] einen gewissen Effekt erzielen […] oder [in einem] anderen [Projekt], sag ich so, [haben wir] schon Fehler gemacht und letztendlich, von der Erfahrung, die von den anderen Projekten, bei den anderen Systemen, [die] ich schon gesammelt habe, äußere ich meinen Kollegen, sage […]: „Da gab es die und die Erfahrungen, bitte prüfen Sie das, machen Sie zusätzlich noch das", und die können sagen: „Ja, das macht Sinn oder das macht keinen Sinn" […].

Ebenso wie in der Studie von Schmickl (2006: 319) wird nicht nur neues technologisches Wissen in Parallel- und Folgeprojekten direkt umgesetzt, sondern auch die Erfahrung im Projektmanagement.

> PC2: Yeah, I mean there are some organizational positive or negative aspects which you keep in your head, not specific for a project and organizational aspects then, of course, we will enter these in the next project. When it comes to the scientific basis, of course, you will remember this as well.

> PE6: Die, wie, wie jeder normale Mensch im Leben lernt und Dinge abspeichert, natürlich hat man, geht, geht man da auch […] strukturiert vor, ne, wenn man also ein neues Projekt übernimmt, dann wendet man halt die Regeln des klassischen Projekt-Managements an, die man vielleicht irgendwann mal auf einem Seminar gelernt hat, aber, die man dann auch im Laufe des Lebens in real durchlebten Projekten, wie sagt man, überprüft hat, vielleicht, ne, und gemerkt hat: Einige Dinge sind wichtig, andere Dinge sind vielleicht nicht so wichtig, ne, also, […] man hat dann, man setzt dann Prioritäten […] aufgrund seiner eigenen Erfahrung, ne, was wichtig ist bei der Durchführung eines Projektes, ne. Also bei der Planung eines Projektes, worauf ich zu achten habe.

Auch externes Wissen wird durch direkte Wissensumsetzung in die Innovationsprojekte hineingetragen. So werden bspw. Patente konkurrierender Unternehmen nicht nur gelesen, sondern auch z. T. in den Innovationsprojekten der ChemCompany nachgestellt, um nachvollziehen zu können, was andere Unternehmen machen und ob deren Lösungsansätze in ähnlicher Weise auf die eigene Problematik anzuwenden sind.

> OD: Wie wird denn dieses [externe] Wissen dann genutzt für, für dieses Projekt, wie macht man das dann, wie wird das nutzbar gemacht für so ein ChemCompany-Projekt?

> PF1: Das, so am einfachsten nachzugucken, nachzustellen, was die anderen gemacht haben, und daraus zu lernen, wie etwas funktioniert, ob es stimmt, was, was die anderen schreiben, und inwieweit kann man das auf die eigene Problematik übertragen.

> OD: Sie, sie ziehen die Informationen dann aus Artikeln und kochen das nach, oder?

> PF1: Meistens [bei] Patenten.

Aufgrund der großen Bedeutung der direkten Wissensumsetzung achtet die ChemCompany nach Aussage von PE2 darauf, für zukünftige Projekte diejenigen Projektmitglieder auszuwählen, die zur Umsetzung des Projektziels über den größtmöglichen Erfahrungsschatz verfügen.

5.1.5.3. Zusammenfassung der Ergebnisse der Wissensumsetzung

In der vorliegenden Untersuchung erfolgt Wissensumsetzung – ähnlich wie in der Studie von Schmickl (2006: 311 ff.) – durch Wissenslokalisierung (,Transactive Retrieval') und Wissensverbreitung (,Transactive Encoding' und direkte Wissensumsetzung). So werden Erfahrungen aus einem Innovationsprojekt mittels der ,Transactive Memories' auch an weitere Organisationsmitglieder, für die dieses neue Wissen von Interesse sein könnte, informell oder formell weitergeleitet. Dabei wird ‚Transactive Encoding' durch formelle ‚Communities of Practice' gefördert. Formelle ‚Communities of Practice' bilden Wissensplattformen, auf denen Spezialisten mit gleichem oder verwandtem Fachhintergrund Erfahrungen austauschen und ihren Wissensbestand aktualisieren. Ergänzend zu den bisherigen Ergebnissen des TOL-Konzepts zum ‚Transactive Encoding' (Schmickl, C. 2006: 312 ff.) lässt sich auch für die Verbreitung von externem Wissen formelles und informelles ‚Transactive Encoding' nachweisen. So werden Artikel, Patentschriften und Kongressberichte den entsprechenden Spezialisten zugesandt oder Möglichkeiten zur Kooperation mit externen Wissensträgern vermittelt. Dagegen ergibt sich aus den Antworten der Interviewpartner dieser Studie keine eindeutige Präferenz für das formelle ‚Transactive Encoding', wie dies von Schmickl (2006: 314 f.) beschrieben wurde. Stattdessen fördert die ChemCompany den direkten informellen Erfahrungsaustausch unter ihren Mitarbeitern. Das informelle ‚Transactive Encoding' wird insbesondere zur Verbreitung negativer Erfahrungen genutzt, die in formellen ‚Communities of Practice' seltener behandelt werden. Gegenüber dem ‚Transactive Encoding' wird als wesentlicher Mechanismus der Wissensverbreitung häufiger die direkte Wissensumsetzung genannt, bei der neues Wissen von den Wissensträgern in Parallel- und Folgeprojekten direkt umgesetzt wird. In der vorliegenden Untersuchung wird dieser Mechanismus auch für die Verbreitung externen Wissens eingesetzt.

5.1.6. ‚Common Knowledge'

Aus Sicht des TOL-Konzepts ist für die in Innovationsprojekten erforderliche Wissensintegration eine gemeinsame Wissensbasis ‚Common Knowledge' unverzichtbar (Grant, R. 1996b: 115; Grunwald, R. 2003: 189; Grunwald, R. & Kieser, A. 2007: 382 ff.; Kieser, A. & Koch, U. 2002: 249; Koch, U. 2004: 128 ff.; Schmickl, C. 2006: 266, vgl. auch Abschnitt 2.2.2.). Das ‚Common Knowledge' ist Teil eines gemeinsamen Bezugsrahmens, des sog. ‚Common Ground' (Clark, H. H. 1989: 260; Clark, H. H. & Brennan, S. E. 1991: 127; Clark, H. H. & Marshall, C. R. 1981: 20). Ohne einen ‚Common Ground', der neben gemeinsamem Wissen auch aus geteilten Annahmen und Perspektiven besteht, ist eine erfolgreiche Abstimmung und Kommunikation nur schwer möglich (Bromme, R. et al. 2004: 178; Clark, H. H. 1996: 92; Clark, H. H. & Brennan, S. E. 1991: 127). Nach Mengis und Nicolini (2009: 15) zeichnet sich ein wirkungsvoller ‚Common Ground' in Innovationsprojekten v. a. durch ein gemeinsames Vokabular und gemeinsames Wissen über die Arbeitsgebiete der jeweils anderen Spezialisten aus, mit deren Hilfe die richtigen Fragen gestellt sowie Abhängigkeiten und Interaktionen zwischen den Aufgabenbereichen identifiziert werden können. Das ‚Common Knowledge' ist daher als wesentlicher Bestandteil des ‚Common Ground' für die Wissensintegration, d. h. für die Abstimmung der Aufgaben und schließlich für das reibungslose Zusammenspiel der Module von essentieller Bedeutung.

In quantitativer und qualitativer Hinsicht ergeben sich zwischen der ‚Cross-Learning'-Perspektive und dem TOL-Konzept in Bezug auf das ‚Common Knowledge' jedoch grundlegende Unterschiede. So bezeichnet ‚Common Knowledge' keinen breiten und tiefen Wissensaufbau vor dem Start eines Innovationsprojekts, vielmehr kommt es allein darauf an, Voraussetzungen für eine effiziente Entwicklungsarbeit zu schaffen (Grunwald, R. 2003: 189). Zu Beginn eines Innovationsprojekts wird breites und oberflächliches Wissen zur Bildung eines gemeinsamen Problemverständnisses aufgebaut. Während eines Innovationsprojekts wird gemeinsam punktuelles und bedarfsorientiertes (‚On the Job') Wissen generiert, das für die Umsetzung der Projektziele ausreicht (Grunwald, R. 2003: 135; Schmickl, C. 2006: 193 f.). Somit umfasst das ‚Common Knowledge' des TOL-Konzepts wesentlich weniger Wissen als von der ‚Cross-Learning'-Perspektive für erforderlich gehalten.

Im folgenden Abschnitt wird analysiert, welche Arten an gemeinsamem Wissen in Innovationsprojekten notwendigerweise auftreten und welche Rolle dieses für den Fortgang der Projekte einnimmt. Drei Wissensarten werden beim ‚Common Knowledge' unterschieden (Schmickl, C. 2006: 267 ff.): gemeinsames Produktwissen (Wissen über das zu entwickelnde Produkt), gemeinsames Fachwissen (verschiedene Fachgebiete übergreifendes Wissen) und gemeinsame Sprache (projektbezogene gemeinsam verwendete Fachjargons bzw. künstliche Sprachen). Aufgrund der großen Bedeutung von Verfahrensinnovationen in der ChemCompany wird in die Analyse der vorliegenden Ergebnisse das für diese Art von Innovationen erforderliche gemeinsame Wissen mit einbezogen.

5.1.6.1. Gemeinsames Produkt- und Verfahrenswissen

Das gemeinsame Produktwissen umschreibt das Wissen, das mehrere Projektmitarbeiter über Funktionsweise, Architektur, Anforderungen, Komponenten usw. des zu entwickelnden Produkts besitzen (Schmickl, C. 2006: 267). Das gemeinsame Produktwissen unterteilt sich in das allgemeine Problemverständnis, das Wissen über das Grobkonzept, das Schnittstellenwissen und das gemeinsame schnittstellenangrenzende Contentwissen. Das allgemeine Problemverständnis betrifft das Verständnis der Funktion des neuen Produkts (Grunwald, R. 2003: 213) – die grundlegenden Anforderungen an das Produkt und ihre technischen Realisierungsmöglichkeiten (Schmickl, C. 2006: 268). Dieses Problemverständnis vermittelt eine einheitliche Wahrnehmung der wesentlichen Problembereiche des neu zu entwickelnden Produkts (Grunwald, R. 2003: 213 ff.; Schmickl, C. 2006: 293). Das gemeinsame Grobkonzeptwissen wird in der Anfangsphase eines Innovationsprojekts aufgebaut und verschafft den Projektmitgliedern einen Überblick über die Hauptkomponenten des Produkts und deren Anordnung (Schmickl, C. 2006: 272). Aus diesem Überblick leiten sich die Arbeitspakete sowie der gegenseitige Abstimmungsbedarf der Module ab (ebd.: 272). Das gemeinsame Schnittstellenwissen betrifft die Definition der gegenseitigen Anforderungen zur Abstimmung interagierender Produktkomponenten (Grunwald, R. 2003: 170; Schmickl, C. 2006: 293 f.). Schnittstellenangrenzendes Contentwissen entsteht, wenn, ausgehend von der Schnittstelle über interagierende Produktkomponenten, Wissen ausschnitthaft ausgetauscht wird, was bei der Festlegung der Anforderungen an Module bzw. der Schnittstelle zwischen ihnen oder bei der Entwicklung der Produktkomponenten zur Erfüllung der Schnittstellenspezifikation erforderlich werden kann (Schmickl, C. 2006: 276 f.).

Ähnliche Unterkategorien des Produktwissens lassen sich auch in der vorliegenden Untersuchung nachweisen und für das gemeinsame Verfahrenswissen unterscheiden. Als weitere Unterkategorie ist für diese Untersuchung gemeinsames Wissen über das Verhalten der Produkt- und Verfahrenskomponenten unter realen oder simulierten Testbedingungen hinzuzufügen.

In ihren Anfangsphasen wird auch in den hier untersuchten Produkt- und Verfahrensinnovationsprojekten ein *gemeinsames allgemeines Problemverständnis* aufgebaut, u. a. durch die Festlegung ihrer Eigenschaftsprofile und Ziele sowie durch erste technologische Überlegungen zur Umsetzung (vgl. Interviewzitate PE1 und PE5 für Produkt- bzw. PB4 für Verfahrensinnovationen). Dieses gemeinsame Problemverständnis entsteht auch in den Projekten, in denen die Produktsynthese nicht modularisierbar ist, aber eine Reihe begleitender Aufgaben vorliegt (vgl. Interviewzitat PC1). Der Aufbau eines solchen gemeinsamen Problemverständnisses ergibt sich aus den Antworten auf die Fragen zur Anfangsphase der Projekte.

> PE1: Das ist die Basis von allem, ja natürlich, das ist […] das Anforderungsprofil, die paar Punkte, die wir wissen, was erfüllt sein muss, das kennt auch jeder und das ist auch ganz wichtig, dass das Anforderungsprofil jeder kennt. Das ist sowieso die Basis. Keiner wird irgendwelche Ideen haben, die gegen dieses Anforderungsprofil verstoßen. Es sei denn, es wird mal eine bestimmte Anforderung hinterfragt, dass man sagt: „Stimmt das überhaupt?", ja.
>
> PE5: The category of the materials, and what the project is aiming for, what else, and the simple explanation how the structure is in the project. I think that was loosely it.
>
> PB4: Ich hab meine Ziele. Wir haben Ziele gemacht. Mit dem Projektleiter auch zusammen gesessen. Was wollen wir haben und in welche Richtung soll es gehen?
>
> PC1: Ja, die Informationen aus den Präsentationen reichen normalerweise. Die sind allgemein so [ein] […] Informationsaustausch, zum Beispiel was, wie, was die Ziele sind, wie die Ziele erreichbar [sind] und was wir machen müssen. Das reicht für die meisten Mitglieder in dem Projekt, ein grobes Verständnis zu haben […].

Das gemeinsame Problemverständnis soll v. a. ein gemeinsames Grundverständnis über die Entwicklungsziele der Projektarbeit und über eine Stoßrichtung beinhalten. So ist es laut Interviewpartner PA3 „sehr wichtig", dass sich die Projektmitglieder hinsichtlich Anforderungsprofil und Zielsetzung „auf einer Wellenlänge" befinden.

> PA3: Sehr wichtig [ist es] zu verstehen, wie das genaue Anforderungsprofil technisch und wirtschaftlich für das zu entwickelnde Produkt ist, ist eine ganz wesentliche Geschichte. Wichtig ist auch, klar ist auch, sagen wir mal, in einer Diskussion, dieses Anforderungsprofil zu schärfen, weil manchmal erlebt man das auch, dass der Auftraggeber, sprich das Marketing, gar nicht so ganz genau weiß, wie das Produkt eigentlich aussehen soll. Also das zu hinterfragen, bis es wirklich ganz klar beschrieben ist, was der Markt will, was er braucht und wie das Ziel aussieht, das ist ein wichtiger Prozess. Es ist also die Zieldefinition ganz wichtig und dass die Kommunikation so abläuft, dass auch der Auftraggeber und der Entwickler bis hin zum Forscher wirklich das Gleiche genau im Kopf hat, wenn es um ein gemeinsames Projekt geht, was die Zielsetzung angeht. Dass man wirklich genau auf einer Wellenlänge ist.

Für PA3 sollte die Kommunikation über die Projektziele so ablaufen, dass am Ende hierzu ein identisches Verständnis bzw. ein gemeinsamer Bezugsrahmen vorliegt. Das gemeinsam aufgebaute allgemeine Problemverständnis kann daher im Sinne von Bromme (2004: 178) und Clark (1996: 92) bzw. Clark und Brennan (1991: 127) als bedeutender Bestandteil des ‚Common Ground' verstanden werden, der die Kommunikation im Projektverlauf erleichtert.

Auf der Basis dieses *gemeinsamen Grobkonzeptwissens* werden die technologische Herangehensweise und die verschiedenen Komponenten einschließlich ihrer Funktionen grob definiert. Dies gilt für Verfahrens- (vgl. Interviewzitat PB4) wie auch Produktinnovationen (vgl. Interviewzitat PF1).

> PF1: Das war einfach ein Brainstorming, was kann ich machen, mit meiner [...] Partikelsynthese [...] damit die [Partikel] dann in den Kunststoff dann besonders gut [...] sich einarbeiten lassen, [...]: „Okay, was ist bei Ihnen, sag ich so, gewünscht, welche Lieferformen und so weiter", und solche Sachen haben wir diskutiert. Zum Beispiel möchte ich das als Pulver dispergieren oder als Suspension, welche Medien werden dafür benötigt und solche Sachen haben wir diskutiert. Was, sag ich so, [...] wäre aus Ihrer Erfahrung dann das beste Anpassungsmittel, die eine Sache ist das Additiv und die andere Sache ist, wie man das, entscheidend ist, wie man das anpasst.

> PB4: Also ich hab ein Konzept, das, wie vorhin gesagt, ich hab so ein Konzept. Wir haben ein Konzept. Wir haben ein Ziel, von A bis B müssen wir machen. Und das Gesamtkonzept ist dann, wie mache ich das? Ein Reaktionsteil, ein Riesenabarbeitungsteil und dann kommen die Produkte.

Auch bei Projekten, bei denen das zu entwickelnde Produkt nicht modularisierbar ist, wird im Projektteam ein Grobkonzept in der Regel von dem beteiligten Chemiker entwickelt. So werden, wie das Zitat von PA2 zeigt, grob die Zusammensetzung, die technischen Besonderheiten und das Anwendungsfeld des Produkts geschildert.

> PA2: Es wird vorgestellt, im Groben, die Zusammensetzung des Produkts, die vorgesehene Anwendung für das Produkt und auch im Groben die Besonderheiten vielleicht, was Technologie anbetrifft.

Aus dem gemeinsamen Grobkonzeptwissen entsteht eine Beurteilungskompetenz, die es den verschiedenen Spezialisten ermöglicht, aus ihrer fachlichen Sicht potentielle Schwachstellen,

Probleme und Fehlerquellen im Innovationsprojekt zu entdecken und den für dieses Projekt zu erwartenden technischen und Investitionsaufwand abzuschätzen.

> PD3: Zunächst mal muss man ja informiert sein, worum geht es denn überhaupt, das ist ja erstmal die Grundlage und damit ich mitdenken kann. Und dann fängt man natürlich an zu überlegen, wo, wie könnte das aussehen, wo gibt es, wo gibt es Schwachpunkte, wo gibt es Probleme, was ist Standard und wo muss ich mich dann genauer drum kümmern. Im Hinterkopf hat man immer so ein bisschen den Aufwand, einmal den Aufwand, was wird das nachher investitionsmäßig kosten, und der andere Punkt ist, wie groß ist der ingenieurtechnische Aufwand, um da zu einem funktionierenden Verfahren zu kommen oder zu einer funktionierenden Anlage zu kommen. [...] Und dann muss, da krieg ich ja schon mal ein Gefühl für, wo sind jetzt die kritischen Punkte im Verfahren, wo muss ich mich als Ingenieur oder Verfahrenstechniker dann drum kümmern, apparatetechnisch, maschinentechnisch.

Die Antworten der Interviewpartner machen die Bedeutung dieses gemeinsamen Grobkonzeptwissens für eine realistische Einschätzung der Anforderungen an die eigene Arbeit und ihre Ausrichtung auf die Erfordernisse des Gesamtprojekts ersichtlich (vgl. Schmickl, C. 2006: 293). Tatsächlich versetzt das Grobkonzeptwissen als Teil des ‚Common Ground' die an den untersuchten Innovationsprojekten beteiligten Spezialisten in die Lage, die Abhängigkeiten und die Voraussetzungen für das angestrebte Zusammenspiel zwischen den Aufgabenbereichen und Modulen zu erkennen (vgl. auch Mengis, J. & Nicolini, D. 2009: 15).

Mit dem *gemeinsamen Schnittstellenwissen* werden die Anforderungen an die einzelnen Module und Aufgabenbereiche festgelegt (Grunwald, R. 2003: 170; Schmickl, C. 2006: 293 f.). Bei der Entwicklung der einzelnen Produkt- und Verfahrenskomponenten (vgl. Interviewzitate PE4 und PD1) werden die zu berücksichtigenden Bedingungen bestimmt, die an den Schnittstellen berücksichtigt werden müssen, um das erfolgreiche Zusammenspiel der Module zu gewährleisten. Bei nicht modularisierbaren Produkten werden die Anforderungen formuliert, die die einzelnen Spezialisten bei der Entwicklung umsetzen müssen, damit am Ende ein marktfähiges Produkt realisiert wird (vgl. Interviewzitat PC3).

> PE4: Ja, und diese Schnittstelle [die Schnittstelle an sich] ist ja eigentlich besonders wichtig. Man versucht eben dahin zu kommen, um zu sagen: „Du sagst uns jetzt mal, wie müssen die Materialien aufgebaut sein, wie sind die Energiezustände." Und wir bringen mit, wenn wir dann bestimmte Substituenten einführen, wie können wir dann so einen Energiezustand verändern.

> PD1: Welche Qualitäten müssen die Einsatzstoffe haben, die an den Katalysator hinkommen, was muss ich eventuell dafür tun, damit das gewisse Komponenten nicht enthält, was sind die Grenzen, wie viel er davon aushält, und dann muss ich noch verstehen, welche Temperaturen braucht der, welche Sensitivität hat der auf Temperatur, welche Sensitivität auf beigemengte Stoffe, welche Sensitivität auf die Geschwindigkeit, wie, wieviel durchgesetzt wird.

> PC3: Es geht ja darum, wie wir dann auch hinterher zusammenarbeiten, wie die Schnittstelle aussieht. Insofern ist es schon sehr wichtig, dass man da auch versteht, wo die eigene Grenze ist oder wo der eigene Aufgabenbereich aufhört und der andere anfängt und wie das dann halt zusammenpasst, wenn man davon keine klare Vorstellung hat, was der andere eigentlich sagt, dann ist das halt schwierig.

Das gemeinsame Schnittstellenwissen der an interagierenden Modulen arbeitenden Spezialisten ist – wie in den bisherigen TOL-Studien (Schmickl, C. 2006: 274 f. u. 293) – auch in den hier untersuchten Projekten grundlegend für eine erfolgreiche Abstimmung der einzelnen Aufgaben und Module.

Die letzte der in den bisherigen TOL-Studien (Schmickl, C. 2006: 276 f.) identifizierten gemeinsamen Produktwissensarten, das *gemeinsame schnittstellenangrenzende Contentwissen*, lässt sich auch in dieser Untersuchung nachweisen. Es ist auch bei Verfahrensinnovationen von Bedeutung. Dieses Wissen entsteht, wenn Spezialisten Schnittstellen spezifizieren und zur Lösung von Problemen schnittstellenübergreifendes Modulwissen austauschen, soweit es für die Problemlösung notwendig ist (vgl. Schmickl, C. 2006: 276 f.). In der Regel betrifft dieses Wissen Charakteristika interagierender Module, die für die Spezifikation der Schnittstelle wichtig sind.

Interviewpartner berichten, dass bei der Schnittstellenspezifikation zur Abschätzung der Anforderungen an das eigene und an das interagierende Modul nicht selten Wissen über das jeweils andere Modul benötigt wird. So erwähnt PD5, dass systematisch Parameter überprüft werden, was in der Regel Verständnisfragen aufwirft.

> PD5: Wir treffen uns zum Vorgespräch, das heißt, wir möchten ein Verfahren umsetzen und das sieht so und so aus. Und dann hat man schon am Telefon auch schon so eine gewisse Ahnung, wo das hingehen kann, man weiß ja, man weiß, welche Fragen man stellen muss und die sagen dann: „Wir brauchen jetzt dazu eine Werkstoffaussage", wir können eine gewisse Vorauswahl schon mal treffen. Einfach aufgrund von Korrosionsdiagrammen, die wir haben, wenn es um wässrige Korrosionen geht, wenn es über Hochtemperaturkorrosionen geht oder [...] mit welcher Schädigungsart müssen wir rechnen und danach richtet sich die Werkstoffauswahl. Dann trifft man sich zum Gespräch und geht mal die Verfahrensparameter durch, und gegebenenfalls eröffnen sich durchaus halt dann neue Fragen.

Wissen über interagierende Module, das zur Definition der Schnittstellen und zur Einhaltung der von den Schnittstellen festgelegten Anforderungen dient, entsteht zwangsläufig bei der Lösung schnittstellenübergreifender Probleme, wobei bezogen auf ein konkretes Problem gemeinsam verschiedene Lösungsmöglichkeiten diskutiert werden, z. B. das Problem, welche Veränderungen interagierende Module benötigen, um in ihren Funktionen aufeinander abgestimmt zu sein.

> PF4: Ja, letztlich ist diskutiert worden: „Was können wir denn noch an Partikeln machen, was können wir noch an der Modifikation machen." Und dann auch natürlich: „Was können wir an dem Verfahren machen", weil das ja irgendwo alles zusammenhängt. Und dann ist in der Diskussion [eine Problemlösung] entstanden: „Ich könnte mir auch noch vorstellen, [es] so und so zu machen, das hätte aber die Auswirkung, dass ihr noch das und das an eurem Prozess ändern müsstet", und dann sind da Sachen letztlich diskutiert worden [...].

Die Lösung von Schnittstellenproblemen beruht auf mentalem ‚Prototyping'.

Eine weitere Unterkategorie des gemeinsamen Produkt- bzw. Verfahrenswissens bildet das *gemeinsame Wissen über das Verhalten der Produkte oder Verfahren unter realen und simulierten Testbedingungen*. Dieses wird in den früheren TOL-Studien nicht erwähnt. Projektmitglieder entwickeln zusammen mit den Test- und Simulationsspezialisten Wissen über die Reaktionen des Produkts bzw. Verfahrens auf bestimmte reale oder simulierte Umweltbedingungen. Die Generierung dieses Wissens wird besonders dann für erforderlich gehalten, wenn die Test-/Simulationsergebnisse für die Nicht-Test-/Simulationsspezialisten nicht eindeutig nachvollziehbar sind. Es resultiert aus einer gemeinsam entwickelten Interpretation von Test- oder Simulationsergebnissen.

> PD6: Wenn irgendein Ergebnis aus einem Versuch raus kam, wenn ich einfach nur das nackte Ergebnis bekommen hätte, hätte ich wenig damit anfangen können. Es muss immer noch die Erklärung dazu folgen.

> PE6: Das wird jetzt deutlich komplexer. Weil, ich hatte ja vorhin das Stichwort gegeben, kombinatorische Vielfalt. Es ist schwierig, die Testergebnisse so abzulegen, dass jeder Forscher da mit Leichtigkeit irgendwelche Interpretationen vornehmen kann. […] Und das ist die Aufgabe dann wiederum der Devicebauer, dieser Anwendungstechniker [die Ergebnisse zu interpretieren]. Das, was da an Ergebnissen rausgekommen ist, das zu übersetzen, in grafisch aufgearbeitete Informationen und die werden wieder auf den regelmäßigen Meetings vorgestellt und die sagen also: „Das ist das, was ich bisher an Tests, an Devices gebaut habe, und die verhalten sich so und so." Zeigt also die Kurven und macht auch schon eine Interpretation, sagt also: „Meiner Meinung nach ist das so und so."

Interpretationen von Test- bzw. Simulationsergebnissen führen gegebenenfalls zu einer erneuten Überarbeitung der Produkt- und Verfahrenskonzepte. Hierauf wird in Abschnitt 5.2.1. im Detail eingegangen. Die bisherigen TOL-Ergebnisse zum gemeinsamen Produktwissen fanden in dieser Studie ihre Bestätigung. Die genannten Unterkategorien des gemeinsamen Produktwissens konnten ausnahmslos auf Verfahrensinnovationen übertragen werden. Schließlich wurde das gemeinsame Produkt- und Verfahrenswissen durch das gemeinsame Wissen über das Verhalten der Produkte oder Verfahren unter realen und simulierten Testbedingungen um eine weitere Unterkategorie ergänzt. Ein umfassender breiter und detaillierter Aufbau gemeinsamen Produkt- und Verfahrenswissens wurde in den Innovationsprojekten der ChemCompany – wie in den untersuchten Innovationsprojekten der IT- und Elektrotechnikindustrie (Grunwald, R. 2003: 217 f.; Grunwald, R. & Kieser, A. 2007: 383; Schmickl, C. 2006: 293 f.) – ebenfalls nicht beobachtet (vgl. auch Abschnitt 5.1.2.2.).

5.1.6.2. Gemeinsames Fachwissen

Unter gemeinsamem Fachwissen versteht das TOL-Konzept das von Projektmitgliedern aus ihren Fachgebieten in eine Projektgruppe eingebrachte Know-how (Schmickl, C. 2006: 279). Dieses Know-how ergibt sich aus der wissenschaftlichen Disziplin der Projektmitglieder und ihrer Spezialisierung innerhalb dieser Disziplin sowie aus dem Anwendungsfeld ihres Wissen (ebd.: 279). Schmickl (Schmickl, C. 2006: 280) differenziert zwei Arten von Fachwissen: das gemeinsame produktbezogene Fachwissen und das gemeinsame vom Produkt losgelöste Fachwissen. Das gemeinsame produktbezogene Fachwissen ergibt sich aus der Überbrückung der Schnittstellen zwischen Fachgebieten (ebd.: 294). Es wird über die für die Produktentwicklung relevanten Fakten und Prozesse bzw. über einen punktuellen, zur Formulierung der gegenseitigen fachlichen Anforderungen notwendigen Wissensaustausch aufgebaut (ebd.: 208 f.). Das gemeinsame produktlosgelöste Wissen spielt für die Produktentwicklung selbst und damit für die Integration des Wissens einzelner Spezialisten keine Rolle (ebd.: 294). Als Nebenprodukt der Wissensgenerierung wurde es daher bei der Analyse der vorliegenden Daten nicht weiter berücksichtigt. Gemeinsames produktbezogenes Fachwissen entwickelt sich in der ChemCompany bei Produkt- und zusätzlich auch bei Verfahrensinnovationsprojekten.

In der vorliegenden Untersuchung baut sich gemeinsames produkt- bzw. verfahrensbezogenes Fachwissen aus zwei Gründen auf, nämlich (1) zur fachlichen Erläuterung der für die Projekte relevanten Technologien und (2) im Zuge der Interpretation von Test- und Simulationsergebnissen.

Erläuterungen der für die Projekte relevanten Technologien vermittelt die fachlichen Grundlagen der Technologien, die einen Einfluss auf die Ausgestaltung der Produkt- bzw. Verfahrenskomponenten und der Aufgabenbereiche ausüben. Dieses gemeinsame produkt- bzw. verfahrensbezogene Fachwissen erleichtert es den Projektmitgliedern, in Projektmeetings erörterte Themen einzuordnen und ihre Arbeit zielgerichtet auf das Gesamtprojekt auszurichten.

> PF4: Die rein mechanischen Tests sind von der, von den Grundideen leicht zu verstehen. Die wirkliche Polymerphysik, die jetzt hinter diesen Nanoeffekten vermutet wird, da gibt es so mehrere Theorien, jein. Ich habe die Gedankengänge so grob nachvollzogen, die dahinter [stehen], ich sage mal, das sind bewusst Theorien, die sind noch nicht bewiesen. Aber da gibt es so ein paar Forscher, also externe, die so was postulieren.

> PE4: Im Labor wird dann unter chemischen Gesichtspunkten gekocht werden, aber einfach für das Verständnis. Man weiß ja nicht hundertprozentig, was in dieser Zelle da abläuft, wenn wir da immer noch besser die theoretischen physikalischen Hintergründe dann erkennen, dann haben wir vielleicht die Fähigkeit, das Ganze zu verquicken mit Einflüssen von Teilchen, die da noch sind.

Zudem präsentieren einzelne Projektmitarbeiter die für ihre Arbeit relevanten Technologien, um den anderen Projektmitgliedern die Möglichkeit zu eröffnen, die Erkenntnisse, die durch diese Technologien gewonnen werden, für ihre eigene Arbeit zu nutzen. So stellt bspw. der Simulationsspezialist PC1 den Chemikern eines Projektteams grob die von ihm angewandte Methodik und das mit dieser Simulationsmethode prüfbare Eigenschaftsspektrum des zu entwickelnden Produkts vor.

> PC1: Allgemeiner Informationsaustausch über die Methoden kann nur über den Projektleiter am Anfang des Projekts [erfolgen], wo der fragt: „Was kannst du machen?" Und normalerweise habe ich immer ein paar Vorträge, wo, wo [ich eine] viertel Stunde [darüber] rede […], was machbar ist. Das von meiner Erfahrung in der Vergangenheit. Die Leute haben normalerweise nicht so eine gute Ahnung, was man machen kann. Die haben eine [Vorstellung] [im] Kopf, was man machen kann, aber es ist falsch. Und man muss denen sagen, was geht, was nicht geht […]. Einfach dass die, dass die nicht Dinge ausschließen, bevor man das gemessen hat.

Im Zuge einer allgemein verständlichen Interpretation von Test- oder Simulationsergebnissen wird ebenfalls Fachwissen ausgetauscht. So wird fachliches Wissen einzelner Spezialisten allgemein, aber auch über Erläuterungen von Simulationen und Testverfahren vermittelt. So berichtet PE8, dass bei der Interpretation von Testergebnissen häufig Fragen auftreten, die einen Austausch von physikalischem oder chemischem Hintergrundwissen erfordern. Bei besonders unerwarteten Ergebnissen lassen sich die Nicht-Test- bzw. Simulationsspezialisten, wie das Interviewzitat von PD6 zeigt, das Testverfahren bzw. die Simulation erklären.

> PE8: [D]as [der Wissensaustausch von Fachwissen] ist natürlich hauptsächlich dadurch getriggert, dass man die, die Versuchsergebnisse verstehen möchte, interpretieren möchte und hinterfragt. Und dann natürlich zwangsläufig in einer Diskussion diese Fragen aufkommen. […] Und […] um diese Fragen alle zu klären, dann muss man das natürlich diskutieren und dafür braucht man dann physikalischen oder auch chemischen Hintergrund.

> PD6: Ich hatte jetzt in einem anderen Projekt vor kurzem, hatte ich genau den Fall. Die eine, da wurde eine Nebenkomponente in dem Verfahren entdeckt, die man bisher gar nicht kannte. Und der betreffende Kollege hatte eine Methode, diese Komponente zu finden, ausgearbeitet. Da hatte ich schon den, da hatte ich den diffusen Verdacht, weil der denn nun tatsächlich auch unbedingt dieses Ding, was er, diese, diese Substanz, die er jetzt da gefunden hat, ob das, ob das denn unbedingt die sein muss oder ob es noch irgendwas anderes sein könnte. Da habe ich mir dann erklären lassen, was hat er denn gemacht.

Das gemeinsame produkt- bzw. verfahrensbezogene Fachwissen ist ein weiterer Baustein des ‚Common Ground'. Interviewzitate zeigen, wie bedeutsam das gemeinsame produkt- bzw. verfahrensbezogene Fachwissen für die Abstimmung zwischen den Spezialisten ist. Ein breiter und detaillierter Wissensaufbau – wie von der ‚Cross-Learning'-Perspektive postuliert (vgl. bspw. Argyris, C. & Schön, D. A. 1978: 16; Nonaka, I. 1994: 24; Tenkasi, R. V. & Boland, J. B. 1996: 87, vgl. auch Abschnitt 2.2.1.) – ist für die Abstimmung konzeptionell nicht erforderlich und lässt sich in keinem der Interviews nachweisen (vgl. auch Abschnitt 5.1.2.2.).

5.1.6.3. Gemeinsame Sprache

Eine gemeinsame Sprache ist Voraussetzung für eine erfolgreiche Wissensintegration. Die Kenntnis einer oder mehrerer gemeinsamer Sprachen kann als eine weitere Art des gemeinsamen Wissens verstanden werden. Es kann sich erstrecken auf (1) natürliche und (2) künstliche Sprachen (Grunwald, R. 2003: 192; Grunwald, R. & Kieser, A. 2007: 374; Schmickl, C. 2006: 287 ff.). Natürliche Sprachen sind in verschiedenen Kulturen gesprochene Sprachen, aber auch Firmensprachen und Fachjargons (Grunwald, R. 2003: 192; Schmickl, C. 2006: 287). Firmen- und Fachjargons verfügen über ein bestimmtes Vokabular, bspw. Abkürzungen oder Fachtermini, die in der betreffenden Organisation bzw. in einzelnen Fachabteilungen geläufig sind (Schmickl, C. 2006: 287). Unter künstlichen Sprachen werden in Anlehnung an Pelz (2000: 183) sog. Expertensprachen – wie die Notensprache in der Musik oder Software-Programmiersprachen – verstanden (Grunwald, R. 2003: 192; Schmickl, C. 2006: 287). Die in diesen Sprachen kodifizierten Methoden und Normen werden ausschließlich von entsprechenden Experten verstanden und von ihnen zur Illustration z. T. hochkomplexer Sachverhalte ohne weitere Erklärung genutzt (Grunwald, R. 2003: 193).

Im Folgenden werden der gemeinsame Fachjargon der Projektmitarbeiter als gemeinsame natürliche Sprache und die in den hier untersuchten Innovationsprojekten auftretenden künstlichen Sprachen dargestellt.

Gemeinsamer Fachjargon:
In ihren Studien stellen Grunwald (2003: 195 ff.) und Schmickl (2006: 288 f.) fest, dass zu Beginn der Innovationsprojekte die Firmensprachen und Fachjargons der verschiedenen Projektmitglieder Verständigungsprobleme verursachen, die jedoch die Zusammenarbeit und Wissensgenerierung, wenn überhaupt, nur kurzfristig behindern. Tatsächlich zeigt sich, dass die Fachjargons und Firmensprachen im Verlauf des Projekts sehr schnell bedarfsorientiert, ohne tief in den Wissensbereich des anderen einzudringen, gelernt werden (Grunwald, R. 2003: 197 f.; Schmickl, C. 2006: 288 f.).

In der vorliegenden Untersuchung führten Fachtermini einzelner Spezialisten ebenfalls zu Beginn der Projekte zu Kommunikationsschwierigkeiten. Beispielsweise verwenden Chemiker einen anderen Fachjargon als Physiker oder in beiden Fachjargons eingesetzte Termini besitzen eine unterschiedliche Bedeutung.

PD5: Wenn wir als Werkstofftechniker mit jüngeren Kollegen sprechen, dann verwenden [wir] zum Beispiel unsere Termini Nickelbasislegierung, Hastelloy. Das sind Dinge, mit denen die zunächst nichts anfangen, anfangen können, dann macht [man ein] kurzes Briefing.

PE7: Sometimes yes, because, you know, we chemists, you know, we speak in a chemist language and, you know, physicists they always use a physicist language. So, sometimes it is very hard to, you know, understand what they want to convey, for example, sometimes it is difficult for them to understand what we want to convey. So, but we know now we have been working together for quite a long time and now we learn to understand each other. So, it is not a problem any more.

PF4: Es werden andere Sprachen gesprochen. Darauf muss man sich einfach einstellen. Das merkt man aber, ich habe das hier relativ schnell gemerkt, dass, dass hier gewisse Vokabularien einfach auch anders besetzt sind, das kann zu Missverständnissen führen. Die sprechen von Polymer, aber Polymer ist für mich ein Kunststoff, ein technischer Kunststoff, wo ich einen Teil draus machen kann. Ein Polymer für einen Chemiker ist prinzipiell erst mal alles, was irgendwie mehr als zwei Wiederholeinheiten hat, das kann auch dünnflüssige Plörre sein, Kerzenwachs wäre, ist auch ein Polymer im chemischen Sinne.

Verständigungsprobleme verzögern Innovationsprojekte nur kurzfristig, keinesfalls führen sie zu ihrem Scheitern.

PD6: Ist mir jetzt so, so drastisch noch, noch nicht begegnet, nein. Was durchaus schon vorkommt, ist, dass man noch mal nachfragen muss, weil einem irgendwann aufgeht: „Moment, der meint was ganz anderes wie das, was ich drunter verstehe", dass man da einfach nachfragt, um, um Klarheit zu haben, über was man sich eigentlich unterhält. Aber dass ein Projekterfolg dadurch gefährdet wäre, kam mir jetzt noch nicht, noch nicht vor.

Verständigungsprobleme lassen sich relativ leicht durch Nachfragen beheben, häufig reicht eine kurze Erklärung aus. Mit der Zeit entsteht eine projektspezifische Sprache, in der einzelne Fachtermini eine eindeutige, jedoch projektspezifische Bedeutung erlangen, die sich von der in anderen Projekten unterscheiden kann. Dieser relativ unkomplizierte Umgang mit Verständigungsproblemen aufgrund unterschiedlicher Fachtermini lässt sich anhand des Interviewzitats von PD6 exemplarisch nachvollziehen.

PD6: Teilweise muss man natürlich nachfragen, was der Kollege meint. Jetzt in so einem, in so einem Projekt drin kommt, habe ich aber schon mehrfach beobachtet, dass sich dann eine, eine, für so ein Projekt spezifische Sprache entwickelt. [...] Mit, mit einer Sammlung von Fachbegriffen, die da ganz selbstverständlich verwendet werden, die in einem anderen Projekt ganz anders belegt sind.

Wie von Schmickl (2006: 288 f.) und Grunwald (2003: 197 f.) beschrieben, führen unterschiedliche Fachjargons zu Verständigungsproblemen, die jedoch mit geringem Aufwand ohne intensive Lernprozesse überwunden werden.

Gemeinsame künstliche Sprachen:

Nach Grunwald (2003: 197) und Schmickl (2006: 290 ff.) wird eine gemeinsame künstliche Sprache nur dann in Anspruch genommen, wenn alle Projektmitglieder diese beherrschen. In den von Grunwald untersuchten Projekten ist dies der Fall: Die an den von ihm untersuchten Innovationsprojekten beteiligten Spezialisten sind ohne Ausnahme Softwareingenieure, die in Form gemeinsamer Programmiersprachen über alle verständlichen Expertensprachen verfügen (Grunwald, R. 2003: 197). In dieser Konstellation erleichtert eine künstliche Sprache Wissensaustausch erheblich und wirkt bei der Wissensintegration als Prozess-Facilitator (ebd.: 197). Treffen dagegen in Entwicklungsteams künstliche Sprachen unterschiedlicher Expertengruppen aufeinander, ist der Einsatz einer gemeinsamen künstlichen Sprache von vornherein in Frage gestellt

(Schmickl, C. 2006: 290 ff.). In diesem Fall ist die eigene künstliche Sprache für andere nicht selbsterklärend und wird als Bestandteil des Spezialistenwissens von fachfremden Spezialisten nicht gelernt, so dass eine fachübergreifende Verwendung von Expertensprachen nicht möglich ist (ebd.: 292 ff.).

Ähnliche Schlüsse lassen sich auch aus den Daten der hier untersuchten Innovationsprojekte ableiten. So werden bspw. die künstlichen Sprachen der Chemiker wie Molekülstrukturen oder Reaktionsschemata nicht fachübergreifend eingesetzt. Zweifellos können Chemiker mit ihrer Hilfe effizient untereinander kommunizieren, für Nicht-Chemiker tendiert die Aussagekraft dieser künstlichen Sprachen eher gegen null. Dies gilt auch für andere künstliche Sprachen, wie die von Toxikologen verwendeten Chromatogramme, in denen die stofflichen Zusammensetzungen von Substanzen in grafischer Form wiedergegeben werden.

> PD6: Die werden verwendet, solche, solche Sachen, ja. Und nein, sie werden nicht von allen verstanden. Ich bin, ich bin Verfahrenstechniker, ich hatte zwar einen großen Anteil Chemie in, als Teil meiner Ausbildung, aber auf dem Niveau, auf dem sich ein promovierter Chemiker bewegt, da bin ich ganz, ganz weit davon weg. Und insofern sind Sachen, über die sich Chemiker bspw. mit Molekülstrukturen, mit Reaktionsschemata oder so was unterhalten, wo die sich untereinander sehr schnell und effektiv unterhalten können, da bin ich außen vor, das verstehe ich nicht. Das ist dann ein Punkt, wo ich entweder entscheiden muss, ist das Wissen wichtig für mich, für meine Arbeit und wenn es wichtig ist, muss ich nachfragen und erklären lassen.

> PG4: Und die Darstellung ist in der Tat [unverständlich]. Einmal sind es auch Chromatogramme, die herumgeschickt werden, auch per E Mail. Dass ich eben, meinetwegen Toxikologie und Consumer-Safety so austauschen. Da werde ich mit einkopiert, die mache ich zum Teil gar nicht auf, weil ich weiß, die kann ich eh nicht lesen, ja.

Flussdiagramme sind häufig bildliche Darstellungen, aus denen Spezialisten ohne weitere Erläuterungen Informationen herauslesen können. Für Nicht-Spezialisten stellen sie lediglich Bilder dar, die zur Illustration bestimmter Sachverhalte in der interdisziplinären Kommunikation herangezogen werden.

> PD3: Also, die Mess[spezialisten] und Regler, die täglich damit arbeiten, die, da brauche ich nicht so viel erklären, oder gar nichts erklären, wenn ich jetzt jemanden habe, der seltener damit arbeitet, dann erkläre ich halt das Problem.

> OD: Aber es ist trotzdem hilfreicher, dann so ein Bild dann mit in die Diskussion zu bringen, als sich komplett davon zu lösen oder das nicht zu…

> PD3: Das geht nicht, also ich brauche das. Das Bild ist das Basisdokument, […] das wird an die Wand geworfen und da reden wir darüber.

Grafische Darstellungen werden mitunter vom Abstrakten ins Einfache, leichter Verständliche „übersetzt".

PG1: So künstliche Sprachen, wie Sie sie nennen, werden nicht fachübergreifend verwendet und wenn, dann werden die übersetzt, ich sag mal, customized. Die künstliche Sprache wird dann so verpackt, dass auch die Aussage rüberkommt.

Auf diesen Aspekt und auf die Tatsache, dass künstliche Sprachen als bildliche Darstellungen die Kommunikation erleichtern, wird in Abschnitt 5.2.2. eingegangen.

5.1.6.4. Zusammenfassung der Ergebnisse zum ‚Common Knowledge'

Die Ergebnisse der vorliegenden Studie stellen die wesentlichen Ergebnisse der TOL-Konzepts zum ‚Common Knowledge' auf eine breitere empirische Basis und ergänzen sie. Auch in den Innovationsprojekten der chemischen Industrie liegen die Hauptkategorien des ‚Common Knowledge' – gemeinsames Produkt- und Fachwissen sowie gemeinsame Sprache – vor, wobei in der chemischen Industrie zusätzlich die Kategorie gemeinsames Verfahrenswissen zu beobachten ist. Das gemeinsame Produkt- und Verfahrenswissen untergliedert sich – wie in den vorherigen TOL-Studien – in die Unterkategorien gemeinsames allgemeines Problemverständnis, gemeinsames Grobkonzept, gemeinsames Schnittstellenwissen und gemeinsames, an die Schnittstelle angrenzendes Contentwissen.

Ein gemeinsames allgemeines Problemverständnis ergibt sich aus der Festlegung des Eigenschaftsprofils des zu entwickelnden Produkts bzw. Verfahrens und durch erste technologische Überlegungen zur Umsetzung des Innovationsvorhabens. Hieraus entwickelt sich ein gemeinsames Grundverständnis über die Entwicklungsziele und die Stoßrichtung für die technische Realisierung. Das Wissen über das gemeinsame Grobkonzept vermittelt eine gemeinsame Vorstellung der verschiedenen Produkt- und Verfahrenskomponenten und ihrer Funktionen. Auf dieser Grundlage können die Projektmitglieder etwaige Schwachstellen und Probleme in den Konzepten einzelner Verfahrens- und Produktkomponenten sowie in deren zukünftigem Zusammenspiel entdecken und ihre Arbeit zielgerichteter auf das Gesamtprojekt ausrichten. Gemeinsames Schnittstellenwissen ergibt sich aus und ist Voraussetzung einer erfolgreichen Zusammenarbeit der verschiedenen Spezialisten. Es bezieht sich auf die Anforderungen, die die einzelnen Aufgabenbereiche und Module erfüllen müssen, um integriert werden zu können. Gemeinsames schnittstellenangrenzendes Contentwissen entsteht zum einen bei der Schnittstellenspezifikation und der Lösung schnittstellenübergreifender Probleme. Dieses schnittstellenangrenzende Wissen ermöglicht es den Projektmitgliedern, die gegenseitigen Abhängigkeiten ihrer Arbeitsbereiche und Module nachzuvollziehen und die für eine erfolgreiche Interaktion notwendigen Modulstrukturen zu realisieren. In dieser Untersuchung lässt sich mit dem gemeinsamen Wissen über das Verhalten der Produkte oder Verfahren unter realen und simulierten Testbedingungen eine weitere, bisher nicht berücksichtigte Unterkategorie des Produkt- und Verfahrenswissens aufzeigen. Gemeinsame Interpretationen von Simulations- und Testergebnissen sind häufig der Ausgangspunkt für Überarbeitungen einzelner Module.

Gemeinsames produktbezogenes Fachwissen entwickelt sich in den Innovationsprojekten der chemischen Industrie zu den für das Projekt relevanten Technologien und den Methoden der angewandten Test- und Simulationsverfahren sowie im Zuge der Interpretation von Test- und Simulationsergebnissen.

Eine gemeinsame Sprache entsteht in Form eines gemeinsamen Fachjargons im Laufe der Innovationsprojekte. Spezialisten eignen sich Fachtermini anderer Spezialisten gegebenenfalls durch klärendes Nachfragen rasch an. Im Laufe eines Innovationsprojekts entwickelt sich mitunter ein Fachjargon, der exklusiv in diesem Projektteam verwendet wird. Grundsätzlich stellen unterschiedliche Fachjargons keine längerfristigen Kommunikationsbarrieren dar. Künstliche Sprachen sind für einen fachübergreifenden Einsatz wenig geeignet. Sie werden in der interdisziplinären Kommunikation lediglich als bildliche Darstellungen und nicht als Sprache, mit der ohne größere Erläuterungen Informationen vermittelt werden können, verwendet. Als abstrakte Bilder werden sie auch für Nicht-Spezialisten zur Illustration von bestimmten Sachverhalten herangezogen.

5.2. Muss das TOL-Konzept verändert werden, um den Wissensintegrationsprozess in der Chemiebranche vollständig erklären zu können? Eine Frage nach möglichen Erweiterungen des TOL-Konzepts

Viele Bereiche der Wissensintegration lassen sich in den hier untersuchten Innovationsprojekten der chemischen Industrie mit dem TOL-Konzept und dessen OL-Mechanismen beschreiben, doch zeigen die Analysen der vorliegenden Interviews, dass mit diesem Konzept nicht alle Facetten der Wissensintegration in dieser Branche erfasst werden. Sind Modularisierung und ‚Prototyping' effektive Mechanismen, das Wissen von Spezialisten mit interagierenden Produkt- oder Verfahrensmodulen aufeinander abzustimmen und schließlich zu einem neuen Produkt oder Verfahren zusammenzuführen, so ist es mit diesen Mechanismen nur ansatzweise möglich zu beschreiben, wie in das Produkt oder Verfahren das Wissen der Spezialisten integriert wird, die wie Test- oder Simulationsspezialisten keine direkte Verantwortung für die Entwicklung eines Moduls tragen, deren Wissen aber für eine erfolgreiche Produkt- oder Verfahrensinnovation erforderlich ist.

Die Integration dieses Wissens wird mit dem hier neu vorgestellten Konzept des ‚Feedback Processing' beschrieben (Abschnitt 5.2.1.). Zudem spielen ‚Boundary Objects' bei der Wissensvermittlung und als Wissensträger bei der Wissensintegration in der Chemiebranche eine größere Rolle als in der IT- oder Elektrotechnikindustrie. ‚Boundary Objects' erleichtern die Wissensabstimmung vor allen Dingen zwischen Spezialisten mit einer größeren fachlichen Distanz, wie sie für die Chemieindustrie typisch ist. Auf die besondere Bedeutung der ‚Boundary Objects' in der chemischen Industrie wird in Abschnitt 5.2.2. näher eingegangen. Darüber hinaus lassen sich in den hier untersuchten Innovationsprojekten Routinen (s. hierzu Abschnitt 5.2.3.) nachweisen, mit deren Hilfe im Rahmen des mentalen ‚Prototyping' die Module anderer Spezialisten strukturiert auf Schwachstellen geprüft und die Erfahrungen vorheriger oder paralleler Innovationsprojekte berücksichtigt werden. Der systematischen Bezugnahme auf in bereits abgeschlossenen oder parallel laufenden Projekten erworbenen praktischen Erfahrungen kommt in dem Innovationsumfeld, in dem sich viele der auftretenden Phänomene durch theoretische Vorüberlegungen nicht vorhersagen lassen, eine besondere Bedeutung zu. Vor allem in durch ‚Trial-and-Error' getriebenen Innovationsprozessen nehmen die durch Testverfahren und Simulationen gewonnenen Erfahrungen eine zentrale Rolle ein. Routinen werden in Abschnitt 5.2.3. genauer betrachtet. Im Folgenden wird zunächst der Aspekt des ‚Feedback Processing' eingehend behandelt.

5.2.1. ‚Feedback Processing'

Wie im TOL-Konzept beschrieben und in Abschnitt 5.1.3. für die Chemiebranche bestätigt, wird das Wissen der für die einzelnen Module verantwortlichen Spezialisten mithilfe der Modularisierung und dem ‚Prototyping' zu neuen Produkten und Verfahren integriert. Der wesentliche Teil des Wissens einzelner Spezialisten fließt durch die Integration der von ihnen entwickelten Module in das neue Produkt oder Verfahren ein. So synthetisieren bspw. Chemiker Katalysatoren für neue chemische Verfahren auf der Grundlage ihres Fachwissens und der von ihnen bis dahin gemachten Erfahrungen. Durch die Kopplung mit den anderen Modulen wird dieses Wissen mit dem Wissen anderer Spezialisten zu einem neuen Verfahren integriert. Zur Gewährleistung einer erfolgreichen Integration werden die Module mithilfe des ‚Prototyping' durch mentale, reale und virtuelle ‚Trial-and-Error'-Prozesse aufeinander abgestimmt. Das sich aus diesem ‚Prototyping' ergebende Feedback wird von den Modulspezialisten in weiteren Entwicklungsprozessen berücksichtigt. Auf diese Weise fließt auch Wissen anderer Spezialisten in ihre Module ein. Beispielsweise geben die Reaktorspezialisten anhand ihres Fachwissens und ihrer Erfahrungen im Rahmen des mentalen ‚Prototyping' ein Feedback an die Katalysatorchemiker, die dieses Wissen für die Modifikation der Katalysatoren verwenden.

Der Aspekt der Feedbackverarbeitung spielt in den bisherigen TOL-Studien in der IT- und Elektrotechnikindustrie nur eine untergeordnete Rolle, da ausschließlich Wissensintegrationsprozesse betrachtet werden, an denen Spezialisten beteiligt sind, die die zu integrierenden Module selbst entwickeln. So sind in den von Grunwald (2003: 165 ff.) untersuchten Wissensintegrationsprozessen ausschließlich Spezialisten involviert, die jeweils einen Teil zur Entwicklung der Softwareinnovation beitragen. Da der wesentliche Anteil des Wissens dieser Spezialisten durch die Integration ihrer Module im Endprodukt gespeichert wird, rückt bei diesem Autor deren erfolgreiche Modulabstimmung in das Zentrum der Analyse. Die Tatsache, dass sich Wissen von Spezialisten durch die Verarbeitung ihrer Feedbacks auch in anderen Modulen wiederfindet, ist in den von Grunwald (2003: 165 ff.) untersuchten Innovationsprojekten der IT-Industrie von geringerer Relevanz. In den hier untersuchten Innovationsprojekten der ChemCompany ist dagegen der Feedbackverarbeitungsaspekt von Bedeutung, da an der Entwicklung neuer chemischer Verfahren und Produkte häufig Spezialisten beteiligt sind, die selbst keine Produkt- oder Verfahrensmodule entwickeln, deren Wissen aber durch die Umsetzung ihrer Feedbacks seitens der Modulspezialisten in die neuen Produkte oder Verfahren integriert wird.

Dieser Prozess der Integration von Wissen der Nicht-Modulspezialisten wird hier mit dem Konzept des ‚Feedback Processing' beschrieben. Die Feedbacks der indirekt an der Entwicklung von Modulen beteiligten Spezialisten ist ein wesentlicher Input für die Arbeit der Modulspezialisten, die diesen Input in modifizierte oder vollständig neue Modulkonzepte umsetzen. Aufgrund der großen Bedeutung der Test- und Simulationsergebnisse für die Entwicklung in der Chemiebranche soll ‚Feedback Processing' am Beispiel der Integration der Test- und Simulationsergebnisse genauer beschrieben werden. In den Innovationsprojekten wird auf standardisierte und spezielle, für die Projekte entwickelte oder angepasste Tests bzw. Simulationen zurückgegriffen. Die Spezialisten, die Standardtests durchführen, gehören einer Serviceabteilung an. Standardtests sind häufig genormte Prüfungen, bei denen für die Testung bestimmter Eigenschaften bereits existierende Testverfahren und Simulationen angewendet werden. Dagegen sind die Spezialisten für nicht-standardisierte Tests häufig Mitglieder des Projektteams. Solche Spezialisten werden immer dann benötigt, wenn für bestimmte Eigenschaftsprofile keine Standardtests oder Standardsimulationen zur Verfügung stehen, sondern Testverfahren oder Simulationen angepasst oder neu entwickelt werden müssen. Diese Spezialisten setzen aber ihr Wissen nicht selbst in Maßnahmen für Produkte oder Verfahren um, sondern liefern nur ein durch reale oder virtuelle Bewertungen gewonnenes Feedback, aufgrund dessen die Modulverantwortlichen ihre Modulkonzepte modifizieren oder neu entwickeln. So lässt sich in den Innovationsprojekten beobachten, dass bspw. Chemiker auf Basis der Test- oder Simulationsergebnisse neue Moleküle synthetisieren. Die Chemiker integrieren das durch Test- oder Simulationsspezialisten generierte Wissen, indem sie die Test- oder Simulationsergebnisse in ihre eigenen Arbeitsdefinitionen überführen. So zeigen auch Interviewzitate, dass Test- und Simulationsergebnisse einen wichtigen Ausgangspunkt für die Arbeit der Modulspezialisten darstellen.

> PD4: Dass wir sagen [auf Basis der Testergebnisse]: „Das ist aber nicht so schön oder das ist ganz gut." Wie man dann die Aktivmasse verändert, das, das […] müssen wir den Chemikern überlassen.
>
> PE2: […]. Er [PE3, der Simulationsspezialist] muss für mich Orbitalenergien berechnen und das ist halt eine Eigenschaft von drei, vier, fünf Eigenschaften und ich synthetisiere die Verbindungen, die [Verbindungen,] die falschen Orbitalenergien haben, […] fange ich gar nicht erst an.
>
> PG3: […]. Dann käme von uns der Hinweis: „Bei dieser Formulierung oder bei diesem Wirkstoff gibt es Ergebnisse unserer Studien, die nicht akzeptabel für Behörden sind. Lasst euch etwas Neues einfallen."

Somit tragen die Test- und Simulationsspezialisten wie Physiker oder theoretische Chemiker, obgleich sie selbst keine Produkt- oder Verfahrenskomponenten entwickeln, mit ihrer Expertise, die sich in den virtuellen und realen Testverfahren und den daraus folgenden Ergebnissen widerspiegelt, wesentlich zum Innovationsprozess bei.

Interviewantworten machen deutlich, dass häufig die Ergebnisse der Test- und Simulationsspezialisten einer klärenden Interpretation bedürfen. Erst wenn z. B. die Chemiker die arbeitsrelevanten Informationen der Testergebnisse in Form von Grafen oder Zahlen tatsächlich verstehen, können die Test- und Simulationsergebnisse in der Synthese neuer Moleküle Berücksichtigung finden. So weisen Interviewzitate darauf hin, dass Test- und Simulationsergebnisse häufig nicht selbsterklärend sind und entgegen der „landläufigen Meinung" keine eindeutigen Informationen liefern.

> PA1: […]. Ich hatte jetzt eine Messung angeleiert, da habe ich überhaupt nichts verstanden… […] weder die Methode noch die Ergebnisse. Und da haben wir uns halt hier, hier zusammengesetzt, und er hat mir dann erklärt: „Die Zahl heißt also so". […] Und dann versucht man irgendwie dann zu einem Verständnis zu kommen.
>
> PB1: Genau, weil der Fachmann macht einen Test, den ich so nicht kenne. […] Weil ich fachfremd bin. Aber die Ergebnisse, mit denen kann ich etwas anfangen, wenn sie mir entsprechend erklärt sind. Das heißt, wenn der Fachmann, ja, die, die Grundlagen für den Test erklärt, dann kann ich damit etwas anfangen.
>
> PD7: Im Gegensatz zur landläufigen Meinung liefern Messergebnisse nicht immer eindeutig, können Sie Messergebnisse nicht immer eindeutig interpretieren. […] Sie haben immer ein Informationsdefizit und damit kommt […] der Zwang zur Interpretation dazu.

Die Interviews – insbesondere das letzte Zitat – bestätigen die Vorstellungen von Fleck (1980), wonach wissenschaftliches Wissen – auch naturwissenschaftliches – sozial konstruiert ist und experimentelle Ergebnisse grundsätzlich einer Interpretation bedürfen. Tatsächlich konnte Fleck (1980: 111 ff.) durch die Analyse der Entwicklung der Syphilisdiagnostik belegen, dass wissenschaftliches Wissen und auch die wissenschaftliche Wahrheit soziale Phänomene sind, die sich in der Diskussion zwischen Spezialisten entwickeln und durch deren Denkstile beeinflusst werden.

Die Ergebnisse komplexer Tests oder Simulationen werden daher in der Regel gemeinsam mit dem jeweiligen Test- oder Simulationsspezialisten diskutiert und interpretiert (vgl. auch Abschnitt 5.1.6.1.). Die Ergebnisse von Standardtests und -simulationen können dagegen meistens direkt umgesetzt werden, da sie von den für Produkt- oder Verfahrenskomponenten verantwortlichen Spezialisten von vornherein zu verstehen bzw. eindeutig zu interpretieren sind oder wie das Zitat von PD7 zeigt, auf Interpretationserfahrungen vorangegangener Projekte zurückgegriffen werden kann.

> PD7: Das ist so ein zehnseitiger, relativ mit wenigen kleinen oder mit vielen kleinen Texten – eine zehnseitige Tabelle und [Sie] schauen einfach, können das Ganze schon lesen. Das heißt, Sie brauchen da jetzt nicht noch die Einführung: „Wie war es." Das hängt aber auch davon ab, wie oft machen Sie das und das entwickelt sich. [...] Am Anfang können Sie mit der Tabelle noch nicht viel anfangen.

‚Feedback Processing' erfordert keinen umfangreichen Wissensaustausch. Tatsächlich machen die Interviewzitate deutlich, dass ein detailliertes Wissen über die Testmethoden oder Simulationen nicht notwendig ist, um die Test- oder Simulationsergebnisse in ihrer Bedeutung nachvollziehen und für das Produkt oder das Verfahren berücksichtigen zu können.

> OD: [...]. Muss man dann dafür, um gewisse Testergebnisse dann interpretieren zu können oder sich auch erklären lassen zu können, muss man dann dafür auch das zugrunde liegende Testverfahren verstehen?
>
> PD6: Das zugrunde liegende Testverfahren, [...] meiner Erfahrung nach, muss ich nicht verstehen, nein. Ich muss nur, ich muss nur verstehen, was er denn getestet hat, aber wie er jetzt zu dem Ergebnis gekommen ist, ist zweitrangig.
>
> OD: Muss man dann dafür die Simulationsmodelle verstehen, um so was nachvollziehen zu können?
>
> PE6: In der Regel nein. PE3 [Simulationsspezialist] natürlich schon, der muss ja natürlich dann [wissen], warum ein ganz bestimmtes Simulationsmodell für diese Molekülart jetzt vielleicht nicht das Geeignete war. Es sind ja alle nur Näherungen, man kann ja gar nicht wirklich die Moleküle als solche berechnen. Die ganzen Simulationsmodelle basieren auf vereinfachten Annahmen. Das weiß natürlich der PE3 und die anderen Rechner auch, aber ich glaube, da hat kein Forscher den Ehrgeiz, das jetzt nachvollziehen zu wollen, sondern da verlässt man sich auf seine Expertise und versucht das eher mit gesundem Menschenverstand zu erklären, warum es jetzt nicht klappt.

Wird Wissen über die Testmethoden oder Simulationen transferiert, geschieht dies in einem breiten und oberflächlichen Umfang. Detailliertes Wissen wird dagegen nur ausschnitthaft ausgetauscht. Ein solcher Wissensaustausch erfolgt, wie Interviewzitate zeigen, zur Erläuterung der Bedeutung einzelner Test- oder Simulationsergebnisse.

PC3: Na gut, in den Meetings wird das dann natürlich diskutiert. Da stellen normalerweise die Kollegen die Ergebnisse vor und dann kann man, dann wird dann im Prinzip gefragt, bis man halt, bis jeder das Gefühl hat, dass er es verstanden hat.

OD: Okay. Und ab welchem Punkt bei diesem Wissensaustausch haben Sie sich dann gesagt: „Mehr Wissen brauche ich nicht [...], mir reicht das Wissen aus?"

PC3: Ja, also, wie gesagt, in dem Moment, wo ich das Gefühl hatte, ich habe es soweit verstanden, [...] was dieses Ergebnis bedeutet und welche Fehlerquellen vielleicht da auch hinten dran stehen können, reicht es dann eigentlich.

OD: [...]. Wenn, wenn jetzt ja, Testergebnisse da sind, die vielleicht eher, ja, so einen Alarm auslösen, ist es für sie einfach, solche, solche Testergebnisse zu lesen aufgrund Ihrer Erfahrung? Oder muss man die Ihnen dann genauer darlegen, weil, weil Sie eben kein Experte, unmittelbarer Experte der Toxikologie sind?

PG4: Nein, das haben wir schon, die muss man mir schon genauer darlegen. Also, das sind halt zum Teil auch wirklich komplizierte Sachen. [...] Und wie gesagt, ich geh' immer den Weg, dass ich sag, ich stell mich dumm.

Wissen über die Testmethode oder Simulation und zur Erläuterung der Test- bzw. Simulationsergebnisse wird v. a. bei nicht-standardisierten Tests und Simulationen ausgetauscht. In diesem Fall fehlt häufig das nötige Hintergrundwissen, um die Ergebnisse nachvollziehen zu können. In diesem Zusammenhang nimmt ‚Feedback Processing' Einfluss auf den Wissenstransfer: Damit die Modulspezialisten die genannten Ergebnisse und Vorgaben verarbeiten können, müssen nicht nur die Test- und Simulationsergebnisse übermittelt, sondern auch Wissen für deren Interpretation transferiert werden.

Auch das ‚Feedback Processing' geht entsprechend den Interviewaussagen nicht mit einem breiten und detaillierten Wissensaustausch einher. Vielmehr reduziert die verständliche Vermittlung der Test- und Simulationsergebnisse durch Grafen oder Zahlenreihen im Sinne von ‚Boundary Objects' den Wissensaustausch auf das Notwendige. ‚Boundary Objects' besitzen in den Wissensintegrationsprozessen der sieben analysierten Innovationsprojekte aufgrund der z. T. weit auseinander liegenden Fachgebiete der daran beteiligten Mitarbeiter eine große Bedeutung. Hierauf wird im nächsten Abschnitt 5.2.2. näher eingegangen.

5.2.1.1. Zusammenfassung der Ergebnisse zum ‚Feedback Processing'

In den Innovationsprojekten der ChemCompany liegt mit dem ‚Feedback Processing' ein weiterer Mechanismus zur Wissensintegration vor. Auf Basis der Interviewergebnisse lässt sich dieser Mechanismus als ein Prozess beschreiben, bei dem die Feedbacks einzelner Spezialisten zu den Produkt- oder Verfahrensmodulen Inputs für die Arbeit der betroffenen Modulspezialisten darstellen, die diese für ihre Konzepte neuer Verfahrens- oder Produktmodule verarbeiten. Die

Feedbacks müssen z. T. interpretiert werden. In den Feedbacks enthaltene Erfahrungen und Fachwissen werden über diesen Umwandlungsprozess in Produkte oder Verfahren integriert. ‚Feedback Processing' lässt sich in den untersuchten Innovationsprojekten, insbesondere bei der Wissensintegration von Test- und Simulationsergebnissen, beobachten. Hier ist ‚Feedback Processing' von zentraler Bedeutung, da erst durch die Verarbeitung der Test- und Simulationsergebnisse als spezielle Form von Feedback das Wissen der Test- und Simulationsspezialisten in das neue Produkt oder Verfahren integriert wird. ‚Feedback Processing' erfordert wie ‚Prototyping' oder Modularisierung keinen umfangreichen, detaillierten Wissenstransfer. Nur vereinzelt wird der Austausch detaillierten und dann nur ausschnitthaften Wissens, z. B. im Zuge der Interpretation der Simulations- oder Testergebnisse, beobachtet.

5.2.2. ‚Boundary Objects'

Die Ergebnisse der Studie in der ChemCompany legen es nahe, die Rolle von ‚Boundary Objects' stärker hervorzuheben, als dies in den früheren, in der IT- und der Elektrotechnikbranche angesiedelten TOL-Studien geschah. Die Ursache dafür, dass in der ChemCompany-Studie ‚Boundary Objects' in besonderem Maße Aufmerksamkeit auf sich ziehen, mag daran liegen, dass die Fachgebiete der an Projekten beteiligten Spezialisten noch stärker auseinander liegen, als in den früher im Rahmen des TOL-Projekts untersuchten Unternehmen und ‚Boundary Objects' eine wichtige Funktion bei der Überbrückung dieser sehr unterschiedlichen Fachgebiete zukommt. Die an innovativen Projekten in dem IT-Unternehmen beteiligten Spezialisten waren alle Softwareingenieure mit unterschiedlichem Fachwissen bezüglich des Anwendungsfeldes (z. B. Versicherung, Telekommunikation) (Grunwald, R. 2003: 125; Grunwald, R. & Kieser, A. 2007: 379); in dem Elektrotechnikunternehmen waren es im Wesentlichen Ingenieure verschiedener Fachrichtungen (Schmickl, C. 2006: 171; Schmickl, C. & Kieser, A. 2008: 481). Bei Spezialisten dieser Art kann man von einem gewissen gemeinsamen fachlichen Grundverständnis ausgehen, das die Zusammenarbeit erleichtert. Es liegt also nahe, in der vorliegenden Untersuchung den Beitrag von ‚Boundary Objects' einer gesonderten Analyse zu unterziehen. Während ‚Boundary Objects' in den bisherigen TOL-Studien überwiegend im Zusammenhang des ‚Prototyping' untersucht wurden, wird deren Rolle in der vorliegenden Studie neben der Wissensgenerierung auch beim Aufbau eines ‚Common Ground' und beim Wissenstransfer differenzierter betrachtet.

Generell stellen ‚Boundary Objects' kooperierenden organisatorischen Einheiten eine Basis zur Unterstützung der Zusammenarbeit zur Verfügung. In der vorliegenden Untersuchung geht es um die Art und Weise, in der ‚Boundary Objects' fachübergreifende Illustration und Erläuterungen von Entwicklungsproblemen aus den unterschiedlichen Blickwinkeln beteiligter Spezialisten sowie Darstellungen gegenseitiger Abhängigkeiten von Produkt- und Verfahrenskomponenten (Carlile, P. R. 2002: 452; Carlile, P. R. 2004: 557; Dodgson, M. et al. 2007: 452; Star, S. L. & Griesemer, J. R. 1989: 393, vgl. auch Abschnitt 2.2.1.) ermöglichen. Dass dies eine zentrale Funktion von ‚Boundary Objects' ist, veranschaulicht Henderson (1991: 460) in einer Studie, in der Zeichnungen als ‚Boundary Objects' dazu dienen, die verschiedenen Konzepte beteiligter Spezialisten anschaulich darzustellen und so die Kommunikation zwischen ihnen zu erleichtern. In weiteren Studien wird dargestellt, wie andere Artefakte die Funktion von ‚Boundary Objects' übernehmen: Produkte (Bechky, B. A. 2003a: 732), Prototypen (Carlile, P. R. 2002: 452; Carlile, P. R. 2004: 557; Leonard-Barton, D. 1998: 83 ff.), Simulationsergebnisse (Fleischmann, K. R. 2006: 83; Sapsed, J. & Salter, A. 2004: 1519; Sundberg, M. 2007: 484), excellbasierte Arbeitshefte (Cacciatori, E. 2008: 1597), Verträge oder Pläne (Brown, J. S. & Duguid, P. 1998: 104), Zeitpläne (Yakura, E. K. 2002: 956), strategische Konzepte (Macpherson, A. & Jones, O. 2008: 187 ff.; Spee, A. P. & Jarzabkowski, P. 2009: 227 ff.) oder Business Pläne (Ichijo, K. et al. 1998: 184).

‚Boundary Objects' erleichtern den Aufbau eines ‚Common Ground' zwischen kooperierenden Spezialisten, indem sie Konzepte aus der Perspektive eines Spezialisten so darstellen, dass andere beteiligte Spezialisten einen inhaltlichen Zugang finden und auf diese Weise Kommunikation zwischen ihnen erleichtert wird (Bechky, B. A. 2003b: 324 f., vgl. auch Abschnitte 1.4. u. 5.1.6.). Eine Wissensvermittlung mithilfe der ‚Boundary Objects', „which silently but ostensibly are doing some of the explaining" bedarf häufig jedoch keiner weiteren Erläuterungen (vgl. auch Cacciatori, E. 2008: 1594; Mengis, J. & Nicolini, D. 2009: 12), so dass ‚Boundary Objects' eine effiziente Abstimmung ermöglichen: „They rather substitute for cross-learning" (Kieser, A. & Koch, U. 2008: 332). So können die Spezialisten beim ‚Prototyping' durch die Bezugnahme auf die Prototypen ihr Feedback präzisieren und gezielt darlegen, an welchen Details aus ihrer Sicht noch ein Änderungsbedarf besteht, ohne den Austausch umfangreichen Wissens erforderlich zu machen (Grunwald, R. 2003: 183; Kieser, A. & Koch, U. 2008: 332; Schmickl, C. & Kieser, A. 2008: 476 u. 482). Damit Objekte als ‚Boundary Objects' fungieren können, darf ihr Verständnis nicht umfangreiches Hintergrundwissen voraussetzen (vgl. Abschnitt 5.1.6.3.). Sie dürfen für jeweils adressierte Spezialisten nicht hochgradig abstrakt, technisch oder ‚fremd' sein, sondern müssen Zugänge für andere beteiligte Spezialisten bieten (Bechky, B. A. 2003b: 326). ‚Boundary Objects' sind idealerweise „weakly structured in common use, and become strongly structured in individual site use. […] They have different meanings in different social worlds but their structure is common enough to more than one world to make them recognizable, a means of translation" (Star, S. L. & Griesemer, J. R. 1989: 393). ‚Boundary Objects' haben demnach unterschiedliche Bedeutungen für die verschiedenen Spezialisten. So sehen Spezialisten bestimmter Fachrichtungen Zusammenhänge in den ‚Boundary Objects', die Spezialisten anderer Fachrichtungen nicht sehen. ‚Boundary Objects' bieten allerdings gleichzeitig fachübergreifend gemeinsame Bezugspunkte, um ausgehend von diesen unterschiedlichen Sichtweisen Probleme diskutieren zu können, auch wenn die jeweiligen Spezialisten die ‚Boundary Objects' aus ihrer Sicht in einem gewissen Ausmaß unterschiedlich interpretieren (Bodker, S. 1998: 120; Henderson, K. 1991: 457; Sapsed, J. & Salter, A. 2004: 1518; Yakura, E. K. 2002: 968).

‚Boundary Objects' können die Rolle ‚epistemischer Objekte' einnehmen (Bechky, B. A. 2003a: 732; Ewenstein, B. & Whyte, J. 2009: 10). ‚Epistemische Objekte' sind unvollständige Objekte, die solange verbessert werden, bis sie nicht mehr in Frage gestellt werden (Ewenstein, B. & Whyte, J. 2009: 9; Knorr-Cetina, K. D. 2001: 190). Als ‚epistemische Objekte' unterstützen ‚Boundary Objects' verschiedene Spezialisten in ihrem Bemühen, Schwachstellen und Verbesserungsmöglichkeiten in Konzepten zu identifizieren und gemeinsame Lösungen zu entwickeln (Carlile, P. R. 2002: 452). Auf der Grundlage gemeinsam erarbeiteter Lösungsansätze werden ‚Boundary Objects' revidiert (Bechky, B. A. 2003a: 729; Bodker, S. 1998: 119; Carlile, P. R. 2002: 452; Henderson, K. 1991: 459). In den bisherigen TOL-Studien übernahmen ‚Boundary Objects' in Form von Regelentwürfen und Produktprototypen die Funktion ‚epistemischer Objekte'. Prototypen werden in Zusammenarbeit von Spezialisten unterschiedlicher Art so lange in ‚Trial-and-Error'-Prozessen weiterentwickelt, bis eine zufrieden stellende Lösung erreicht ist (Grunwald, R. & Kieser, A. 2007: 382; Kieser, A. & Koch, U. 2002: 250 ff.; Schmickl, C. & Kieser, A. 2008: 482). Das Wissen der verschiedenen beteiligten Spezialisten fließt in die Überarbeitungen der ‚Boundary Objects' ein. ‚Boundary Objects' „embed the knowledge of their creators" (Bechky, B. A. 2003a: 724) und sind damit auch Wissensspeicher (Bechky, B. A. 2003a: 724; Cacciatori, E. 2008: 1597, vgl. auch Abschnitt 5.1.4.).

Auch in den in der ChemCompany untersuchten Innovationsprojekten werden ‚Boundary Objects' in ihren verschiedensten Funktionen zur Wissensintegration eingesetzt. Die Interviewpartner berichten, dass zur Vereinfachung der Darstellung und Erklärung komplexer Zusammenhänge innerhalb der Projektteams häufig visuelle Darstellungen von Miniplants oder speziellen Laboraufbauten als gemeinsame Bezugsbasis bzw. als ‚Boundary Objects' eingesetzt werden (vgl. Bechky, B. A. 2003b: 324 f.). So werden bspw. Grafen und Flussdiagramme oder Prototypen und Modulzeichnungen eingesetzt, um eine gemeinsame Ergebnisinterpretation oder ein gemeinsames Verständnis der Modulanforderungen zu erreichen.

> PD6: Ich behaupte mal, dass die anderen, dass die anderen, dass die anderen Projektteammitglieder, die ja Experten auf einem ganz anderen Fachgebiet sind, dass die an der, an der Zahlenkolonne, wo ein paar Werte rot angemalt sind, nicht erkannt hätten, was ich denn eigentlich meine. Da muss man dann erklären und eigentlich [in Form von Fließbildern] aufbereiten, die Er-

gebnisse, so dass der versteht, was ich meine, dass er das Problem erkennt. So ging es mir umgekehrt genauso.

PE2: Ja, und es präsentiert natürlich auch einer Ergebnisse von den früheren Experimenten, die man sich überlegt hat, und dann sagt man [anhand von Diagrammen]: „Ja, und hier sieht man jetzt, dass ... das und das wichtig ist und hier sieht man, dass das und das wichtig ist, wie wir es uns überlegt haben oder dass eben die und die Eigenschaft nicht wichtig ist, wie wir es uns überlegt haben".

PF4: Zumal, ich, ich würde jetzt auch so aus meiner Erfahrung sagen, wenn ich jetzt mit so einer Prinzipskizze von so einem Extruder auf die Sitzung gegangen bin und erklärt habe: „Der Prozess sieht so aus, das geht hier rein, das geht da rein, das geht da rein, wir haben folgende Parameter variiert, die Umdrehungszahl, die Temperaturen in den Bereichen hier", und so. Dann wird das anderen auch zugänglicher, als wenn ich nur sage: „Ja, wir haben das und das und das gemacht." [...] Also nur verbal das kommunizieren [ist nicht so hilfreich], als wenn man da noch so ein Bild an der Wand hat ..., [...] wo man genau zeigen kann: „Das geht hier rein und das ist hier und der Druckverlauf ist so", und irgendwie mal so ganz plastisch.

Die Interviewzitate zeigen, dass die Art und Weise, wie das Wissen der jeweils anderen Spezialisten präsentiert wird, den Aufbau eines ‚Common Ground' beeinflussen. Eine ausschließlich verbale Kommunikation verkompliziere den Wissensaustausch. So müssten die Spezialisten den anderen Spezialisten ihr Wissen im Detail genau darlegen. Bildliche Darstellungen geben konkrete Anhaltspunkte, um bspw. das Verhalten der Solarzelle unter realen Testbedingungen (s. Interviewzitat PE2) oder die Funktionsweise eines Extruders zur Vermischung chemischer Materialien (s. Interviewzitat PF4) fachfremden Personen anschaulich zu erläutern. ‚Boundary Objects' leisten in der ChemCompany damit einen wesentlichen Beitrag zu den Prozessen ‚Feedback Processing' und ‚Prototyping'. So sind sie bspw. bei gemeinsamen Interpretationen von Test- und Simulationsergebnissen sehr hilfreich, indem sie deren Verarbeitung in Produkt- und Verfahrenskomponenten ermöglichen (vgl. auch Abschnitt 5.2.1.). ‚Boundary Objects' fördern ein gemeinsames Schnittstellenverständnis der verschiedenen Module und des Grobkonzeptwissens über Produkte und Verfahren und damit eine Bewertung der Module der jeweils anderen Spezialisten (vgl. auch Abschnitt 5.1.6.1.).

‚Boundary Objects' werden in der ChemCompany u. a. deshalb bevorzugt beim Aufbau eines gemeinsamen ‚Common Ground' eingesetzt, weil sie eine Abstimmung zwischen der Arbeit verschiedener Spezialisten ermöglichen, die auf einen umfangreichen Wissensaustausch nicht angewiesen ist. Die Interviewpartner berichten, dass durch ‚Boundary Objects' häufig relevante Informationen zur Verfügung gestellt würden, ohne dass die diese Informationen generierenden Spezialisten umfangreiche Erläuterungen mitliefern müssten oder gar direkte Kommunikation mit ihnen erforderlich sei (vgl. Cacciatori, E. 2008: 1594; Mengis, J. & Nicolini, D. 2009: 12). So zeigt das folgende Interviewzitat von PA1, dass es häufig einfacher ist, durch Demonstration am Objekt im Labor als durch Besprechungen zu erklären, welche Anforderungen bestimmte Kom-

5. Ergebnisse der empirischen Analyse

ponenten im Produktionsverfahren (in diesem Fall ein Rührer zur Vermengung verschiedener Chemikalien) erfüllen müssen. Auch PE6 erklärt, dass sich viele relevante Informationen relativ umstandslos grafischen Darstellungen entnehmen lassen.

PA1: [...]. Dann kommt auch der Ingenieur zu uns und guckt sich mal an, wie im Glasgefäß [im Labor], wie das überhaupt aussieht. Was da läuft, damit er einfach einmal [...] einen Eindruck von dem bekommt, was er [der Rührer] eigentlich soll. [...] Das hilft oft mehr, mehr, mehr als tausend Besprechungen [...].

PE6: [...]. Man kann ja oft aus einer grafischen Auftragung viel mehr entnehmen auf einen Blick als aus einer Zahlenkolonne, aus irgendeiner Tabelle. Und das ist die Aufgabe dann wiederum der Devicebauer, dieser Anwendungstechniker. Das, was da an Ergebnissen rausgekommen ist, das zu übersetzten in grafisch aufgearbeitete Informationen [...].

Wie die Ergebnisse zum Wissenstransfer zeigen (vgl. Abschnitt 5.1.2.2.), erlaubt der Einsatz von ‚Boundary Objects' eine Abstimmung auf der Basis eines breiten und oberflächlichen oder ausschnitthaften und detaillierten Wissenstransfers. Er erspart einen umfangreichen detaillierten Wissenstransfer (vgl. Grunwald, R. 2003: 183; Kieser, A. & Koch, U. 2008: 332; Schmickl, C. & Kieser, A. 2008: 476 u. 482).

Vorhandene Objekte müssen häufig aufbereitet werden, um als ‚Boundary Object' dienen zu können. Molekülstrukturen oder Flussdiagramme, die innerhalb einer Spezialistengruppe als künstliche Sprachen dienen und eine effektive Kommunikation ermöglichen, müssen vereinfacht werden, um als ‚Boundary Objects' den interdisziplinären Diskurs unterstützen zu können (vgl. Abschnitt 5.1.6.3.). So wird, wie das Interviewzitat von PF4 zeigt, auf komplexe Details, die das Verständnis eher behindern, verzichtet.

PF4: Ja, gut, ich meine, letztlich, letztlich ist es schon so, dass wir natürlich technische Zeichnungen haben oder so. Ich versuche, das dann immer so anzupassen, [indem ich nur] die nötigen und nicht alle möglichen Informationen drin[lasse]. ... Man muss sich immer klarmachen, was will das Gegenüber. [...] Wie viel Informationen brauchen die jetzt und oftmals tut es halt ein Bild. ... Da ist dann ein Bild, das sieht so aus, der Extruder, ... mehr braucht ihr jetzt nicht zu wissen. Und da muss nicht jede Schaltung dran sein und jedes Kabelchen oder was auch immer. Sondern es ist einfach erst mal eine Prinzipskizze. Und daran erklärt man dann grob, was man macht.

‚Boundary Objects' bedürfen mitunter verbaler Erläuterungen. Das folgende Zitat zeigt aber, dass Projektmitglieder vereinfachte Darstellungen anderer Spezialisten verstehen lernen und damit Erläuterungen knapper gehalten werden oder ganz wegfallen können.

PD4: Die [...] Chemiker [...], die sich viel mit Apparaturen [im Rahmen von Verfahrensinnovationsprojekten] [...] befassen, lernen [...] das [die vereinfachten Fließbilder] auch im Laufe der Zeit [zu lesen]. Das sind so Sachen, die lernt man im Laufe der Zeit.

In der ChemCompany werden ‚Boundary Objects' in einem breiten Umfang zur Generierung von ‚Common Grounds' und zur Begrenzung des Wissenstransfers eingesetzt. ‚Boundary Objects' liegen aber auch dem ‚Prototyping' als ‚epistemische Objekte' zugrunde (vgl. Bechky, B. A. 2003a: 732; Ewenstein, B. & Whyte, J. 2009: 9). Dabei nehmen die Spezialisten Bezug auf die ‚Boundary Objects' und verändern diese durch mentales ‚Prototyping' und reale bzw. virtuelle Tests so lange, bis eine zufriedenstellende Produkt- oder Verfahrenslösung vorliegt. So werden bspw., wie das Zitat von PA3 zeigt, in schriftlicher Form vorliegende Produktkonzepte als ‚Boundary Objects' im Rahmen von ‚Prototyping'-Prozessen verwendet.

> PA3: Ich meine, im Prinzip sind wir ja dann diejenigen, die so ein Konzept präsentieren. Wenn es darum geht, eine Idee aufzugreifen und sich zu überlegen, wie könnte man das umsetzen. Das sind dann im Prinzip andere Leute, die das von uns präsentiert bekommen, die dann sich überlegen oder Fragen stellen: „Habt ihr auch dies berücksichtigt? Kann man da nicht noch etwas ändern? Ist die Wirtschaftlichkeit da gegeben?", und so weiter.

Am Beispiel des folgenden Zitats lässt sich aber auch beobachten, dass ‚Boundary Objects' im Rahmen der ‚Prototyping'-Prozesse verwendet werden, die das ‚epistemische Objekt' – im Fall von Projekt E die noch unfertige Solarzelle – nicht direkt repräsentieren. Stattdessen werden in Grafen dargestellte Testergebnisse herangezogen, um die zugrunde liegenden Konzepte der getesteten Prototypen infrage zu stellen.

> PE5: But I can say: "Based on these results", so I bring the plots that I have, the results that I have: "For this, this reasons, looking at these graphs, this property is lacking and it would be nice to have this molecule with, better in this property", then the chemist will say: "Ah, this is something that is doable, or not." If it's doable, then we make one, if it's not then maybe stop this molecule.

Die Verbesserungen werden in den modifizierten realen oder virtuellen Prototypen gespeichert (vgl. Bechky, B. A. 2003a: 729; Bodker, S. 1998: 119; Carlile, P. R. 2002: 452; Fleischmann, K. R. 2006: 83; Henderson, K. 1991: 459, vgl. auch Abschnitt 5.1.3.2.).

> PD1: Am Anfang in dieser Laborphase erstellen sie so eine Art Grundsimulation, so ein Simulationsschema, mit dem sie dann natürlich weiterarbeiten, aber in dem werden dann immer einzelne Module wieder ausgetauscht, wenn sie einfach verbessert worden sind, und somit dann immer überprüft, dass das Gesamtsystem noch passt und auch wirklich in die richtige Richtung ... besser wird, also kostengünstiger, was ... Energieverbräuche angeht, was Stoffeinsatzmengen angeht und so weiter.

Tatsächlich wird durch ‚Boundary Objects' das Wissen einzelner Spezialisten in die Produkt- und Verfahrenskonzepte integriert und gespeichert.

‚Boundary Objects' sind demnach gemeinsame Wissensspeicher (vgl. auch Abschnitt 5.1.4.), in denen das von einzelnen Spezialisten erzeugte Wissen enthalten ist (vgl. Bechky, B. A. 2003a: 724). Diese Funktion der ‚Boundary Objects' besitzt für das ‚Feedback Processing' in Form von Test- und Simulationsergebnissen eine besondere Bedeutung. ‚Boundary Objects', bspw. in Form von Grafen, repräsentieren das von Test- oder Simulationsspezialisten in Form von Test- und

5. Ergebnisse der empirischen Analyse

Simulationsergebnissen erzeugte Wissen, das nach der Interpretation der Grafen in die Arbeit der verarbeitenden Spezialisten, z. B. der Chemiker, integriert wird (vgl. Abschnitt 5.2.1.).

Die wiedergegebenen Interviewaussagen ergeben, dass ‚Boundary Objects' den Wissensintegrationsprozess in der chemischen Industrie wirkungsvoll unterstützen und damit deutlich zu seiner Effizienz beitragen.

5.2.2.1. Zusammenfassung der Ergebnisse zu ‚Boundary Objects'

Mithilfe von ‚Boundary Objects' können in den hier untersuchten Innovationsprojekten der ChemCompany die großen fachlichen Unterschiede zwischen Spezialisten besser überbrückt und die im Verlauf der Innovationsprojekte ständig erzeugten Test- und Simulationsergebnisse verständlich dargestellt werden. ‚Boundary Objects' erleichtern den Aufbau eines ‚Common Ground'. Sie können als Bezugsbasen herangezogen werden, durch die sich u. a. komplexe chemische Sachverhalte verständlich erläutern lassen sowie Abhängigkeiten der einzelnen Entwicklungsschritte bzw. Module oder Schnittstellenprobleme frühzeitig erkennbar werden und sich präzise umreißen lassen. Sie tragen zur Reduzierung des Wissenstransfers bei. Viele relevante Informationen werden bereits durch die in den ‚Boundary Objects' enthaltenen Inhalte vermittelt, ohne dass sie weiterer Erläuterungen bedürften. Damit Objekte als ‚Boundary Objects' eingesetzt werden können, darf deren Verständnis kein breiteres Hintergrundwissen erfordern. Die Interviewaussagen zeigen aber, dass durch Vereinfachung und Anpassung an den jeweiligen Adressatenkreis Objekte wie Flussdiagramme zu geeigneten ‚Boundary Objects' werden können. Bezüglich des ‚Prototyping' dienen ‚Boundary Objects' als ‚epistemische Objekte', d. h. als Bezugspunkte, mit deren Hilfe Produkt- und Verfahrenskonzepte so lange durch mentales, reales oder virtuelles ‚Prototyping' verändert werden, bis schließlich eine insgesamt zufriedenstellende Produkt- bzw. Verfahrenslösung gefunden ist. Beim ‚Feedback Processing' sind ‚Boundary Objects' als Wissensträger des Wissens einzelner Spezialisten von entscheidender Bedeutung. So repräsentieren bspw. die in Grafen dargestellten Testergebnisse das Wissen der Testspezialisten, das nach adäquater Interpretation der Ergebnisse in die Arbeit der Modulentwickler integriert wird.

5.2.3. Der Einfluss organisationaler Routinen auf das mentale ‚Prototyping'

Innovationsprojekte der Chemiebranche sind durch eine hohe Unbestimmtheit geprägt. Wie sich Produkt- oder Verfahrensmodule unter bestimmten Bedingungen alleine oder im Zusammenspiel verhalten, lässt sich ohne reale Tests oder Simulationen nur eingeschränkt antizipieren. Tatsächlich reicht das theoretische Wissen oftmals nicht aus, um alle Schwachstellen der erstellten Modulkonzepte vor der Testphase zu identifizieren. Forschung in der chemischen Industrie ist deshalb in einem großen Umfang auf ‚Trial-and-Error'-Prozesse angewiesen, die auf Testverfahren und Simulationen basieren. Es stellte sich daher vor Beginn der vorliegenden Studie die Frage, wie strukturiert in diesem Umfeld mentales ‚Prototyping' abläuft, das noch nicht auf Testergebnisse zurückgreifen kann. Die Ergebnisse dieser Untersuchung zeigen, dass dem mentalen ‚Prototyping' Routinen zugrunde liegen, die auf Grundlage von Erfahrungen und Fachwissen entwickelt wurden und eine systematische Bewertung der Arbeit anderer Spezialisten zulassen.

Organisationale Routinen lassen sich allgemein als kollektive, repetitive Verhaltensmuster beschreiben, die individuelle Handlungen miteinander verknüpfen und aus Interaktionen zwischen einzelnen Akteuren resultieren (s. bspw. Feldman, M. S. & Rafaeli, A. 2002: 311). Verhaltensmuster ergeben sich, indem bestimmte Aufgaben in einer bestimmten Art und Weise wiederholt ausgeführt werden (Becker, M. C. & Zirpoli, F. 2009: 225; Valcarcel, S. 2002: 179). Das bloße Wissen, wie bestimmte Aufgaben zu lösen sind, stellt noch keine Routine dar (Orlikowski, W. J. 2002: 253). Routinen entstehen erst durch wiederholte Ausübung von Aufgaben nach ein und demselben Verhaltensmuster (Wenting, R. 2009: 113). Ein weiteres wichtiges Merkmal von Routinen ist die Kollektivität. Organisationale Routinen umfassen kollektive Handlungen, die aus der Verknüpfung verschiedener individueller Verhaltensmuster hervorgehen (Becker, M. C. 2008: 5; Feldman, M. S. & Rafaeli, A. 2002: 312; Nelson, R. R. 2009: 12). Die einzelnen, in den Routinen enthaltenen Fertigkeiten zur Problemlösung werden dezentral und lokal abgespeichert (Dosi, G. et al. 2008: 109), wobei die von den organisationalen Routinen betroffenen Organisationsmitglieder nur den Teil der Routine abspeichern, für den sie zuständig sind (Birnholtz, J. P. et al. 2009: 144). Organisationsmitglieder, deren Aufgaben übereinstimmen oder ähnlich sind, folgen gemeinsamen Verhaltensmustern.

Organisationsmitglieder eignen sich Verhaltensmuster während der Ausbildung und Professionalisierung durch Sozialisierung im Unternehmen, durch Demonstration und durch Verständigung mit anderen Organisationsmitgliedern an (Birnholtz, J. P. et al. 2009: 133; Levitt, B. & March, J. G. 1988: 320). Buchhalter übernehmen bspw. bereits in ihrer Ausbildung bestimmte Routinen (Kieser, A. et al. 2001: 128). Schriftlich fixierte Regeln und Formulare können bei der Entwicklung, Verbreitung und Umsetzung organisationaler Routinen eine wichtige Rolle spielen. Sie beeinflussen Verhaltensmuster der Akteure und bilden häufig die Ausgangsbasis der Entwicklung von Routinen (Pentland, B. T. & Feldman, M. S. 2008: 244). Computersoftware determiniert häufig, wie sich einzelne Organisationsmitglieder in bestimmten Problemsituationen verhalten sollen, und haben so die Ausbildung von Routinen zur Folge (D'Adderio, L. 2008: 782 ff.).

Routinen verändern sich aufgrund neuer Erfahrungen. Sie sind das Ergebnis von ‚Trial-and-Error'-Prozessen (Cohendet, P. & Llerena, P. 2008: 266; Cyert, R. M. & March, J. G. 1963: 101; Gavetti, G. & Levinthal, D. 2000: 113; Nelson, R. R. 2009: 40, vgl. auch Abschnitt 2.2.2.). Werden die mit ihnen verbundenen Ziele nicht mehr erreicht, werden Veränderungen der Routinen initiiert. Routinen speichern organisationales Wissen (Cyert, R. M. & March, J. G. 1963: 100 f.; Hodgson, G. M. 2009: 30; Kieser, A. 2008: 68; March, J. G. et al. 2000: 16).

In den untersuchten Innovationsprojekten wurden Routinen beobachtet, die in Anlehnung an die Aufmerksamkeitsregeln von Cyert und March (1963: 123 f.) als Aufmerksamkeitsroutinen bezeichnet werden können. Aufmerksamkeitsroutinen, wie sie im Folgenden verstanden werden, legen fest, welchen Aspekten die Organisationsmitglieder ihre Aufmerksamkeit bei ihrer Arbeit widmen sollen.

In den untersuchten Innovationsprojekten werden Aufmerksamkeitsroutinen beim mentalen ‚Prototyping' insofern angewendet, als die Bewertung der Module anderer Spezialisten in der Regel einem bestimmten Muster folgt. Dieses Muster ergibt sich aus Kriterien, die beim Bewertungsprozess herangezogen werden und die Aufmerksamkeit der Spezialisten auf bestimmte Bereiche lenken. So überprüft ein Werkstoffingenieur die Eignung des vom Reaktorspezialisten vorgeschlagenen Reaktormaterials anhand vordefinierter Kriterien und widmet seine Aufmerksamkeit dementsprechend nur einzelnen wenigen Fragestellungen, wie z. B.: Wie verhält sich das Reaktormaterial unter einem bestimmten Druck und den vorgegebenen Temperaturen? Er widmet seine Aufmerksamkeit bei der Überprüfung möglicher Reaktionen auf Druck und Temperatur ganz bestimmten Einflüssen. Ähnlich zeigen auch die folgenden Interviewzitate, dass Bewertungen im Rahmen des mentalen ‚Prototyping' anhand bestimmter Kriterien erfolgen.

PD5: Sicherlich die Einsatzgrenzen von den Werkstoffen [...] müssen Sie ermitteln[...] [indem sie fragen], bei welchen Temperaturen, Drücken, Edukte [Reaktanden] eben was möglich ist. Und das müssen wir halt dann [...] [an die Reaktorspezialisten] weitergeben. Das werden Sie nicht in irgendeiner Form niedergeschrieben ... finden, sondern wir haben halt eine gewisse Vorstellungswelt, [...] [die] man dann eben [bei der Bewertung] einbringen kann.

PB3: Wir haben natürlich als Experten quasi so eine Liste von Kriterien, was z. B. ein Katalysator, ein guter Katalysator für diesen speziellen Reaktortyp machen muss, welche Eigenschaften er erfüllen muss. Und die liegen eigentlich fest, da ist schon eine gewisse Systematik drin.

PE3: Gibt es, es gibt bestimmte Grundfragen. Es gibt die Nachfrage der Thermodynamik, also ist ein Prozess energetisch erlaubt. Dann gibt es bestimmt auch andere Sachen mit diesem, sag ich mal, Hintergrund, denkt man einfach über solche Probleme nach [...], das, was man so im Hinterkopf hat an Gesetzmäßigkeiten und Regeln, die man halt dann, dann darauf versucht anzuwenden. Zu ähnlichen Ergebnissen kommen auch Koch (2004: 119 ff.) bzw. Kieser und Koch (2002: 241 u. 253; 2008: 340) in ihrer Analyse der Beurteilung von Regelentwürfen. Unterschiedliche Spezialisten bewerten Regelentwürfe schematisch im Hinblick auf ihre Umsetzbarkeit, die subjektiv empfundene Sinnhaftigkeit und Akzeptanz.

Den Bewertungsprozessen liegen repetitive Verhaltensmuster zugrunde (vgl. Orlikowski, W. J. 2002: 253; Wenting, R. 2009: 113). Bei den verschiedenen Innovationsprojekten greifen die Spezialisten nicht auf projektspezifische Bewertungskriterien zurück. Stattdessen liegen den Bewertungsprozessen ähnliche Kriterien zugrunde. So prüft bspw. der Werkstoffingenieur routinemäßig die Eignung von Reaktormaterialien entsprechend den vorgegebenen Temperaturen und Druckverhältnissen. Auf die Frage, ob sich die Bewertungskriterien von Projekt zu Projekt unterscheiden, berichten die Spezialisten, dass sie zur Bewertung der Arbeit anderer Spezialisten auf allgemeingültige Kriterien zurückgreifen, die unabhängig von dem jeweiligen Projekt relevant sind.

> PB4: Also, eigentlich ist diese Checkliste für jedes Projekt relevant, allgemein. Aber wir haben so unsere detaillierte Checkliste, spezifische Checkliste. Aber allgemein ist es [so], dass Grundregeln schon da sind ... Also günstiger Prozess, bessere Ausbeute und dieses Produkt muss auch Sinn machen. Das sind diese Grundchecklisten.

> PD2: Aber ich muss sagen, diese Systematik oder diese Methodik, auch auf gewisse oder spezielle Art Plausibilitäten zu checken, das ist ein grundlegendes Merkmal auch jetzt meiner Tätigkeit ... Das ist ganz einfach so.

> PG4: Die Kriterien an sich sind ähnlich, wenn nicht gleich. Die Priorisierung der Kriterien ist unterschiedlich.

Die Bewertungsmuster der einzelnen Spezialisten werden durch die wechselseitige Bewertung der Module zu organisationalen Routinen verknüpft (vgl. Becker, M. C. 2008: 5; Feldman, M. S. & Rafaeli, A. 2002: 312; Nelson, R. R. 2009: 12). So prüft der Werkstoffingenieur das Reaktormaterial im Hinblick auf Temperatur und Druck und kommt möglicherweise zu dem Schluss, dass das gewählte Material für das Verfahren nicht geeignet ist. Als Konsequenz schlägt er dem Reaktorspezialisten ein anderes Material vor. Der Reaktorspezialist wiederum prüft dann anhand der für ihn relevanten Kriterien, ob dieses neue Material in sein Reaktorkonzept passt. Unabhängig vom Innovationsprojekt werden diese beiden Bewertungsmuster bei jeder gegenseitigen Bewertung der Arbeit des Reaktor- und Werkstoffingenieurs verwendet (vgl. auch Abschnitt 5.1.3.2.). Durch diesen routinemäßigen Rückgriff auf das jeweilige eigene Bewertungsmuster in der Interaktion mit anderen Spezialisten werden die einzelnen Bewertungsschemata zu organisationalen Bewertungsmustern verbunden, in denen die Organisation bestimmten Kriterien ihre Aufmerksamkeit widmet. Bei der Verknüpfung einzelner Verhaltensmuster spielen in den hier untersuchten Innovationsprojekten Artefakte – wie Prototypen oder Produkt- bzw. Verfahrenskonzepte in Form von Konzepten – eine besondere Rolle. Anders als in der Literatur über Routinen beschrieben (vgl. bspw. D'Adderio, L. 2008: 782 ff.; Pentland, B. T. & Feldman, M. S. 2008: 244), beeinflussen hier die Artefakte weniger die Handlungsabläufe, sie erleichtern vielmehr die Verknüpfung von Verhaltensmustern, indem sie als ‚Boundary Objects' Bezugspunkte für die Bewertungen liefern (vgl. auch Abschnitt 5.2.2.).

Bewertungsschemata sind nicht Bestandteile des Wissens einzelner Organisationsmitglieder (vgl. Levitt, B. & March, J. G. 1988: 320), sondern als gemeinsames Wissen in der jeweiligen Spezialistengruppe präsent. Auf die Frage, ob sie vermuten, dass ihre Kollegen ähnliche Kriterien verwenden, antworteten die Interviewpartner, dass die Kriterien weitestgehend homogen sind.

> PD2: Ja. Also, ich würde durchaus behaupten, ich kenne eine Reihe von Kollegen, die nach ziemlich gleichen Kriterien vorgehen. Es sind sicherlich schon individuelle Unterschiede, aber die grundlegend eine ähnliche Richtung haben. Das merkt man auch, wenn man zu gewissen Gelegenheiten irgendeinen Informationsaustausch hat, ob der jetzt offiziell gestaltet ist oder vielleicht auch persönlich, dass sich das vielfach in eine ähnliche Richtung bewegt. Insofern sind die Kriterien, wenn man so will, dauerstabil und logisch in gewissem Maße in sich schlüssig.

> PF3: Ich glaube, so unterschiedlich denken die Leute dann auch nicht. Wenn man mal sich so anguckt, wie so Teamsitzungen verlaufen, dann ticken die Leute doch in aller Regel in einer sehr ähnlichen Richtung.

> PG4: Ich denke nicht, dass es große Unterschiede gibt. Es hängt sicherlich ein bisschen davon ab, welche Bedeutung das Projekt hat im Gesamtportfolio, welche Kulturen man anpeilt und wie da die Kundenstruktur ist, weil die sehr unterschiedlich sein kann, ob man jetzt beispielsweise in Kulturen geht wie Getreide, Sojabohnen und Mais, die Flächenkulturen, die Commodity Crops, oder ob man in Sonderkulturen geht. Ein Landwirt aus den Sonderkulturen legt wiederum andere Kriterien zugrunde.

Die einzelnen Bewertungsschemata werden nur von denjenigen Spezialisten geteilt, für deren Arbeit sie relevant sind. So befolgen die Werkstoffspezialisten andere Kriterien als die Reaktorspezialisten. Abteilungsübergreifend werden Bewertungsschemata nicht abgespeichert, wie die folgende Interviewaussage illustriert.

> PE6: Es wird schon bisschen unterschiedlich sein. Das hängt mit den Erfahrungshorizonten zusammen. Die unterschiedlichen Experten haben sicherlich unterschiedliche Checklisten. Ein Physiker wird das sicher anders betrachten als ein Chemiker.

Die Ergebnisse der vorliegenden Untersuchung unterstützen damit Ocasios (1997) Beobachtung, dass „attentional processes of individual and group decision-makers are distributed throughout the multiple functions that take place in organizations, with different foci of attention in each local procedure, communication, or activity" (ebd.: 191).

Die Spezialisten eignen sich Bewertungsschemata auf unterschiedliche Art und Weise an. Unerfahrene Kollegen werden durch erfahrene Kollegen mit bestimmten Kriterien vertraut gemacht, die sie für potentielle ‚Fallstricke' sensibilisieren. Dies erfolgt in der Regel, wie das folgende Zitat von PD5 zeigt, durch ein systematisches ‚Training on the Job' im Zuge der Sozialisierung der neuen Organisationsmitglieder (vgl. Birnholtz, J. P. et al. 2009: 133). Wie sich mit dem Interviewzitat von PB4 nachvollziehen lässt, findet der Austausch von Kriterien auch im Rahmen der täglichen Arbeit statt, wenn Kollegen auf Befragung Hinweise geben, auf welche Bereiche und Merkmale der Projektentwicklung besonders geachtet werden sollte (vgl. Birnholtz, J. P. et al. 2009: 133, vgl. auch Abschnitt 5.1.3.2.).

PD5: Und dann diese Identifikation von kritischen Punkten im Verfahrensfließbild, wie sieht die Aufarbeitung von Stoffen aus, ist es eskulativ, ist es ein Extraktionsverfahren. Es ist so, es ist so ein Fragenkatalog den man letztendlich abspult, aber der nicht dokumentiert ist, aber das ist, das ist erfahrungsbasiert. Und da, diese Weitergabe von diesen, dieser Herangehensweise ist, wenn man die [jungen] Kollegen im Schlepptau hat, letztendlich.

OD: Okay. Und die werden dann, und so lernen die letztendlich?

PD5: Man sagt Training on the Job dazu.

OD: Greifst du dann auch auf Erfahrung von Kollegen zurück in solchen Situationen?

PB4: Ja, unbedingt.

OD: Wie sieht das aus?

PB4: Also ich rufe die an, schildere das Problem oder was wir vorhaben und die haben meistens Erfahrung und können sagen: „Achte mal darauf. Ich hab kein gutes Gefühl dabei."

Die Interviews zeigen darüber hinaus, dass Kriterien auch in Gruppenmeetings weitergegeben werden. Zudem nehmen Gruppenleiter eine wichtige Rolle bei der Verbreitung neuer Bewertungskriterien ein, da sie gezielt Erkenntnisse einzelner Gruppenmitglieder an den Rest der Gruppe weiterleiten (vgl. auch Abschnitt 5.1.5.1.). Gemeinsame Bewertungskriterien ergeben sich auch aus ähnlichen fachlichen Ausbildungen (vgl. Kieser, A. et al. 2001: 128; Levitt, B. & March, J. G. 1988: 320), in denen potentielle Probleme und Anforderungen thematisiert werden, die bei der Bewertung von Arbeitsergebnissen anderer zu berücksichtigen sind.

PA3: Durch das Fachwissen, das man hat, ob sie [die Idee der anderen Modulspezialisten] in sich widersprüchlich ist oder nicht. Wenn man bestimmte Zielvorstellungen hat, konkret zum Beispiel, eine bestimmte technische Produkteigenschaft zu erreichen, und es gibt einen Vorschlag, wie man dahin kommt, dann braucht man Fachwissen, um zu entscheiden: Ist das ein plausibler Weg oder nicht? Könnte das klappen oder nicht? Und das Wissen hat man eben durch seine Ausbildung [...] aufgebaut.

Bewertungsmuster in den Aufmerksamkeitsroutinen verändern sich im Laufe der Zeit aufgrund von Erfahrungen (vgl. Cohendet, P. & Llerena, P. 2008: 266; Gavetti, G. & Levinthal, D. 2000: 113; Nelson, R. R. 2009: 40). Wenn bspw. ein Spezialist in realen Tests ein durch mentale Bewertungsprozesse bisher nicht erfasstes kritisches Kriterium entdeckt, wird er seine eigenen Bewertungskriterien dementsprechend erweitern und seine neue Erfahrung an die Kollegen weitergeben. So erklärt PA2, dass die Bewertungskriterien sich verändern, wenn sich bei der Realisierung der Konzepte Probleme ergeben haben, die bei der vorherigen Bewertung nicht antizipiert wurden. In Zukunft wird dann entsprechend darauf geachtet, dass solche Probleme nicht mehr auftreten, indem die Bewertungskriterien um neue Kriterien erweitert werden. Solche Erkenntnisse werden dann, wie das Zitat von PB3 zeigt, an die Fachkollegen weitergegeben.

OD: Hat sich diese mentale Checkliste mit der Zeit verändert?

PA2: Die ist natürlich immer präziser geworden, logischerweise. Mit wachsender Erfahrung gibt es immer mehr Sachen, an die man denkt, wo man gesagt hat: „Okay, bei der Produktübertragung [bei der Übertragung des Produkts vom Labor- auf den Produktionsmaßstab] hat man an der und der Stelle Schwierigkeiten." Das betrachtet man beim nächsten natürlich immer mit. Dadurch wird die Checkliste immer größer.

OD: Verändern sich solche Listen im Laufe der Zeit? Über die Projekte hinweg?

PB3: Diese spezielle Liste wenig. Sobald man da neue Erkenntnisse gesammelt hat, wir haben da eine Teambesprechung, wo sich von unserer Fachstelle die Leute treffen und da tauscht man sich dann natürlich aus [...].

Das neue Kriterium wird so in die Aufmerksamkeitsroutine aufgenommen (vgl. Hodgson, G. M. 2009: 30; Kieser, A. 2008: 68) und in zukünftigen mentalen ‚Prototyping'-Runden zur Vermeidung des durch das Kriterium indizierten Fehlers überprüft.

Aufmerksamkeitsroutinen strukturieren nicht nur mentale ‚Prototyping'-Prozesse, sie erleichtern auch den Erfahrungstransfer zwischen Projekten und dienen der Verbesserung mentaler ‚Prototyping'-Prozesse, indem die Bewertungskriterien ständig erweitert werden. Im Rahmen der diskutierten TOL-Wissensumsetzungsmechanismen – ‚Transactive Encoding' und direkte Wissensumsetzung – geben Aufmerksamkeitsroutinen Hinweise auf die Anwendung von Wissen in Folgeprojekten (vgl. auch Abschnitt 5.1.5.1.). Das beim ‚Transactive Encoding' an die Spezialisten mit dem entsprechenden Fachgebiet weitergeleitete Wissen kann deren Bewertungsschemata verändern. Bei der direkten Wissensumsetzung kann die Anwendung des neuen Wissens dadurch erfolgen, dass beim mentalen ‚Prototyping' auf die aufgrund neuer Erfahrungen veränderten Aufmerksamkeitsroutinen zurückgegriffen wird.

Durch die kontinuierliche Erweiterung der Aufmerksamkeitsroutinen aufgrund neuer Erfahrungen und neuen Fachwissens verbessern Organisationsmitglieder die Fähigkeit der Organisation, Wissen einzelner Spezialisten aufeinander abzustimmen und mögliche Fehlerquellen in der konzeptuellen Phase möglichst frühzeitig und treffsicher zu antizipieren. Diese verbesserte Fähigkeit der Abstimmung und Antizipation beschleunigt den Entwicklungsprozess und verhindert Fehlentwicklungen. Aufmerksamkeitsroutinen sind somit ein wesentlicher Bestandteil der dynamischen Fähigkeiten der ChemCompany und können als Routinen höherer Ordnung oder Lernroutinen interpretiert werden (Teece, D. J. et al. 1997: 516; Winter, S. G. 2003: 991 f.; Zollo, M. & Winter, S. G. 2002: 341). Dynamische Fähigkeiten sind z. B. Produktentwicklungsroutinen, mit deren Hilfe Organisationen die verschiedenen Fertigkeiten und fachlichen Hintergründe ihrer Mitarbeiter zu innovativen marktfähigen Produkten zusammenführen (Eisenhardt, K. M. & Martin, J. A. 2000: 1107). Die kontinuierliche Entwicklung dieser Fähigkeiten und Lernprozesse höherer Ordnung wird in der Mehrzahl der OL-Konzepte (Boland, R. J. & Tenkasi, R. V. 1995; Brown, J. S. & Duguid, P. 1998; Cyert, R. M. & March, J. G. 1963; Dixon, N. M. 1994; Grunwald, R. 2003; Grunwald, R. & Kieser, A. 2007; Kieser, A. & Koch, U. 2002; Kieser, A. & Koch, U. 2008; Kim, D. H. 1993; Koch, U. 2004; Leonard-Barton, D. 1998; Nonaka, I. 1994; Schmickl, C. 2006; Schmickl, C. & Kieser, A. 2008) nicht gesondert aufgeführt. So sprechen Cyert und March (1963: 102) zwar von Lernprozessen höherer Ordnung, ohne sie bei der Beschreibung der OL-Prozesse jedoch genauer zu erläutern. Lediglich Agyris und Schön (1978) befassen sich im Rahmen des ‚Deutero'-Lernens mit Lernprozessen höherer Ordnung. Diese Autoren setzen den früheren Lernkontext, frühere Lernepisoden oder das Fehlschlagen von Lernprozessen in Beziehung zu Handlungen, die das Lernen begünstigen oder verhindern (Argyris, C. & Schön, D. A. 1978: 27, vgl. auch Abschnitt 2.2.1.). Die Ergebnisse der vorliegenden Untersuchung zu der kontinuierlichen Veränderung der Aufmerksamkeitsroutinen gestatten Einblicke in den Ablauf von Lernprozessen höherer Ordnung.

5.2.3.1. Zusammenfassung der Ergebnisse zu den organisationalen Routinen

Organisationale Routinen treten in den hier untersuchten Innovationsprojekten v. a. als Aufmerksamkeitsroutinen im Rahmen des mentalen ‚Prototyping' auf. Diese Aufmerksamkeitsroutinen führen zu einer strukturierten Überprüfung der Module anderer Spezialisten auf Schwachstellen und gewährleisten die systematische Berücksichtigung neuer Erfahrungen in zukünftigen ‚Prototyping'-Runden. Aufmerksamkeitsroutinen beinhalten Verhaltensmuster zur Einschätzung der Arbeit anderer Spezialisten anhand bestimmter Bewertungskriterien. Sie lenken die Aufmerksamkeit auf ausgewählte Bereiche der Innovationsentwicklung, bspw. auf einzelne Umweltbedingungen. Hierbei stützen sich Spezialisten der verschiedenen Fachrichtungen nicht auf ein gemeinsames Bewertungsschema, sondern auf die aus ihrer Sicht fachlich relevanten Bewertungskriterien, die sich im Rahmen des ‚Prototyping' durch die dort für jedes Innovationsprojekt ablaufenden wechselseitigen Bewertungen ihrer Module bzw. Aufgabenbereiche zu einer organisationalen Aufmerksamkeitsroutine verbinden. Die Spezialisten eignen sich die für sie relevanten Kriterien im Zuge der Sozialisierung durch ein ‚Training on the Job', in Gesprächen mit Fachkollegen oder in Gruppenmeetings der einzelnen Fachabteilungen an. Die Aufmerksamkeitsroutinen verändern sich immer dann, wenn durch reale Tests oder Simulationen gewonnene Erkenntnisse neue Bewertungskriterien erfordern, die zukünftig beim mentalen ‚Prototyping' zur Überprüfung eines reibungslosen Zusammenspiels der verschiedenen Module berücksichtigt werden müssen.

Die kontinuierliche Verbesserung und Erweiterung von Aufmerksamkeitsroutinen erhöht die Beurteilungskompetenz der ChemCompany im Rahmen des mentalen ‚Prototyping' und damit ihre Fähigkeit, die Beiträge einzelner Spezialisten zu Produkt- und Verfahrensinnovationen möglichst effektiv aufeinander abzustimmen. Auf diese Weise steigern Aufmerksamkeitsroutinen das Innovationspotential der ChemCompany und ihre dynamischen Fähigkeiten.

5.3. Einordnung der Ergebnisse in OL-Konzepte

Die vorliegende empirische Untersuchung sollte der Frage nachgehen, wie in der Chemieindustrie das Wissen der verschiedenen an Innovationsprojekten beteiligten Spezialisten zu neuen Produkten und Verfahren integriert wird. Der theoretische Rahmen für die Studie ergab sich aus der Gegenüberstellung der ‚Cross-Learning'-Perspektive mit der des TOL-Konzepts. Die Ergebnisse zeigen, dass sich der Wissensintegrationsprozess nicht mit den Annahmen der ‚Cross Learning'-Perspektive in Übereinstimmung bringen lässt. In keinem der untersuchten Innovationsprojekte wurde breites und detailliertes Wissen zwischen den beteiligten Projektmitgliedern zum Aufbau eines tiefgehenden Verständnisses als Voraussetzung der Wissensintegration ausgetauscht. Stattdessen wird Wissen bedarfsorientiert und, wenn detailliert, dann nur ausschnitthaft, häufig einseitig und in der Regel nur zwischen Spezialisten mit interagierenden Modulen transferiert. Auch die Vorstellung, dass das für Innovationsprojekte relevante Wissen in gemeinsamen mentalen Modellen gespeichert wird, ließ sich nicht bestätigen. In das Gedächtnis der Projektmitglieder wird das Produkt- und Verfahrenswissen v. a. punktuell, u. a. die ‚Knackpunkte' ihrer Entwicklung und das Grobkonzeptwissen über das zu fertigende Produkt oder Verfahren, aufgenommen. Ebenso konnten, wie von einigen der ‚Cross-Learning'-Vertreter vorgeschlagen, bei keinem Projekt Personen mit fachübergreifendem Wissen identifiziert werden, die beim Wissenstransfer in der Funktion eines Übersetzers auftraten. Vielmehr wurde von allen Projektteammitgliedern erwartet, dass sie einzelne für die Erfüllung der Projektaufgaben notwendige Sachverhalte so lange erklären, bis sie ihren jeweiligen Kooperationspartnern verständlich sind. Auf Basis der hier untersuchten Innovationsprojekte lässt sich somit keine der Annahmen der ‚Cross-Learning'-Perspektive empirisch stützen.

Die vorliegende Studie trägt dagegen zur Verallgemeinerung der wesentlichen Aussagen des TOL-Konzepts zu Wissenslokalisierung, -transfer, -generierung, -speicherung, -umsetzung und ‚Common Knowledge' als Teil des ‚Common Ground' bei. Zusätzlich ergänzt sie das TOL-Konzept um neue Mechanismen wie das ‚Feedback Processing' und die den OL-Prozessen zugrunde liegenden Aufmerksamkeitsroutinen sowie um eine differenziertere Betrachtung der ‚Boundary Objects' (s. Abb. 5-1).

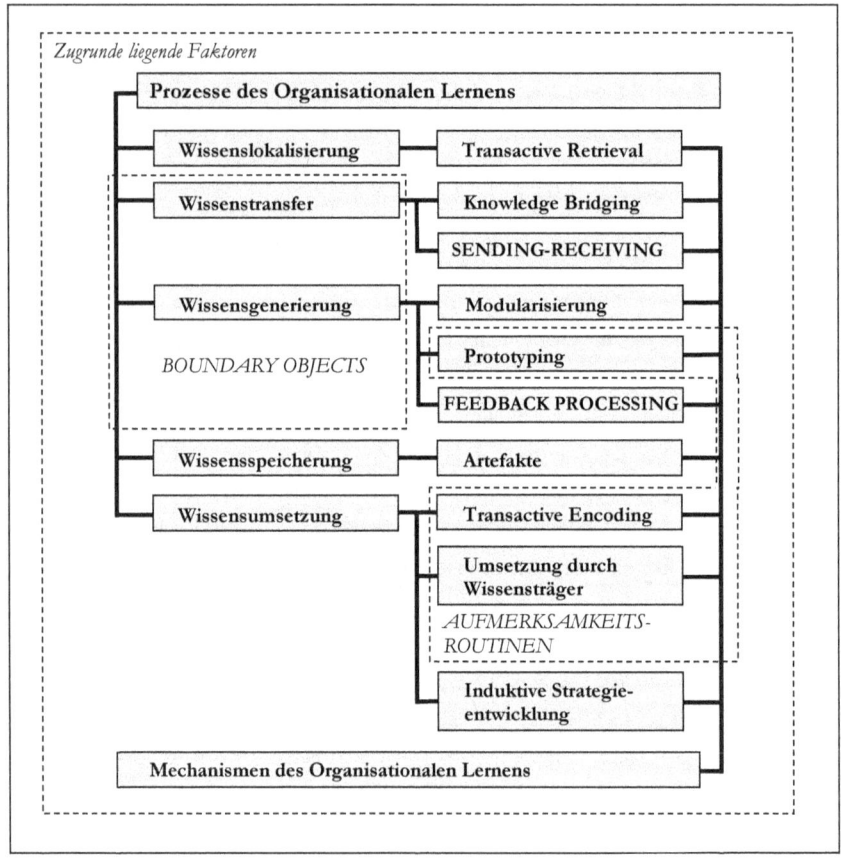

Abb. 5-1: Erweiterte Version des TOL-Konzepts
(in Anlehnung an Schmickl [2006: 342], Erweiterungen hervorgehoben durch Schreibweise in Großbuchstaben)

Im Vergleich zu den bisherigen TOL-Studien stellen die gesonderte Analyse der ‚Boundary Objects' und die Einführung von Aufmerksamkeitsroutinen wesentliche Neuerungen dar. Die analy-

5. Ergebnisse der empirischen Analyse

sierten Mechanismen unterstützen bzw. strukturieren OL-Prozesse. Auf ihre besondere Rolle wird bei der Einordnung der vorliegenden Studienergebnisse in das TOL-Rahmenkonzept jeweils im Vergleich zu den bestehenden Annahmen Bezug genommen.

Das informelle und das formelle ‚Transactive Retrieval' auf Grundlage von ‚Transactive Memories' werden als bedeutsame *Wissenslokalisierungs*mechanismen im Wesentlichen bestätigt und die TOL-Annahmen hinsichtlich der Lokalisierung externen Wissens punktuell ergänzt. Wie im TOL-Konzept beschrieben, wird Wissen durch externe und interne ‚Transactive Memories' – Verzeichniswissen darüber, ‚wer was weiß' – lokalisiert. Das externe ‚Transactive Memory' wird nicht nur durch die Kontakte neuer Kollegen zur ‚Scientific Community', sondern auch durch das Kennenlernen externer Experten auf Konferenzen erweitert. Wie das interne wird auch das externe ‚Transactive Memory' gezielt gefördert, bspw. durch Einladungen an externe Dozenten zu Vorträgen und Gesprächen.

In Übereinstimmung mit den bisherigen TOL-Studien werden internes Wissen und interne Wissensträger im Verlauf eines Innovationsprojekts überwiegend durch informelles ‚Transactive Retrieval' identifiziert. Vor Beginn von Projekten werden Wissensträger, abweichend von den bisherigen TOL-Erkenntnissen, weitgehend durch formelles ‚Transactive Retrieval' identifiziert und rekrutiert. Im Verlauf eines Innovationsprojekts wird externes Wissen auch in der Chem-Company v. a. durch informelles ‚Transactive Retrieval' lokalisiert, wobei sich jedoch zusätzlich externes formelles ‚Transactive Retrieval' beobachten lässt. Dieses erfolgt über offizielle Anfragen bei externen Institutionen oder über bestehende Unternehmenskooperationen.

Die TOL-Aussagen zum *Wissenstransfer* können in dieser Studie ebenfalls nachgewiesen, punktuell auch erweitert werden. Spezialisten mit überlappenden Arbeitsbereichen versorgen sich häufig einseitig und in begrenztem Umfang bedarfsorientiert mit Wissen. Vor Beginn von Innovationsprojekten findet kein intensiver, kollektiver, wechselseitiger Wissensaustausch statt. Wissen wird aber nicht nur mithilfe des ‚Knowledge Bridging', sondern zusätzlich durch ‚Sending-Receiving' transferiert. Bei diesem Senden-Empfangen-Prozess wird an einen Wissensempfänger Wissen übermittelt, das keiner weiteren Erklärung bedarf, so dass der Frage-Antwort-Prozess des ‚Knowledge Bridging' zur Überwindung von Verständnisschwierigkeiten nicht erforderlich ist.

Im TOL-Konzept werden als wesentliche, den Wissenstransfer direkt beeinflussende Faktoren die Abstimmung und Bewertung, die Schnittstellenspezifikation, die Projektphase und der Zeitdruck genannt. Die Einflussfaktoren sind auch in den Innovationsprojekten der ChemCompany die wesentlichen Determinanten des Wissensaustauschs, wobei der Einflussfaktor Abstimmung und Bewertung sich weiter differenzieren lässt. Anders als bei Schmickl (2006: 194 ff.), die v. a. den Umfang des Wissenstransfers betrachtet, lassen sich drei Formen des Wissensaustauschs unterscheiden, nämlich Wissensaustausch (1) zur Gewährleistung eines erfolgreichen Zusammenspiels der Projektinputs, (2) zur Lösung von Problemen an den Schnittstellen und (3) zum Aufbau einer Bewertungskompetenz.

In der vorliegenden Untersuchung wurden zwei weitere Einflussfaktoren des Wissenstransfers identifiziert: Verständigungsprobleme und im Zuge des ‚Feedback Processing' die Notwendigkeit zur Interpretation der Wissensbeiträge anderer Spezialisten, die in früheren Untersuchungen nicht thematisiert wurden. So wird ein Wissensaustausch zur Klärung der Bedeutung von Fachtermini notwendig. Zudem erfordert die eindeutige Interpretation des Feedbacks anderer Spezialisten vor ihrer erfolgreichen Verarbeitung in die Module einen entsprechenden Wissenstransfer.

Im Wissenstransfer der hier untersuchten Innovationsprojekte der ChemCompany besitzen ‚Boundary Objects' eine hohe Bedeutung. Sie dienen der Erleichterung des ‚Knowledge Bridging' und tragen dazu bei, den Umfang des Wissenstransfers zu begrenzen. Viele für das gemeinsame Produkt- und Verfahrensverständnis relevante Informationen werden allein durch die in ‚Boundary Objects' enthaltenen Inhalte ohne weitere Erläuterungen vermittelt.

Durch die Ergebnisse dieser Fallstudie werden die wesentlichen TOL-Mechanismen der *Wissensgenerierung* – die Modularisierung und das ‚Prototyping' – weiter verallgemeinert. Zusätzlich werden sie durch das für die chemische Industrie charakteristische ‚Feedback Processing' vervollständigt. In den hier untersuchten Innovationsprojekten der ChemCompany lassen sich – wie bei den bisher im Rahmen des TOL-Konzepts untersuchten Innovationsprojekten der IT- und Elektrotechnikindustrie –, soweit es die Besonderheiten der Chemieindustrie erlauben, bei Verfahrens- und auch Produktinnovationen modulare Architekturen feststellen, die Arbeitspakete beinhalten, welche von verschiedenen Spezialisten bearbeitet werden. Damit die Spezialisten weitgehend unabhängig voneinander an ihren Modulen arbeiten können, werden, wie in den bisherigen TOL-Studien auch, die Schnittstellen der Arbeitspakete definiert. In den hier untersuchten Innovationsprojekten liegen im Rahmen der Produkt- und Verfahrensentwicklung aber auch Arbeitspakete vor, wie z. B. das Testen der Module, die keine Schnittstellen, im Sinne von wechselseitigen Anforderungen, mit Arbeitspaketen für die Entwicklung der Module aufweisen. Für derartige Begleitaufgaben ist zwischen den dafür zuständigen Spezialisten und den Modul-

5. Ergebnisse der empirischen Analyse

spezialisten, für deren Aufgaben die jeweiligen Begleitaufgaben relevant sind, zu klären, wie der Beitrag zum Projekt aussehen soll und auf welche Besonderheiten zu achten ist.

In der hier untersuchten Gruppe von Innovationsprojekten wurden Produktinnovationsprojekte beobachtet, bei denen das zu entwickelnde Produkt nicht in einzelne Teilkomponenten zerlegbar war. Aber auch bei diesen nicht-modularisierbaren Produkten (z. B. einfach strukturierte Moleküle) ergeben sich in der Entwicklung der Produkte Begleitaufgaben wie bspw. das Testen dieser Moleküle auf das vorab festgelegte Eigenschaftsprofil, die ebenfalls von Spezialisten übernommen werden. Auch hier müssen für diese Aufgaben die Rahmenbedingungen vorab definiert werden, so dass die Spezialisten in der Lage sind, weitgehend unabhängig voneinander zu arbeiten.

Zur Abstimmung der Module werden, wie im TOL-Konzept beschrieben, auch in den hier untersuchten Projekten auf der Basis des ‚Prototyping' ‚Trial-and-Error'-Prozesse durchgeführt, wobei sich auch in den Innovationsprojekten der ChemCompany mentales, virtuelles und reales ‚Prototyping' unterscheiden lässt. Im Unterschied zu den bisher publizierten TOL-Studien nehmen an den mentalen ‚Prototyping'-Prozessen auch Spezialisten teil, die nicht für die Entwicklung einzelner Module zuständig sind. So überprüfen bspw. Test- und Simulationsspezialisten mental die Module der Modulspezialisten, indem sie die Ergebnisse potentiell durchzuführender Tests und Simulationen antizipieren oder Analogien zu bereits getesteten Modulen herstellen. Zudem greifen Modulspezialisten auf Erfahrungen und Wissen von nicht für das Modul verantwortlichen Fachkollegen zurück. Der Einbezug projektexterner Spezialisten kann sich aber auch aus der formalen Projektstruktur ergeben, die eine Bewertung von Modulen durch Expertenkomitees vorsieht.

Das virtuelle ‚Prototyping' nimmt in den hier untersuchten Innovationsprojekten der ChemCompany eine große Rolle ein. Durch mithilfe von Simulationen ermöglichte virtuelle Überprüfungen verschiedener Entwicklungsvarianten werden Innovationszeiten wesentlich verkürzt. Ebenso sind die Konsequenzen von Moduländerungen in Simulationsmodellen abbildbar, so dass die kostenaufwendige Herstellung und Testung physischer Prototypen nicht erforderlich wird. Simulationsmodelle bedürfen allerdings einer regelmäßigen Validierung und Kalibrierung durch reale Testergebnisse.

Die vorliegende Untersuchung lässt – wie in den Vorgängeruntersuchungen zum TOL-Konzept – auch die Bedeutung von ‚Boundary Objects' als ‚epistemische Objekte' für das ‚Prototyping' erkennen. Hier dienen ‚Boundary Objects' als Bezugspunkte, um die Produkt- bzw. Verfahrenskonzepte so lange durch mentales, reales oder virtuelles ‚Prototyping' zu verändern, bis eine zufriedenstellende Produkt- bzw. Verfahrenslösung vorliegt. Die vorgenommenen Konzeptveränderungen werden in den daraufhin veränderten ‚Boundary Objects' gespeichert, so dass diese auch als Wissensspeicher eine wichtige Rolle im Rahmen des ‚Prototyping' übernehmen.

Die Ergebnisse der vorliegenden Untersuchung ergänzen das TOL-Konzept um Aufmerksamkeitsroutinen, die einen erheblichen Einfluss auf das mentale ‚Prototyping' ausüben, indem sie ‚Prototyping'-Prozesse strukturieren und eine systematische Berücksichtigung neuer Erfahrungen für zukünftige ‚Prototyping'-Runden ermöglichen. So beinhalten die Aufmerksamkeitsroutinen Kriterien, anhand derer die Module anderer Spezialisten bewertet werden. Dabei wird die Aufmerksamkeit des einzelnen Spezialisten auf bestimmte Bereiche der Innovationsentwicklung gelenkt. Verhaltensmuster strukturieren Gedankenexperimente, indem sie systematische Überprüfungen von Prototypen anhand von Kriterien veranlassen.

Die kontinuierliche Veränderung der Aufmerksamkeitsroutinen verbessert die Fähigkeit der Unternehmen, das Wissen der einzelnen Spezialisten aufeinander abzustimmen und mögliche Fehlerquellen in ihren Ergebnissen möglichst frühzeitig zu erkennen. So werden in die Aufmerksamkeitsroutinen bisher vernachlässigte Kriterien, die sich in realen Tests oder Simulationen als bedeutsam erwiesen haben, aufgenommen und so in zukünftigen mentalen ‚Prototyping'-Prozessen berücksichtigt. Durch die Berücksichtigung der Veränderung von Aufmerksamkeitsroutinen werden Lernprozesse höherer Ordnung in das TOL-Konzept eingeführt.

Das Wissen über den Prozess der Wissensgenerierung wird durch die Ergebnisse der vorliegenden Studie um einen weiteren Mechanismus ergänzt. In den bisherigen TOL-Studien spielt der Verarbeitungsprozess der Feedbacks anderer Spezialisten durch die Modulspezialisten nur eine untergeordnete Rolle. Das Wissen der Modulspezialisten fließt im Wesentlichen durch die Integration der von ihnen entwickelten Module in das neue Produkt oder Verfahren ein. Der Aspekt, dass sich durch die Verarbeitung der Feedbacks das Wissen anderer Spezialisten auch in den Modulen der jeweiligen Modulspezialisten wiederfindet, ist in den bisherigen TOL-Studien von geringerer Relevanz. In den Innovationsprojekten der ChemCompany ist dagegen die Feedbackverarbeitung für die Integration des Wissens bestimmter Spezialisten von entscheidender Bedeutung. Dies gilt in der vorliegenden Untersuchung insbesondere für Test- und Simulationsspezialisten. Ihr in Form von Test- und Simulationsergebnissen erzeugtes Wissen fließt in das neue Produkt oder Verfahren ein, sobald die Konzepte einzelner Module aufgrund der Test- und Simulationsergebnisse modifiziert oder neu entwickelt wurden. Auf Basis dieser Beobachtungen lässt sich der ‚Feedback Processing'-Mechanismus beschreiben. Ihm zufolge stellen die Feedbacks einzelner Spezialisten den Input für die Arbeit anderer Experten dar, die sie für ihre Konzepte neuer oder modifizierter Verfahrens- oder Produktmodule verarbeiten. Zuvor müssen jedoch einige Feedbacks verständlich interpretiert werden. In Feedbacks enthaltenes Wissen wird über einen Umwandlungsprozess in neue Produkte oder Verfahren integriert. Zu dieser Art der Wissensintegration tragen ‚Boundary Objects' als Wissensspeicher des von einzelnen Spezialisten erzeugten Wissens wesentlich bei. So repräsentieren bspw. Grafen das von Test- und Simulationsspezialisten in Form von Test- und Simulationsergebnissen erzeugte Wissen, das nach der Interpretation der Grafen in der Arbeit der Modulspezialisten berücksichtigt wird.

Die vorliegenden Ergebnisse stützen auch die Vorstellungen des TOL-Konzepts zur *Wissensspeicherung*. Wie in den bisherigen TOL-Studien stellen Artefakte das wichtigste Speichermedium für das im Zuge von Innovationsprojekten entstandene neue Wissen dar. Hierbei sind insbesondere Dokumente wie Sitzungsprotokolle, Statusberichte im Rahmen des ‚Phase-Gate'-Prozesses, Labor- und Abschlussberichte, deren wesentliche Inhalte schließlich in die Produkte bzw. Verfahren integriert und damit gespeichert werden, zu nennen. Ebenso stellt sich bei den hier untersuchten Innovationsprojekten das menschliche Gedächtnis gegenüber elektronischen Datenverzeichnissen als effektiverer Speicherort für das Wissensverzeichnis, wo welches Wissen zu finden ist, dar.

Die Annahmen des TOL-Konzepts zur *Wissensumsetzung* werden auch durch die vorliegende Untersuchung auf eine breitere empirische Basis gestellt und gleichzeitig wiederum punktuell erweitert. So kann auch hier zwischen Wissenslokalisierung und Wissensverbreitung unterschieden werden. In der vorliegenden Untersuchung waren das informelle und formelle ‚Transactive Encoding' sowie die direkte Wissensumsetzung die wesentlichen Mechanismen der Wissensverbreitung, die induktive Strategieentwicklung wurde hingegen nicht beobachtet (s. Abschnitt 5.1.5.). Das informelle und formelle ‚Transactive Encoding' lässt sich durch die hier gewonnenen Ergebnisse auch auf das externe Wissens ausweiten. So werden auf offiziell formalen Wegen oder informell Artikel, Patentschriften, Kongressberichte Spezialisten mit entsprechendem Fachhintergrund zugesandt oder Möglichkeiten zur Kooperation mit externen Wissensträgern vermittelt. Bezüglich des internen ‚Transactive Encoding' lässt sich eine Präferenz für das formelle ‚Transactive Encoding' nicht erkennen. Möglicherweise hängt es von der Unternehmenskultur ab, ob Organisationsmitglieder zum informellen ‚Transactive Encoding' ermuntert oder negative Projekterfahrungen nicht nur auf informellem, sondern auch offiziell auf formalem Wege verbreitet werden. ‚Transactive Encoding' wird in der ChemCompany gleichfalls durch formelle ‚Communities of Practice' gefördert (s. Abschnitt 5.1.5.1.).

Auch in der ChemCompany ist die direkte Wissensumsetzung, d. h. die Umsetzung des Wissens direkt durch den Wissensträger, der wichtigste Mechanismus zur Wissensverbreitung, mit dem internes, aber auch externes Wissen in den Innovationsprojekten umgesetzt wird.

Die Ergebnisse zu den Aufmerksamkeitsroutinen zeigen, wie durch ‚Transactive Encoding' und direkte Wissensumsetzung verbreitetes Wissen in Folgeprojekten angewendet wird. So kann das beim ‚Transactive Encoding' an die Spezialisten mit entsprechendem Fachhintergrund weitergeleitete Wissen eine Veränderung ihrer Bewertungsschemata bewirken. Bei der direkten Wissensumsetzung kann die Anwendung neuen Wissens dadurch erfolgen, dass beim mentalen ‚Prototyping' auf die aufgrund neuer Erfahrungen veränderten Aufmerksamkeitsroutinen zurückgegriffen wird.

Auch aus Sicht des TOL-Konzepts ist ein, wenn auch begrenzter Austausch an gemeinsamem Wissen bei der Wissensintegration unverzichtbar (Grunwald, R. 2003: 189; Grunwald, R. & Kieser, A. 2007: 382 ff.; Kieser, A. & Koch, U. 2002: 249; Koch, U. 2004: 128 ff.; Schmickl, C. 2006: 266). Die jüngsten Studien des TOL-Konzepts setzen sich mit diesem Aspekt sehr intensiv auseinander. Die in diesen Untersuchungen identifizierten gemeinsamen Wissensarten, nämlich das gemeinsame Produktwissen, das gemeinsame Fachwissen und die gemeinsame Sprache (Schmickl, C. 2006: 267 ff.), konnten in der vorliegenden Untersuchung ebenfalls als wichtige Bestandteile des ‚Common Ground' repliziert und weiter differenziert werden, wobei in den hier untersuchten Innovationsprojekten insbesondere die Kategorie des gemeinsamen Verfahrenswissens zu beobachten ist. Die Unterkategorien des gemeinsamen Produktwissens, das gemeinsame allgemeine Problemverständnis, das gemeinsame Grobkonzeptwissen, das gemeinsame Schnittstellenwissen sowie das gemeinsame schnittstellenangrenzende Contentwissen finden sich ebenfalls wieder. Dieselben Unterkategorien lassen sich auch für das gemeinsame Verfahrenswissen unterscheiden.

Neben den bisherigen Unterkategorien des Produkt-/Verfahrenswissens wurde zusätzlich eine neue Unterkategorie identifiziert, nämlich das gemeinsame Wissen über das Verhalten der Produkte oder Verfahren unter realen und simulierten Testbedingungen. Diese Wissenskategorie ergibt sich aus einer gemeinsam von Test-/Simulations- und Modulspezialisten entwickelten oder aus einer allein von den Test-/Simulationsspezialisten präsentierten Interpretation. Im Hinblick auf das gemeinsame Fachwissen wurde nur das produkt- bzw. verfahrensbezogene Fachwissen betrachtet. In der vorliegenden Untersuchung wird ein gemeinsames produkt- bzw. verfahrensbezogenes Fachwissen zur fachlichen Erläuterung der für die Innovationsprojekte relevanten Technologien und im Zuge der gemeinsamen Interpretation von Test- und Simulationsergebnissen ausgetauscht. Die Ergebnisse der TOL-Studien zur gemeinsamen Sprache mit der Unterscheidung in natürliche und künstliche Sprachen werden mit den Befunden der vorliegenden Studie gleichfalls bestätigt. Wie in der Studie von Schmickl (2006: 290 ff.) sind künstliche Sprachen für den fachübergreifenden Gebrauch nicht geeignet. Künstliche Sprachen sind aber häufig bildliche Darstellungen wie bspw. Verfahrensfließbilder. In der interdisziplinären Kommunikation werden sie häufig nicht im Sinne einer künstlichen Sprache, bei der Spezialisten aus den Darstellungen ohne größere Erläuterungen dieselben eindeutigen Informationen herauslesen können, sondern als ‚Boundary Objects' eingesetzt. Allgemein dürfen Objekte in ihrer Funktion als ‚Boundary Objects' nicht zu sehr von spezifischen Kontexten oder tieferem Hintergrundwissen abhängen. Objekte wie Verfahrensfließbilder, die innerhalb bestimmter Spezialistengruppen als künstliche Sprache verwendet werden, müssen daher an den interdisziplinären Diskurs angepasst werden. So werden bspw. Details, welche die Darstellung verkomplizieren, aber für das Verständnis nicht wesentlich sind, weggelassen.

‚Boundary Objects' erleichtern den Aufbau eines ‚Common Ground'. Sie werden als gemeinsame Bezugsbasen verwendet, um komplexe Sachverhalte verständlich darzustellen, Abhängigkeiten zwischen den Entwicklungsschritten bzw. Modulen aufzuzeigen oder ein gemeinsames Verständnis über Schnittstellenprobleme zu entwickeln.

Die Ergebnisse zu den untersuchten Produkt- und Verfahrensinnovationsprojekten der ChemCompany erhöhen die Validität der wichtigsten Mechanismen und Annahmen des TOL-Konzepts zu Wissenslokalisierung, Wissenstransfer, Wissensgenerierung, Wissensspeicherung, Wissensumsetzung und ‚Common Knowledge' als Teil des ‚Common Ground'. Diese TOL-Mechanismen und -Annahmen werden hier weiter differenziert und durch die zusätzlichen Mechanismen ‚Sending-Receiving' und ‚Feedback Processing' sowie durch die den OL-Prozessen zugrunde liegenden ‚Boundary Objects' und Aufmerksamkeitsroutinen ergänzt. Allerdings unterliegen die Ergebnisse dieser Untersuchung bestimmten Limitationen, auf die im folgenden Abschnitt eingegangen wird.

6. Ausblick

In den folgenden drei Abschnitten werden potentielle Limitationen der empirischen Arbeit, die daraus und aus den vorgestellten Ergebnissen abzuleitenden Implikationen für eine weiterführende Forschung sowie abschließend Anregungen für die Praxis dargestellt.

6.1. Limitationen der empirischen Arbeit

Für die vorliegende Fallstudie lassen sich zwei Arten von Limitationen unterscheiden, Limitationen, die sich aus der Datenerhebung ergeben, und Limitationen, die mit der Wahl eines qualitativen Forschungsdesigns einhergehen.

In der vorliegenden Untersuchung wurden die Daten ausschließlich durch qualitative Interviews erhoben. Grundsätzlich können sich durch die Anwendung von nur einer Datenerhebungsmethode methodisch bedingte Verzerrungen der Ergebnisse ergeben (Steinke, I. 2009: 320; Yin, R. K. 2009: 115 f.). So können sich bspw. stark subjektiv geprägte Aussagen einzelner Interviewpartner negativ auf die Validität der gewonnenen Erkenntnisse auswirken. Durch den gleichzeitigen Einsatz verschiedener Datenerhebungsverfahren (Methodentriangulation), bspw. zusätzliche Dokumentenanalysen oder teilnehmende Beobachtungen, lassen sich jedoch die methodischen Mängel eines einzigen Datenerhebungsinstruments weitgehend ausgleichen und eine größere Aussagekraft der Befunde erzielen (Eisenhardt, K. M. 1989: 538; Lamnek, S. 2005: 159; Mayring, P. 2002: 147). Eine derartige Methodentriangulation war allerdings aus Geheimhaltungsgründen in der vorliegenden Fallstudie nicht möglich. So konnte weder an den Teammeetings der verschiedenen Innovationsprojekte teilgenommen noch konnten Projektberichte oder Sitzungsprotokolle eingesehen werden. Um Verzerrungen durch subjektive Einschätzungen einzelner Interviewpartner so weit wie möglich zu vermeiden, wurde daher bei jedem der untersuchten Innovationsprojekte darauf geachtet, alle daran beteiligten relevanten Spezialisten zu interviewen, um Antworten aus unterschiedlichen fachlichen Blickwinkeln zu erhalten (vgl. auch Abschnitt 3.2.1.).

Eine weitere Limitation ergibt sich dadurch, dass Projektquereinsteiger interviewt wurden, die über die Prozesse der Startphase der Innovationsprojekte keine Aussagen machen konnten. Die Projektquereinsteiger wurden gebeten, ihren Projekteinstieg zu beschreiben und zusätzlich die Fragen zur Startphase der Innovationsprojekte anhand von Projekten zu beantworten, an denen sie von Beginn an teilgenommen hatten.

Neben diesen mit der Datenerhebung verbundenen Limitationen schränkt auch das angewandte qualitative Forschungsdesign ('Single-Case Embedded Design') die Aussagekraft der Ergebnisse ein. So können Ergebnisse, die allein auf der Analyse von Innovationsprojekten eines Unternehmens beruhen, nicht als statistisch repräsentativ gelten und sind daher nur eingeschränkt zu verallgemeinern (vgl. Grunwald, R. 2003: 226). Dieser potentielle Nachteil des angewandten Forschungsdesigns verliert jedoch für die vorliegende Untersuchung an Bedeutung, da ein wesentlicher Teil der Ergebnisse zu den einzelnen OL-Prozessen bereits in der IT-Industrie, in der Elektrotechnikindustrie und für die Neugestaltung organisationaler Regeln in einer Bank und einem pharmazeutischen Unternehmen ihre Bestätigung fanden (vgl. Schmickl, C. 2006: 347; Schmickl, C. & Kieser, A. 2008: 489). Dies gilt jedoch nicht für die in dieser Studie gewonnenen Erkenntnisse hinsichtlich der Aufmerksamkeitsroutinen, der ‚Boundary Objects', des ‚Feedback Processing' und des Wissenstransfermechanismus ‚Sending-Receiving'. Diese wurden nur für die Gruppe der sieben untersuchten Innovationsprojekte der ChemCompany konstatiert. Unabhängig von der vorliegenden Studie sind die bisherigen Ergebnisse zum TOL-Konzept nicht ohne weiteres auf andere Innovationsarten – wie bspw. Dienstleistungsinnovationen oder Abstimmungsprozesse zwischen technischen Produkt- oder Verfahrensaufgaben und Funktionen wie z. B. das Marketing – übertragbar (vgl. Grunwald, R. & Kieser, A. 2007: 381). Aus diesen Limitationen ergeben sich jedoch weitere Forschungsfragen und -ansätze.

6.2. Implikationen für die Forschung

In Vergleich zu den bisherigen TOL-Studien werden in der vorliegenden Untersuchung mit den Aufmerksamkeitsroutinen erstmalig Routinen beobachtet, die den OL-Prozessen des TOL-Konzepts zugrunde liegen. Für zukünftige TOL-Forschungsprojekte bietet sich daher die Überprüfung der Generalisierbarkeit von Aufmerksamkeitsroutinen an. Neben der Generalisierbarkeit wäre zu untersuchen, inwieweit bei der Ausübung von Aufmerksamkeitsroutinen auch Aufmerksamkeitsregeln, bspw. schriftlich katalogisierte Bewertungskriterien, einbezogen werden. Im Allgemeinen stellen Regeln Protokolle dar, in denen die Erwartungen der Unternehmen hinsichtlich des Verhaltens ihrer Organisationsmitglieder in bestimmten Unternehmenssituationen formuliert werden (Kieser, A. et al. 2001: 600). In diesen Regeln könnten die Bewertungskriterien festgelegt werden, auf die die Organisationsmitglieder insbesondere zu achten haben. Auf diese Weise würden diese Regeln zur Etablierung gemeinsamer Bewertungsmuster bei den Organisationsmitgliedern beitragen. Neben Aufmerksamkeitsroutinen und -regeln sind weitere Formen von Routinen und Regeln vorstellbar. Beispielsweise könnte die Suche nach neuen Problemlösungen in Anlehnung an die Suchregeln von Cyert und March (Cyert, R. M. & March, J. G. 1963: 124 f.) ebenfalls nach einem bestimmten Verhaltensmuster erfolgen. Suchmuster, die sich in der Vergangenheit bewährt haben, könnten dann auch in zukünftigen Projekten angewendet werden. Möglicherweise ließen sich auch Routinen oder Regeln für den Aufbau von ‚Transactice Memories' nachweisen. Zusätzlich könnten sich bei der Verwendung von ‚Boundary Objects' Routinen herausbilden, die den Organisationsmitgliedern dabei helfen, für die Kommunikation mit anderen Spezialisten die ‚Boundary Objects' möglichst effektiv einzusetzen.

Die Verwendung von ‚Boundary Objects' werden in der vorliegenden Untersuchung in ihrer Bedeutung für das TOL-Konzept detaillierter untersucht. Die hier zu den ‚Boundary Objects' gewonnenen Erkenntnisse, insbesondere ihre offensichtlich große Bedeutung für den Wissenstransfer im Rahmen der hier untersuchten Innovationsprojekte, können durch zukünftige Studien auf eine breitere empirische Basis gestellt werden. Zudem kann weiteren Fragen nachgegangen werden. So könnte untersucht werden, was die Auswahl bestimmter ‚Boundary Objects' beeinflusst (vgl. Tsoukas, H. 2009: 954) und ob sich für die verschiedenen OL-Prozesse im TOL-Konzept unterschiedliche Arten von ‚Boundary Objects' identifizieren lassen. Zudem wäre es interessant zu analysieren, ob und warum sich bestimmte ‚Boundary Objects' bei der Wissensabstimmung über die verschiedenen Projekte hinweg etablieren.

Die Annahmen des TOL-Konzepts lassen sich nicht ohne weiteres auf die Dienstleistungsbranche übertragen. Für diese Industrie muss die Anwendbarkeit noch überprüft werden. Hier bietet sich insbesondere die Beratungsbranche an, die zusammen mit ihren Kunden Managementlösungen erarbeitet. An der Entwicklung dieser Lösungen sind häufig Spezialisten mit unterschiedlichen Expertisen beteiligt. Die Ergebnisse von Kieser und Koch (2008; 2002) zu der Veränderung von organisationalen Regeln (Managementinnovationen), in denen ‚Transactive Retrieval', ‚Prototyping' und Wissensspeicherung in Artefakten nachgewiesen wurden, legen nahe, dass auch in Dienstleistungsinnovationen im TOL-Konzept enthaltene Mechanismen angewendet werden. Eine weiterführende Studie zu diesem Thema erscheint demnach lohnenswert.

6.3. Anregungen für die Praxis

Aus den vorliegenden Ergebnissen ergeben sich Anregungen für die Praxis. Im Folgenden werden u. a. Möglichkeiten dargestellt, wie die im TOL-Konzept aufgezeigten einzelnen OL-Prozesse effizient in Unternehmen, insbesondere im Hinblick auf Wissenslokalisierung, Wissenstransfer, Wissensgenerierung und hier v. a. in Bezug auf ‚Prototyping' sowie die Wissensumsetzung, gestaltet werden können. Inwieweit die geschilderten Anregungen in Unternehmen tatsächlich umsetzbar sind, ist im Einzelfall zu prüfen.

Es zeigt sich, dass Wissen und Wissensträger gegenüber Experten- oder Wissensdatenbanken mithilfe der ‚Transactive Memories' wesentlich effektiver lokalisiert werden können (vgl. Grunwald, R. 2003: 159; Grunwald, R. & Kieser, A. 2007: 381; Olivera, F. 2000: 823 ff.; Schmickl, C. 2006: 183; Schmickl, C. & Kieser, A. 2008: 482). Tatsächlich sind in Experten- und Wissensdatenbanken, wie die Ergebnisse der vorliegenden Untersuchung zeigen, häufig die Tätigkeits- und Kompetenzprofile der einzelnen Organisationsmitglieder nicht vollständig hinterlegt bzw. relevante Gedankengänge nicht im Detail, verständlich und losgelöst vom Kontext dokumentierbar. Demgegenüber werden durch ‚Transactive Retrieval' Wissensträger auf vergleichsweise einfache Weise identifiziert, die das erforderliche Wissen und den hierzu relevanten Kontext vermitteln können oder in der Lage sind, die aufgetretenen Probleme direkt zu lösen (vgl. Schmickl, C. 2006: 348). Die Organisationsmitglieder müssen dabei nur wissen, wer über das relevante Wissen verfügt, bzw. jemanden kennen, der sie an den relevanten Wissensträger weiterleitet. Zudem lässt sich das ‚Transactive Memory' kontinuierlich, ohne größeren Zeitaufwand durch neue Informationen über die Expertise der Organisationsmitglieder aktualisieren (vgl. Grunwald, R. & Kieser, A. 2007: 381). Eine solche Aktualisierung von ‚Transactive Memories' erfolgt in der ChemCompany v. a. durch Seminare und andere Veranstaltungen, in denen die Organisationsmitglieder Kollegen und deren Arbeitsgebiete kennenlernen, bzw. durch Einladung externer Dozenten zu bestimmten Themen. Damit die einzelnen im ‚Transactive Memory'-System erfassten Experten über das aktuelle Wissen verfügen, werden neue Erkenntnisse aus Innovationsprojekten mithilfe des ‚Transactive Encoding' an Experten weitergeleitet, für die dieses neue interne Wissen von fachlichem Interesse sein könnte. Dieser Prozess wird durch die Einrichtung sog. formeller ‚Communities of Practice' unterstützt (Schmickl, C. 2006: 348). So tauschen sich in der ChemCompany Spezialisten gleicher Fachrichtung in Expertengruppen untereinander aus. Allerdings existieren in der ChemCompany viele Foren, bei denen einzelne Projekte als ‚Erfolgsstories' vorgestellt werden. Interviewaussagen deuten jedoch darauf hin, dass der Lerneffekt solcher Veranstaltungen begrenzt ist, weil viele wichtige Informationen, wie bspw. gemachte Fehler, nicht vermittelt werden. Die Ergebnisse legen nahe, dass Foren so gestaltet sein sollten, dass Spezialisten mit ähnlichen Fachhintergründen die Möglichkeit haben, sich offen auch über negative Erfahrungen auszutauschen, um Mehrfachentwicklungen und Fehler in der Zukunft zu vermeiden. Das informelle ‚Transactive Encoding' kann durch eine entsprechende Unternehmenskultur, die ihre Organisationsmitglieder zur Weitergabe von Erfahrungen an andere Fachkollegen ermuntert, gefördert werden. Zudem können Vorgesetzte durch eine vorgelebte ‚Fehlerkultur', nach der Fehler in der Innovationsentwicklung eher als wertvolle Erfahrungen aufgefasst werden, den Austausch eben dieser negativen Erfahrungen erleichtern.

Hinsichtlich des Wissenstransfers bestätigen die Ergebnisse erneut, dass für die Wissensintegration nur ein begrenzter, v. a. bedarfsorientierter Wissenstransfer notwendig ist. Ein umfassender Wissensaustausch zwischen den Spezialisten ist für eine erfolgreiche Wissensintegration nicht erforderlich. Allerdings ist ein Mindestmaß an gemeinsamem Wissen notwendig, um Produkt- oder Verfahrensmodule aufeinander abstimmen zu können. Der Aufbau dieses begrenzten gemeinsamen Wissens kann durch die Verwendung etablierter ‚Boundary Objects' in Innovationsprojekten deutlich erleichtert werden. ‚Boundary Objects', die sich in einem Projekt als besonders hilfreich erwiesen haben, sollten auch in Folge- und Parallelprojekten so weit wie möglich verwendet werden.

Trotz des begrenzten Wissenstransfers lässt sich in der ChemCompany beobachten, dass zu den Projektmeetings häufig auch Projektteammitglieder eingeladen werden, für die zwar die eigentlich zu besprechenden Sachverhalte nicht unmittelbar relevant sind, deren Einschätzung aber aus der Diskussion heraus notwendig werden könnte. Die Frage stellt sich, ob sich die Anwesenheit solcher Kollegen wirklich auszahlt oder ob stattdessen Strukturen geschaffen werden sollten, die einen bedarfsorientierten Wissensaustausch fördern. So könnten bspw. Projekträume etabliert werden, in denen die Projektteilnehmer während der Dauer der Projekte zusammenarbeiten, um so die räumlichen Wege zur Abstimmung zu verkürzen (vgl. Schmickl, C. 2006: 349). Bei solchen Maßnahmen muss abgewogen werden, ob die Kommunikation zwischen den Fachkollegen oder zwischen den Projektteammitgliedern für die Produkt- bzw. Verfahrensentwicklung wichtiger ist.

Eine effiziente Abstimmung der einzelnen Module erfolgt aus Sicht des TOL-Konzepts im Rahmen des ‚Prototyping' v. a. durch ‚Trial-and-Error'-Prozesse. Um Fehler bei der Produkt- und Verfahrensentwicklung möglichst frühzeitig zu entdecken, sollten von Beginn an zunächst mithilfe des mentalen, im späteren Verlauf der Projekte dann mithilfe des realen oder virtuellen ‚Prototyping' die einzelnen Module bzw. Modulkonzepte auf ihre Integrierbarkeit getestet werden (vgl. Eisenhardt, K. M. & Tabrizi, B. N. 1995: 104; Schmickl, C. 2006: 349). Nach Möglichkeit sollte vor der Durchführung realer Tests verstärkt auf Simulationen zurückgegriffen werden (vgl. Thomke, S. H. 1998b: 70). In der chemischen Industrie ermöglichen Simulationen entsprechend den vorab erstellten Eigenschaftsprofilen bereits vor ihrer tatsächlichen Synthese eine Vorauswahl chemischer Verbindungen, die diesem Eigenschaftsprofil am ehesten entsprechen. Hierdurch kann die Entwicklungszeit eines neuen Produkts oder Verfahrens erheblich verkürzt werden. Zudem erlauben Simulationen eine Abschätzung der Auswirkungen von Moduländerungen auf das Innovationsprojekt, ohne dass hierzu ansonsten notwendige kostspielige Prototypen gebaut und getestet werden müssen.

Im Hinblick auf mentale ‚Prototyping'-Prozesse weist die vorliegende Studie auf die Bedeutung von Aufmerksamkeitsroutinen hin, durch die die Gedankenexperimente strukturiert und systematisch neue Erfahrungen bei der Bewertung einbezogen werden. Die Aufmerksamkeitsroutinen verändern sich, wenn Organisationsmitglieder bisher vernachlässigte Kriterien in ihre Bewertungsschemata aufnehmen und ihre Fachkollegen darauf aufmerksam machen, damit auch sie diese in zukünftigen mentalen ‚Prototyping'-Runden anwenden. Die Förderung dieser Lernprozesse höherer Ordnung kann die Fähigkeit zur Wissensabstimmung von Unternehmen erhöhen. Tatsächlich stellt Hoetker (2006) fest, dass „managers often fail to recognize that the capabilities that result from a product's development may be as important as the product itself" (ebd.: 316). Den Organisationsmitgliedern sollte demnach neben ihrer Entwicklungsarbeit Zeit für einen Erfahrungsaustausch mit den Fachkollegen, die ähnliche Aufgaben betreuen, eingeräumt werden. Die gemeinsame Formulierung von Aufmerksamkeitsregeln auf Basis der gemachten Erfahrungen kann eine gemeinsame Reflexion über Bewertungskriterien erleichtern und gleichzeitig durch deren zukünftige Anwendung die Ausübung der Aufmerksamkeitsroutinen beeinflussen.

Die Verbreitung des Wissens als Teil der Wissensumsetzung kann neben der bereits geschilderten Förderung des ‚Transactive Encodings' auch über die direkte Wissensumsetzung effizienter gestaltet werden. So sollten Projektteams danach zusammengesetzt werden, welche Organisationsmitglieder für das jeweilige Innovationsprojekt die wertvollsten Erfahrungen mitbringen (vgl. Schmickl, C. 2006: 352). Allgemein versuchen Unternehmen häufig, am Ende eines Projekts als Teil ihrer ‚Stage-Gate'-Prozesse mithilfe des sog. ‚Debriefing' die in den Projekten erworbenen neuen Erfahrungen zu sammeln und für zukünftige Projekte nutzbar zu machen. Dies betrifft aber v. a. Erfahrungen für das Projektmanagement. Fachliche Erfahrungen werden dabei in der Regel nicht berücksichtigt, obgleich diese Erfahrungen von Bedeutung wären, um Fehlentwicklungen in der Zukunft auszuschließen. Tatsächlich wäre es wichtiger, wie oben bereits erwähnt, bspw. durch entsprechende Foren die Weitergabe dieser fachlich relevanten Erfahrungen an die betreffenden Spezialisten zu fördern. Insbesondere im Hinblick auf die begrenzten zeitlichen Ressourcen der Mitarbeiter sollte auf diese Foren ein entsprechender Schwerpunkt gelegt werden.

In der vorliegenden Studie wurde untersucht, auf welche Art und Weise in der Chemieindustrie das Wissen der an Innovationsprojekten beteiligten Spezialisten in neue Produkte und Verfahren integriert wird. Wie in den Ausführungen dieses Abschnitts gezeigt, ergeben sich aus der Beantwortung dieser Frage hinsichtlich der Gestaltung der Wissenslokalisierung, des Wissenstransfers, der Wissensgenerierung und hier insbesondere des ‚Prototyping' sowie schließlich der Wissensumsetzung Anregungen für die Praxis.

Anhang

Anhang 1: Überblick Interviewthemen

INTERVIEWS MIT PROJEKTTEILNEHMERN[16]

Einleitende Schilderung der Zielsetzung und Vorgehensweise der Untersuchung, des Ablaufs des Interviews etc.

I. EINSTIEG IN DAS INTERVIEW

- Aufgabe im Projekt, momentane Phase des Projekts, Zeitpunkt des Projekteinstiegs des Interviewpartners

II. REKRUTIERUNG DER PROJEKTMITGLIEDER: SPEZIELLE FRAGEN AN DIE PROJEKTLEITER

- Ablauf der Rekrutierung der Projektmitglieder, Auswahlkriterien
- Identifikation der notwendigen Wissensträger, Rolle persönlicher Netzwerke, Nutzung der offiziellen Organisationsstruktur, d. h. Anfrage beim Teamleiter, Abteilungsleiter etc.

III. EINSTIEG IN DAS PROJEKT

- Art des Projekteinstiegs, Teilnahme am Start-up Meeting/Projektquereinstieg
- Wissenstransfer beim Projekteinstieg, Vorstellung relevanter technologischer Lösungen für das Projekt, Vorstellung des Projektvorhabens, Umfang, Ablauf und Zweck des Wissensaustauschs
- Bereits vorhandene gemeinsame Wissensbasis vor Projektbeginn

IV. KONZEPTUELLE PHASE

Konzeptionelle Entwicklung der technologischen Lösungen
- Zusammenarbeit der Projektmitglieder, Abstimmung der Ideen
- Notwendigkeit, die Ideen anderer Spezialisten nachzuvollziehen, Eindringen in das Fachgebiet anderer Spezialisten, Umfang und Ablauf des Wissensaustauschs
- Bewertung der Ideen anderer Spezialisten im Hinblick auf das fertige Produkt/Verfahren, Struktur des Bewertungsprozesses, Einbezug der Erfahrungen projektexterner Kollegen bei der Bewertung

Produkt-/Verfahrensarchitektur
- Zerlegung des Produkts/Verfahrens in einzelne Komponenten, Definition unterschiedlicher Arbeitspakete
- Vernetzung bzw. Unabhängigkeit der Komponenten und Arbeitspakete

---

[16] Der Interviewleitfaden umfasst mit allen Teilfragen 11 Seiten. Aus Gründen der Übersichtlichkeit wird auf eine vollständige Wiedergabe der einzelnen Fragen verzichtet. Stattdessen werden die in den Interviews behandelten Themen aufgezeigt.

V. REALISIERUNGSPHASE DES PRODUKT- BZW. VERFAHRENSKONZEPTS

Abstimmungsprozesse zwischen den einzelnen Spezialisten

- Zusammenarbeit der Spezialisten, Ablauf und Ausmaß der Zusammenarbeit, Abstimmung der Projektbeiträge
- Notwendigkeit, die Projektbeiträge anderer Spezialisten nachzuvollziehen, Eindringen in das Fachgebiet anderer Spezialisten, Umfang und Ablauf des Wissensaustauschs
- Bewertung der Projektbeiträge anderer Spezialisten im Hinblick auf das fertige Projekt/Verfahren, Struktur des Bewertungsprozesses, Einbezug Erfahrungen projektexterner Kollegen bei der Bewertung

Iterationen

- Auftreten unerwarteter technischer Probleme, die eine erneute technologische Lösungs- und Ideenentwicklung (Iteration) erfordern, Häufigkeit der Iterationen, Vergleich mit anderen Projekten im Hinblick auf Iterationen, Vergleich der verschiedenen Projektphasen im Hinblick auf Iterationen

Testverfahren und virtuelle Modelle

- Zusammenarbeit zwischen Test-/Simulationsspezialisten und Nicht-Test-/Simulationsspezialisten
- Einfluss der Test-/Simulationsergebnisse auf die Arbeit der Nicht-Test-/Simulationsspezialisten
- Übermittlung/Präsentation der Test-/Simulationsergebnisse, Bedeutung der Diskussionen über die Test-/Simulationsergebnisse
- Notwendigkeit des Verständnisses der Testverfahren/Simulationsmodelle für das Verständnis der Test-/Simulationsergebnisse, Umfang des Wissensaustauschs

VI. PHASENÜBERGREIFENDE FRAGEN

Wissenslokalisierung

- Bedarf an zusätzlichem projektexternen Wissen, Art des benötigten zusätzlichen Wissens, Quelle des zusätzlichen Wissens
- Identifikation des zusätzlichen Wissens bzw. zusätzlicher unternehmensinterner und -externer Wissensträger, Rolle persönlicher Netzwerke, Nutzung der offiziellen Organisationsstruktur, d. h. Anfrage beim Teamleiter, Abteilungsleiter etc., Rolle einzelner Organisationsmitglieder bei der Wissenslokalisierung
- Veränderung des persönlichen Netzwerks bzw. Verzeichniswissens darüber, ‚wer was weiß', Förderung des kontinuierlichen Aufbaus des Verzeichniswissens durch die ChemCompany

Gemeinsames Wissen

- Aufbau gemeinsamen Wissens, Veränderung der gemeinsamen Wissensbasis im Laufe des Projekts, Arten von neu entstandenem gemeinsamen Wissen
- Speicherung des gemeinsamen Wissens, Speicherung des Wissens, wo welches Wissen gespeichert wurde

Kommunikation

- Verwendung unterschiedlicher Fachjargons, Auftreten von Verständigungsproblemen, Behebung von Verständigungsproblemen
- Verwendung von künstlichen Sprachen wie z. B. Molekülstrukturen, Flussdiagramme,

abteilungsübergreifendes Verständnis für die künstlichen Sprachen, Behebung von Verständnisproblemen im Hinblick auf künstliche Sprachen

Speicherung und Umsetzung von Projekterfahrungen

- Sammeln von positiven und negativen Erfahrungen für zukünftige Projekte, Form der Erfahrungssammlung, Speicherung der Erfahrungen für zukünftige Projekte
- Umsetzung von positiven und negativen Erfahrungen in Parallel- und Folgeprojekten, Ablauf der Erfahrungsumsetzung

Umsetzung unternehmensexternen Wissens

- Relevantes unternehmensexternes Wissen, Umgang mit unternehmensexternem Wissen, Umsetzung des unternehmensexternen Wissens in den Innovationsprojekten

VII. ABSCHLUSS DES INTERVIEWS

- Abschließende Angaben des Interviewpartners zu seiner Funktion im Projekt, seiner Stellenbezeichnung und seinem beruflichen Abschluss
- Möglichkeit des Interviewpartners, Fragen zu stellen und weiterführende Anmerkungen zu machen

Anhang 2: Zitationsbeispiel und Transkriptionserläuterung

OD[1]: Wie werden denn dann so positive und negative Erfahrungen aus einem Projekt gesammelt?

PD5[2]: Eine Niederschrift, [die][3] ...[4] meine Erfahrung jetzt ganz speziell für dieses Hochtemperaturprojekt Propandehydrierung wiedergibt, die gibt es so nicht. [...][5]. Das ist letztendlich Schatz meiner Erfahrungen. Wenn ich jetzt aber weiß, dass der Kollege Y.[6] mit dem Hochtemperaturprojekt betraut wird, werde ich sagen: „Pass auf, achte darauf."[7] [Das Originalzitat wurde für diese Erläuterung verändert.]

---

1 Zitat des Interviewers

2 Identifikationskürzel des Befragten: Das Kürzel setzt sich aus der Abkürzung für das Projekt, zu dem die Interviewpartner interviewt wurden, und einer Zahl zusammen. Die Projekte wurden mit P und zusätzlich einem randomisiert zugeteilten Buchstaben zwischen A und G bezeichnet. Die Interviewpartner wurden beginnend mit der Zahl 1 jeweils getrennt nach den Projekten durchnummeriert.

3 Ergänzung oder Erläuterung zum besseren Verständnis des Zitats

4 Befragter macht eine Pause.

5 Auslassung

6 Anonymisierung von Personen, die nicht im Rahmen der Studie interviewt wurden, durch zufällig ausgewählte Buchstaben.

7 Nacherzählte Dialoge zwischen dem Befragten und anderen Spezialisten werden durch „ " gekennzeichnet.

Literaturverzeichnis

Abernathy, W. J. & Clark, K. B. (1985). Innovation: Mapping the winds of creative destruction. *Research Policy*, 14 (1), 3-22.

Adler, N. (1999). *Managing complex product development: Three approaches.* Stockholm: Stockholm School of Economics.

Afuah, A. (2003). *Innovation management: Strategies, implementation, and profits.* (2. Aufl.). New York [u. a.]: Oxford University Press.

Albers, S. & Gassmann, O. (2005). Technologie- und Innovationsmanagement. In Albers, S. & Gassmann, O. (Hrsg.), *Handbuch Technologie- und Innovationsmanagement* (S. 3-21). Wiesbaden: Gabler.

Alegre, J. N., Chiva, R. & Lapiedra, R. (2005). A literature-based innovation output analysis: Implications for innovation capacity. *International Journal of Innovation Management*, 9 (4), 385-399.

Amecke, H.-B. (1987). *Chemiewirtschaft im Überblick: Produkte, Märkte, Strukturen.* Weinheim: VCH Verlagsgesellschaft.

Araujo, L. (1995). Designing and refining hierarchical coding frames. In Kelle, U. (Hrsg.), *Computer-aided qualitative data analysis: Theory, methods and practice* (S. 96-104). London [u. a.]: Sage.

Archer, S. (1988). "Qualitative research" and the epistemological problems of the management disciplines. In Pettigrew, A. M. (Hrsg.), *Competitiveness and the management process* (S. 265-302). Oxford: Basil Blackwell.

Argote, L. (1993). Group and organizational learning curves: Individual, system and environmental components. *British Journal of Social Psychology*, 32 (1), 31-51.

Argyris, C. (1976). Single-loop and double-loop models in research on decision making. *Administrative Science Quarterly*, 21 (3), 363-375.

Argyris, C. (1993). Education for leading-learning. *Organizational Dynamics*, 21 (3), 4-17.

Argyris, C. & Schön, D. A. (1974). *Theory in practice.* San Francisco: Jossey-Bass.

Argyris, C. & Schön, D. A. (1978). *Organizational learning: A theory of action perspective.* Reading [u. a.]: Addison-Wesley.

Atteslander, P. & Kopp, M. (1993). Befragung. In Roth, E. (Hrsg.), *Sozialwissenschaftliche Methoden: Lehr- und Handbuch für Forschung und Praxis* (S. 146-173). München [u. a.]: Oldenbourg.

Baldwin, C. Y. & Clark, K. B. (1997). Managing in the age of modularity. *Harvard Business Review*, 75 (5), 84-93.

Baldwin, C. Y. & Clark, K. B. (2000). *Design rules: Volume 1. The power of modularity.* Cambridge [u. a.]: MIT Press.

Bamfield, P. (2003). *Research and development in the chemical and pharmaceutical industry.* New York [u. a.]: Wiley.

Bathelt, H. (1997). *Chemiestandort Deutschland: Technologischer Wandel, Arbeitsteilung und geographische Strukturen in der Chemischen Industrie.* Berlin: Ed. Sigma.

Bechky, B. A. (2003a). Object lessons: Workplace artifacts as representations of occupational jurisdiction. *American Journal of Sociology,* 109 (3), 720-752.

Bechky, B. A. (2003b). Sharing meaning across occupational communities: The transformation of understanding on a production floor. *Organization Science,* 14 (3), 312-330.

Becker, M. C. (2008). The past, present and future of organizational routines: Introduction to the handbook of organizational routines. In Becker, M. C. (Hrsg.), *Handbook of organizational routines* (S. 3-14). Cheltenham: Edward Elgar Publishing.

Becker, M. C., Salvatore, P. & Zirpoli, F. (2005). The impact of virtual simulation tools on problem-solving and new product development organization. *Research Policy,* 34 (9), 1305-1321.

Becker, M. C. & Zirpoli, F. (2009). Innovation routines: Exploring the role of procedures and stable behaviour patterns in innovation. In Becker, M. C. & Lazaric, N. (Hrsg.), *Organizational routines: Advancing empirical research* (S. 223-247). Cheltenham: Edward Elgar Publishing.

Bell, S. J., Whitwell, G. J. & Lukas, B. A. (2002). Schools of thought in organizational learning. *Journal of Academy of Marketing Science,* 30 (1), 70-86.

Bellmann, K. & Haritz, A. (2001). Innovationen in Netzwerken. In Blecker, T. & Gemünden, H. G. (Hrsg.), *Innovatives Produktions- und Technologiemanagement: Festschrift für Bernd Kaluza* (S. 271-298). Heidelberg [u. a.]: Springer.

Berger, P. L. & Bernhard-Mehlich, I. (2006). Die verhaltenswissenschaftliche Entscheidungstheorie. In Kieser, A. & Ebers, M. (Hrsg.), *Organisationstheorien* (S. 169-214). Stuttgart: Kohlhammer.

Bergmann, G. & Daub, J. (2008). *Systemisches Innovations- und Kompetenzmanagement: Grundlagen-Prozesse-Perspektiven.* (2. Aufl.). Wiesbaden: Gabler.

Bigwood, M. P. (2000). Applying "cost of innovation" to technology planning. *Research Technology Management,* 43 (3), 39-46.

Billing, F. (2003). *Koordination in radikalen Innovationsvorhaben.* Wiesbaden: Deutscher Universitäts Verlag.

Birnholtz, J. P., Cohen, M. D. & Hoch, S. V. (2009). Is it the 'same'? Observing the regeneration of organizational character at Camp Poplar Grove. In Becker, M. C. & Lazaric, N. (Hrsg.), *Organizational routines: Advancing empirical research* (S. 131-158). Cheltenham: Edward Elgar Publishing.

Bodker, S. (1998). Understanding representation in design. *Human-Computer Interaction,* 13 (2), 107-125.

Boland, R. J., Singh, J., Salipante, P., Aram, J. D., Fay, S. Y. & Kanawattanachai, P. (2001). Knowledge representations and knowledge transfer. *Academy of Management Journal,* 44 (2), 393-417.

Boland, R. J. & Tenkasi, R. V. (1995). Perspective making and perspective taking in communities of knowing. *Organization Science*, 6 (4), 350-372.

Brockhoff, K. (1999). *Forschung und Entwicklung: Planung und Kontrolle*. (5. Aufl.). München [u. a.]: Oldenbourg.

Brockhoff, K. (2001). Forschungs- und Entwicklungsmanagement – Grundlagen und Anwendung. In Festel, G., Hassan, A. & Leker, J. (Hrsg.), *Betriebswirtschaftslehre für Chemiker: eine praxisorientierte Einführung* (S. 151-166). Berlin [u. a.]: Springer.

Bromme, R., Jucks, R. & Rambow, R. (2004). Experten-Laien-Kommunikation im Wissensmanagement. In Reinmann, G. & Mandl, H. (Hrsg.), *Psychologie des Wissensmanagements: Perspektiven, Theorien und Methoden* (S. 176-188). Münster: Hogrefe.

Brown, J. S. & Duguid, P. (1998). Organizing knowledge. *California Management Review*, 40 (3), 90-111.

Brusoni, S. (2005). The limits to specialization: Problem solving and coordination in 'modular networks'. *Organization Studies*, 26 (12), 1885-1907.

Brusoni, S. & Prencipe, A. (2001). Unpacking the black box of modularity: Technologies, products and organizations. *Industrial and Corporate Change*, 10 (1), 179-205.

Brusoni, S., Prencipe, A. & Pavitt, K. (2001). Knowledge specialization, organizational coupling, and the boundaries of the firm: Why do firms know more than they make? *Administrative Science Quarterly*, 46 (4), 597-621.

Buenstorf, G. (2005). Sequential production, modularity and technological change. *Structural Change and Economic Dynamics*, 16 (2), 221-241.

Bürgel, H. D., Haller, C. & Binder, M. (1996). *F&E-Management*. München: Vahlen.

Busch, C. (2005). Innovation gestalten – Was ist Business Innovation Management? In Schildhauer, T., Braun, M., Schultze, M. & Busch, C. (Hrsg.), *Business Innovation Management: Durch eBusiness die Innovationsprozesse in Unternehmen optimieren* (S. 21-38). Göttingen: Business Village.

Cacciatori, E. (2008). Memory objects in project environments: Storing, retrieving and adapting learning in project-based firms. *Research Policy*, 37 (9), 1591-1601.

Caminati, M. (2006). Knowledge growth, complexity and the returns to R&D. *Journal of Evolutionary Economics*, 16 (3), 207-229.

Carlile, P. R. (2002). A pragmatic view of knowledge and boundaries: Boundary objects in new product development. *Organization Science*, 13 (4), 442-455.

Carlile, P. R. (2004). Transferring, translating, and transforming: An integrative framework for managing knowledge across boundaries. *Organization Science*, 15 (5), 555-568.

Carlile, P. R. & Rebentish, E. S. (2003). Into the black box: The knowledge transformation cycle. *Management Science*, 49 (9), 1180-1195.

Chmielewicz, K. (1991). Unternehmensverfassung und Innovation. In Müller-Böling, D., Seibt, D. & Winand, U. (Hrsg.), *Innovations- und Technologiemanagement: Festschrift für Professor Dr. Norbert Szyperski* (S. 83-101). Stuttgart: Schäffer-Poeschel.

Chuma, H. (2006). Increasing complexity and limits of organization in the microlithography industry: Implications for science-based industries. *Research Policy*, 35 (3), 394-411.

Clark, H. H. (1989). Contributing to discourse. *Cognitive Science*, 13 (2), 259-294.

Clark, H. H. (1996). *Using language*. Cambridge: Cambridge University Press.

Clark, H. H. & Brennan, S. E. (1991). Grounding in communication. In Resnick, L. B., Levine, J. M. & Teasly, S. D. (Hrsg.), *Perspectives on socially shared cognition* (S. 127-149). Washington: American Psychological Association.

Clark, H. H. & Marshall, C. R. (1981). Definite reference and mutual knowledge. In Aravind, J. K., Webber, B. L. & Sag, I. A. (Hrsg.), *Elements of discourse understanding* (S. 10-63). Cambridge: Cambridge University Press.

Clark, K. B. & Fujimoto, T. (1991). *Product development performance*. Boston: Harvard Business School Press.

Clark, K. B. & Fujimoto, T. (1992). *Automobilentwicklung mit System: Strategie, Organisation und Management in Europa, Japan und USA*. Frankfurt am Main [u. a.]: Campus.

Coffey, A. & Atkinson, P. (1996). *Making sense of qualitative data – Complementary research strategies*. Thousand Oaks [u. a.]: Sage.

Cohendet, P. & Llerena, P. (2008). The role of teams and communities in the emergence of organizational routines. In Becker, M. C. (Hrsg.), *Handbook of organizational routines* (S. 256-280). Cheltenham: Edward Elgar Publishing.

Cook, Scott D. N. & Yanow, Dvora (1993). Culture and organizational learning. *Journal of Management Inquiry*, 2 (4), 373-390.

Cooper, R. G. (2001). *Winning at new products: Accelerating the process from idea to launch*. Reading [u. a.]: Addison-Wesley.

Cooper, R. G. (2005). *Product leadership: Pathways to profitable innovation*. New York: Basic Books.

Corsten, H., Gössinger, R. & Schneider, H. (2006). *Grundlagen des Innovationsmanagements*. München: Vahlen.

Corwin, R. G. (1969). Patterns of organizational conflict. *Administrative Science Quarterly*, 14 (4), 507-521.

Crabtree, B. F. & Miller, W. L. (1992). A template approach to text analysis: Developing and using codebooks. In Crabtree, B. F. & Miller, W. L. (Hrsg.), *Doing qualitative research* (S. 93-109). Newbury Park [u. a.]: Sage.

Criscuolo, P., Salter, A. & Sheehan, T. (2007). Making knowledge visible: Using expert yellow pages to map capabilities in professional services firms. *Research Policy*, 36 (10), 1603-1619.

Crossan, M. M., Lane, H. W., White, R. E. & Djurfeld, L. (1995). Organizational Learning: Dimensions for a theory. *The International Journal of Organizational Analysis*, 3 (4), 337-370.

Cyert, R. M. & March, J. G. (1963). *A behavioral theory of the firm*. Englewood Cliffs: Prentice Hall.

D'Adderio, L. (2008). The performativity of routines: Theorising the influence of artefacts and distributed agencies on routines dynamics. *Research Policy*, 37 (5), 769-789.

Damanpour, F. (1991). Organizational innovation: A meta-analysis of effects of determinants and moderators. *Academy of Management Journal*, 34 (3), 555-590.

Das, T. H. (1983). Qualitative research in organizational behaviour. *Journal of Management Studies*, 20 (3), 301-314.

Demsetz, H. (1991). The theory of the firm revisited. In Williamson, O. E. & Winter, S. G. (Hrsg.), *The nature of the firm – origins, evolution, and development* (S. 159-178). New York [u. a.]: Oxford University Press.

Denzin, N. K. & Lincoln, Y. S. (1994). Introduction: Entering the field of qualitative research. In Denzin, N. K. & Lincoln, Y. S. (Hrsg.), *Handbook of qualitative research* (S. 1-17). Thousand Oaks [u. a.]: Sage.

Dieter, W. H. (1991). Technologiemanagement: Theorie und Praxis. In Müller-Böling, D., Seibt, D. & Winand, U. (Hrsg.), *Innovations- und Technologiemanagement* (S. 27-37). Stuttgart: Schäffer-Poeschel.

Disselkamp, M. (2005). *Innovationsmanagement: Instrumente und Methoden zur Umsetzung im Unternehmen*. Wiesbaden: Gabler.

Dixon, N. M. (1994). *The organizational learning cycle: How we can learn collectively*. London [u. a.]: McGraw-Hill.

Dodgson, M. (1993). Organizational learning: A review of some literatures. *Organization Studies*, 14 (3), 375-394.

Dodgson, M., Gann, D. M. & Salter, A. (2005). *Think, play, do: Technology, innovation and organization*. New York [u. a.]: Oxford University Press.

Dodgson, M., Gann, D. M. & Salter, A. (2007). "In case of fire, please use the elevator": Simulation technology and organization in fire engineering. *Organization Science*, 18 (5), 849-864.

Dosi, G., Faillo, M. & Marengo, L. (2008). Problem solving and governance in the capability-based view of the firm: The roles and theoretical representations of organizational routines. In Becker, M. C. (Hrsg.), *Handbook of Organizational Routines* (S. 107-121). Cheltenham: Edward Elgar Publishing.

Dougherty, D. (1992). Interpretive barriers to sucessful product innovation in large firms. *Organization Science*, 3 (2), 179-202.

Dougherty, D. (2001). Reimagining the differentiation and integration of work for sustained product innovation. *Organization Science*, 12 (5), 612-621.

Duncan, R. & Weiss, A. (1979). Organizational learning: Implications for organizational design. In Staw, B. (Hrsg.), *Research in organizational behavior* (S. 75-123). Greenwich, CT: JAI Press.

Durand, T. (1992). Dual technological trees: Assessing the intensity and strategic significance of technological change. *Research Policy*, 21 (4), 361-380.

Easterby-Smith, M. (1997). Disciplines of organizational learning: Contributions and critiques. *Human Relations*, 50 (9), 1085-1113.

Eisenhardt, K. M. (1989). Building theories from case study research. *Academy of Management Review*, 14 (4), 532-550.

Eisenhardt, K. M. & Graebner, M. E. (2007). Theory building from cases: Opportunities and challenges. *Academy of Management Journal*, 50 (1), 25-32.

Eisenhardt, K. M. & Martin, J. A. (2000). Dynamic capabilities: What are they? *Strategic Management Journal*, 21 (10/11), 1105-1121.

Eisenhardt, K. M. & Tabrizi, B. N. (1995). Accelerating adaptive processes: Product innovation in the global computer industry. *Administrative Science Quarterly*, 40 (1), 84-110.

Enberg, C., Lindkvist, L. & Tell, F. (2006). Exploring the dynamics of knowledge integration: Acting and interacting in project teams. *Management Learning*, 37 (2), 143-165.

Ethiraj, S. K. & Levinthal, D. (2004). Modularity and innovation in complex systems. *Management Science*, 50 (2), 159-173.

Ewenstein, B. & Whyte, J. (2009). Knowledge practices in design: The role of visual representations as 'epistemic objects'. *Organization Studies*, 30 (1), 7-30.

Feldman, M. S. & Rafaeli, A. (2002). Organizational routines as sources of connections and understandings. *Journal of Management Studies*, 39 (3), 309-331.

Fiol, M. C. (1994). Consensus, diversity, and learning in organizations. *Organization Science*, 5 (3), 403-420.

Fiol, M. C. & Lyles, M. A. (1985). Organizational learning. *Academy of Management Review*, 10 (4), 803-813.

Fisch, R. & Wolf, M. F. (1990). Die Handhabung von Komplexität beim Problemlösen und Entscheiden. In Fisch, R. & Boos, M. (Hrsg.), *Vom Umgang mit Komplexität in Organisationen: Konzepte – Fallbeispiele – Strategien* (S. 11-39). Konstanz: Universitäts-Verlag

Fleck, L. (1980). *Entstehung und Entwicklung einer wissenschaftlichen Tatsache: Einführung in die Lehre vom Denkstil und Denkkollektiv.* Frankfurt am Main: Suhrkamp.

Fleischmann, K. R. (2006). Boundary objects with agency: A method for studying the design-use interface. *The Information Society*, 22 (2), 77-87.

Fleming, L. & Sorenson, O. (2001). Technology as a complex adaptive system: Evidence from patent data. *Research Policy*, 30 (7), 1019-1039.

Fleming, L. & Sorenson, O. (2003). Navigating the technology landscape of innovation. *MIT Sloan Management Review*, 44 (2), 15-23.

Flick, U. (1995). *Qualitative Forschung: Theorie, Methoden, Anwendung in Psychologie und Sozialwissenschaften.* Reinbek: Rowohlt.

Flick, U. (2009). *Qualitative Forschung: Eine Einführung.* (2. Aufl.). Reinbek: Rowolth.

Fong, Patrick S. W. (2003). Knowledge creation in multidisciplinary project teams: An empirical study of the processes and their dynamic interrelationships. *International Journal of Project Management,* 21 (7), 479-486.

Frenken, K. (2006). Technological innovation and complexity theory. *Economics of Innovation & New Technology,* 15 (2), 137-155.

Friebertshäuser, B. (2003). Interviewtechniken – Ein Überblick. In Friebertshäuser, B. & Prengel, A. (Hrsg.), *Handbuch qualitativer Forschungsmethoden in der Erziehungswissenschaft* (S. 371-395). Weinheim [u. a.]: Juventa.

Friedman, V. J., Lipshitz, R. & Popper, M. (2005). The mystification of organizational learning. *Journal of Management Inquiry,* 14 (1), 19-30.

Früh, W. (2007). *Inhaltsanalyse.* (6. Aufl.). Konstanz: UVK Verlagsgesellschaft.

Furnham, A. (1988). *Lay theories: Everyday understanding of problems in the social sciences.* Oxford [u. a.]: Pergamon Press.

Gagsch, S. (1980). Subsystembildung. In Grochla, Erwin (Hrsg.), *Handwörterbuch der Organisation* (S. 2156-2171). Stuttgart: Schäffer-Poeschel.

Garratt, B. (1990). *Creating a learning organization: a guide to leadership, learning and development.* Cambridge: Director Books.

Gavetti, G. & Levinthal, D. (2000). Looking forward and looking backward: Cognitive and experiential search. *Administrative Science Quarterly,* 15 (1), 113-137.

Gephart, R. P. (2004). From the editors: Qualitative research and the 'Academy of Management Journal'. *Academy of Management Journal,* 47 (4), 454-462.

Gerring, J. (2004). What is a case study and what is it good for? *American Political Science Review,* 98 (2), 341-354.

Gershenson, J. K., Prasad, G. J. & Zhang, Y. (2004). Product modularity: Measures and design methods. *Journal of Engineering Design,* 15 (1), 33-51.

Glaser, B. G. & Strauss, L. S. (1967). *The discovery of grounded theory: Strategies for qualitative research.* Chicago: Aldine Publishing Company.

Goetz, J. P. & LeCompte, M. D. (1984). *Ethnography and qualitative design in educational research.* Orlando: Academic Press.

Goldhar, J. D. (1980). Some modest conclusions. In Dean, B. V. (Hrsg.), *Management of research and innovation* (S. 283-284). Amsterdam [u. a.]: North-Holland Publ. Comp.

Göpfert, J. (1998a). Modulare Produktentwicklung: Komplexitätsbewältigung durch die gemeinsame Modularisierung von Produkt und Entwicklungsorganisation. In Franke, N. & von Braun, C. F. (Hrsg.), *Innovationsforschung und Technologiemanagement: Konzepte, Strategien, Fallbeispiele* (S. 139-151). Heidelberg [u. a.]: Springer.

Göpfert, J. (1998b). *Modulare Produktentwicklung: Zur gemeinsamen Gestaltung von Technik und Organisation*. Wiesbaden: Deutscher Universitäts Verlag.

Grant, R. (1996a). Prospering in dynamically-competitive environments: Organizational capability as knowledge integration. *Organization Science*, 4 (7), 375-387.

Grant, R. (1996b). Toward a knowledge-based theory of the firm. *Strategic Management Journal*, 17 (Winter Special Issue), 109-122.

Grant, R. & Baden-Fuller, C. (1995). A knowledge-based theory of inter-firm collaboration. *Academy of Management Best Papers Proceedings*, 17-21.

Grunwald, R. (2003). *Inter-organisationales Lernen*. Wiesbaden: Deutscher Universitäts Verlag.

Grunwald, R. & Kieser, A. (2007). Learning to reduce interorganizational learning: An analysis of architectural product innovation in strategic alliances. *Journal of Product Innovation Management*, 24 (4), 369-391.

Halman, J. I., Hofer, A. P. & van Vuuren, W. (2003). Platform-driven development of product families: Linking theory with practice. *Journal of Product Innovation Management*, 20 (2), 149-162.

Hauschildt, J. (1997). *Innovationsmanagement*. (2. Aufl.). München: Vahlen.

Hauschildt, J. (2004). *Innovationsmanagement*. (3. Aufl.). München: Vahlen.

Hauschildt, J. & Salomo, S. (2007). *Innovationsmanagement*. (4. Aufl.). München: Vahlen.

Hawkins, P. (1991). The spiritual dimension of the learning organization. *Management Learning*, 22 (3), 172-187.

Heath, C. & Staudenmayer, N. (2000). Coordination neglect: How lay theories of organizing complicate coordination in organizations. *Research in Organizational Behavior*, 22, 153-191.

Hedberg, B. (1981). How organizations learn and unlearn? In Nystrom, P. C. & Starbuck, W. H. (Hrsg.), *Handbook of organizational design* (S. 8-27). Oxford [u. a.]: Oxford University Press.

Helfferich, C. (2009). *Die Qualität qualitativer Daten: Manual für die Durchführung qualitativer Interviews*. (3. Aufl.). Wiesbaden: VS Verlag für Sozialwissenschaften.

Hellström, M. & Wikström, K. (2005). Project business concepts based on modularity – improved manoeuvrability through unstable structures. *International Journal of Project Management*, 23 (5), 392-397.

Henderson, K. (1991). Flexible sketches and inflexible data bases: Visual communication, conscription devices, and boundary objects in design engineering. *Science, Technology & Human Values*, 16 (4), 448-473.

Henderson, R. & Cockburn, I. (1994). Measuring competence? Exploring firm effects in pharmaceutical research. *Strategic Management Journal*, 15 (8), 63-84.

Higgins, J. M. & Wiese, G. G. (1996). *Innovationsmanagement*. Heidelberg [u. a.]: Springer.

Hodgson, G. M. (2009). The nature and replication of routines. In Becker, M. C. & Lazaric, N. (Hrsg.), *Organizational routines advancing empirical research* (S. 26-46). Cheltenham: Edward Elgar Publishing.

Hoetker, G. (2006). Do modular products lead to modular organizations? *Strategic Management Journal*, 27 (6), 501-518.

Hoopes, D. G. & Postrel, S. (1999). Shared knowledge, "glitches", and product development performance. *Strategic Management Journal*, 20 (9), 837-865.

Hopf, C. (1978). Pseudo-Exploration – Überlegungen zur Technik qualitativer Interviews in der Sozialforschung. *Zeitschrift für Soziologie*, 7 (2), 97-115.

Hopf, C. (1979). Soziologie und qualitative Sozialforschung. In Hopf, C. & Weingarten, E. (Hrsg.), *Qualitative Sozialforschung* (S. 1-37). Stuttgart: Klett-Cotta.

Huang, J. C. & Newell, S. (2003). Knowledge integration processes and dynamics within the context of cross-functional projects. *International Journal of Project Management*, 21 (3), 167-176.

Huber, G. P. (1991). Organizational learning: The contributing processes and the literatures. *Organization Science*, 2 (1), 88-115.

Iansiti, M. (1997a). From technological potential to product performance: An empirical analysis. *Research Policy*, 26 (3), 345-365.

Iansiti, M. (1997b). *Technology integration: making critical choices in a dynamic world*. Boston: Harvard Business School Press.

Ichijo, K., von Krogh, G. & Nonaka, I. (1998). Knowledge enablers. In von Krogh, G., Roos, J. & Kleine, D. (Hrsg.), *Knowing in firms: Understanding, managing and measuring knowledge* (S. 173-203). Thousand Oaks [u. a.]: Sage.

Isaacs, E. A. & Clark, H. H. (1987). References in conversation between experts and novices. *Journal of Experimental Psychology: General*, 116 (1), 26-37.

Jeffrey, P. (2003). Smoothing the waters: Observations on the process of cross-disciplinary research collaboration. *Social Studies of Science*, 33 (4), 539-563.

Kieser, A. (1969). Innovationen. In Grochla, E. (Hrsg.), *Handwörterbuch der Organisation* (S. 741-750). Stuttgart: Schäffer-Poeschel.

Kieser, A. (2001). Trust as a change agent for capitalism or as ideology? A commentary. *Organization Science*, 12 (2), 241-246.

Kieser, A. (2008). Rules, routines, and learning in organizations. In Ebner, A. & Beck, N. (Hrsg.), *The institutions of the market: Organizations, social systems, and governance* (S. 66-86). Oxford [u. a.]: Oxford University Press.

Kieser, A., Beck, N. & Tainio, R. (2001). Rules and organizational learning: The behavioral theory approach. In Dierkes, M., Antal, A. B., Child, J. & Nonaka, I. (Hrsg.), *Handbook of Organizational Learning & Knowledge* (S. 598-623). Oxford [u. a.]: Oxford University Press.

Kieser, A. & Koch, U. (2002). Organizational learning through rule adaptation: From the behavioural theory to transactive organizational learning. In Augier, M. & March, J. G. (Hrsg.), *The economics of choice, change and organization: Essays in memory of Richard M. Cyert* (S. 237-258). Cheltenham: Edward Elgar Publishing.

Kieser, A. & Koch, U. (2008). Bounded rationality and organizational learning based on rule changes. *Management Learning*, 39 (3), 329-347.

Kieser, A. & Walgenbach, P. (2010). *Organisation*. (6. Aufl.). Stuttgart: Schäffer-Poeschel.

Kim, D. H. (1993). The link between individual and organizational learning. *Sloan Management Review*, 35 (1), 37-50.

Klimecki, R. G. & Thomae, M. (1997). Organisationales Lernen. Eine Bestandsaufnahme der Forschung. *Internet-Dokumenteserver der Universität Konstanz, Management Forschung und Praxis*, Diskussionsbeitrag Nr. 18.

Knorr-Cetina, K. D. (2001). Objectual practice. In Schatzki, T. R., Knorr-Cetina, K. D. & von Savigny, E. (Hrsg.), *The practice turn in contemporary theory* (S. 184-197). London: Routledge.

Koch, U. (2004). Regelbasiertes Lernen in Organisationen. http://madoc.bib.uni-mannheim.de/madoc/volltexte/2005/1068/pdf/diss_Koch.pdf. Mannheim: Universität Mannheim

Kogut, B. & Zander, U. (1992). Knowledge of the firm, combinative capabilities, and the replication of technology. *Organization Science*, 3 (3), 383-397.

Kogut, B. & Zander, U. (1996). What firms do? Coordination, identity, and learning. *Organization Science*, 7 (5), 502-518.

Krauss, R. M. & Fussel, S. R. (1991). Perspective-taking in communication: Representations of others' knowledge in reference. *Social Cognition*, 9 (1), 2-24.

Kretschmer, T. & Puranam, P. (2008). Integration through incentives within differentiated organizations. *Organization Science*, 19 (6), 860-875.

Kröher, M. O. R. & Müller, E. (2009). Forsche Geister. *Manager Magazin*.

Küchler, M. (1983). „Qualitative" Sozialforschung – ein neuer Königsweg? In Garz, D. & Kraimer, K. (Hrsg.), *Brauchen wir andere Forschungsmethoden? : Beiträge zur Diskussion interpretativer Verfahren* (S. 9-30). Frankfurt am Main: Scriptor.

Lager, T. (2002). Product and process development intensity in process industry: A conceptual and empirical analysis of the allocation of company resources for the development of process technology. *International Journal of Innovation Management*, 6 (2), 105-130.

Lamnek, S. (2005). *Qualitative Sozialforschung: Lehrbuch*. (4. Aufl.). Weinheim [u. a.]: Beltz.

Landau, R. (1998). The process of innovation in the chemical industry. In Arora, A., Landau, R. & Rosenberg, N. (Hrsg.), *Chemicals and long-term economic growth: Insights from the chemical industry* (S. 139-180). New York [u. a.]: Wiley.

Landau, R. & Arora, A. (1997). The chemical industry: From 1890s until today. *Business Economics*, 34 (4), 7-15.

Langlois, R. N. (2002). Modularity in technology and organization. *Journal of Economic Behavior & Organization*, 49 (1), 19-37.

Lawrence, P. R. & Lorsch, J. W. (1969). *Organization and environment: Managing differentiation and integration.* Homewood: Irwin.

Leonard-Barton, D. (1998). *Wellsprings of knowledge: Building and sustaining the sources of innovation.* Boston: Harvard Business School Press.

Levitt, B. & March, J. G. (1988). Organizational learning. *Annual Review of Sociology*, 14, 319-340.

Lewis, K. (2004). Knowledge and performance in knowledge-worker teams: A longitudinal study of transactive memory systems. *Management Science*, 50 (11), 1519-1533.

Lewis, K., Lange, D. & Gillis, L. (2005). Transactive memory systems, learning, and learning transfer. *Organization Science*, 16 (6), 581-598.

Lindkvist, L. (2005). Knowledge communities and knowledge collectivities: A typology of knowledge work in groups. *Journal of Management Studies*, 42 (6), 1189-1210.

Linn, R. A. (1984). Product development in the chemical industry: A description of a maturing business. *Journal of Product Innovation Management*, 1 (2), 116-128.

Liyanage, S. & Barnard, R. (2003). Valuing of firms' prior knowledge: A measure of knowledge distance. *Knowledge and Process Management*, 10 (2), 85-98.

Luhmann, N. (1967). Soziologie als Theorie sozialer Systeme. *Kölner Zeitschrift für Soziologie und Sozialpsychologie*, 19 (4), 615-644.

Luhmann, N. (1980). Komplexität. In Grochla, E. (Hrsg.), *Handwörterbuch der Organisation* (S. 1064-1070). Suttgart: Schäffer-Poeschel.

Macpherson, A. & Jones, O. (2008). Object-mediated learning and strategic renewal in a mature organization. *Management Learning*, 39 (2), 177-201.

Magnusson, T., Lindstrom, G. & Berggren, C. (2003). Architectural or modular innovation? Managing discontinuous product development in response to challenging environmental performance targets. *International Journal of Innovation Management*, 7 (1), 1-26.

Makridakis, S. & Wheelwright, S. (1973). Integrating forecasting and planning. *Long Range Planning*, 6 (3), 53-63.

March, J. G. (1988). Bounded rationality, ambiguity and the engineering of choice. In March, J. G. (Hrsg.), *Decisions and organizations* (S. 266-293). Oxford: Basil Blackwell.

March, J. G. & Olsen, J. P. (1975). The uncertainty of the past: Organizational learning under ambiguity. *European Journal of Political Research*, 3, 147-171.

March, J. G., Schulz, M. & Zhou, X. (2000). *The dynamics of rules: Change in written organizational codes.* Stanford: Stanford University Press.

March, J. G. & Simon, H. A. (1958). *Organizations.* New York: Wiley.

Massey, A. P. & Montoya-Weiss, M. M. (2006). Unraveling the temporal fabric of knowledge conversion: A model of media selection and use. *MIS Quarterly*, 30 (1), 99-114.

Mayring, P. (2002). *Einführung in die qualitative Sozialforschung*. (5. Aufl.). Weinheim [u. a.]: Beltz.

Mayring, P. (2003). *Qualitative Inhaltsanalyse: Grundlagen und Techniken*. (8. Aufl.). Weinheim [u. a.]: Beltz.

Mengis, J. and Nicolini, D. (2009). Working together in space between expertise and ignorance. Presented at the Annual Meeting of the Academy of Management, August 11.07.2009, Chicago.

Merkens, H. (2009). Auswahlverfahren, Sampling, Fallkonstruktion. In Flick, U., von Kardorff, E. & Steinke, I. (Hrsg.), *Qualitative Forschung: Ein Handbuch* (S. 286-298). Reinbek: Rowohlt.

Merton, R. K. & Kendall, P. L. (1979). Das fokussierte Interview. In Hopf, C. & Weingarten, E. (Hrsg.), *Qualitative Sozialforschung* (S. 171-204). Stuttgart: Klett-Cotta.

Mikkola, J. H. (2003a). Modularity, component outsourcing, and inter-firm learning. *R&D Management*, 33 (4), 439-454.

Mikkola, J. H. (2003b). Product architecture modularity strategies: Toward a general theory. Presented at the Annual Meeting of the Academy of Management, August 01.06.2003, Seattle.

Miles, M. B. (1979). Qualitative data as an attractive nuisance: The problem of analysis. *Administrative Science Quarterly*, 24, 590-601.

Miles, M. B. & Huberman, M. A. (1994). *Qualitative data analysis: An expanded sourcebook*. (2. Aufl.). Thousand Oaks [u. a.]: Sage.

Milling, P. M. (2002). Understanding and managing innovation processes. *System Dynamics Review*, 18 (1), 73-86.

Mohammed, S. & Dumville, D. C. (2001). Team mental models in a team knowledge framework: Expanding theory and measurement across disciplinary boundaries. *Journal of Organizational Behavior*, 22 (2), 89-106.

Moreland, R. L. (1999). Transactive memory: Learning who knows what in work groups and organizations. In Thompson, L. L., Levine, J. M. & Messick, D. M. (Hrsg.), *Shared cognition in organizations: The management of knowledge* (S. 3-32). Mahwah: Lawrence Erlbaum Associates.

Müller-Stewens, G. (1994). Führungskräfteentwicklung und organisatorisches Lernen. In Sattelberger, T. (Hrsg.), *Die lernende Organisation: Konzepte für eine neue Qualität der Unternehmensentwicklung* (S. 183-205). Wiesbaden: Gabler.

Myers, S. & Marquis, D. G. (1969). *Successful industrial innovations*. Washington, D. C.: National Science Foundation, U. S. Government Printing Office.

Nelson, R. R. (2009). Routines as technologies and as organizational capabilities. In Becker, M. C. & Lazaric, N. (Hrsg.), *Organizational routines: Advancing empirical research* (S. 11-25). Cheltenham: Edward Elgar Publishing.

Nevo, D. & Wand, Y. (2005). Organizational memory information systems: A transactive memory approach. *Decision Support Systems*, 39 (4), 549-562.

Nicolini, D. & Meznar, M. B. (1995). The social construction of organizational learning: Conceptual and practical issues in the field. *Human Relations*, 48 (7), 727-746.

Nonaka, I. (1991). The knowledge-creating company. *Harvard Business Review*, 69 (6), 96-104.

Nonaka, I. (1994). A dynamic theory of organizational knowledge creation. *Organization Science*, 5 (1), 14-37.

Nonaka, I., Byosiere, P., Borucki, C. C. & Konno, N. (1994). Organizational knowledge creation theory: A first comprehensive test. *International Business Review*, 3 (4), 337-351.

Nonaka, I. & Konno, N. (1998). The concept of 'Ba': Building a foundation for knowledge creation. *California Management Review*, 40 (3), 40-54.

Nonaka, I. & Toyama, R. (2002). A firm as a dialectical being: Towards a dynamic theory of a firm. *Industrial & Corporate Change*, 11 (5), 995-1009.

Nonaka, I. & Toyama, R. (2005). The theory of the knowledge-creating firm: Subjectivity, objectivity and synthesis. *Industrial & Corporate Change*, 14 (3), 419-436.

Nonaka, I., Toyama, R. & Byosiere, P. (2001). A theory of organizational knowledge creation: Understanding the dynamic process of creating knowledge. In Dierkes, M. (Hrsg.), *Handbook of organizational learning and knowledge* (S. 491-517). Oxford [u. a.]: Oxford University Press.

Nonaka, I., Toyama, R. & Konno, N. (2000). SECI, ba and leadership: A unified model of dynamic knowledge creation. *Long Range Planning*, 33 (1), 5-34.

Nonaka, I., Umemoto, K. & Senoo, D. (1996). From information processing to knowledge creation: A paradigm shift in business management. *Technology in Society*, 18 (2), 203-218.

Nonaka, I. & von Krogh, G. (2009). Tacit knowledge and knowledge conversion: Controversy and advancement in organizational knowledge creation theory. *Organization Science*, 20 (3), 635-652.

Nückles, M. (2001). *Perspektivenübernahme von Experten in der Kommunikation mit Laien: eine Experimentalserie im Internet*. Münster [u. a.]: Waxmann.

Nückles, M., Wittwer, J. & Renkl, A. (2005). Information about a layperson's knowledge supports experts in giving effective and efficient online advice to laypersons. *Journal of Experimental Psychology / Applied*, 11 (4), 219-236.

o. V. (2007). Kaum mehr Mittel für Forschung: Von Zielen weit entfernt. *Stuttgarter Nachrichten*.

Ocasio, W. (1997). Towards an attention-based view of the firm. *Strategic Management Journal*, 18, 187-206.

Olivera, F. (2000). Memory systems in organizations: An empirical investigation of mechanisms for knowledge collection, storage and access. *Journal of Management Studies*, 37 (6), 811-832.

Olivera, F. & Argote, L. (1999). Organizational learning and new product development: CORE processes. In Thompson, L. L. & Levine, J. M. (Hrsg.), *Shared cognition in organizations: The management of knowledge* (S. 297-326). Mahwah: Lawrence Erlbaum Associates.

Onken, U. & Behr, A. (2001). *Chemische Prozeßkunde*. Stuttgart [u. a.]: Thieme.

Orlikowski, W. J. (2002). Knowing in practice: Enacting a collective capability in distributed organizing. *Organization Science*, 13 (3), 249-273.

Patton, M. Q. (1987). *How to use qualitative methods in evaluation*. Newbury Park [u. a.]: Sage.

Pawlowsky, P. (2001). The treatment of organizational learning in management science. In Dierkes, M., Child, J. & Nonaka, I. (Hrsg.), *Handbook of organizational learning* (S. 61-88). Oxford [u. a.]: Oxford University Press.

Pedler, M., Burgoyne, J. & Boydell, T. (1991). *The learning company: a strategy for sustainable development*. London [u. a.]: McGraw-Hill.

Pelz, H. (2000). *Linguistik: Eine Einführung*. (5. Aufl.). Hamburg: Hoffmann und Campe.

Pentland, B. T. & Feldman, M. S. (2008). Designing routines: On the folly of designing artifacts, while hoping for patterns of action. *Information & Organization*, 18 (4), 235-250.

Perl, E. (2007). Grundlagen des Innovations- und Technologiemanagements. In Strebel, H. (Hrsg.), *Innovations- und Technologiemanagement* (S. 17-52). Stuttgart: UTB.

Pil, F. K. & Cohen, S. K. (2006). Modularity: Implications for imitation, innovation and sustained advantage. *Academy of Management Review*, 31 (4), 995-1011.

Pisano, G. P. (1996). *The development factory: Unlocking the potential of process innovation*. Boston: Harvard Business School Press.

Pleschak, F. & Sabisch, H. (1996). *Innovationsmanagement*. Stuttgart: Schäffer-Poeschel.

Polanyi, M. (1966). *The tacit dimension*. Garden City: Doubleday & Co.

Postrel, S. (2002). Islands of shared knowledge: Specialization and mutual understanding in problem-solving teams. *Organization Science*, 13 (3), 303-320.

Probst, G. J. B. & Büchel, B. S. T. (1994). *Organisationales Lernen. Wettbewerbsvorteil der Zukunft*. Wiesbaden: Gabler.

Ragin, C. C. (1992). Introduction: Case of "what is a case?". In Ragin, C. C. & Becker, H. S. (Hrsg.), *What is a case?* Cambridge: Cambridge University Press.

Rammer, C. (2007). *Innovationsmotor Chemie 2007: Die deutsche Chemieindustrie im globalen Wettbewerb*. Mannheim [u. a.]: ZEW.

Rebelo, T. M. & Gomes, A. D. (2008). Organizational learning and the learning organization: Reviewing evolution for prospecting the future. *Learning Organization*, 15 (4), 294-308.

Reichert, L. (1994). *Evolution und Innovation: Prolegomenon einer interdisziplinären Theorie betriebswirtschaftlicher Innovationen*. Berlin: Duncker & Humblot.

Revans, R. W. (1980). *Action learning: new techniques for management*. London: Blond & Briggs.

Rogers, E. M. (1962). *Diffusion of innovations.* New York [u. a.]: The Free Press.

Rubin, H. & Rubin, I. (2005). *Qualitative interviewing: The art of hearing data.* (2. Aufl.). London [u. a.]: Sage.

Sanchez, R. (1999). Modular architectures in the marketing process. *The Journal of Marketing,* 63 (4), 92-111.

Sanchez, R. & Mahoney, J. T. (1996). Modularity, flexibility, and knowledge management in product and organization design. *Strategic Management Journal,* 17 (Winter Special Issue), 63-76.

Sapsed, J. & Salter, A. (2004). Postcards from the edge: Local communities, global programs and boundary objects. *Organization Studies,* 25 (9), 1515-1534.

Schein, E. H. (1991). What is culture? In Frost, P. J., Moore, L. F., Louis, M. R., Lundberg, C. C. & Martin, J. (Hrsg.), *Reframing organizational culture* (S. 243-253). Newbury Park [u. a.]: Sage.

Schilling, M. A. (2000). Toward a general modular systems theory and its application to inter-firm product modularity. *Academy of Management Review,* 25 (2), 312-334.

Schmickl, C. (2006). *Organisationales Lernen in Innovationssystemen: Eine empirische Analyse der Entstehung und Umsetzung von Wissen.* Marburg: Tectum.

Schmickl, C. & Kieser, A. (2008). How much do specialists have to learn from each other when they jointly develop radical product innovations? *Research Policy,* 37 (3), 473-491.

Schreyögg, G. & Eberl, P. (1998). Organisationales Lernen: Viele Fragen, noch zu wenig neue Antworten. *Die Betriebswirtschaft,* 58 (4), 516-536.

Schulze, A. (2004). *Management of organizational knowledge creation in new product development projects.* Bamberg: Difo-Druck.

Schumpeter, J. A. (1952). *Theorie der wirtschaftlichen Entwicklung: Eine Untersuchung über Unternehmergewinn, Kapital, Kredit, Zins und den Konjunkturzyklus.* (5. Aufl.). Berlin: Duncker & Humblot.

Schüppel, J., Müller-Stewens, G. & Gomez, P. (1998). The knowledge spiral. In von Krogh, G., Roos, J. & Kleine, Dirk (Hrsg.), *Knowing in firms: Understanding, managing and measuring knowledge* (S. 223-239). Thousand Oaks [u. a.]: Sage.

Seidel, J. & Kelle, U. (1995). Different functions of coding in the analysis of textual data. In Kelle, U. (Hrsg.), *Computer-aided qualitative data analysis: Theory, methods and practice* (S. 52-62). London [u. a.]: Sage.

Senge, P. M. (1990). *The fifth discipline: The art and practice of the learning organization.* New York [u. a.]: Currency Doubleday.

Shrivastava, P. (1983). A typology of organizational learning systems. *Journal of Management Studies,* 20 (1), 7-28.

Siggelkow, N. (2007). Persuasion with case studies. *Academy of Management Journal,* 50 (1), 20-24.

Simon, H. A. (1962). The architecture of complexity. *Proceedings of the American Philosophical Society,* 106 (6), 467-482.

Simon, H. A. (1973). Applying information technology to organization design. *Public Administration Review*, 33 (3), 268-278.

Simon, H. A. (1976). *Administrative behavior: A study of decision-making processes in administrative organizations*. (3. Aufl.). New York: MacMillan.

Simon, H. A. (1991). Bounded rationality and organizational learning. *Organization Science*, 2 (1), 125-134.

Snyder, C. (2003). *Paper prototyping: The fast and easy way to design and refine user interfaces*. San Francisco: Morgan Kaufmann Publishers.

Specht, G., Beckmann, C. & Amelingmeyer, J. (2002). *F&E-Management: Kompetenz im Innovationsmanagement*. (2. Aufl.). Stuttgart: Schäffer-Poeschel.

Spee, A. P. & Jarzabkowski, P. (2009). Strategy tools as boundary objects. *Strategic Organization*, 7 (2), 223-232.

Star, S. L. (1989). The structure of ill-structured solutions. Boundary objects and heterogeneous distributed problem solving. In Gasser, L. & Huhns, M. N. (Hrsg.), *Distributed artificial intelligence. Volume II* (S. 37-54). London: Pitman.

Star, S. L. & Griesemer, J. R. (1989). Institutional ecology, 'translations' and boundary objects: Amateurs and professionals in Berkeley's Museum of Vertebrate Zoology, 1907-39. *Social Studies of Science*, 19 (3), 387-420.

Starkey, K. (1998). What can we learn from the learning organization? *Human Relations*, 51 (4), 531-546.

Steinke, I. (2009). Gütekriterien qualitativer Forschung. In Flick, U., von Kardorff, E. & Steinke, I. (Hrsg.), *Qualitative Forschung: Ein Handbuch* (S. 319-331). Reinbek: Rowohlt.

Sundberg, M. (2007). Parameterizations as boundary objects on the climate arena. *Social Studies of Science*, 37 (3), 473-488.

Swift, T. K. (1999). Where is the chemical industry going? *Journal of Business Chemistry*, 3 (1), 2-12.

Teece, D. J., Pisano, G. P. & Shuen, A. (1997). Dynamic capabilities and strategic management. *Strategic Management Journal*, 18 (7), 509-533.

Tenkasi, R. V. & Boland, J. B. (1996). Exploring knowledge diversity in knowledge intensive firms: A new role for information systems. *Journal of Organizational Change Management*, 9 (1), 79-91.

Tesch, R. (1990). *Qualitative research: Analysis types and software tools*. New York: Falmer Print.

Thom, N. (1980). *Grundlagen des betrieblichen Innovationsmanagements*. (2. Aufl.). Königstein: Hanstein.

Thomke, S. H. (1998a). Managing experimentation in the design of new products. *Management Science*, 44 (6), 743-762.

Thomke, S. H. (1998b). Simulation, learning and R&D performance: Evidence from automotive development. *Research Policy*, 27 (1), 55-77.

Thomke, S. H., von Hippel, E. & Franke, R. (1998). Modes of experimentation: An innovation process -and competitive- variable. *Research Policy*, 27 (3), 315-332.

Tsoukas, H. (2009). A dialogical approach to the creation of new knowledge in organizations. *Organization Science*, 20 (6), 941-957.

Uhlmann, L. (1978). *Der Innovationsprozess in westeuropäischen Industrieländern. Band 2: Der Ablauf industrieller Innovationsprozesse.* Berlin [u. a.]: Duncker und Humblot.

Ulrich, K. (1995). The role of product architecture in the manufacturing firm. *Research Policy*, 24 (3), 419-440.

Ulrich, K. T. & Eppinger, S. D. (2000). *Product design and development.* (2. Aufl.). Boston [u. a.]: Irwing McGraw-Hill.

Vahs, D. & Burmester, R. (2005). *Innovationsmanagement: Von der Produktidee zur erfolgreichen Vermarktung.* (3. Aufl.). Stuttgart: Schäffer-Poeschel.

Valcarcel, S. (2002). *Theorie der Unternehmung und Corporate Governance: Eine vertrags- und ressourcenbezogene Betrachtung.* Wiesbaden: Deutscher Universitäts Verlag.

Van de Ven, A. H. (1986). Central problems in the management of innovation. *Management Science*, 32 (5), 590-607.

Van Maanen, J. & Barley, S. R. (1984). Occupational communities: Culture and control in organizations. *Research in Organizational Behavior*, 6, 287-365.

Vaughan, D. (1992). Theory elaboration: The heuristics of case analysis. In Ragin, C. C. & Becker, H. S. (Hrsg.), *What is a case?* (S. 173-202). Cambridge: Cambridge University Press.

Ventresca, M. J. & Kaghan, W. N. (2009). Routines, 'going concerns' and innovation: Towards an evolutionary economic sociology. In Becker, M. C. (Hrsg.), *Handbook of organizational routines* (S. 52-86). Cheltenham: Edward Elgar Publishing.

Verband der Chemischen Industrie e. V. (2009). Chemiewirtschaft in Zahlen 2009.

Visser, M. (2007). Deutero-learning in organizations: A review and a reformulation. *Academy of Management Review*, 32 (2), 659-667.

Vollmer, H. (1996). Die Institutionalisierung lernender Organisationen. Vom Neoinstitutionalismus zur wissenssoziologischen Aufarbeitung der Organisationsforschung. *Soziale Welt*, 47 (3), 315-343.

von Hippel, E. (1987). Cooperation between rivals: Informal know-how trading. *Research Policy*, 16 (6), 291-302.

von Krogh, G. (2002). The communal resource and information systems. *Journal of Strategic Information Systems*, 11 (2), 85-107.

Walsh, James P. & Ungson, Gerardo Rivera (1991). Organizational memory. *Academy of Management Review*, 16 (1), 57-91.

Wang, C. L. & Ahmed, P. K. (2003). Organisational learning: a critical review. *Learning Organization*, 10 (1), 8-17.

Wegner, D. M. (1987). Transactive memory: A contemporary analysis of the group mind. In Mullen, B. & Goethals, G. R. (Hrsg.), *Theories of group behavior* (S. 185-208). Heidelberg [u. a.]: Springer.

Wegner, D. M. (1995). A computer network model of human transactive memory. *Social Cognition*, 13 (3), 319-339.

Wegner, D. M., Erber, R. & Raymond, P. (1991). Transactive memory in close relationships. *Journal of Personality and Social Psychology*, 61 (6), 923-929.

Wenting, R. (2009). The inheritance of organizational routines and the emergence of a firm genealogy in the fashion design industry. In Becker, M. C. & Lazaric, N. (Hrsg.), *Organizational routines: Advancing empirical research* (S. 103-130). Cheltenham: Edward Elgar Publishing.

Weston, J. F. & Johnson, B. A. (1999). Mergers and acquisitions in the global chemical industry. *Business Economics*, 34 (4), 23-31.

Wheelwright, S. & Clark, K. B. (1992). *Revolutionizing product development: Quantum leaps in speed, efficiency, and quality*. New York: Free Press.

Wiegand, M. (1996). *Prozesse organisationalen Lernens*. Wiesbaden: Gabler.

Wilson, J. Q. (1966). Innovation in organization: Notes towards a theory. In Thompson, J. D. (Hrsg.), *Approaches to organizational design* (S. 193-218). Pittsburgh: University of Pittsburgh Press.

Winter, S. G. (2003). Understanding dynamic capabilities. *Strategic Management Journal*, 24 (10), 991-995.

Yakura, E. K. (2002). Charting time: Timelines as temporal boundary objects. *Academy of Management Journal*, 45 (5), 956-970.

Yeo, R. K. (2005). Revisiting the roots of learning organization: A synthesis of the learning organization literature. *The Learning Organization*, 12 (4), 368-382.

Yin, R. K. (2009). *Case study research: Design and methods.* (4. Aufl.). Los Angeles [u. a.]: Sage.

Zahn, E. (1991). Innovation und Wettbewerb. In Müller-Böling, D., Seibt, D. & Winand, U. (Hrsg.), *Innovations- und Technologiemanagement* (S. 27-37). Stuttgart: Schäffer-Poeschel.

Zaltman, G., Duncan, R. & Holbek, J. (1973). *Innovations and organizations*. New York [u. a.]: Wiley.

Zander, U. & Kogut, B. (1995). Knowledge and the speed of transfer and imitation of organizational capabilities. *Organization Science*, 6 (1), 76-92.

Zollo, M. & Winter, S. G. (2002). Deliberate learning and the evolution of dynamic capabilities. *Organization Science*, 13 (3), 339-351.

Zorriassatine, F., Wykes, C., Parkin, R. & Gindy, N. (2003). A survey of virtual prototyping techniques for mechanical product development. *Engineering Manufacture*, 217 (4), 513-530.

Von der Promotion zum Buch

WWW.GABLER.DE

Sie haben eine wirtschaftswissenschaftliche Dissertation bzw. Habilitation erfolgreich abgeschlossen und möchten sie als Buch veröffentlichen?

Zeigen Sie, was Sie geleistet haben.
Publizieren Sie Ihre Dissertation als Buch bei Gabler Research.
Ein Buch ist nachhaltig wirksam für Ihre Karriere.
Nutzen Sie die Möglichkeit mit Ihrer Publikation bestmöglich sichtbar und wertgeschätzt zu werden – im Umfeld anerkannter Wissenschaftler und Autoren.
Qualitative Titelauswahl sowie namhafte Herausgeber renommierter Schriftenreihen bürgen für die Güte des Programms.

Ihre Vorteile:

- Kurze Produktionszyklen: Drucklegung in 6-8 Wochen
- Dauerhafte Lieferbarkeit print und digital: Druck + E-Book in SpringerLink Zielgruppengerechter Vertrieb an Wissenschaftler, Bibliotheken, Fach- und Hochschulinstitute und (Online-)Buchhandel
- Umfassende Marketingaktivitäten: E-Mail-Newsletter, Flyer, Kataloge, Rezensionsexemplar-Versand an nationale und internationale Fachzeitschriften, Präsentation auf Messen und Fachtagungen etc.

▶ Möchten Sie Autor beim Gabler Verlag werden? Kontaktieren Sie uns!

Ute Wrasmann | Lektorat Wissenschaftliche Monografien
Tel. +49 (0)611.7878-239 | Fax +49 (0)611.7878-78-239 | ute.wrasmann@gabler.de

KOMPETENZ IN SACHEN WIRTSCHAFT

GPSR Compliance
The European Union's (EU) General Product Safety Regulation (GPSR) is a set of rules that requires consumer products to be safe and our obligations to ensure this.

If you have any concerns about our products, you can contact us on

ProductSafety@springernature.com

In case Publisher is established outside the EU, the EU authorized representative is:

Springer Nature Customer Service Center GmbH
Europaplatz 3
69115 Heidelberg, Germany

www.ingramcontent.com/pod-product-compliance
Lightning Source LLC
LaVergne TN
LVHW010255260326
834688LV00044B/1303